大师费德勒的传奇经历

The Master

The Long Run and Beautiful Game of Roger Federer

2018年

在澳网赛场上，费德勒以未失一盘的成绩进入了决赛。他在这一年里走了一段很长的回归之路，从一个局外人慢慢转身成为赛场上的宠儿，他的复出堪称职业生涯后期的完美回归。

2019年

费德勒在迪拜赢得了自己的第100座冠军桂冠，在那之后的不久，就在迈阿密又赢得了第101座。这一年，温网大满贯的桂冠，让他将自己在大满贯上的获胜纪录刷新到了20座。

2020年

膝盖问题依然困扰着费德勒，在因新冠疫情而停摆的2020年，他两次做了膝盖手术，这也是他完全缺席的赛季。

他的老对手纳达尔
更年轻的小将冉冉

在澳网半决赛输给
因膝关节损伤做了
又因病退赛。膝盖
并休赛了6个月。

纳争霸再次上演。这是一次被
人惊喜的胜利”，因为他已经
有参加过一次正式的巡回赛。

2021年

德约科维奇在这一年打破费德勒创造的男子网球单打世界排名第一宝座总周数（310周）这一纪录。

2022年

在伦敦举行的拉沃尔杯网球赛上完成职业生涯最后一场比赛后，41岁的费德勒宣布退役，他在24年的职业生涯中参加了超过1 500场的比赛，获得过20座大满贯冠军和103次巡回赛单打冠军，曾310周世界排名第一位。

安维尔斯大师赛中接
。

来说，都是值得回味
四盘抢七大战，虽然
七并最终告负，但这
除了澳网，费德勒包
还连续237周占据了

的第10座大满贯桂冠。

2012年

费德勒王者归来，时隔两年再次问鼎温网大满贯。

2013年

这一年费德勒的年收入估值达到了7 150万美元，并因此在当年福布斯全球运动员收入排行榜上排名第二位，仅次于伍兹、领先于篮球明星科比·布莱恩特，成为最能赚钱的网球运动员。

2014年

费德勒在上海大师赛中与梅耶尔展开鏖战，逆转取得胜利，第一次在上海大师赛中夺冠。

年

露感染了传染性单核细胞增多症，这次感染影响
状态，让他连续在澳网、迪拜网球公开赛上落败。

年

破了自己法网无冠的“魔咒”，在27岁成为四大满
这一次胜利被费德勒称为“最重大的一次胜利，
压之下的胜利”。这一年的4月，费德勒与妻子米
在费德勒漫长的职业生涯中，米卡尔发挥着无人
要作用。

年

人父，当他回忆起这段时间时，印象最深刻的是
爸的感受，而从这一年起的一两年内，他对自己
忆反而比较模糊。

2015年

34岁的费德勒在网坛的排名居于第二，
在网坛已开始黯然失色，德约科维奇这
上升，在当时排名第一。

2016年

这一年对费德勒来说一点儿也不梦幻，
了德约科维奇的第二天膝盖就意外受伤
手术，在随后的迈阿密公开赛上，费德
的伤痛让他最终决定在当年的法网退赛

2017年

费德勒重返赛场，这一年的澳网决赛，费
费德勒称做“比2009年法网的胜利更
近5年没有获得大满贯的桂冠、近半年

9年

力第一次在戴维斯杯上亮相，并且战胜了意大利队
大卫·桑奎内蒂。同一年，费德勒第一次参加大满
单赛事，但在法网的赛场上遗憾地终输给了帕特里
夫特。

0年

奥运会是费德勒第一次参加奥运会，尽管他对为瑞
一块奖牌充满期待，但遗憾地止步男子单打四强。
是悉尼奥运会，让费德勒开始走进了大众的视野，
占在前排的体育明星。同样在悉尼奥运会中，费德
来了他的爱情。

2001年

2001年费德勒苦战三盘击败了布特，这是他职业生涯第一个巡回赛男单冠军。

2002年

费德勒第一次来到上海，参加上海网球大师赛，遗憾的是，他在半决赛遗憾负于休伊特。自此之后，费德勒曾在上海参加过13次比赛。

2003年

在温网的赛场上，费德勒击败了声名鹊起的澳大利亚选手菲利普西斯，捧起了自己的第一个大满贯冠军奖杯。

2004年

费德勒在澳网、迪拜大师赛和印
连获胜，开始稳居世界第一的宝座

2005年

这一年的澳网对费德勒和网球球
的一场比赛，费德勒和萨芬经历
费德勒在领先的情况下连输两个
场精彩的比赛依然让人叹为观止
揽了四大满贯赛事中的三座桂冠
世界排名榜的榜首。

2007年

费德勒一路高歌，在这一年赢得自己

2008

费德勒被
了费德勒

2009

费德勒打
贯的得主
一次在重
尔卡成婚
能及的重

2010

费德勒初
自己成为
在赛场的

1989 年

8 岁的费德勒正式加入“巴塞尔老男孩”网球俱乐部。他在那里的红土网球场上长大，遇到了对他早期的网球训练影响最大的教练彼得·卡特，在跟随卡特学习后，费德勒的网球成绩开始突飞猛进。

1996 年

15 岁的费德勒第一次代表瑞士参加了在苏黎世举办的青年网球世界杯，开赛当天的首场比赛是费德勒和休伊特的对决。费德勒在比赛第三盘的决胜局胜出。这是费德勒和休伊特的第一次对战，日后他们经历了数次这样的比赛，彼此在对方漫长的职业生涯中都占据着一席之地。

1997 年

费德勒从学校辍学，以一种粗放且生猛的方式长大，并由此开启了自己的职业网球训练。也是在这一年，费德勒在米兰的一个室内网球场上获得了自己的第一个 ATP 积分：12 分，这对一名年轻的对职业网球选手来说是职业生涯的分水岭，在费德勒看来，“它是一块里程碑”。

1998 年

这一年，费德勒正式开启了职业赛生涯，他第一次拿着一张外卡参加了瑞士室内网球公开赛。这一年，他不仅赢得了温网青少年组的男单冠军，还与奥·罗切斯一起赢得了温网青少年组的男双冠军。

199

费德
老将
贯男
克·拉

200

悉尼
士拿
也正
成为
勒收

湛庐CHEERS

与最聪明的人共同进化

HERE COMES EVERYBODY

CHEERS
湛庐

大师费德勒
The MASTER

[美] 克里斯托弗·克莱里 著
Christopher Clarey
白瑞霞 译

浙江科学技术出版社·杭州

测一测

你了解网球大师费德勒吗？

扫码加入书架
领取阅读激励

- 费德勒牵头发起了哪一项网球赛事？（单选题）

  A. 拉沃尔杯

  B. 霍普曼杯

  C. 戴维斯杯

  D. 联合会杯

扫码一起走进大师
费德勒的网球世界

- 费德勒与瓦林卡握手言和，共同奋战，为瑞士队赢得一座戴维斯杯的冠军奖杯，这发生在哪一年？（单选题）

  A. 2013 年

  B. 2014 年

  C. 2015 年

  D. 2016 年

- 费德勒从事慈善活动，主要受到了谁的影响？（单选题）

  A. 父母

  B. 比尔 · 盖茨

  C. 安德烈 · 阿加西

  D. 以上都是

扫描左侧二维码查看本书更多测试题

推荐序 1

可靠、优雅与有可能犯错的费德勒

张斌
央视体育记者

2022 年的初秋，9 月 15 日，周四，费德勒宣布将会辞别职业网坛，一场漫长的告别就此开始。转天，《纽约时报》登出长文《可靠、优雅与有可能犯错的费德勒》，算是在呼应着大师谢幕。已然为这家报纸写了 25 年专栏的克里斯托弗 · 克莱里该是早有准备，作为大师多年来最信任的网球写作者以及《大师费德勒》一书的作者，甚至有可能窥见费德勒终于下定决心的全过程的人，以其笔触代一张老派大报适时敞开心扉那是再妥帖不过了。

2022 年的 8 月，《大师费德勒》的英文版问世了，这是一本与想象中完全一致的厚书，似乎也只有 400 多页的体量才配得上再版封面上特意标注出的“罗杰 · 费德勒光彩网球生涯”。不需多少时日，《大师费德勒》便跃上了《纽约时报》图书畅销榜，因此会在体育阅读的空间里时常遇到，这显然是一本赢得赞誉的体育传记。《大师费德勒》问世前两个月，小威（塞雷娜 · 威廉姆斯，Serena Williams) 的最新传记《亲见塞蕾娜 》(Seeing Serena) 先登上了书架，一夏一秋，两位职业网球巡回赛近五十年历史中最伟大的球员一起来到了不惑之年，《亲见塞蕾娜》专注了小威的 2019 年赛季，告别的年代里，随时都有可能停下脚步，最后时刻的心绪与努力显得更为珍贵吧。

克里斯托弗·克莱里写就的《大师费德勒》则是在展开主人公更加完整的职业乃至人生画卷，日后如果再版可加入费德勒退役时刻的记述，那就几近完美了，以超过 500 页的时空让“大师”可以在《大师费德勒》中安然身退。克莱里如果真有意如此，那《大师费德勒》可以再增加第 17 和第 18 章，这两章可以分别标注为“巴塞尔·瑞士”和“伦敦·英国”，以其独特的线索视角再现大师极其亲人和团队在谢幕之前的种种心绪，即便是有了纪录片《费德勒最后的 12 天》，我还是对克莱里的文字充满一份期待。读一本好书，该是需要契机和缘分的，《大师费德勒》早在我的手机阅读软件里冬眠一年多了，在机场书店也数度与之谋面，但也就是读上一两页，便退出了大师的世界，在大师本人退役之时，我也曾借着克莱里和《大师费德勒》之名写了些抒怀文字。但直到此番要为这本书写下一篇阅读心得分享时，才真的开始捧读这本厚书，很快便获得了久违的阅读快感。我喜欢克莱里的著述体例，愿意跟随着他设定的地理概念，随时进入大师的历练征程，有时我故意跳跃到后几个章节，选择感兴趣的城市路径，操控着时间轴线，品读着作者细腻的笔触，让同是体育记者的我不禁心生敬意和羡慕。任何一位拥有杰出运动表现的体育人都该有这样一本征程记述，让我们可以循着成长路径回到特定的年份，也可检验一下自己记忆的精准度。总之，如此的著作在我们生活的时空里几乎不存在，体育记者或者体育写作者的职业角色感也仿佛不在同一时代。

克莱里的职业状态很独特，随着网球走遍这世界，或者说走遍网球的世界，只要有可能，一定带着家人同行，他的三个孩子因此见识不少。资深体育写作者意味着见识多，更可享受与特定体育人物之间的信任感。职业与利益关联，这使得记录者与体育明星之间产生亲近的关系，但若想练就彼此之间的信任那肯定是需要时光和特殊的机缘，克莱里与费德勒之间便是典型一例。

从 1998 年开始，克莱里便在网球场上发现了那个一头金发、身体强壮且脾气暴躁的费德勒，并很快便与身边同行达成共识，此子前途不可限量，当然无人可以料定这个巴塞尔少年日后能晋身为绝世大师。《大师费德勒》一书的诞生之于克莱里自然是一份执念，意在完成一个终极答案的探寻，为什么费德勒可以如此长期地处于运动和价值创造的巅峰？熙来攘往，天才的故事几乎每年都在上演，但大师寥寥。读完《大师费德勒》，您也许能随着克莱里一道寻得答案，也许还有很多的不确定，其实答案并没有那么重要，只要这 400 多页能够营造出费德勒的世界也就足够了。每个人的天赋都妙不可言，每个人的后天精进都各自不同，费德勒的故事早就传诵天下，只是《大师费德勒》细腻到了极致，给我们这些读者无尽的想象空间，而非只是循着克莱里的逻辑亦步亦趋。

从 1999 年费德勒的四大公开赛首秀开始，克莱里便始终与费德勒的世界保持着紧密关联，每年至少会有 20 次以上的采访，几乎聆听了其所有的赛后新闻发布会，活脱脱的"亲见费德勒"。为了《大师费德勒》，克莱里访问了 80 位与费德勒相关的人物，从巨星到启蒙教练，从家人到长期伴随的按摩师，试图将岁月雕琢、运动塑造乃至亲情抚慰之功全然呈现，不落下任何一个细节，这份苦心在书中各处可见，凭此便可成就《大师费德勒》为体育传记的上乘之作，爱费德勒者常读常新，爱网球者可窥见运动博大与魅力，爱运动者可陶醉于人的丰富多样。

费德勒绝对是独特的，克莱里希望众人在评价大师时一定要牢记其创造出的围绕网球而生的商业价值，不仅仅是每一份商业合同背后的数字，还需了解所有与大师合作品牌丰沛的价值所在，相互成就之感特别真切，几近完美几乎独此一人。2018 年，37 岁的费德勒与常年合作且彼此成就的耐克话别，签下了优衣库，据说合同一年价值便冲到了前所未有的 3 亿美元，其价值创造能力令人瞠目。未来 40 年，费德勒便是富足的现代版拉沃尔，网球运动的象征，后半生也要继续自然活出运动的标识感和人生的完满度。

论及大师成功，在克莱里的采访中有一点极为重要，但平日里极易被众人忽略，那就是妻子米尔卡的造就之功。身为瑞士的奥运网球选手，米尔卡是费德勒第一位正式约会的女友，女大三不仅让他抱得金砖满满的金库，还成就了大师、天王以及传奇之青史留名，还有两对混双组合的膝下承欢。在米尔卡与费德勒约会之前便熟识两位的同为瑞士网球名宿的罗赛特曾确定地说，费德勒的成功有一半归于米尔卡，因为她精彩地管理着他们共同的世界。罗赛特还说，体育巨星与女明星连理人皆所愿，但对于想成就长久运动传奇的运动员而言，则并非是绝佳之选，运动世界之外的人很难真心体会到冠军之心以及冠军之需。很有可能，在费德勒要去训练前，米尔卡会如此告知丈夫：对啊！你是应该赶紧去训练了，你现在的努力距离完美的付出还差 20% 呢。这不是想象中的可能，而是完全真实的大师生活场景。

米尔卡日常端坐在球员包厢，沉静如水，在费德勒团队中的正式头衔之一是新闻发言人，代丈夫做必要的对外沟通。米尔卡如果不是昔日脚伤，该是可以再有几年职业球员的生涯，但这似乎也是天意，让其有充足的时间和精力护佑着丈夫向巅峰进发，其万事精益求精只求最好的人生态度也在雕琢着大师本人。在费德勒团队中有一位骨干成员曾委托米尔卡为其规划蜜月旅行，米尔卡欣然为一对新人制定了极为精细的蜜月行程，每一家酒店都很别致，每一次出行都与众不同，所有安排环环相扣，堪称无与伦比。拿到完美蜜月安排后，看了看账单，那位骨干成员感慨，这应该只属于 20 座大满贯得主，而非一位前世界排名第 63 的退役球员。这虽然不过是生活小插曲，但由此可见米尔卡诸事缜密和追求完美的性格特征，二十年来费德勒团队也是按此方式在规划着 9 个月之内的所有赛事和训练行程，精确定义每一天的安排与成果检验，不再仅是一人出战赢取冠军，而是一个完美系统的高效精密运行。

行文至此，还是回到本文标题，让我们在正式阅读本书开始之前，品味一下克莱里给出的精确概念——可靠、优雅与有可能犯错。首先要赞费德勒的坚韧与稳定。从 20 世纪最末时光到 2021 年，他从电视屏幕走向了如今时代的各类传媒传播平台，始终保持着强大竞争力。20 个四大满贯冠军已经先后被同时代的纳达尔和小德（诺瓦克·德约科维奇，Novak Djokovic）超越，但是连续 23 次打入四大公开赛半决赛的骄人纪录预计将永难被打破。此处不必赘述，还有很多数据可以印证。费德勒是自我管理的大师级人物，无论场内场外皆是楷模。年少轻狂，费德勒也曾赛场狂躁，但 19 岁之后即成熟异常，其实不过是悟得硬道理，自控得好，自然表现得更好。费德勒近些年也曾向克莱里袒露心声，在自己一副温良优雅的外表之下，还有一团团怒火在燃烧，但都被他小心翼翼地包裹好了。在场外，费德勒成功地处理好了各项复杂关系，在社交媒体上，表达克制有效，与媒体接触保持着古旧之风，往往将自己置于面对面的自然氛围之中，不做过度表达，深知自己极限所在，退入个人世界中找寻自在和平衡。有能力持续找到运动和生活中的快乐，是所谓网球世界里长期主义的根本所在，费德勒的教练团队曾经给出结论——他之所以很有趣，是因为他对世界饱含兴趣。

其次，最显而易见的便是，费德勒完美演绎了运动优雅之美，克莱里将其场上步伐比喻为曼妙舞步，全然的即兴舞蹈，轻巧的跳跃与从容的上网让人赏心悦目。当然，这一切都需要健康的躯体做保障。20 年前，在巴塞尔，费德勒曾与罗迪克有场比赛，如今人们回忆起来，结果已然淡忘，但众人皆赞其为一生难求的沉浸式网球之美体验。胜利常见，而沉浸不常有。还有，费德勒是绝对的赢家，但他之所以被人尊崇，也因为他同样是一位大输家。此观点可能会带来一定的不适感，克莱里所言的输家不过是在两场史诗级大战中的不幸败北，2008 年温网超长决战，输给纳达尔；2019 年美网决赛，领先情境下自我失误败给小德，那年费德勒 37 岁，似乎尚未步入告别的年代。

《大师费德勒》到手之后，你也可以不必急着展开阅读，总会有个契机可以激活你的沉浸式阅读状态。这本书不仅是塑成大师的岁月，从中你还可以找寻到与之对应每个年份中的自己。

费德勒：网球的价值和高度

劳博
广告门董事长 &CEO

感谢费德勒，从 1998 年开始，到 2022 年退役，用球拍开创了一个伟大时代，用比赛陪伴我们走过了无数个美好的日子。

细心观察，你会发现，每一个体育领域至少都有一位英雄：如篮球领域的乔丹、足球领域的梅西和 C 罗、网球领域的费德勒。费德勒以一己之力加上他的对手们，把网球这个本来“高端、小众”的体育项目，变成了颇受一个大众关注的项目，一个有机会让全民狂欢的项目。“费德勒的胜利，是瑞士人民的胜利，也是南非人民的胜利（费德勒拥有瑞士、南非双重国籍）。”“每次法国网球公开赛的决赛日，只要有纳达尔参加，就会变成西班牙人民的狂欢节日。”“当李娜获得大满贯冠军、当郑钦文获得奥运会冠军，中国人民的欢乐情绪会持续数十个小时。”（综合各国媒体的报道）。

据统计，2023 年全球收入最高的前十名女运动员中，有 9 位来自于网球。

中国最杰出的网球选手之一李娜，分别于 2012 年、2014 年获得法网和澳网冠军，2015 年的收入高达 1.12 亿元（人民币），至今每年还有超过 3 千万人民币的代言收入。2024 奥运会女单冠军郑钦文 2024 年的收入，有望突破 1 千万美元。

让我们来深入探究一下，费德勒对网球和社会的价值和意义，到底来自哪里？

在费德勒出道之前，桑普拉斯、阿加西、麦肯罗等网球超级明星并未完全火“出圈”，达到众所周知喜爱的程度。聚焦费德勒，他在场上不争不吵，不摔球拍、和对手真诚友善、打法优雅且攻击性十足，真诚回应每一个赞助商的需求，每年在伦敦温布尔登球场、纽约 USTA 网球中心、上海大师杯的久事体育场、瑞士巴塞尔室内网球中心，费德勒都享受着东道选手般的拥戴。费德勒的打法正反拍兼备，少有短板，力量和技术的结合趋于完美，他把“优雅”这个词赋予网球，让网球成为全民都欣赏的运动，这是他对网球最大的贡献。

同时要感谢转播媒体的发展，自 20 世纪 80 年代起，电视网络参与网球直播后，这个运动以其戏剧性的悬念、激烈的对攻和防守，加之网球场地红土、绿地、硬地 3 种特殊的底色以及运动员的技术魅力交互作用，使得网球的杰出观赏性得以淋漓尽致地呈现在数亿观众的面前。

费德勒为何拥有这么高的商业价值？截止到 2022 年，费德勒的职业生涯总收入超过 10 亿美元，来自赛事的奖金占了 1.5 亿，其他 8.5 亿美元以上都是商业代言收入。需要感谢费德勒随身携带的“优雅”这个名词，它的社会外延性更强，“优雅”带来的是安全、大众的欣赏，于是耐克、劳力士、奔驰、酩悦香槟、优衣库等顶级品牌纷至沓来，成为费德勒的签约品牌 。耐克下手最早，在费德勒 13 岁时就开始赞助，一出手就是 5 年，第二个五年续签时，耐克的老板菲尔·耐特（Phil Knight）也加入谈判，保证了双方合作的紧密度和合作诚意。2023 年之后至少数年，退役后的费德勒还可以从代言品牌奔驰、劳力士、优衣库等品牌获得每年 5 千万美元以上的收入。

必须要强调的是费德勒的经纪公司国际管理集团（IMG，国际头号经纪公司，纳达尔、谷爱凌、李娜、郑钦文均是该机构的旗下签约运动员）的平台作用，IMG 在费德勒前、中期的代言品牌合作中，起到了重要的作用，耐克、奔驰、劳力士、酩悦香槟等品牌均由 IMG 牵头谈妥，费德勒团队因此可以专注训练和比赛。在 2019 年的威尼斯双年展期间，笔者有机会在威尼斯的圣马可广场亲眼目睹费德勒代言的劳力士巨幅广告，费德勒在广场上与游客们亲切对视，蔚为壮观。在费德勒的职业生涯后期，费德勒成立了商务机构 Team8，来专门打理自身的商务合作和签约其他网球球员的代言合作。

总体而言，和足球、高尔夫等体育项目不同，网球更“高端小众”，似乎更难获得大众的认知和喜爱。费德勒证明了顶级网球运动员的收入不亚于欧洲的足球、美国的篮球和高尔夫以及 F1 赛车运动员。在 2005—2020 年间，费德勒和泰格伍兹、C 罗长期占据运动员年收入的前三位。网球的公开赛年代（1968 年）之前，网球运动员的收入未成规模，“我现时某一场球的收入，（居然）抵得上罗德·拉沃尔（澳大利亚知名球员，四大满贯即全满贯获得者）一辈子的打球收入。”有一次，费德勒和好友回顾网球历史，不胜感慨。

网球层面，费德勒是如何成为“大师费德勒”的？

费德勒的“顿悟”来自卡特教练：2003 年，费德勒的首任教练、年仅 37 岁的卡特因度蜜月在南非意外去世，成为费德勒职业生涯中最重要的一个转折点——突然之间，费德勒在场上的每一分钟，都变得深邃、严肃起来了，他打的每一场比赛，都像为了卡特而战。费德勒在写给教练史密斯的信中说：

“每次我状态不错或打出一个好球的时候，我都觉得卡特就在天上看着我。抬头望去，就好像卡特在上面俯视着我，为我感到骄傲。”。在此之前，费德勒的成绩并不稳定，“经常输掉一些势均力敌的比赛”。自此，费德勒的打法、心理状态趋于完善，开启了“费德勒时代”，此后 20 年间，超过 100 个包括 20 座大满贯冠军、巡回赛、大师赛冠军奖杯斩获到手。

2001 年温网 16 进 8 的比赛中，费德勒以 3:2 战胜桑普拉斯，中断了后者温网 31 场连胜的伟大步伐。从历史来看，费德勒成为温网历史上 8 次冠军的获得者，桑普拉斯应该为此感到欣慰。这次比赛，成为费德勒建立技术信心最重要的时刻。2003 年，费德勒首次获得温网冠军，2004 年，斩获澳网、温网、美网 3 个大满贯冠军，“费德勒时代”正式来临。

费德勒的座右铭：成为重要的人物固然重要，但更重要的是与人为善。这就是费德勒的“利他”优雅底色，也是他成功的底座。

如果想要真正地了解费德勒，请看对手们对他的真实评价。

纳达尔：“个人的驱动力是最重要的，如果有一个人一直在你的面前激励你，那你就会更容易看到自己的不足，看到需要改进的地方”；“如果你觉得自己最好，那你就看不到别人的进步，这样你在场上就很难准确理解怎样才能使自己变得更好。这么多年有费德勒在前面，当我上场比赛时，我会从不同的角度审视自己的不足并不断练习，做好自己应该做的事。”

德约科维奇：“如果在费德勒这样的水平上还想继续获得成功，我觉得首要条件是对成功有着强烈的渴望，不要固步自封，从各个方面持续不断地提升和完善自己。”

桑普拉斯（2005 年赛季开始前）："没有人能够抗衡费德勒，在接下来的四五年里，只要他参加比赛就是在创造纪录。"

阿加西：（2003 年，33 岁，输给费德勒之后）"不一样了，回不去了。费德勒已经把网球推到了一个新高度，一个前所未有的新高度。"

阿加西：（2005 年澳网 1/4 决赛，0:3 输给费德勒）"费德勒的下一位对手，千万别向我请教经验。"

安迪·罗迪克："在社交方面，他情商很高，我觉得这也是他大受欢迎的一个主要原因。他是一个善于变化的人，他的那种变化不是出于精心设计，而是一种真情流露。（打球时）就好比，我使出浑身解数把厨房的水槽扔给了他，而他却转身走进浴室，操起了浴盆进行更强大的反击。"

教练布拉德·斯泰恩："费德勒是那种能够让其他运动员也深感震撼的类型，他们会一边看他打球，一边不由地赞叹：天啊，他是怎么做到的？不可思议，怎么能够打出那样一个球？！"

美国网球协会主席艾伦·施瓦茨（颁奖典礼现场）："对网球比赛现场感到好奇的人们，今天终于体验到了它的美妙，费德勒，你的表现让整场比赛看上去轻松愉快，从未有人像你这般出神入化。"

目录

01

全世界都是他的主场

阿根廷，蒂格雷

在欢呼中登场的王者

临近午夜，罗杰·费德勒终于快出来了。

2012 年 12 月中旬，在布宜诺斯艾利斯的郊区，我独自坐在一辆轿车里为采访费德勒做准备，我已经等候多时。此时，收音机里传来埃里克·卡门（Eric Carmen）那首《独自一人》[①]，曲调哀伤得恰如其分。我想费德勒应该很难体会到那份孤独。他很少会独自一人，这一次应该也不会。

费德勒在 2012 年王者归来，时隔两年再次问鼎温布尔登网球锦标赛，获

① 埃里克·卡门，美国歌手、词曲作者。歌曲《独自一人》（*All by Myself*）是卡门的一首名曲，发表于 1975 年，是他离开树莓乐队后推出的首张个人专辑中的首支单曲，是一首广为流传的伤感民谣，加拿大歌手席琳·迪翁曾在 1996 年翻唱这首歌，并将其收入自己的专辑中。——译者注

得当年的大满贯[①]。此次，他把妻子米尔卡（Mirka）和3岁的双胞胎女儿留在瑞士的家中，第一次在南美展开一系列的网球表演赛。门票一出，瞬时售罄。

可以说他此行是为“钱”而来。他2012年全年参加正式比赛获得了850万美元的奖金，而此次南美之行则赚得更多：6场表演赛为他带来了1 200万美元的额外收入。同时他的此次表演赛也是为了给人们留下满满的回忆：在经历了过去11个月全身心高强度的比赛之后，这是一次难得的在新的场地与他的球迷进行交流的机会。

或许，对其他早已赚得盆满钵满的网球名将来说，这样的表演赛不过是倒倒时差的到此一游。可是费德勒和他的经纪人托尼·戈德西克（Tony Godsick）正在考虑下一盘大棋：开发费德勒在南美的潜在市场和知名度。从巴西到阿根廷，所到之处，球迷的热情已远超预期。就在今晚，20 000名观众挤进了蒂格雷临时搭建的体育场。这在阿根廷网球历史上是破纪录的一次，阿根廷拥有诸多网球名将，譬如吉列尔莫·维拉斯（Guillermo Vilas）、加布里埃拉·萨巴蒂尼（Gabriela Sabatini），以及费德勒的对手，或者在某种程度上更应该说是他的手下败将的胡安·马丁·德尔波特罗（Juan Martin del Potro）。

德尔波特罗的教练佛朗哥·达文（Franco Davin）直言：“对德尔波特罗来说，这场比赛他打得很棒，但也有些奇怪。他在自己的国家打主场，但现场观众却更多地在为费德勒欢呼。”

这种现象并非首次出现。事实上，费德勒所到之处，无论是哪儿，都像是他的主场。即使此刻已是午夜时分，仍有数百名球迷在体育场外聚集，等候他

① 指世界网坛的四大满贯赛事，分别是英国温布尔登网球锦标赛（简称温网）、澳大利亚网球公开赛（简称澳网）、法国网球公开赛（简称法网）和美国网球公开赛（简称美网）。下文中提及四大满贯赛事时均简称大满贯。——译者注

的到来。有的人为了看得更清楚，索性站在箱子上，有的孩子骑在父母的肩膀上，大家手持数码相机随时准备捕捉现场画面，在手指触碰按钮的那一刻，闪光灯瞬间闪烁。

人群安静无声又满怀期待。就在费德勒从体育场的侧门现身时，全场的热情瞬间被引爆。刚刚结束了和德尔波特罗的三盘比赛，费德勒却不见丝毫疲惫，脚步轻盈地走向了汽车后座。

“再见！再见！再见！”拉开车门之前，费德勒用富有亲和力的语气和自己的球迷挥手说再见。

随手关门的同时，他用同样的语气和我打了声招呼：“你最近怎么样？”

“我一直都觉得自己是个普通人”

我跟踪采访费德勒的足迹遍布六大洲。过去 20 多年里，我为《纽约时报》和《国际先驱论坛报》撰写了 20 多篇有关费德勒的专访报道。我们随时随地都能会面，从私人飞机到温网的后场，从美国时代广场到瑞士阿尔卑斯山上的餐厅，再到可以俯瞰整个协和广场美景的巴黎瑰丽酒店的套房。在那间酒店套房采访时，当时还是他未婚妻的米尔卡・瓦夫里内茨正在试穿多位设计师的品牌服装。

与我遇到过的其他大多数的顶级运动员不同，费德勒总是率先主动和我打招呼，真诚而友好，绝不敷衍了事。他会问：“这一路上还顺利吗？”或者“你对这次比赛、这个国家和这里的人们有什么看法？”

费德勒的前教练保罗・安纳科内（Paul Annacone）曾对我说：“如果费德

勒会问这样的问题，那表明他确实对这些感兴趣。”

我们一家五口在2012年随着比赛和采访周游世界，这一学年孩子们基本上都是在路上度过的，我们在秘鲁、智利和阿根廷一共待了3个月。

费德勒对我们沿途的风景非常感兴趣，比如智利的百内国家公园、奇洛埃岛和秘鲁的阿雷基帕市。当然，他最感兴趣的还是这些地区的教育及我的3个孩子的反应和收获。谈话间你能感受到他也在规划着带着自己的孩子自由自在地四处旅行。他想将两个女儿带在身边，让她们在和自己朝夕相处的同时感受一个更广阔的世界。

“我们是各种锦标赛及其举办城市的常客，我在全世界不同的地方结交了很多很多的朋友，”他说，“他们就像我的家人一样。每当我现在和孩子们一起的时候，我很快就会有回家的感觉。我想让她们也始终有这种感觉，无论走到哪里，都能和在家里一样舒服。”

不论是出于礼貌还是发自内心，费德勒展现出来的那份好奇心都会让你和他之间的谈话不再那么严肃、拘谨，而是带上了一层闲聊家常的色彩。这让人很放松，但或许这并非他有意为之。很多时候，他都会在这种高光时刻营造出一种极其平常的谈话氛围，这应该正是他刻意想要的结果。与此同时，他也在有意经营和维护自己的偶像形象。可以说，多年来，他对此有着丰富的经验。他会经常强调自己更喜欢与人面对面地交流，或许这一点遗传自他的母亲莱内特·费德勒（Lynette Federer）。每当有人听到她的姓氏或者店主看到她信用卡上的名字时，总会问她是否和那个大名鼎鼎的费德勒有关，莱内特总是在大方承认的同时很快转移话题，询问起对方的孩子和家庭。

“你看这外面，你听这些声音，像现在，”费德勒一边指着车窗外，一边用他特有的带着鼻音的男中音说，“警车开道，如此缓慢地穿过人群，这完全不是我日常生活中的状态。”

“有意思，我以为你对这种场面早已习以为常了。”

“完全没有，”他说，“我一直都觉得自己是个普通人。只不过，作为一名网球运动员，在别人眼里，我看起来光鲜亮丽，总是能周游世界，拥有很多粉丝，可以得到实时的反馈，知道自己打得好或不好。这一点和音乐家有点儿像，这种簇拥和直接互动的感觉非常棒。即使打得不好，也没关系，再努力就是了。至少你知道还有一些事情需要去做。如果打得不错，我会很自信，动力十足，激励自己不断进步。我个人觉得这样的生活真的很棒。当然也有艰难的时候，取得成绩的过程并不容易，但你知道这都是必须经历的。就像前几天我还在想，我在 10 年前就打进了世界前 10 名，可是直到今天我还是拥有同样的成绩。想起来都有些不可思议，我自己都不敢相信这是事实。我觉得自己非常幸运，这也可能是我坚持下来的一个原因。一旦退役，所有这一切都将不复存在。”

然而，有谁又能想到在费德勒正式退役之前还有那么多荣誉接踵而来。

永不熄灭的小宇宙之火

在阿根廷布宜诺斯艾利斯的那个夜晚，费德勒已经 31 岁了。同样在 31 岁的年纪，他的偶像皮特·桑普拉斯（Pete Sampras）在 2002 年的美网创纪录地摘得了第 14 座大满贯的单打桂冠。然而，人们事后才发现那是桑普拉斯职业生涯的最后一次巡回赛。如果他不是在一年之后才正式宣布退役，那么 2002 年的美网绝对是他告别网坛的一记绝杀。

费德勒年少时崇拜的另一位偶像斯蒂芬·埃德伯格（Stefan Edberg）也是

在 30 岁那年告别了网坛。

然而，正如众多的网球专家和球迷所希望的那样，费德勒在布宜诺斯艾利斯再次续航的网球生涯一点也不晚，他仍旧在征途中起起伏伏。当很多与他同时代的网球选手开始转战商界、成为评论员或者开始执教培养费德勒的年轻对手时，谁能想到费德勒还将继续一路高歌走进 21 世纪 20 年代。

桑普拉斯在 2001—2002 年的网球赛季结束后饱受重压的折磨。曾经指导过桑普拉斯和费德勒的安纳科内说："桑普拉斯的时代就这样结束了。但费德勒不一样，他们俩完全不同。让桑普拉斯倍感疲惫的世界巡回赛却能让费德勒从中获得能量。"

安纳科内曾跟随费德勒一起前往上海参加在那里举办的网球大师赛。在到达上海的第二天，安纳科内和费德勒团队的其他成员一起坐在酒店套房里聊天，突然传来一阵敲门声。打开门，一位中国女士站在门口。

费德勒立刻对着众人大声宣布："我们的中文老师来了。"

安纳科内回忆道："费德勒告诉我们，中文老师每天来这里半小时，教我们学简单的普通话。我当时的反应是，'嘿，老兄，我连英语都还不会说呢'。但费德勒说，'没事，没事，这会很有趣'。他可真喜欢学习，他想学一些中文来对自己的中国球迷表达感谢，尽管如此，当每次听到我们奇怪的发音时他还是会狂笑不止。费德勒会用一种其他球员都没有的方式来面对或者说对待自己的巡回赛。"

对费德勒来说，这是极其自然的。费德勒的父亲来自瑞士，母亲来自南非。费德勒 3 个月大时第一次踏上南非的土地，小时候，他每年都会定期返回南非一趟。与桑普拉斯只会讲英语不同，费德勒会讲多种语言：英语、法语、德语和瑞士德语，因为母亲的关系，他还懂一些南非语；又因为前教练彼得·伦德格伦（Peter Lundgren）的关系，他还知道不少瑞典语中的粗话。

在瑞士边境城市巴塞尔长大的费德勒，从小就习惯在不同文化环境中自由转换。当然，接触一种生活方式并不意味着一个人会全身心地投入其中，但费德勒认为自己是一名需要在世界各地参加巡回赛的职业网球运动员，他理应有这种能力。2012 年，在布宜诺斯艾利斯的比赛结束后，费德勒坐在那辆轿车里，眼前的一切让他激动不已。或许在那一刻，他才意识到原来自己在温网和法网上的辉煌战绩早已在世界各地引发了超乎想象的关注。

“他们真是太热情了，”费德勒说，“我在南美洲的粉丝比起其他任何地方的粉丝都要疯狂，他们见到我时竟然会哭泣、颤抖，不是出于敬畏，而是因为欣喜，他们觉得能见到我是一件不可思议的事情。以前我不是没有遇到过这种情况，但很少很少。可是现在，在这里，我敢肯定至少有 20 人上前和我拥抱、亲吻，他们因为有机会触碰我一下而心满意足。”

当车窗外阿根廷的球迷们蜂拥着向前冲来的时候，坐在车内的费德勒没有躲闪，直接迎了上去。

我问费德勒是否知道英语中有一个单词叫“jaded”。“好像听过。”他的回答听上去有些犹豫。

“这个词与法语中‘blasé’的意思基本相似，”我解释道，“指的是人在经历了一切后，再也没有了最初的那份冲动和热情。就像我们都知道的比约恩·博格（Björn Borg）那样，他在坐车离开美网比赛现场之后便再也没有回来。”那一年，博格不过 25 岁。

费德勒稍做沉思，他说："这种感受有时候会突然袭来。它会让我觉得'算了，完了，到此为止，不做了，厌倦了'。但事实上，我一直在想办法不让自己有这种情绪或想法。我会通过合理安排时间、适当地娱乐和放松或者适时做出一些改变来避免。因为，就像你说的，如果你总是在做一件事情，无论做什么，只要你常年地、反复地、频繁地做，就会产生厌倦。不管你的生活有多么精彩，你都会有这种感受。所以，对我来说，一次旅行、一次认真的训练、一次愉快的休假或是一系列令人赞叹的赛事等经历，所有这些，无论是什么，都会让我从中获得更多的资源和能量。真的，对我来说，就是这么简单。"

看着眼前这个年过三十却依旧活力四射、怀揣梦想、勇于打破常规，与以往的网坛前辈都有所不同的费德勒，你会禁不住地想：他之所以能够有今天这样的成就和状态，其实早已有迹可循。如果说费德勒面对各种阻力依然能够从容以对、轻松适应，那一定是因为他深知自己能够抵挡得住所有试图扑灭他小宇宙之火的狂风暴雨。

他的这种主观能动性与其整个职业生涯协调得非常好。

成为王者不能只靠天赋

过去的那些年里，费德勒总以一种异常轻松的状态征战赛场。他精彩的ACE球[①]、滑步正拍以及反重力的反拍击球，无一不展现了他超高的水平，在这个充斥着偶像的世界里让人眼前一亮。然而，他一路走来，从一个金发碧眼、情绪多变、风格不定的青葱少年成长为一名沉着冷静、举止优雅的体坛名将，依赖的绝不仅仅是命运的垂青，还有他一以贯之的坚韧意志。

① ACE球指的是对局双方中一方发球，球落在有效区内，但对方没有触及到球而使之直接得分的发球。——编者注

费德勒被公认为一名天才型选手。但实际上，他努力认真、一丝不苟、极其自律，总是事无巨细地提前做好各种规划和日程安排。

“我通常会对未来一年半的比赛有一个大致的规划，对未来 9 个月会有非常具体的计划。”费德勒在阿根廷时对我说，“我知道在鹿特丹网球公开赛之前的那个周一我要做什么，或者在印第安维尔斯网球大师赛前的周六我要做什么。我的意思不是说我对每小时具体做什么都特别清楚，但是我对自己每一天要做什么是非常明确的。”

尽管我们很少看到费德勒在场上汗流浃背，但是他在场外却历经无数艰辛，甚至自我怀疑。他带着伤痛打球的次数远比我们知道的多得多，众目睽睽之下的重大挫败也并非绝无仅有。大家很容易就会想起他在 2008 年和 2019 年温网决赛上的失败，先后两次在第五盘决胜局中惜败对手拉斐尔·纳达尔（Rafael Nadal）和诺瓦克·德约科维奇（Novak Djokovic）。

费德勒是一个大赢家，累计获得过 100 多个世界职业网球巡回赛的冠军，连续 23 次进入大满贯的半决赛，但与此同时，他也是一个大输家。毫无疑问，种种挫败使他更接地气，更具人性化，在普罗大众中引发共鸣。而他在面对形形色色的挫折时所表现的坚韧更能引发人们由衷的赞叹，他总是能在不经意间强势反弹。

网球赛事对费德勒来说已经不再是追求个人成绩和排名的平台，在很大程度上他追求的是使这项运动始终保持在竞技的状态。在欧美，网球作为一项球迷人数持续递减且日趋老龄化的运动，费德勒的成就所引发的这种效应可谓非常重大。

费德勒行为处事的方式十分传统：他很少引发舆论争议，不窥探他人的私生活，一贯的温文尔雅且浑身散发着科林蒂安精神[①]。

这会让人感觉乏味吗？几乎不会。一个让大家在纷扰分裂的世界中彼此连接的人怎么可能会是乏味的呢？长期以来，费德勒的每场比赛都精彩纷呈。无论是起跳发球还是击打落地球，他的动作都十分漂亮。他双眼注视击球点的时间比我过去 30 年里见过的任何一位网球运动员的都长。他击球后的随挥动作看上去不动声色、干净利落，就如同迈克尔·乔丹腾空扣篮的长时间悬停和舞者绝美姿势的亮相一样深深吸引着观众的目光。

“他是我见过的动作最漂亮、弹跳力最好的网球选手，”比利·简·金（Billie Jean King）对我说，“他身体的动力链[②]连接紧密。这也是他的体态如此优雅的原因。”

在过去 25 年里，随着聚酯线成为网球线的主要材质，球拍弹力越来越大，再加上球员越来越高和越来越有爆发力，职业网球的发展真可谓突飞猛进。运动员需要不断调整击球技巧和步法来应对网球整体速度的提升。然而，费德勒看上去好似总有时间来润色自己的球技。他是如何做到的呢？他是如何迅速复位从而完成下一个漂亮的击球动作的呢？费德勒视力极佳，身体敏捷，这些特质均属罕见，再加上他相对紧凑的击球节奏和由内而外散发出来的自信。当对手还在苦思冥想之时，他就能够在奔跑或伸展的瞬间想到应对之策并迅速付诸实施。

马克·罗塞特（Marc Rosset）是在费德勒之前瑞士男子网球运动员的标杆。他特别喜欢谈论费德勒的“反应速度”。

---

① 源自 1882—1939 年位于英国伦敦的一家足球俱乐部所提倡的体育精神。该俱乐部在全世界范围内普及足球。它所提倡的公平竞争和热爱比赛被视为体育的最高精神。——译者注

② 动力链在解剖学上指肢体的所有关节、肌肉及其所连接的脊柱部分。——译者注

罗塞特回忆起之前曾做过的一个训练：球员需要在 5 种不同颜色的球被抛入空中后按颜色顺序一一接球。“我最多可以接住 4 个，”罗塞特说，“我觉得挺难的。可是费德勒，你给他 5 个，他就能接住 5 个。”

在罗塞特看来，人们非常关注运动员手脚方面的天赋，却很少谈论另外一种天赋——反应能力，即一个人的大脑解读眼前所见事物的能力。如果仔细观察那些世界名将，譬如像齐达内、马拉多纳那样的足球运动员，或费德勒、德约科维奇、纳达尔这样的网球运动员，你会发现他们的速度很快，恍惚间误以为自己闯进了人工智能控制的世界。可以说，他们的速度已快到大家无法理解的地步，快到他们的大脑像电脑一样有更多的时间来处理信息。

罗塞特说：“你看齐达内运球，即便有 4 个人围堵，他也会异常冷静，游刃有余，一切都像是慢动作。这些伟大的球员会比其他人快上那么几分之一秒，然而就是这几分之一秒能让他们看上去非常地从容不迫。费德勒曾经打出的那些不可思议的好球，就像是神来之笔，是其他人怎么练都练不出来的。”

他让网球变成一种表演艺术

费德勒状态好的时候，在赛场上，我们一边被他“行云流水”的身体律动深深吸引，一边则暗自紧张地等待着他“放大招”。那简直是双重震撼！这种震撼又因为他在职业生涯的大部分时间里鲜少失手而愈加地浓烈。他从不发表长篇大论，也不轻易说笑逗乐。球场上，他内心的感受极少在他那深邃的双眸中反映出来，他的重点始终放在提高动作的技术水平上。

费德勒的好友及长期教练塞韦林 · 卢蒂（Severin Lüthi）曾对我说：“费德勒不只打球，他还把打球看作是一种娱乐的方式。”

他的这一特质深受行业内外人士的喜爱。曾长期指导凯文·安德森（Kevin Anderson）和世界排名第一的吉姆·考瑞尔（Jim Courier）的教练布拉德·斯泰恩（Brad Stine）评价说："费德勒是那种能够让其他运动员也深感震撼的类型。他们会一边看他打球，一边不由地赞叹，'天啊，他是怎么做到的？不可思议，怎么能够打出那样一个球？！'"

约翰·麦肯罗（John McEnroe）也是一位顶尖高手，但他在比赛中常常感觉备受煎熬。如果说麦肯罗就像是杰克逊·波洛克①，试图以滴溅错综的浓彩来表达内心的挣扎，那么费德勒则更接近彼得·保罗·鲁宾斯②：多产、适应性好、经久不衰，在完全符合大众审美的同时运用自己的笔触和构图让同行专家大为惊叹。

费德勒的球技自成一派，在自我表达的同时也为其他人的想象留下了足够的空间。费德勒不大愿意将打球套入方程式般的过度思考中，他认为"在某种程度上，打球是一个简单的过程"，但与此同时他也不排斥其他人对他打球状态的各种解读。这就像在一些研讨会上某位作家的作品被解读为多层意思一样。

记得 2018 年，我和他在加利福尼亚州沙漠一起登上他那架私人飞机前曾聊起过这个话题（这是我第一次，也可能是最后一次乘坐私人飞机）。他在前一天的印第安维尔斯大师赛的决赛上刚刚结束了与德尔波特罗的对阵。他先是在自己的发球局丢了 3 分，而后又在第三盘决胜局中失利。这也是他在 2018 年整个赛季的首次失利。他当时可以转圜的余地已非常小，能够有所反应的时

---

① 杰克逊·波洛克（Jackson Pollock，1912—1956），美国画家，以独创的"滴画法"闻名于世，是抽象表现主义运动的主要力量。——译者注

② 彼得·保罗·鲁宾斯（Peter Paul Rubens，1577—1640），佛兰德斯画家，巴洛克画派的早期代表人物，画作强调颜色运用和感官体验。——译者注

间也极为有限。

“战术？人们总在谈论这些东西，”费德勒说，“但在这个级别的比赛，你的很多动作其实都是下意识的，因为接发球的速度实在太快了，大家基本上都是出于本能来做一些动作，当然，其中也有运气的成分。”

运气有时也很重要

运气对费德勒而言确实很重要。如果当时一位名叫彼得·卡特（Peter Carter）的澳大利亚教练没有答应巴塞尔一家小型网球俱乐部的聘请，那么费德勒就不会成为世界冠军，至少不会是一名网球世界冠军。如果他未能遇到头脑聪明、细心体贴且极有想法的体能训练师皮埃尔·帕格尼尼（Pierre Paganini），又或没有遇到另外一位比他年长的瑞士网球运动员米尔卡·瓦夫里内茨，那么他就不可能有今天这么好的体能和耐力。米尔卡不是别人，正是他后来的妻子、新闻发言人和为他处理各类事务的总负责人。可以说，没有米尔卡的全力支持和雄心壮志，就没有费德勒在网球世界里经久不衰的人生传奇。

早年曾在瑞士与费德勒和米尔卡一同工作过的法国健身教练保罗·多罗琴科（Paul Dorochenko）说：“她对成功的渴望和费德勒一样，甚至更加强烈。”

当然，在生活和职业网球的生涯中，真正重要的是一个人如何利用自己的“运气”，是否善于利用自己获得的机会。幸运的是，费德勒从来没有浪费过自己的好运气，甚至做得更多。

费德勒的团队一直有意将他打造得温文尔雅一些。事实上，他从来都不是这样的人。他头脑聪明、直觉敏锐，但和文雅实在是沾不上边儿。他从来都不是一个认真学习的好孩子，16 岁时便早早辍学。他以一种粗放且生猛的方式长大，并由此开启了自己的职业网球训练。

他在阿根廷时对我说："我认为生活本身就是学校。"

费德勒的网球天赋不容置疑。但是，真正让他与同时代其他伟大球员有所区别的是他对网球持之以恒的热爱和不断追求卓越的内驱力。他一直坚信在职业网球的世界不进则退。他的这一理念也深深影响了年轻一代的网球选手。

德约科维奇在不久前曾对我说："如果在费德勒这样的水平上还想继续获得成功，我觉得首要条件是对成功有着强烈的渴望，不要固步自封，应从各个方面持续不断地提升和完善自己。我知道费德勒说过很多这方面的观点。我想，大多数的顶级运动员，无论从事的是什么运动项目，大都认同'不进则退'。"

费德勒很清楚或者可以说他很早就开始剖析自己的弱点，譬如如何处理不稳定的情绪，如何保持内心的坚韧，如何提高专注力和忍耐力，如何面对长期的腰背疼痛，以及如何提高单手反拍击球的动作水准。他适时改变自己在场上的技巧和策略，转而更多地从底线而非网上进攻。他开始使用大头拍以确保自己能在多拍回合的对打中保持优势，同时他还频繁更换教练。这么做并非一时冲动，而是能让自己总有新的视角和体验，有段时间他甚至一位教练也没有。纵观他的成长历程，你会发现他总在为自己挑选人生导师，或者说某一个阶段的人生榜样：从桑普拉斯到出事前的泰格·伍兹，再到最近的比尔·盖茨。他想在自己晚年时能和比尔·盖茨一样投身慈善事业。

高超的球技绝对是费德勒走向成功的关键，但他的人际交往能力更让他如虎添翼。超级球星通常都会收到品牌方赠送的各种球鞋，但他们很少会设身处地为别人着想。然而，费德勒是个例外，他善解人意，无论是在体育场、大街上、酒店房间里，还是汽车后座上，他始终会考虑到别人的感受。

“在社交方面，他情商很高，我觉得这也是他大受欢迎的一个主要原因。”后来与费德勒成为朋友的美国网球明星安迪·罗迪克（Andy Roddick）这样说道：“他是一个善于变化的人，但他的那种变化不是出于精心设计，而是一种真情流露。”

别厌倦，继续向前

从蒂格雷前往布宜诺斯艾利斯市中心的途中，有一辆车突然避开了所有的护送车辆全速开到了我们所乘轿车的旁边。只见一名男子不知道是出于追星的兴奋还是其他什么原因，将半个身子探出车窗外，拼命地朝费德勒挥舞着一顶印有字母 RF（费德勒英文名字的首字母）花式拼写的帽子。

“你看，你至少知道关于你的周边商品在不停运作。”我说。费德勒微微一笑，隔着车窗玻璃和对方挥了挥手。“他可别把帽子给弄丢了，”他一边对我说，一边冲对方说着“再见，再见！”

费德勒的极度敏感也许是他赛后动情落泪的原因。尽管他近来已鲜少在公众场合落泪，但这的确是他性格中的一部分。泪水所表达的似乎不仅是成功的喜悦或落败的失望，更多的是在赛场上全情投入后的一种释放。这种情感上的全情投入几乎是每一位参加比赛或锦标赛的人所共有的。

“是不是过段时间你就会对这种现象习以为常了？”我问这个问题的时候，那辆搭载着球迷的车子已经消失在了夜色中。“不，不，不会的，”费德勒提高了声调回答道，“对我来说，一切都难以置信。当你看到有这么多快乐的人，不是很美好吗？他们给我展现了另外一个世界。这也是我为什么喜欢表演赛的原因。这种感觉，怎么说呢，和其他比赛完全不一样。你会去一个之前从未去过的国家，做一些你以往压根儿没时间做的事。比赛也不用太紧张，当然我还是会保持水准。但是，我觉得表演赛就是看你能不能打动人心，让大家觉得开心好玩。这不像其他比赛那样，球迷千里迢迢地去看你，而这种比赛是你为了看他们而来。”

费德勒在新闻发布会上的回答通常都比较拘谨和克制。他很少跑题，也不大会主动提及一些信息，但是他尊重每一位提问者和每一个问题。这一点与之前的网球运动员吉米·康纳斯（Jimmy Connors），以及同龄的网球运动员莱顿·休伊特（Lleyton Hewitt）和维纳斯·威廉姆斯（Venus Williams）[①] 形成了鲜明的对比。然而，在一个相对比较私密的环境中，他会展现出自己活泼好动的一面，滔滔不绝、手舞足蹈地和你谈天说地。费德勒有时在使用英语表达时会有些词不达意，英语虽然是他的第一语言，却又不是他说得最好的。他会翻来复去、兜兜转转地说上好几次才能准确地表达出自己的意思。

镜头下的费德勒一点也不张扬，有时甚至还显得有些呆头呆脑。他把自己爱搞笑的那一面只留给了身边的朋友和同伴，而非随行的记者。

我这些年跟着费德勒的团队跑了不少的地方。这本书将通过其中的部分经历来呈现费德勒的职业生涯，它绝不是一本有关费德勒的百科全书。这一路上，有太多的比赛分数和赛后总结可以回顾。可以说，费德勒给我们这些传记作者提供了太丰富的素材：他参加过全球 1 700 多场的职业巡回赛且大部分都有赛后记者会。我并不想让费德勒的网球故事被这些赛事完全裹挟，相反，我希望这本书能围绕着那些对费德勒来说至关重要的，或者具有象征意义的人物、地点和赛事徐徐展开，兼具叙事情节和独到的解读。

费德勒的足迹遍布全球。他这一路上都在追逐奖杯，收获奖金，探索新

① 即大威廉姆斯。——编者注

鲜事物，获得成就。随着一个又一个赛季的推进，我和他之间的交流也越来越多。

没想到阿根廷会成为他全球旅程中意义非凡的一站。当我们抵达他位于布宜诺斯艾利斯市中心的酒店时，已获得 17 座大满贯男单桂冠的费德勒却一直在对我强调他多么希望自己有进一步提升的空间。

“这次表演赛结束后我会给自己放个假，好好休息一下，完全放空。过去这几年，我一直处于一种紧绷的状态，”费德勒说，“如果一直都是这个节奏，我感觉极有可能会像你刚才说的那样，jaded，厌倦了。”

费德勒冲着我笑了笑。他接着说：“jaded 可是我学到的一个新词。我不希望这种事发生在自己身上。我希望接下来还能有很多年可以继续往前走，希望能有更多机会。”

02 “瑞士制造”的天才选手

瑞士，巴塞尔

网球在我的早年生活中扮演着“救世主”的角色。我的爸爸在我小时候和费德勒的爸爸一样一心扑在事业上。他总想着不断晋升，最终成为一名美国海军上将。在我上大学前，我们搬家的次数超过 10 次，从弗吉尼亚州到夏威夷州，又到加利福尼亚州。网球就犹如一张通行证，让我能够以最快的速度融入新的社区、新的学校和新的球队。我从未停止过对比赛的观摩，自 20 世纪 80 年代开始，我一直以批判的眼光报道比赛。这项爱好给我带来了许多快乐。在过去的 35 年里，我跟踪报道过的运动项目种类繁多，但是我却始终对网球情有独钟。我想，其中很大一部分原因在于我自己打过网球，深知其中的痛苦和挣扎。所以，我特别理解像费德勒这样的“网球大师”在重压之下完成的一个个看似平常的击球动作背后隐藏的诸多艰辛。

我在威廉姆斯学院[1]就读期间曾加入过学校网球队。刚毕业的那年暑假，我在纽约东汉普顿的一家网球俱乐部带班授课，这家看上去很低调的俱乐部拥有很多高端客户，譬如我带过的学员当中就有《滚石》杂志的创办人詹恩·温纳（Jann Wenner）和时装设计师格洛丽亚·萨克斯（Gloria Sachs）。我当时一心想着代课挣钱来实现自己和大学室友一起穷游世界的愿望，我在温纳、萨克斯和其他学员的帮助下完成了这项任务，为此，我天天把自己的那把"尤尼克斯"网球拍插在背包里跑来跑去。也许，这身装扮在少有网球场的地方会显得格格不入，但对当时的我来说，这个球拍就犹如一张儿童安慰毛毯一样给我带来一种安全感，随着我在陌生的世界里驰骋，它陪我度过了整个青少年时期。

观看网球比赛对我来说从来都不是被动的，我会全情投入，浑身紧张，右手不自觉地握成抓拍的动作。从我第一次报道网球赛事到最终出现在温网的现场，这中间还有好长的一段路要走。我报道的第一个网球赛事是 1987 年美国网球协会在我家所在的圣迭戈市举办的面向全美 12 岁及以下男童的网球锦标赛，它也是面向全美有网球天赋的小学生的选拔赛。

在那个大家还主要依赖报纸获取资讯的年代，我在当地一家报社做暑期实习生。我至今还记得在比赛间隙，后来打进世界网球排名前 20 的文斯·斯帕迪亚（Vince Spadea）的爸爸在赛场上高歌了一曲咏叹调；而当时不过 6 岁，跟着妈妈萨曼莎坐在看台上的亚历山德拉·史蒂文森（Alexandra Stevenson）则在草地上玩起了侧身翻。那一年，离她在 1999 年打入温网半决赛、被大众知道她是 NBA 球星朱利叶斯·欧文（Julius Erving）的女儿之前还有很长一段时间。

---

① 威廉姆斯学院（Williams College）是一所位于美国马萨诸塞州威廉姆斯镇的私立文理学院，是全美排名最高的文理高等学府之一。——译者注

什么东西会留在你的记忆里，什么会悄然溜走，看似随机而难以捉摸，但我一直坚信只要我亲眼看过一名年轻男子网球选手的两场比赛，我就敢百分百地确定他是否会有朝一日成长为世界冠军。

我的预言第一次应验发生在 1998 年的法网公开赛上。当时年仅 18 岁的马拉特·萨芬（Marat Safin）在他最早的两场大满贯比赛中击败了安德烈·阿加西（Andre Agassi）和卫冕冠军古斯塔沃·库尔滕（Gustavo Kuerten）。萨芬是一位极具运动天赋的俄罗斯网球选手。他在赛场上气势凶猛，性感十足，爆发力惊人。他的双手反拍更是独树一帜，与我见过的任何击球方式都不太一样。

我的预言第二次应验则是在我 2001 年 2 月第一次去巴塞尔的时候。当时，我前去报道帕特里克·麦肯罗（Patrick McEnroe，下文简称“小麦肯罗”），他作为主教练与作为球员的 18 岁的安迪·罗迪克代表美国队在戴维斯杯[①]上首次亮相。结果，谁能想到我反而围绕着一位瑞士少年写了多篇文章。

我曾在 1999 年的法网观看过费德勒和帕特里克·拉夫特（Patrick Rafter）之间的比赛。那是费德勒第一次参加大满贯男单赛事且最终输给了拉夫特。第二年，费德勒在悉尼夏季奥运会上止步男子单打四强。第 4 名在奥运赛场上真是一个既尴尬又苦涩的位置。2000 年，19 岁的费德勒被业界公认为前途不可限量的种子选手。然而，直至我在他的家乡巴塞尔观看了 3 天的比赛之后，我才真正意识到他是多么“不可限量”。

戴维斯杯是世界顶级的男子网球团体赛事，它在当年的风头更是一时无两。它就像是一个耐力检测器，通过比常规赛事更强大的压力来检测球员的抗压能力，又通过五盘三胜制的比赛规则来检验球员的忍耐极限。

① 世界上备受瞩目的以国家队作为比赛单位的男子网球团体赛事。——译者注

自 17 岁正式参加职业比赛以来，费德勒的成绩喜忧参半，世界排名也一度都在 20 开外。然而，2001 年在巴塞尔的那个漫长周末，费德勒却挑起了整个瑞士队的大梁。不论是个人单打还是与洛伦佐·曼塔（Lorenzo Manta）的双打，他都在第一轮横扫美国队。

开赛当天，费德勒便击败了曾两次打进大满贯决赛的网坛老将托德·马丁（Todd Martin）。尽管此次比赛是在室内的人造场地上进行，但我已经在脑海里开始想象他在室外草地球场上灵活跑动的身姿了：只见他反拍切球，在跑动中打出正拍制胜球，从底线到球网进退自如，既能成功截击，也能过顶扣杀，整个过程行云流水，一气呵成，让人不禁联想起桑普拉斯和埃德伯格。他们三人都展现出一种不费吹灰之力便在场地上大范围快速移动的能力，费德勒更以一种我从未见过的速度从反拍侧绕流畅切换至正拍击球。他的发球看起来也无懈可击，刁钻得让人难以捉摸。尽管马丁身高 1.98 米，臂展开阔且回击能力超强，但还是显得有些招架不住。

在那个体育记者不用急着发推文，而是坐在一起互相开玩笑的日子里，我对周围的记者朋友们说："这个小伙子将来一定会问鼎温网，而且绝对不止一次。"

说这样的话其实不太符合我的性格。我通常只是默默观察，很少会斩钉截铁地大声预言。可是，我对费德勒的预测则是欲罢不能。那时，皮特·桑普拉斯也不过将近 30 岁，在全英俱乐部[①]独领风骚；而来自澳大利亚的种子选手帕特里克·拉夫特也风头正劲，表现出色。但是，如果你观看过足够多的顶级比赛，你就会发现那些潜力巨大的年轻球员，他们有着一套有迹可循的发展模式和精湛的技能。你也因此会在脑海里开始想象他们有朝一日在大赛上叱咤风

① 全英俱乐部（All England Club）于 1877 年举办了首届网球锦标赛，并制定了最初的网球运动规则，是温网的发起俱乐部。——译者注

云的样子。费德勒雷厉风行的进攻风格、全方位的移动技巧、迷惑对手的假动作、流畅自如的步伐和漂亮的转身都让人眼前一亮，印象深刻。

费德勒在场上的战术和策略也日趋成熟。瑞士队在此次戴维斯杯上的精彩表现让美国队相形见绌。

小麦肯罗在 2–3 失利后对我说：“我们遇到了一个场上霸主。这个费德勒打得不错。这小子这周的状态也太好了，我们打不赢的。他好像参加了不少的比赛。我看他以后跻身世界前 10 肯定没问题，甚至可能更靠前。”

就在戴维斯杯开赛前的一周，费德勒刚刚在米兰一个类似的室内网球场上赢得了自己的第一个 ATP[①] 赛事的冠军。对年轻球员来说，这一胜利具有分水岭的意义。之后，费德勒在巴塞尔代表自己的国家在戴维斯杯上取得的胜利则是一个在更高层面上的情感突破。

后来，费德勒在这家巴塞尔的室内球场赢得了 10 个单打冠军。然而在当时他对自己的实力还做不到胸有成竹，对自己是否能担当起带领整个球队的重任也心有疑虑。他和当时瑞士队的队长雅各布 · 赫拉塞克（Jakob Hlasek）的关系也略显紧张。赫拉塞克是一位瑞士的网球明星，在一年前强行取代了费德勒和其他队友都更为欣赏的克劳迪奥 · 梅扎德里（Claudio Mezzadri），当上了瑞士队的队长。

“在我的职业生涯中，与美国队在巴塞尔对阵的那场比赛非常重要，”费德勒后来晚些时候对我说，“它让我开始完全相信自己。”

① ATP 是职业网球联合会（Association of Tennis Professionals）的缩写，于 1972 年 9 月成立，旨在保护男子职业网球选手的利益。自 1990 年开始，该协会组织了以协会名命名的全球网球巡回赛（至今是职业网球运动员最常参加的网球赛事），并每年通过赛事获得的积分进行全球排名。——译者注

费德勒在那次获胜后喜极而泣并紧接着发布了三种语言的记者会。当年的他，长发飘逸、脸庞稚嫩、五官突出、鼻子坚挺，看上去更像一名拳击手。他迈着美洲豹般的步伐，节奏稳健、姿态优雅地走进会场准备接受采访。但是，你还是能明显感受到他的不自在，他似乎还没有做好成为众人焦点的准备。

来自美国的未来对手

那一年的美国队中有两名未来的明星球员：安迪·罗迪克和詹姆斯·布莱克（James Blake）。布莱克后来数次因费德勒那双机敏灵活的双手吃尽了苦头。

罗迪克在此次被称为"死局"的戴维斯杯上首次亮相。他反应快、击打力强，并在周日的最后一场单打比赛中代表美国队击败了瑞士队的乔治·巴斯特尔（George Bastl）。然而由于费德勒此前已经击败了另一位选手简-迈克尔·甘比尔（Jan-Michael Gambill），所以罗迪克的获胜并未能改写瑞士队赢得胜利的结局。

比赛结束的当晚，两支队伍在巴塞尔的一家酒吧不期而遇，费德勒和罗迪克就这样有了第一次面对面交流的机会。

罗迪克后来对我说："我当时特别好奇他是如何面对戴维斯杯在自己家乡举办的那种压力的。而且，我亲眼看着他碾压整个美国队。所以，当时我觉得像'嘿，这家伙真的会很棒吗？'这样的问题已经无须再问了。相反，我想问的是'他会成为人人瞩目的罗杰吗？'（这么问没有半点不敬的意思），还是说'他会像理查德·加斯奎特（Richard Gasquet）那样，打得特别好吗？'如果有人说当时就看出了这两者之间的差别，那我觉得他一定在胡扯。如果有差别，那也一定是内在的。我当时感觉费德勒将来一定能进世界排名的前 10 或前 5。这和他后来成为世界排名第一、数次赢得大满贯，甚至连续 10 年一路保持相当好的成绩完全不是一个概念。回到 20 年前，你压根儿猜不到结局。”

布莱克读完大二后便从哈佛辍学正式开启了参加世界巡回赛的职业生涯。在巴塞尔时，他还只是美国队的一名网球陪练。这让他和当年瑞士队的网球陪练米歇尔·克拉托赫维尔（Michel Kratochvil）有了不少的相处时光。

布莱克后来对我说：“我们为罗迪克感到骄傲。队里的每个人都会说‘这孩子是个好苗子，等着看，他一定会出人头地，能在队里待很长时间’。每当我和克拉托赫维尔这么说的时侯，他都会说‘嗯，我们队也有一位，将来也一定不得了’。”

布莱克曾仔细地琢磨过费德勒的打法。他发现，一旦费德勒开始控球，对手再想把球打到他杀伤力相对较弱的反手侧就非常不容易，因为他的反应速度实在是太快了。

“他在场上的跑动让人无可挑剔。只要他开始正拍击球，你就很难再找到让他反拍击球的机会，”布莱克说，“而且一旦能够正拍击球，他就完全控制住了比分。真是不可思议！”

布莱克还发现了费德勒身上的另外一个特点。“我们一直在场上观察他打球的状态，发现他基本上不出汗。他非常冷静，心率看上去也一直维持得很稳定。他不怎么受外界影响，哪怕对手还差1分就能拿下比赛的‘破发点’[①]，你也看不出他有任何的焦虑和紧张。此时现场观众往往都会有一些情绪波动，但他还是稳如泰山。”布莱克不知道的是，费德勒已将原本那个爱摔球拍、大喊

① 网球中的破发点（break point）指在对手发球局中，如果对方再得 1 分就可以获胜。如果还有一球就可以拿下一局的比赛，且领先对手 1 分的话，就称为有一个破发点。如果还差一球就可以拿下一局的比赛，且领先对手 2 分的话，就称为拥有两个破发点。以此类推。——译者注

大叫的自己抛在了身后。

“他给我一种在任何情况下都临危不惧的感觉，”布莱克说，“但看到他赛后真情流露，知道他其实心里还是很在意这一次在自己家乡举办的戴维斯杯的，真心觉得他挺酷。”

美国队赛后没多久便启程回国，而我则完成了自己在《国际先驱论坛报》上发表的专栏文章。我当时还没大胆到直接下结论说费德勒一定就是未来的温网冠军。我在文中这样写道：

> 费德勒是一位相当特殊的网球运动员。他成熟、沉稳，技术全面，整体动作行云流水，天生具有一种重压之下越战越勇的特质。
>
> 他发球强劲，防守积极，会通过高吊球扣杀制胜。他会采用经典的切削随球上网①和紧握球拍、紧绷手腕凌空截击球②得分。他以正拍击球为主，配以快速的单手反拍或角度刁钻的切球，经常使对手措手不及，在气喘吁吁之中又落入他快速旋转球的圈套里。
>
> 尽管如此，我们依旧很难预测这位全方位的天才选手是否会成长为“大师”。金钱、名利和职业竞技运动中不可避免的伤痛总会让球员黯然失色，无论多高的天赋和技巧都是如此。不过，这位瑞士的网球运动员在历经两周的比赛之后再次夺冠。他与同样来自瑞士的玛蒂娜·辛吉斯（Martina Hingis）很不一样，辛吉斯的生活和训练主要在美国的佛罗里达州，而费德勒则一直在瑞士境内。

---

① 切削随球上网（chip-and-charge），是指发球方和接发球方在底线后，当发球方发球后立刻随球来到网前，接发球方用推挡的方式回发后也来到网前，双方都试图争夺网前的控制权。—译者注

② 截击球是一种具有攻击性的网前击球方法。它要求在网球落地前快速进行凌空拦击。——译者注

成长的起点

费德勒的网球生涯从瑞士开始。1981 年 8 月 8 日，在家中排行老二的费德勒出生于巴塞尔大学的附属医院。他的母亲莱内特·费德勒和父亲罗伯特·费德勒均中等身材，酷爱运动，开始接触网球的时间都较晚。

费德勒在巴塞尔开始学习打网球之后，在瑞士各地参加比赛和训练。在瑞士这样一个有着 4 种官方语言的多元化国家，费德勒青少年时期的生活深受各种外来文化的影响。

他的母亲莱内特来自南非，18 岁那年在南非首都约翰内斯堡附近的一家瑞士化工企业汽巴－嘉基（Ciba-Geigy）工作时认识了自己的同事罗伯特。尽管莱内特的第一语言是南非语，但她的父亲坚持让她进入了一所当地的英语学校。在她和罗伯特组建家庭共同移居瑞士生活后，先后孕育了女儿戴安娜和儿子罗杰。她在家中同两个孩子主要说英语。

在费德勒职业生涯的初期，莱内特曾接受过我的一次采访。她说：“一开始的几年我只说英语，但后来主要说瑞士德语。在瑞士生活久了，学起来也容易。我和费德勒交流还是用英语的时候比较多，但有时候也会两种语言混在一起，主要看讨论的是什么话题。”

莱内特和罗伯特之所以会给自己的儿子取名“罗杰”，主要是因为它听上去和费德勒这个姓很搭配（费德勒没有中间名）。而且，Roger（罗杰）这个名字在英语中很好发音，但费德勒小时候却因此花了不少力气和小伙伴们解释自己的名字不叫“罗宅”。

费德勒真正意义上的第一位教练是移居瑞士的捷克人阿道夫·卡科夫斯基

（Adolf Kacovsky）。但是，对费德勒早期的网球训练影响最大的教练是来自澳大利亚的彼得·卡特。费德勒后来的教练中有瑞典人、美国人，还有来自克罗地亚的伊万·柳比契奇（Ivan Ljubičić）。

尽管费德勒的成长背景和训练方式非常国际化，但他坚持认为自己的成就得益于瑞士网球联合会的培养。这一点在瑞士其他知名网球运动员的身上是看不到的。例如在他之前同时包揽女子单打和女子双打世界第一的辛吉斯，以及在他之后成为瑞士男子单打二号种子选手的斯坦·瓦林卡（Stan Wawrinka）。同样来自瑞士的马克·罗塞特是1992年的奥运会男子网球单打冠军，他说："只有费德勒通过瑞士网球联合会取得了巨大成功。"

巴塞尔是费德勒梦开始的地方，它坐落在莱茵河畔，是一座位于瑞士、德国和法国三国交界处的国际化都市。莱内特说："罗杰小时候，我们一家经常跨境购物。"来自瑞士法语区城市日内瓦的罗塞特说："幸运的是，瑞士拥有了费德勒。想象一下，从巴塞尔出发任意一个方向往前走5千米，他就可能是德国人，或者法国人。想想如果费德勒是法国人，这太让人难以忍受了！"

费德勒从小就表现得很活跃，用他自己的话说就是"和多动症差不多"。费德勒的家位于巴塞尔的郊区明兴施泰因的一条幽静的街道上。比起读书，来自中产阶级家庭的费德勒从小就对体育运动表现出了浓厚的兴趣。"我不太喜欢待在学校，"费德勒说，"我父母为了能让我乖乖读书不得不对我施加很大的压力。"

有一张费德勒小时候手拿乒乓球拍的照片。他当时的身高勉强能够着台面。他的第一个网球拍是木制的。也许，他是这个时代最后一位曾使用过木质球拍的伟大球员。费德勒3岁开始学习打网球，他很快便对着墙壁、车库门、橱柜和壁橱门击击打打。在2008年一部名为《罗杰·费德勒：冠军精神》

（*Roger Federer: Spirit of a Champion*）的纪录片中，费德勒的父亲用“砰，砰，砰”的声效来形容他当时击球的声音。他还说：“罗杰能对着墙壁一连玩上好几小时。”

20 世纪 80 年代，一股网球热席卷德国。这股风潮的带动人就是当时素有“德国金童”之称的男子网球运动员鲍里斯·贝克尔（Boris Becker）和网球历史上创纪录的女子网球运动员施特菲·格拉芙（Steffi Graf）。前者在 1985 年 17 岁时勇夺温网冠军，而后者则在 1988 年完成了第一个金满贯，赢得了当年所有四大满贯赛事的冠军和夏季奥运会的女单金牌。年少的费德勒和朋友们在距德国不远的巴塞尔一起关注着这些网球比赛。贝克尔也自此成为他心目中的第一位网球偶像。

费德勒的父母参加的是一家隶属于汽巴–嘉基公司的网球俱乐部。这家俱乐部位于巴塞尔的郊区阿尔施维尔（Allschwil）。没过多久，费德勒便在这家俱乐部的红土网球场①上跑动、跳跃。网球当时只是费德勒参加的众多体育项目中的一项。他还打羽毛球、壁球、篮球和踢足球。费德勒曾说：“我对跑步、游泳、骑自行车这些运动都没感觉，唯独喜欢球类运动。”

回顾他的成长轨迹，这句话其实并不怎么准确。费德勒一度特别喜欢高山滑雪，毕竟他是瑞士人。只不过，后来为了避免受伤（稍后会谈及这一点），费德勒不得不减少了高山滑雪的次数。另外，他还喜欢和家人一起徒步旅行。

费德勒最终选择了球类运动作为自己毕生追求的事业。12 岁那年，他又在网球和足球之间选择了前者。与其他的网球名将相比，他最后下定决心的时间已算很晚。阿加西、桑普拉斯、威廉姆斯姐妹和玛丽亚·莎拉波娃（Maria

① 红土网球场是指用天然黏土或者经过加工的黏土制成的地面，是一种多孔渗水的网球场地，最典型的是法网公开赛的场地。——译者注

Sharapova）都早在 12 岁之前就已投身网球界。但是，如果与他后来长期的竞争对手相比，12 岁似乎也并不算晚。在西班牙马略卡岛（Mallorca）上长大的纳达尔也是在 12 岁这一年放弃了足球选择了网球，而被公认为大器晚成的瓦林卡直到 11 岁每周还只能打一次网球。

近些年来，人们多有反对过早进行专业化的体育训练，人们认为这会对运动员造成过度使用性损伤和过早的职业枯竭。费德勒的成长经历被认为是让孩子在广泛探索和尝试之后再进行的选择，从而成为长期受益的一个典型范例。他在职业生涯中所展现出来的长期性、持久性和始终如一的热情又反向佐证了这一观点。纳达尔的例子与之类似，只不过他需要面对更多的伤痛问题。

可是在现实世界中，或极端或相对平衡的培养之路却有着近乎一样的实际效果。以威廉姆斯姐妹为例，她们的父亲理查德几乎是从她俩一出生就制订了一项伟大的“网球大师”计划，姐妹俩在重压之下所取得的成绩也确实远超预期。这种从一开始便锁定目标的培养计划让姐妹俩有更充足的时间去探索体育运动之外的兴趣。

阿加西自出生起就有一个网球悬挂在他的婴儿床上，这让他的手眼协调能力比任何人都领先一步。尽管患有慢性背痛，但他还是一路参加比赛到 30 多岁，在赛场上始终有着出色的表现。阿加西让费德勒看到了一名职业运动员可以长时间地保持良好的竞技状态。

这些年来，我既是 3 个孩子的父亲，也是一名教授青少年足球的教练。我深知什么样的训练方式对孩子更健康。然而，不容否认的是，一个视野狭隘的年轻人，又或者说视野狭隘的父母培养的年轻人是绝对不可能成长为大满贯获得者的。过早专业化的训练更像是一种儿童劳动而非儿童游戏。看一看有天赋的青少年球员的流失比例，你一定会被吓一跳。他们曾经都是朝着阿加西和威廉姆斯的方向被培养的，结果却事与愿违，即便他们曾经真心热爱过某项运动，也很早便丧失了兴趣。

费德勒的父母属于放手让费德勒自行选择的类型。他曾经列举过自己会选择网球而非足球的原因。“相比于脚，我手上的天赋要更好一些。”他对我说。同时，费德勒的内心感受到一种许多伟大的网球运动员都曾感受过的东西：力图掌控，渴望驾驭。“我想要有一种无须依赖他人，无论成功还是失败，都能把结果牢牢攥在自己手中的感觉。”费德勒解释道。

费德勒这些年的表现看上去不像是一个网球运动员的典型模样。他活泼外向、爱交际，一点也不社恐。他会从周围的社交环境中汲取能量。他重视集体利益，长期在 ATP 的球员委员会任职，还专门成立了一个专注于幼儿教育的慈善基金会。2017 年，费德勒和他的经纪人托尼・戈德西克决定利用费德勒巨大的明星效应来创办一项新的网球赛事。他们最终发起了一项名为“拉沃尔杯”[①] 的团体赛，旨在纪念那些在历史上被低估的网球运动员。

我们或许很难想象像吉米・康纳斯这样的网球明星会在团队赛中获得个人的满足感，但是我们不难想象费德勒会乐在其中。当然，费德勒也想在其他一些事情上享有绝对的自主权。他深知自己事事追求完美的性格会让他难以接纳自身缺点，同样在面对他人的缺点时他也会无比挣扎。

不过话说回来，如果他当年所在的巴塞尔康科迪亚足球俱乐部（Concordia）的教练能拥有完全不同的理念，那么费德勒或许还需要花更多的时间才能做出最后的选择。

---

① 拉沃尔杯（Laver Cup）是一项国际室内男子团体网球比赛，以澳大利亚网球传奇罗德・拉沃尔（Rodney George “Rod” Laver，1938—）的名字命名。——译者注

费德勒当年是一名反应速度超快并很有天赋的足球前锋。有段时间，他的足球训练和网球训练齐头并进，穿插进行。据费德勒说，他当时的足球教练有一天对他说，如果他不能坚持参加一周内的所有训练，只是周末来打打比赛，那对足球队里的其他队员不公平。问题是费德勒只想参加周末的足球比赛，再加上他不想放弃网球，于是二者择其一，只好放弃了足球。多年以后，费德勒语气平和地说："其实也没什么好后悔的。"

"巴塞尔老男孩"俱乐部

费德勒 8 岁那年正式加入了"巴塞尔老男孩"网球俱乐部。这家俱乐部虽然设施一般，但是成绩不错。它位于巴塞尔一片绿树成荫的区域，费德勒从家骑自行车即可到达。费德勒的母亲莱内特也在这家俱乐部的女队打球，她决定让费德勒转入这家俱乐部的青少年队。当时的俱乐部负责人是 1959 年曾打入温网的瑞士女子网球运动员马德琳·巴洛克（Madeleine Barlocher）。巴塞尔老男孩俱乐部的青少年队当时有近 130 名学员。

"他挺有天赋的，不过当时俱乐部里有天赋的男孩也不少。说实话，我当时并没想到他会取得今天这样的成绩，"巴洛克对我说，"不过，即便当年才 8 岁，费德勒就常和朋友们开玩笑说自己总有一天会成为世界冠军。"

费德勒最早参加的是集体课程，但没多久他就跟着教练阿道夫·卡科夫斯基进行一对一的训练。卡科夫斯基是一位资深教练，绰号"塞普利"（Seppli）。他很快就发现眼前的这个小男孩与众不同。

"有一天，塞普利来找我。他说自己还从没遇过这么快就能领悟动作要领的孩子，"巴洛克说，"有些孩子会先试一试，但可能需要一两周才能掌握，但费德勒立马就能做到。"过去几十年来，许多教练都对费德勒做出过类似的评价。曾经和费德勒一起在瑞士国家网球中心工作过的荷兰人斯文·格罗内维尔德（Sven Groeneveld）说：“费德勒的模仿能力超强，令人惊叹不已！”

不过，成长之路岂会一帆风顺。费德勒 10 岁那年在一次青少年网球比赛中以两个 0–6 的大比分输给了另外一位比他年长 3 岁的瑞士选手雷托·施密德利（Reto Schmidli），因为施密德利的出手更为有力。施密德利尽管后来并未成为一名职业球员，但由于早年这一“空前绝后”的悬殊比分而接受了诸多的采访。

自从费德勒在老男孩俱乐部跟着彼得·卡特学习之后，他的网球成绩开始突飞猛进。顶着一个锅盖头的卡特工作认真负责，沉着冷静，在参加世界职业巡回赛的间隙在老男孩俱乐部做兼职教练。“他们俩从一开始就非常合拍。”巴洛克说。

费德勒当时英语说得不错。尽管卡特娶了巴塞尔的当地姑娘为妻，但他的瑞士德语还有待提高。

巴洛克说：“卡特人很好，给了费德勒非常大的帮助，他使费德勒一跃成为一名出众的网球选手。他对费德勒的指导不仅是技术层面的，还有比赛战术和策略。”卡特有一套标志性的打法，譬如凌空截击、保持流畅步法和单手反拍。听上去是不是很耳熟？对，确实如此！

卡特的挚友、首席网球教练及全球最大的体育电视网 ESPN 的球赛分析师达伦·卡希尔（Darren Cahill）说：“你在费德勒身上看到的很多东西都会让你想起卡特。费德勒的爆发力更强，旋转球的速度和能量更大，场地上的移动能力也更好。卡特在这些方面也做得不错：他场上移动的能力也很强，但又没有达到炉火纯青的程度；他两侧的攻防也很好，但又没有达到滴水不漏的程度；

他发球漂亮，但又没有好到直接在场上发球得分。”

来自澳大利亚塔斯马尼亚州的戴维·麦克弗森（David Macpherson）是一名与卡特同时期参加巡回赛的网球运动员。他后来担任过布莱恩兄弟和约翰·伊斯内尔（John Isner）的教练。他曾对我说：“费德勒的打法和卡特的实在是太像了！也许费德勒自己都没有意识到。他们俩正拍击球的动作几乎一模一样。你是否注意到，就在击球的瞬间，球已飞起，但他们的视线还停留在击球点上。卡特的这个动作让我一直记忆犹新，这实在太特别了。然后，有一天你突然发现排名世界第一的球员也在做着同样的动作，那种感觉就像是你看到两个高尔夫球手有着同样的收拍动作。怎么可能只是巧合呢？还有发球，也很类似，一种既流畅又轻松的发球方式。卡特的比赛是我见过最漂亮的，但和费德勒不同的是，卡特的爆发力没有那么强。”

卡特绰号“卡茨”（Carts，又译“推车”），曾是澳大利亚青少年网球的领军人物。他的教练彼得·史密斯（Peter Smith）曾经在阿德莱德（Adelaide）带过卡希尔和其他一些未来的明星球员，比如马克·伍德福德（Mark Woodforde）和约翰·菲茨杰拉德（John Fitzgerald）。伍德福德和菲茨杰拉德虽然都是优秀的男单选手，却在男双比赛中大放异彩。菲茨杰拉德赢过 7 次男双大满贯；伍德福德则赢过 12 次男双大满贯，其中除一场外，其他都是他与搭档托德·伍德布里奇（Todd Woodbridge）一起获得的。

不过，史密斯教过的最杰出的学生是莱顿·休伊特。他是一位动作敏捷、充满活力的底线型网球选手，在赛场上的标志形象是帽子反戴。休伊特年纪轻轻便达到了职业巅峰：20 岁时世界排名第一，22 岁前在美网和温网赢得了他整个职业生涯中仅有的两座大满贯单打冠军。

卡特在一个名叫努里乌特帕的小镇上长大。这座小镇位于澳大利亚蓬勃发展的葡萄酒产区巴罗萨谷，拥有诸如奔富（Penfolds）、彼得莱曼（Peter Lehmann）和其他全球知名的葡萄酒庄。卡特经常前往阿德莱德参加训练和比赛。有时为了避免来回通勤的奔波，他会在卡希尔家中过夜。卡希尔的父亲约翰则是澳大利亚知名的澳式足球教练。

“卡特这个人很有特点。他为人真诚、简单、勤奋、和善，”卡希尔说，“我父亲算是有点成就的足球教练，他很会看人。他总是说，嘿，知道吗？‘近朱者赤、近墨者黑’。你和卡特一起玩就很好，你和他交往，我放心。”

卡特 15 岁那年正式成为教练史密斯家里的一名寄宿生。后来，他和卡希尔一起离开了阿德莱德进入了位于首都堪培拉的澳大利亚体育学院。这是一所由澳大利亚政府资助的培训中心，培养了很多澳大利亚的顶级运动员。

史密斯说：“卡特这孩子不错，这些年在我们家寄宿过的孩子也不少。通常，大家住在一起难免会有一些不愉快，甚至其他更糟的事情。但是，卡特在我们家和其他人一直很融洽。”

卡特的能力在当时足以让未来的温网冠军帕特·卡什（Pat Cash）在澳大利亚男子青少年公开赛的四分之一决赛上一败涂地。卡什当时是世界上排名最高的青少年网球选手。1982 年，年仅 17 岁还是高中生的卡特凭借主办方发放的一张外卡[①]参加了南澳公开赛。上场第一轮，他遇到的对手是当时澳大利亚的 2 号种子选手约翰·亚历山大（John Alexander）。卡特在这场比赛中的表现令人惊艳。

亚历山大身材魁梧，英气逼人，后来他转行从政。他当时世界排名第 34

① 在球类运动中指主办方向原本没有资格参赛的选手发出邀请。这样的机会通常给予排名还不够高的年轻球员、未能及时报名的明星球员或主办国本国的队员。——译者注

位，刚刚在悉尼拿到巡回赛的冠军。卡特则是第一次参加 ATP 级别的赛事。没想到，卡特以三盘 7–5、6–7 和 7–6 的比分干净利落地拿下了这场比赛。只是到了赛后采访的环节，他才流露出“初来乍到”的生涩与羞怯，面对提问惜字如金，给人一种迫不及待想要离开赛场和聚光灯的感觉。

“卡特一看就是那种特别害羞也特别安静的孩子，”史密斯说，“但你了解得越深入，你就越会发现他其实很有主见。他知道自己在做什么，也很清楚自己能做什么。”

尽管卡特很早投身网球界，但是他在巡回赛上的成绩一直未能有所突破。他单打最高排名 173，双打最高排名 117。力量不够和运动受伤是造成他成绩不理想的两大主因。史密斯说卡特的身形略显瘦弱，在比赛中主要使用的右臂还存在应力性骨折[①]的问题。令人遗憾的是，骨折问题是在拖了很长一段时间之后才被确诊的。他还有背部伤和其他一些意外导致的受伤，譬如在一次滑水事故中，他的耳膜被刺穿且术后发生感染。

卡特一次又一次错过了一些重大比赛的时间，只在巡回赛中打拼。对大多数人来说，无论如何，这都是一场艰难的抗争。此外，由于网球赛事大多在欧洲和北美举行，所以对千里之外的澳大利亚选手来说，这种比赛并不友好，心理上的严峻考验可想而知。

曾一度打入美网精英赛半决赛的卡希尔认为卡特既缺乏顶级的网球装备又饱受拖延症之苦。“不够果断，拖拖拉拉是卡特的一个大问题，”卡希尔说，“他总是很难做出决定，不论是购买汽车、投资房产、选择执教机会还是其他事。这种遇事拖延的习惯也被他带到了网球场上，这让他显得不够有决断力。

① 应力性骨折（stress fractures）又称疲劳性骨折或累积性劳损，指骨头因过度被使用或骨质疏松引起的微小裂缝。——译者注

他总在想怎样做得最好、最正确。这一点从他的发球上就能看出来。”

财务压力也是一个因素。同许多级别不够高的职业选手一样，卡特会通过参加欧洲各俱乐部之间的比赛来尽量贴补自己在巡回赛、锦标赛上的微薄收入。尽管他可以加入欧洲国家的任何一家网球俱乐部，但命运的轮盘最终让他落脚到了瑞士巴塞尔的老男孩俱乐部。在瑞士当网球教练的收入相对较高，卡特用这部分的劳动所得来支撑自己参加巡回赛。然而，现实的骨感最终让他不得不面对一个留在巴塞尔做全职网球教练的未来。

“我觉得最后还得算一下经济账，”一直与卡特保持联络的史密斯说，“卡特最终选择执教也是件好事。如果没有他，我们可能就没有机会认识今天大名鼎鼎的费德勒，可能连听都没听过。”罗塞特则认为即使没有卡特，费德勒也一样会成功。他对我说：“我不知道，但我觉得费德勒出生的时候肯定有神灵在他的摇篮周围施了法。”

史密斯既是在校老师，也是网球教练。他在培养优秀球员方面很有一套。他的学生卡希尔后来也成为网球教练，带出了 3 位曾在世界网球排名第一的学生：休伊特、阿加西和西蒙娜·哈勒普（Simona Halep）。他的学生罗杰·拉希德（Roger Rasheed）后来也教过休伊特以及法国的一流网球选手盖尔·孟菲尔斯（Gaël Monfils）和乔-威尔弗里德·特松加（Jo-Wilfried Tsonga）。他的另一名学生约翰·菲茨杰拉德则当上了戴维斯杯澳大利亚队的队长。

令人不胜唏嘘的是，卡特还没来得及深挖自己的执教天赋，便于 2002 年在南非度蜜月时因车祸身亡。他是在费德勒一家的极力推荐下选择去了南非。那一年，他年仅 37 岁。

卡特的精心培养和关爱对费德勒的身心发展影响深远，为这项运动做出了很大的贡献。每当被问及谁对他的影响最大时，费德勒总会提起卡特。相比之下，他鲜少提及自己的启蒙教练卡科夫斯基。

“卡特教会我很多东西。首先就是做人，当然还有网球技术，”费德勒说，“人们总会谈论我的球技。如果说我的球技还不错，那也是卡特的功劳。当然，我在成长过程中也得到了其他很多人的帮助。”

单手反拍的由来

费德勒的球技非常正统。他正手握拍方式是经典的东方式，而他的很多对手则采用的是半西方式，即手掌更靠近握柄的最下方。半西方式比较易于打出上旋球，但是在处理低弹跳球和凌空截击时会略显吃力。

至于反手握拍，在20世纪的八九十年代，国际上排名靠前的青少年网球选手大都选择双手反拍的握拍方式。这种握法能让运动员在底线获得更大的力量，增加稳定性和回击力度。然而，费德勒却是单手反拍。

无独有偶，费德勒早期的职业偶像贝克尔、埃德伯格和桑普拉斯无一不是单手反拍，他们在扣杀球和切球上的表现令人折服。费德勒的两位早期教练卡科夫斯基和卡特，俱乐部里的许多选手，以及他的母亲莱内特都是上网进攻的倡导者。单手反拍的一大优点是球员能够快速上网进行截击。由于卡特的打法属于经典的上网进攻，所以他希望自己的明星球员费德勒也采用相同的打法就不足为奇了。只不过，费德勒需要较长时间的练习才能做到娴熟自如。“是卡特教会了我这个漂亮的单手反拍。”费德勒说话时流露出一种谦逊有礼且得意的神情。

在早年技术还有待提升的日子里，费德勒的单手反拍只是看上去很帅，远远不具备很强的杀伤力。1995 年，卡希尔从澳大利亚来到巴塞尔看望卡特。那一年，费德勒 14 岁。卡希尔来到卡特工作的老男孩俱乐部观看他们的日常训练和比赛。那是卡希尔第一次亲眼见到费德勒。

“当时费德勒在球场上跑动的方式有点像约翰·特拉沃尔塔[①]在电影《周末夜狂热》[②]中那样趾高气扬。”卡希尔回忆道，“如今你在他身上已经看不到了。那会儿，他跑动的时候给人一种‘嘿，老兄，整个场子都是我的，我就是焦点’的感觉。我笑着看着他。我不知道他是否认识我，但他应该知道我是卡特的朋友。我能感受到他想在我面前炫耀的意思。他在整个场地快速移动正手击球。一看他的步法就知道这是在红土网球场上练出来的，整体上让人感觉很舒服。”

卡希尔说：“在费德勒和对手迅速来回接发球的过程中，卡特一直满怀期待地看着费德勒。”

“我对那场比赛印象深刻，但对他的反拍没什么印象，”卡希尔说，“费德勒当时移动的步幅很大。我们当教练的一开始基本上都是教小步，这样可以让球员找到最佳的击球位置。步法是网球这项运动的根基。你需要从后脚跟开始把力量传到前脚掌，再以最大的能量动起来。这和打拳击是一个道理。出拳的幅度越大，力量就会越小。费德勒那时候反拍击球时，步幅特别大，切球很漂亮，但他每次随挥上网的时候，给人一种反拍击球只能打出一半力量的感觉。”

比赛结束后，卡特询问卡希尔的意见。卡希尔回忆道：“我当时说，‘嗯，首先，我在阿德莱德也遇到了一个好苗子，感觉比他还要好那么一点，名字叫

---

① 约翰·特拉沃尔塔（John Travolta，1954—），美国男演员、舞蹈家和歌手。——译者注

② 电影《周末夜狂热》（*Saturday Night Fever*）是一部 1977 年美国上映的歌舞片，因其在商业上的巨大成功，电影配乐和歌曲流行一时。——译者注

莱顿·休伊特。'”他还告诉卡特：“费德勒的正拍和整体打法都不错。但是那个反拍，你还得下点功夫。如果反拍的问题不解决，这会拖他的后腿。”

卡希尔后来告诉我，他在执教后期又对费德勒的那次练习比赛有了不一样的看法。“我觉得我之前的想法可能是职业教练的一个误区。我们总是花太多的时间来弥补学生的短板或弱项，而忽略或者说没有强化一个学生的优势。我一开始当教练就是这样，比较在意学生的不足，不大会强调和提升他出色的地方。”

情绪不稳定的调皮蛋

一位网球运动员出类拔萃的地方可以是正拍、步法、发球、节奏和控场的感觉，以及职业规划和前景展望。不过，费德勒早期不稳定的心态不可否认是他的一大弱点。“我是一个失败者，糟糕透了！”费德勒常抱怨道。巴洛克清楚地记得费德勒在老男孩俱乐部时因为一次俱乐部间的比赛失利，当其他人离开赛场以后，他一个人躲在裁判椅下哭了很久。“我们一般在这种团队比赛结束后会聚在一起吃点三明治什么的，费德勒一般不怎么参加，”巴洛克说，“那天大概过了半小时，我才在裁判椅下找到他，他就一个人一直在那儿哭。”

眼泪是费德勒面对挫败的直接反应。小时候和父亲下国际象棋，他有好几次在输棋之后生气地打翻了棋盘。费德勒的好胜心强，情感丰富，这让他在面对自己和他人的期望时会表现得十分脆弱。

费德勒当然不是唯一一个对情绪自我控制力差的人。“在那个年纪，这很正常，没什么大不了的，”巴洛克说，“有的小孩会哭，有的会喊。困扰费德勒的真正问题是，他没有意识到不是只有他一个人打球打得不错，其他人也可以。我们为此不得不经常提醒他。”

费德勒虽然情绪不稳，但很调皮。巴洛克记得在一次俱乐部之间的比赛该轮到费德勒上场时，却怎么也找不着他，后来才发现他爬到树上躲了起来。“他就喜欢玩这种恶作剧。”巴洛克说。

莱内特和罗伯特都不是那种紧盯着孩子不放的父母。事实上，罗伯特因为工作需要还经常出差。“打比赛的时候，他们也会到场，但平时训练几乎从不跟着，也不会指指点点，告诉我们应该怎么做、怎么教，”巴洛克说，“我也遇到过一些认为自己的孩子资质过人的父母，但费德勒的父母从来没有这方面的问题。”

虽然费德勒的父母不会因为他输掉比赛就惩罚他不能吃饭，但是每次费德勒情绪崩溃的时候，他们也会出手干预。费德勒讲过这样一个故事。有一年，他的爸爸对他在训练中的表现很生气，就在一张长椅上丢了一枚五元硬币让他自己想办法回家。

费德勒在接受伦敦《泰晤士报》的一次采访中对自己年少时的经历、状态和感受曾做出过一个非常到位的诠释。“因为我知道自己能做到什么程度，所以一旦失败，我就非常生气，”费德勒谈到自己年轻时说，“我的内心好像有两个声音，一个来自魔鬼，一个来自天使，就好像其中一个不相信另一个会那么蠢。那个恼人的声音会说，‘你怎么连那个球都没打到？’我觉得自己都要气炸了。我爸以前观看我的比赛，每到中途都会很尴尬，他会在场外冲我喊：‘冷静点！’比赛结束后，我们大概需要开车一个半小时才能回家。他全程几乎一言不发。”

对于那些曾目睹过他情绪失控的人来说，他那“一点就着”的脾气让他的前景显得不是那么乐观。他很有天赋也不乏雄心壮志。可是，一个人是平庸、优秀还是出色，它们之间的差别往往是由心态决定的。

“我不觉得他的这种状态是自发的，”彼得·史密斯说，他有时会把费德勒和卡特进行类比，“费德勒很情绪化，需要一个厉害点的人掌控他。很多人认为彼得·卡特不像是能掌控住他的人。但是，我觉得卡特在授课的过程中也逐渐学会了如何向自己的球员强调自律。”

改变费德勒在球场上的行为是一个长期的过程，绝非一朝一夕即可完成，但这对费德勒日后的成长及在球场上展现迷人魅力是至关重要的。

从球童到球员

无论是作为教练还是朋友，卡特都非常幽默。他用浓厚的澳大利亚口音向费德勒讲述网球历史，介绍以往的澳大利亚网球明星：罗德·拉沃尔、肯·罗斯威尔（Ken Rosewall）和约翰·纽科姆（John Newcombe）等人。

费德勒每年还有一次近距离接触当时最佳球员的机会。巴塞尔在每年秋季都会举办瑞士室内网球公开赛。罗杰·布伦瓦尔德（Roger Brennwald）是此项赛事的创办人和赛事总监。高昂的出场费和合理的时间安排吸引了全球职业网球运动员来巴塞尔参赛。因此这个在当年属于低级别的 ATP 巡回赛事却办得红红火火。1987—1997 年，这项赛事的冠军包括诸如雅尼克·诺阿（Yannick Noah)、埃德伯格、考瑞尔、约翰·麦肯罗、贝克尔、迈克尔·施蒂希（Michael Stich）和桑普拉斯等在内的一批大满贯的冠军。

费德勒的母亲莱内特积极参与巴塞尔当地的网球活动，她还在瑞士室内网球公开赛的认证部门做志愿者。受此影响，费德勒在 1992 年第一次担任了瑞士室内网球公开赛的球童。同年，他被评选为本地区最有前途的网球运动员并获得奖励。吉米·康纳斯、来自伊朗的网球选手曼苏尔·巴拉米（Mansour Bahrami）与毛头小伙子费德勒交手之后还一起在网前合影留念。

1993 年，费德勒有幸作为第 6 名球童同施蒂希见面握手。施蒂希在决赛中击败埃德伯格后，费德勒还获得了一枚奖章。1994 年，费德勒在人群中为来自南非的冠军韦恩·费雷拉（Wayne Ferreira）鼓掌欢呼。

他曾经在瑞士室内网球公开赛上所观看的一切恰好成了他日后的职业生活。他在巴塞尔短暂相遇的那些冠军在日后则以这样或那样的方式与他的生活产生了交集：埃德伯格成为他的教练，费雷拉成为他的朋友和偶尔的双打搭档。

瑞士最主要的网球赛事在家乡巴塞尔的举办无疑是推动费德勒走向成功的一大因素。虽不能说这是一个决定性的因素，但的确对费德勒有很大的激励。多年以后，费德勒以自己的方式回报了这个让他第一次正式接触职业网球赛事的比赛。

在最后一次担任球童的 4 年后，即 1998 年，费德勒首次拿着一张外卡参加了瑞士室内网球公开赛。他首轮以 3–6 和 2–6 连输两盘的成绩败给了阿加西。两年后，他打进了决赛，可惜在五盘比赛中最终不敌托马斯·恩奎斯特（Thomas Enqvist），屈居亚军。

2009 年，瑞士室内网球公开赛在 ATP 巡回赛中的级别因费德勒的参赛而不断提升，其奖金额度也翻了一番。

“我们组织这项公开赛差不多有三十五六年了，或多或少还算清楚大家想看什么。可是突然之间有一件事彻底打破了以往的经验认知，真没想到大家对费德勒的兴趣会如此强烈。”布伦瓦尔德在接受瑞士记者西蒙·格拉夫（Simon Graf）和马尔科·凯勒（Marco Keller）的一次采访时说道。

于是，在瑞士网坛举足轻重的大人物布伦瓦尔德不得不适应费德勒的强势崛起。这一过程并非毫无波澜。2012 年，一场有关费德勒未来出场费的争议被公之于众。尽管费德勒连续几年都以低于自己市场价 50 万美元参加瑞士室内网球公开赛，但是布伦瓦尔德却话里话外地向公众暗示费德勒及其经纪人托尼·戈德西克贪得无厌。面对铺天盖地的批评声，费德勒很是诧异。然而，他既没有选择将分歧升级，也没有就此罢赛。事实上，他在分文未取的情况下坚持参加了 2013 年的比赛，灵活化解了一次公关危机。

费德勒曾在 2012 年的瑞士室内网球公开赛之后对我说："这里毕竟是我的家乡，发生摩擦、不愉快，我当然很受伤。赛事组委会的一些做法看上去也很奇怪。我们双方原本只是为了在开赛前签署一份长期合同而进行协商，可是，突然间他们就开始无端指责，我感觉有些莫名其妙。但我们不想在这件愚蠢的事情上浪费太多的时间和精力。后来发生的事你也知道。我们想的是如何让大家看到很有意思的公开赛，可惜媒体的焦点不在于此。"

一贯不喜欢引发争议的费德勒这一次罕见地处在了漩涡的中心，但是他选择了置之不理，一心向前。"这一路上，我认为最重要的还是成绩，"他说，"关键是你能否打好比赛、打破纪录，大家之所以信任我是因为我做对的事。所以，我在做任何决定之前都会通盘考虑。我不希望发生纷争，但道路难免崎岖坎坷。无论如何，好的、坏的都是生活的一部分，它们会让你成长，变得强大。不过话说回来，没有任何人会无坚不摧。"

2014 年，费德勒和布伦瓦尔德重新签署了一份协议。费德勒从未背弃自己的家乡和瑞士室内网球公开赛。2006—2019 年，他在这项赛事上 10 次夺冠，3 次屈居亚军。赛事规模虽然不大，但费德勒从中感受到了快乐和意义。同温网一样，费德勒始终也是瑞士室内网球公开赛的支持者和参与者。

费德勒一年一度出现在巴塞尔的赛场上便是他与瑞士最直接的连接，尤其在他 2015 年停止参加戴维斯杯后更是如此。瑞士是一个低调含蓄的地方，所以在瑞士掀起的“费德勒热”，其强烈程度完全不能同他在美国或者巴西引发的热度同日而语。

传奇诞生之地

2019 年初，一项有关将巴塞尔圣雅各布沙勒体育场（St. Jakobshalle）以费德勒的名字重新命名的请愿书因为签名人数不足而未能引起市政当局的关注。这一点在未来肯定会有所改变，但是当时在巴塞尔还看不到任何赞扬费德勒及其成就的具体表现。在他的家乡，唯一一个以他的名字命名的网球场就在他以往参加训练的老男孩俱乐部。

罗杰·费德勒球场非常好找。你可以溜溜达达地穿过没有保安的老男孩俱乐部的大门，进门左手的一块大黑板上就手写着俱乐部 9 个球场每日的预定情况。其中有两个球场以球员的名字命名：一个是罗杰·费德勒中心球场，另一个就是它旁边的马尔科·丘迪内利（Marco Chiudinelli）球场。

在外人看来，从未进入世界排名前 50 且个人单打最好成绩排名不过是 52～98 之间的丘迪内利凭什么和世界上最伟大的球员之一的费德勒相提并论、并驾齐驱呢？

因为巴塞尔也是丘迪内利的家乡，老男孩俱乐部也曾是他打球训练的地方。他正是从这里开始了自己的职业生涯，尽管他最终到达的高度离费德勒抵达的皑皑雪山相距甚远。“除费德勒之外，丘迪内利是唯一一位也从这家俱乐部出来的参加过 ATP 世界巡回赛的网球选手，怎么不能以他的名字命名一个球场呢？”巴洛克说。

丘迪内利的年龄只比费德勒小一个月左右。两人都在巴塞尔的郊区明兴施泰因长大。尽管他一开始加入了巴塞尔的另外一家网球俱乐部，但很快就转到了老男孩俱乐部。“他们俩总是黏在一块儿，一起玩儿，一起做很多事，”巴洛克说，“他们俩是一起长大的好朋友。”

丘迪内利同费德勒一样也喜欢足球和网球。他们最早在足球场上还有过交锋。8 岁那年，两人又在网球场上相遇。费德勒后来在纪录片《天才之击》（*Strokes of Genius*）中将他们两人的初次过招戏称为“宝宝杯”（Bambino Cup）比赛。

“我俩玩了多达 9 场比赛，”费德勒回忆道，“我以 3–0 领先后，他就哭着说，‘哦，我打得太臭了！’我说，‘没事呀，你还会再赢的。你看，你打得还不错。’接着，轮到丘迪内利 5–3 领先时，我又哭了。他安慰我说，‘别担心，你打得很好，只是刚才我发挥得比较好。’接着，我又以 7–5 领先了，他再次哭了。所以，我们俩是一边打球，一边轮流抹眼泪，一边互相安慰。”

丘迪内利的获胜并没有成为对他未来发展的某种预示。他和费德勒一起打球、玩牌、搞恶作剧。再后来，即使费德勒功成名就，两个人从年少时建立的友谊也依然如故。费德勒说：“回想起我们俩当年一起参加巡回赛的情景，感觉就像童话故事一般。”

2005 年，费德勒和丘迪内利因为一场慈善展一起回到了老男孩俱乐部。费德勒当时已不再参加俱乐部的比赛了，但他依然是会员，并捐赠了一个永久性的室内设施。

在我到访老男孩俱乐部的当天，巴塞尔的两名年轻人乔纳斯・斯坦（Jonas Stein）和西尔维奥・埃斯波西托（Silvio Esposito）正在 1 号球场上顶着炎炎烈日进行训练。这就是当年费德勒躲在裁判椅下暗自哭泣的那个球场。

“你原本想着能在这里获得更多的素材，是吗？”刚刚和埃斯波西托打完球的斯坦对我说，“这是费德勒在巴塞尔最常来的地方，可惜很多人都不知道他参加的是这家老男孩俱乐部。人们大概知道他来自巴塞尔，却没怎么听过这家俱乐部的名字。我觉得俱乐部的管理层早在 10 年前就错过了提升知名度的机会。这里原本都可以成为一个旅游打卡胜地，估计每一位来到这里的追星族都想在门前拍照留念。但我们瑞士人好像不大会这样。”

在老男孩俱乐部简陋的餐厅里，墙上悬挂着一张费德勒在温网赛场腾空击球的照片。这是你在俱乐部里唯一能够看到费德勒照片的地方。在这张照片的下方印有俱乐部标志，再往下写着一行小字：传奇诞生地。对瑞士人来说，这已经是他们“追星”的极限了。

埃斯波西托个人还保留着一些费德勒的纪念品。他告诉我，费德勒的父母曾将费德勒早期使用过的一副球拍送给了自己的祖父，后来他的祖父又当作礼物送给了他。“我开始用它打球，可惜还是没有得到其中的那种能量。”埃斯波西托笑着说。

走一条类似费德勒的路，需要诸多的条件和要素：卓越的才能、十足的动力、坚强的后盾、足够好的运气和明智的决定。

对费德勒来说，他做过的最明智的决定之一就是离开巴塞尔，至少是离开它一段时间。

03 爱上室内网球场

瑞士，埃居布朗

“停，费德勒，停下！”瑞士国家训练中心的法国教练克里斯托夫·弗莱斯（Christophe Freyss）大声朝费德勒喊道，让他不要冲着器材箱不停地击球。“你声音太大，分散了大家的注意力。”弗莱斯说。此时的费德勒全然一副血气方刚且很冲动的青少年模样。他停了下来，但似乎并不能坚持太久。“大约5分钟后，他又拿起了球拍，朝器材箱开始挥球，”弗莱斯说，“我只好又开始喊，‘费德勒，停下，立刻马上！’”

14岁初次离家训练

1995年8月，14岁的费德勒来到了日内瓦湖畔洛桑郊区的一个名叫埃居布朗（Ecublens）的小镇，开始了他的寄宿生活。虽然他并没有离开瑞士，但是作为一名来自巴塞尔德语区的年轻人，周围的一切都让他倍感陌生。他一来到讲法语的洛桑就遇到了难题。“他只会用法语讲‘你好’‘谢谢’‘再见’，除此之外，法语基础为零。”费德勒的昔日同学，后来和他一起参加戴维斯杯的队友伊夫斯·阿莱格罗（Yves Allegro）说。

费德勒在埃居布朗和克里斯蒂奈特（Christinet）一家住在一起，入读一所用法语授课的德拉普兰塔中学（Collège de la Planta），费德勒在这个小镇上的心情如同过山车一样大起大落，难以平静。

作为年轻球员，费德勒的训练时间是每天下午，而那些年龄稍长的学员则是每日早上 10 点到中午。有一次费德勒上午 11 点左右就放学了，他走进训练中心，年龄较大的学员仍在训练。“我发现他比较容易紧张和焦虑，就劝他不要分心，做好分内的事情，”弗莱斯说，“但是如果他对自己的表现不满意，就会像刚才那样冲着器材箱不停地击球。”两次警告过后，弗莱斯和其他球员商量：倘若费德勒还有第 3 次，那就必须给他一个教训。

“我感觉他十之八九还会再来一次，”弗莱斯说，“他坐不住。”果不其然，费德勒又明知故犯。这一次，弗莱斯和其他球员冲过去一把抱起他，直接抬到了楼上的更衣室，扬言要用花洒把他冲成落汤鸡。“我们并不会真那么做，但虚张声势还是得有的，”弗莱斯说，“我会真的打开花洒，但也就到此为止。那个画面，我相信他一定难以忘怀。”

费德勒对此果然记忆犹新。对他来说，埃居布朗的日子充满艰辛。“我那会儿是一个人人都可以取笑的讲德语的瑞士孩子，”费德勒说，“我天天盼着周末，这样就能坐上火车回巴塞尔了。”

迈出这一步其实是他自己的选择。他第一次离开父母和姐姐，告别了教练彼得·卡特和老男孩俱乐部，走出了以往的生活舒适圈，他希望自己的网球水平能再上一个台阶。“我们不干涉他。他都是自己做决定。”费德勒的母亲莱内特对我说，“我和他爸只是他的坚强后盾。可能也正因如此，他才一路坚持，从未懈怠。”

如今再和费德勒谈起当初的选择，他一点也不后悔。他甚至认为自己日后的成熟和成功得益于在埃居布朗的历练。费德勒直言：“那两年对我来说影响巨大。”

每当被问及对年轻球员有何建议时，费德勒都会提到年轻人应该创造机会离开家锻炼一下，要建立自信。对于从事竞技体育的选手来说，这一点尤为重要，因为发自心底的自信不亚于对自己正手击球的自信。

或许与当代许多伟大的球员曾面对的人生挑战相比，费德勒在埃居布朗所遇到的困难不值一提。他不必像 6 岁的玛丽亚·莎拉波娃那样小小年纪便远渡重洋，在父亲的带领下在佛罗里达州参加长期的网球训练；他也不必像诺瓦克·德约科维奇那样在战火纷飞中磨炼球技。

如果从费德勒以往在巴塞尔舒适的中产阶级家庭生活的角度看，那么他在埃居布朗的日子的确算得上是逆境。这是他的个人选择，这种逆境——虽然并不是非常艰苦，但对他的成长，无论是作为个人还是球员，都至关重要。

“在巴塞尔，我是冠军，大家都宠着我；可是在埃居布朗，周围的人个个都是冠军。那段时间对我来说很不容易，”费德勒说，“我寄宿的那家人很友善，但那毕竟不是自己家。住了 3 个月以后，我就开始犹豫要不要继续住在那里，还好我最后坚持了下来。”

20 多年后，位于埃居布朗的瑞士国家训练中心及其网球俱乐部早已不复存在。曾经在那一带的 8 个网球场、小型健身房和邻近的跑道已被新近开发的公寓楼所取代。

它并不是费德勒职业生涯中唯一消失的重要地标。他在巴塞尔一开始参加网球项目的汽巴网球俱乐部也已被夷为平地，取而代之的是高级公寓和一座公园。费德勒经常会出于各种需求录制一些视频。2012 年在汽巴网球俱乐部拆迁前举行的告别会上，他在为俱乐部的会员录制的一段视频中，提到了自己曾在那里打过的比赛和吃过的烧烤。

费德勒对埃居布朗的感情十分复杂。每当想起昔日的训练中心已消失不在，他便怅然若失。“埃居布朗对我来说真可谓苦乐参半，”费德勒说，“那是我生命中非常重要的一个地方。”其他在那里训练过的球员都对它有着一份类似的怀旧之情。“都拆掉了，什么都没留下，这一点让我特别难过。”曾经排名世界第三的网球明星曼努埃拉·马列娃（Manuela Maleeva）说。阿莱格罗说：“感情上很难接受。我几乎每年回去一次，那里有我们的青春岁月。每次看到训练中心已经不在了，心里就很难受。”

职业生涯的护航者

纵然训练中心连一砖一瓦都未能留下，但它却给费德勒留下了宝贵的精神财富。首先，他在埃居布朗掌握了流利的，甚至是娴熟的法语。法语拓宽了他的视野，拓展了他的社交圈，提升了他在多语言的瑞士及国际上的知名度和吸引力，使他成为连接不同文化的桥梁。瑞士作家玛格丽特·欧蒂格－戴维森（Margaret Oertig-Davidson）对我说：“来自其他语言区的瑞士人能讲法语，这一点对法语区的瑞士人来说非常重要。太多德语区的瑞士人讲不好法语，他们的英语通常都要比法语好。所以，费德勒能够讲一口纯正的法语就显得弥足珍贵。”

其次，他在埃居布朗与一众球员结下了深厚的友谊，这些球员有阿莱格罗、洛伦佐·曼塔、伊沃·赫伯格（Ivo Heuberger）、亚历山大·斯特拉比尼（Alexandre Strambini）和长期被低估的塞韦林·卢蒂。卢蒂后来还成为费德勒团队的核心成员和教练。

再次，费德勒在埃居布朗爱上了室内网球场。那里的 4 个室内网球场是他在秋冬寒冷季节主要的训练场地。室内网球的打法通常表现为反弹力低、球速快，用费德勒的话来说就是快得“犹如闪电一般”。

最后，他在埃居布朗还结识了一位老人。这位老人从未参加过职业网球赛，却对费德勒的成功起着极其重要甚至是决定性的作用。他就是费德勒的体能训练师——皮埃尔·帕格尼尼（Pierre Paganini）。1995 年，两人相识于埃居布朗。2000 年，帕格尼尼正式加入了费德勒的团队，成为迄今为止留任时间最长的一位工作人员。

在帕格尼尼的保驾护航下，费德勒在职业生涯的后期一直未受重伤。他设计的训练让费德勒一直保持着出色的敏捷性。帕格尼尼曾是一位十项全能运动员，他喜欢和学员们一起训练、跑步。对费德勒来说，他远不止是一位能力出众、头脑聪明的体能师，更是他的传声筒、精神导师和日程安排人。帕格尼尼敬业谦和，无声无息地深深影响着费德勒。

帕格尼尼目光长远，他对费德勒的健康状况和事业发展有着长期规划。他坚信自己能够帮助费德勒实现目标。帕格尼尼认为职业运动员必须坚持长期严格的体能训练。但是，面对网球这项极具高重复性的运动项目，不断重复的动作和节奏会快速地消磨掉球员的运动乐趣。因此，如果要走职业化的发展道路，充分的休息和娱乐绝对是必要的。网球运动员不仅要双腿有力，更要头脑灵活。

经验丰富的奥地利网球教练冈特·布雷斯尼克（Günter Bresnik）说：“帕格尼尼绝对是费德勒网球职业生涯中的贵人。”

持此看法的人大有人在。阿莱格罗说：“对费德勒来说，如果米尔卡排第一位，那么帕格尼尼一定排第二位。帕格尼尼目光长远，深得费德勒的信任，几乎参与了他所有的重大决定。”另一位曾跟随帕格尼尼训练超过 10 年的瑞士名将斯坦·瓦林卡也认为帕格尼尼对费德勒职业生涯的贡献比任何人都大。

费德勒并没有如此公开表达过。他有足够的智慧和平衡方法不让某一个人在自己的团队中看上去比其他人更重要。但是无论如何，帕格尼尼绝对是他的核心圈，甚至说最最核心圈的一员。费德勒后来有一次对我说：“我的成绩在很大程度上都要归功于帕格尼尼。”

帕格尼尼与费德勒的合作关系并没有随着时间的流逝而逐渐淡化，反而是越发地紧密。费德勒说：“大部分的体能训练都比较枯燥乏味，但帕格尼尼的设计会让人感到身心愉悦。我什么都不用想，只需要跟上他的节奏就行了。他说什么，我做什么。我们互相信任。有人问我是否还定期做一些身体检测，其实，我和他在一起训练之后基本上就不需要了。他太清楚我的状态了，知道我哪儿好，哪儿不好，哪儿慢了，哪儿又快了。对我来说，他非常重要。我很庆幸自己很早就遇到了他。”

在网球界，布雷斯尼克属于对网球这项运动有深入思考的人。他做网球教练 30 多年，自 20 世纪 90 年代起便与费德勒认识。几年前，当布雷斯尼克是瑞士球员雅各布·赫拉塞克的教练时，他就见过帕格尼尼。

布雷斯尼克也很信任帕格尼尼，曾专程邀请帕格尼尼前往维也纳观察他执教的学员——当时还只有十几岁、后来也成为网球明星的多米尼克·蒂姆

（Dominic Thiem）。他想让帕格尼尼对蒂姆进行评估，看他是否具备以后在职业网球巡回赛中取得佳绩的速度和体能。帕格尼尼给出的答案是肯定的。蒂姆长大后不仅成了大满贯冠军，而且还多次战胜了当时的网坛“三巨头”——费德勒、纳达尔和德约科维奇。

帕格尼尼对网球的全身心投入和敏锐直觉让布雷斯尼克深感钦佩。在这个充满竞争的世界里，很多网球选手，包括费德勒在内，对分享自己的训练方法感到紧张，布雷斯尼克当然也认为帕格尼尼的审慎很有必要。

布雷斯尼克说：“帕格尼尼聪明过人却从不突显自己。他对出名毫无兴趣，就想在幕后工作。你看他和费德勒，费德勒显然是那个站在台前的人，但帕格尼尼才是过去 20 年里真正的幕后指挥者。”费德勒也很低调，毕竟他有一半的瑞士血统嘛。卢蒂的身上也有一种类似的谦逊态度。布雷斯尼克评价说：“帕格尼尼非常谦虚，从不当众卖弄。”

低调的幕后大佬

帕格尼尼光头锃亮，戴着一副金丝边眼镜，浑身散发出一种学者的气质。他并非出身运动世家，父母是音乐家和教育家。尽管其家族姓氏让人联想起 19 世纪意大利杰出的小提琴演奏家尼科洛·帕格尼尼，但他们之间其实毫无关联。尼科洛·帕格尼尼因其演奏华美，犹如被“魔鬼”所掌控，而被世人称为“魔鬼小提琴家”。

1957 年，皮埃尔·帕格尼尼出生于瑞士苏黎世，青少年时期也曾拉过小提琴，但从小就流露出对体育运动的热爱。“他经常和我开玩笑说，因为他在家里是最不聪明的那个，所以只好玩体育了。”另一位和帕格尼尼长期合作的网球运动员玛格达莱娜·马列娃（Magdalena Maleeva）说。帕格尼尼踢过足球，练过田径，后来喜欢上了运动强度最大的十项全能。

但是，他很早就想从事幕后工作。时间回到1966年，帕格尼尼发现自己在观看世界杯足球赛时对球员在场外的表现更感兴趣。2011年，帕格尼尼在接受瑞士法语报纸《24小时》（*24 Heures*）的采访时说，“我观看世界杯足球赛的时候大约8岁，但我特别想知道大家在更衣室里都在做什么，教练又会说哪些我们在电视上不可能听到的话。尽管当时年纪小，但我就是对幕后工作感兴趣。我现在所做的工作就是别人看不到的幕后工作，我乐在其中。”

帕格尼尼有段时间一心想要成为一名健身教练。后来因为健身教练的工作不稳定，他便转而重新求学并取得了商科学位，还在一家瑞士的酒店学校读过一些课程。最终，他还是听从了内心深处的声音，甚至可以说是呐喊，进入了瑞士联邦马格林根体育学院，获得了职业教练的学位。这家体育学院是瑞士唯一一家专注于体育研究的高等学府。帕格尼尼的老师中有瑞士前铅球运动员让-皮埃尔·埃格（Jean-Pierre Egger）。正是在埃格的指导下，沃纳尔·冈瑟（Werner Günthör）和瓦莱丽·亚当斯（Valerie Adams）才在世界锦标赛和奥运会中获得铅球冠军。除了铅球，埃格还玩摔跤、帆船、高山滑雪等其他的运动项目。2020年，埃格在瑞士全国体育大奖中被评为过去70年里的最佳教练。埃格让帕格尼尼认识到运动员的体能训练需要与其所从事的体育项目互相匹配。

1985年，帕格尼尼从体育学院毕业后原本计划成为一名足球教练。结果，毫无网球背景的他反而得到了瑞士国家训练中心的工作机会。由于一开始只是兼职，帕格尼尼为了弥补收入不足，只好在邻近的一所学校当体育老师。后来，他却成为瑞士网球界不可或缺的一部分。最早受益的两名网球运动员是马克·罗塞特和曼努埃拉·马列娃。

罗塞特身高约 2 米，体型瘦长，是一位性格复杂，偶有叛逆，言语中略带讽刺幽默的极具影响力的运动员。他在费德勒出现前是全瑞士最好的男子网球选手，但体育并非他与生俱来的强项。罗塞特说："我第一次见到帕格尼尼的时候，他还在参加十项全能，对网球一无所知，他后来打网球以后才慢慢成了行家里手。"

布雷斯尼克知道，帕格尼尼对自己早年的无知一直心怀愧疚。"他曾对我说，他应该因为 25 年前让球员进行的一些训练而被罚款，当时他对网球运动员的训练需求一无所知，"布雷斯尼克笑着说，"他是在完全懂行之后说这番话的。一聊起过去，他就觉得尴尬。他其实一直在不断地学习，而且会根据球员的个人情况进行训练设计。"以费德勒和瓦林卡为例。费德勒身材中等、步法轻快、善于进攻；而瓦林卡胸部发达、力量大、耐力好，需要一些时间才能达到全速状态，他因此被戏称为"柴油机"。

布雷斯尼克说："帕格尼尼同时和费德勒、瓦林卡合作。面对两个不同类型、身体状态差别明显的网球运动员，帕格尼尼比任何人都清楚如何做到因材施教。因此，我非常信任他的个人判断。相比之下，很多教练可能还处于不断摸索的阶段。"

帕格尼尼虽然对早期的无知倍感惭愧，但是他踏入网球世界的那份新鲜感和陌生感反而让他有了不一样的视角。这就好比一名游客初来乍到一个新的地方，他肯定会以一种当地人无法理解的方式来进行观察和适应一样。帕格尼尼将自己在田径场上获得的丰富经验也运用到了对网球运动员的训练上。同时，他从不固步自封。自从在体育学院遇到埃格之后，帕格尼尼开始专注于设计适用于网球运动员的锻炼方式。这就意味着很多的训练是在网球场上而非健身房内进行的，以往常规的重量及长跑训练开始时派不上用场。

“打网球的运动员需要身体强壮、速度快、协调性好、耐力好，”帕格尼尼告诉我，“但是，这些身体素质的培养是要在网球场上而非大马路上或是游泳池里完成的。一般而言，在网球场上，你的速度主要体现在你开始击球的前 3 步。所以，你需要把前 3 步练得特别有力量。”同时，大满贯赛事因为五盘三胜制的比赛规则通常需要持续 3 小时或以上，所以网球运动员需要着重训练的不仅是第一盘的前 3 步，还有第五盘的前 3 步。

完成这关键性的“前 3 步”所需要的力量被帕格尼尼称为“爆发性的耐力”。这个说法乍听上去自相矛盾，但事实却并非如此。如何才能做到这一点对体能训练师来说绝对是一大挑战。“对田径运动员来说，跑马拉松需要耐力好，跑短跑需要爆发力强，”帕格尼尼说，“但打网球，需要二者兼备。这是两种截然不同的身体素质。这种矛盾的统一恰恰是网球的迷人之处，这也是我认为网球远比人们想象的要困难得多的原因。”

在网球比赛中，有时需要长距离去击球。为了放短球，网球运动员需要快速从网前后撤接住一个高吊球，有时需要沿着底线从一头跑到另一头全力去接一个穿越球。对单打选手而言，网球场的底线长度约 8 米，网前到底线之间的距离约 12 米，所以一名球员在底线后跑得再远也不可能在直线距离上超过 16 米。

“在网球比赛中，你不可能跑出百米冲刺的感觉。”帕格尼尼说，“相反，你会断断续续地打上 3 小时或更长的时间，所以网球比赛非常辛苦。在和对手一来一回的多拍回合中，你通常只有 25 秒或 90 秒的喘息时间。你需要集中精力、时刻清醒。打网球不需要你在速度上破纪录，它需要你能够长时间地、一而再再而三地进行快速反应。一打一歇又时刻警觉，这就是网球有意思的地方。在一场持续 5 小时的比赛中，你不是一直跑呀跑的，跑上 40 千米。网球运动员在比赛中最多跑 6 千米。”

网球还需要运动员有瞬间的爆发力，这也是帕格尼尼的一个训练重点。他通常要求费德勒及其他球员完成一个手眼协调的复杂动作：先在抛接健身实心球的同时进行高强度的网球步法训练，接着在手握球拍击球的同时也做同样的步法训练。帕格尼尼还会将编有号码的 4 根木棍放置在一块正方形场地的 4 个角上，球员手拿健身实心球站在场地中央，接着他随口喊出一个数字，球员需要立马高举健身实心球朝相应的木棍跑去。

这些训练项目需要运动员头脑灵活、身体敏捷。帕格尼尼还通过快速且激烈的有氧运动来测试球员在高压之下能否保持动作的连贯性和完整性。譬如，他会让球员先踩踏室内健身脚踏车，紧接着立马全力以赴过渡到以二对一的击球练习中。

帕格尼尼喜欢使用跑步运动员常用的经典训练方法：间歇训练法。只不过，他将动作与动作之间的间隔时间进一步缩短，譬如，30 秒或更短的剧烈运动和相应的等时休息。这样做的目的在于提高球员的运动速度，提升传统上用于衡量运动员耐力的最大摄氧量或最大耗氧率。

罗塞特说："对我来说，帕格尼尼是世界上最好的网球体能训练师。他是第一位专门针对网球运动员进行全方位训练，甚至可以设计具体步法的体能训练师。你看像我这么高的人后来在比赛中也很少受伤。事实上，他训练过的球员都很少受伤。"运动员爆发力的训练通常意味着受伤风险的增加。所以，帕格尼尼在这方面的突破可谓是一项壮举。虽然费德勒和瓦林卡在 30 多岁时都曾接受过膝盖手术，但整体来说帕格尼尼在这个危险的浅滩上航行得非常出色。

退役后的罗塞特成为网球赛事的评论员。他通常会通过观看网球锦标赛或一些自媒体的视频来关注网球体能训练师。"现在的很多体能训练师所使用的方法竟然与我和帕格尼尼在25年前使用的一样，”罗塞特忍不住用法语骂了句脏话，然后接着说，“当然现在有些事情有所改善。很多体能训练师都深受帕格尼尼的影响。运动员的成绩就是最好的广告。如果有人明天找我当网球教练，我肯定会说，好呀，你先跟着帕格尼尼练上4个月，我们再谈。”

马列娃三姐妹的故事

曼努埃拉・马列娃是来自保加利亚的网球三姐妹中的大姐。在母亲尤利娅・贝尔贝里安（Yulia Berberian）的教导下，她们姐妹三人——曼努埃拉、凯特琳娜（Katerina）和玛格达莱娜，在资源有限且国家体制发生巨变的困境中依然成长为世界排名前10的女子网球运动员。马列娃三姐妹在保加利亚之外的名声没有那么响亮，但是她们的事迹却是国际网坛上最成功的故事之一，完全可以与威廉姆斯姐妹相媲美。尤利娅・贝尔贝里安曾在接受《纽约客》的采访时说：“如果我们是美国人，我们的影响力肯定会大得多。”

马列娃三姐妹中的大姐后来加入了瑞士籍。1987年，年仅20岁的曼努埃拉与瑞士网球教练弗朗索瓦・弗拉格尼埃（François Fragnière）喜结连理，之后便在埃居布朗接受训练。她也因此遇到了帕格尼尼。“我实际上是他负责的第一位真正的职业网球运动员，”曼努埃拉对我说，“他非常严格，练得很猛，基本上把我逼到了极限。可是，我好像心里又没有什么不满或不开心。仅凭这一点，他就和其他的很多体能训练师不一样。”

20世纪80年代后期，曼努埃拉的丈夫及教练弗拉格尼埃决定进一步提高她的体能以增加她在与施特菲・格拉芙、玛蒂娜・纳芙拉蒂洛娃（Martina Navratilova）和加布里埃拉・萨巴蒂尼等人对战时的胜出机会。

帕格尼尼首先对曼努埃拉的身体状况进行了评估。“当我第一次跟他跑步的时候，恨不得给他一拳，这可能是唯一一次，”曼努埃拉笑着说，“他当时要评估一下我的身体状态，琢磨着应该从哪里入手。我跟着他出去，绕着训练中心慢跑。”帕格尼尼很快就带着曼努埃拉朝附近的森林小路跑去。这趟耐力测试快结束的时候，曼努埃拉开始感到胃里不舒服，有点想吐。而帕格尼尼却情绪高涨，在她前面倒着跑，一边跑还一边和她面对面地聊天。“我当时心想，‘怎么可能，我都累吐了，这家伙竟然倒着跑，还和我说话！’”曼努埃拉说，“这一幕我永远都忘不了。”

曼努埃拉后来自然和帕格尼尼“尽释前嫌”。1994 年，曼努埃拉在日本大阪举行的国际女子职业网球协会（WTA）锦标赛上夺冠后宣布退役。她在此之前与帕格尼尼合作了 7 年，退役时世界排名前 10。“跟随帕格尼尼训练之后，我的身体素质大有提高，”曼努埃拉说，“我以前打上 3 盘就会出现腿部抽筋的问题，但自从跟着他一起训练之后，身体状态就越来越好，上场打 5 盘毫无问题，心里也不犯怵了。”

曼努埃拉退役后，帕格尼尼开始训练比她小 8 岁的妹妹玛格达莱娜。玛格达莱娜说：“帕格尼尼的训练重点是步法，高质量的步法。他要求特别精准的出脚位置。”

曼努埃拉·马列娃 15 岁时正式成为职业女子网球运动员，27 岁生日前夕宣布退役。她的妹妹玛格达莱娜·马列娃 14 岁时成为职业女子网球运动员，30 岁时退役。她们姐妹俩在退役前都觉得自己的职业生涯已经够长了，况且，她们对常年四处奔波的比赛生活感到了厌倦。两个人都记得帕格尼尼曾说过下一代网球运动员的职业生涯肯定会更加长久。“在我们那个年代，没人这么说，”玛格达莱娜说，“大多数人的看法刚好相反。网球对运动员的身体要求非常苛刻，职业选手几乎没有休赛期，运动受伤的情况也很严重。”但是，帕格尼尼认为随着网球训练的专业化、日程安排的合理化、不断进步的康复手段和越来越强大的团队支持，职业网球运动员的职业生涯一定会延长。事实证明，他的预判完全正确。目前，无论是在男子网球还是女子网球的世界巡回赛中，30 多岁依然在参加比赛，甚至还在持续提高其世界排名的选手大有人在。“很多人认为运动员一过 30 岁，竞技能力必然下降。帕格尼尼对此则不以为然。他觉得这是人们对职业运动员的刻板印象，”玛格达莱娜说，“他认为只要方法得当，运动生涯就会更长。”

玛格达莱娜从 17 岁时开始接受帕格尼尼的训练。双方一直合作至她宣布退役的 2005 年。每一位同帕格尼尼一起训练的运动员与他合作的时间都会很长。尽管有一些体能训练师认为帕格尼尼的训练方法有局限性，但与他合作的运动员都表现出了极高的忠诚。

法国人保罗 · 多罗琴科曾在瑞士网球联合会教过费德勒和其他的青少年选手。当被问及如何描述帕格尼尼时，他略显犹豫，最后说了一句“与众不同”。这种“与众不同”的一个表现就是帕格尼尼从不觉得自己必须得有驾照且必须会开车。相反，他完全依赖火车、出租车或其他的汽车租用服务，以及依赖他会开车的第二任妻子伊莎贝尔。

“他非常坚持己见，不太灵活，和他沟通不太容易，”多罗琴科说，“他性格内向，但在激发运动员的体能和协调性方面却做得很好。如果你和他一起训练，你会被他完全吸引。他会让你的精神高度集中。在训练运动员方面，他不空谈，是个实干家。”帕格尼尼能够吸引球员的注意力并与之建立起长期的信任关系，这主要是因为他具有制订个性化训练模式的能力。从他富有变化的运动设计来看，他一点儿也不缺乏灵活性。

费德勒是一个在生活的方方面面都希望能够多样化的球员。他一般不会安于 20 多年一成不变的常规训练。帕格尼尼虽然性格内向，不愿站到台前，但是对费德勒和其他的运动员来说，他非常易于沟通。“可以想见他作为一名体能训练师在我的职业生涯中产生了多大的影响。他有时就像是我的精神导师。我们在训练之余会聊很多很多。总想和他畅所欲言，多聊四五十分钟。”费德勒曾经这样说。

众人眼中的天才少年

帕格尼尼属于那种非常难得的采访对象。作为记者，你对他的采访很快就能深入展开。他待人热情，喜欢长篇大论和使用比喻句。我在 2012 年和 2017 年曾经两次用法语长时间地采访过他。法语也是费德勒和他一起训练时使用的语言。

我问他：“人们常说费德勒的骨骼结构和先天条件让他更易于保持竞技状态，你觉得这么说合理吗？”

“嗯，常听到这种言论，”帕格尼尼回答道，“但是，有天赋是一回事，一年 70 场比赛是不是能把天赋发挥出来那又是另一回事。费德勒的目标是能在每一场比赛、每一个赛季都稳定发挥出应有的水平。我觉得这样的言论会让大家低估他本人的努力和付出。对他来说，这是一个美丽的问题。大家这样说是因为看他打球就像欣赏艺术表演一样。大家会忘记他也需要不断地付出才能够达到如此美妙的境界。就好比你看一场芭蕾舞演出，你只看到了美，却没有看到为了呈现这份美舞者所付出的艰辛。事实上，‘台上一分钟，台下十年功’。”

的确，肌肉线条的塑造和肌肉记忆的完成都需要时间，技术提升和姿态优美更需要时间。过去几十年来，聚光灯下的费德勒让这一切看上去轻而易举。然而，在早年观众寥寥的赛场，那样的比赛是多么令人沮丧。

回想一下玛格达莱娜·马列娃在埃居布朗初次见到14岁的费德勒时的第一印象。"那时候，他还是个小家伙，经常会抓狂，"玛格达莱娜说，"动不动就把球拍给摔了。"玛格达莱娜比费德勒年长6岁，当时已在国际女子职业网球协会的排名稳居前10。她有一次在对阵费德勒的练习赛中赢了一盘。"他那时就是个被宠坏的小男孩，一幅气急败坏的样子，特别爱生气，"玛格达莱娜说，"我觉得主要是因为他对自己不满。"

埃居布朗的瑞士国家训练中心的主任、瑞士男子网球技术总监弗莱斯特别能够理解费德勒的这种情绪。弗莱斯年轻时也曾就读于网球学院。20世纪70年代，他与后来成为法网冠军的雅尼克·诺阿一起曾在法国网球联合会位于尼斯的训练中心寄宿。

弗莱斯参加过各种比赛，他曾在世界排名中进入前100。虽然后来在大满贯赛事上没能取得佳绩，但他也曾击败过4位在他之前或之后的大满贯冠军：阿瑟·阿什（Arthur Ashe）、安德烈斯·戈麦斯（Andres Gomez）、曼努埃尔·奥兰特斯（Manuel Orantes）和伊万·伦德尔（Ivan Lendl）。

弗莱斯后来成为一名以严厉著称的网球教练。他深知投入和自律对网球运动员的重要性。同许多人一样，弗莱斯也看到了费德勒的潜力：快速的正拍击球、灵活敏捷的反应和与生俱来的渴望。人们通常不大愿意谈论一个年轻人不确定的未来。但是弗莱斯告诉自己的导师，即埃居布朗网球中心的前辈乔治斯·德尼奥（Georges Deniau），费德勒是一个难得一见的天才。他还告诉自己的朋友——在国际管理集团（IMG）担任网球经纪人的雷吉斯·布鲁内特（Régis Brunet），让他对这个年轻人多加留意。布鲁内特后来果真签下了费德勒，成为他的第一任经纪人。

费德勒的内心挣扎在当时表现得一览无余。弗莱斯说："那个年纪的费德勒需要面对很多难题。首先，青春期本身就不容易。其次，他独自一人在埃居布朗过寄宿生活，适应过程很艰难。再次，他需要从头学习一门新语言——法语，上法语学校。最后，还有网球训练。”

“对费德勒来说，这是一个在很多方面都需要重新适应的人生阶段。我不想让他有所松懈，那不是我的风格。我对他和其他人一视同仁。我不会在他们这帮孩子中间进行比较。我想让他们都努力拼搏，在他们身上看到出色的网球运动员应该有的样子。我为此付出了全部的心血。”弗莱斯道。

弗莱斯并不是天天都和费德勒在一起训练。当时，训练年轻球员的主要任务由另一名更年轻的瑞士教练亚历克西斯·伯纳德（Alexis Bernard）负责。不过，弗莱斯负责监督整个训练过程，并时常会直接与费德勒一起讨论他的技术、技巧和打球的态度。“我不能说我所做的都是对的，”弗莱斯说，“但绝对没有偏离常规的方法。我和费德勒也会有冲突，但他通常都会消化吸收。他可能不得不硬生生地吞下很多东西。显然，他不喜欢这样。”

尽管费德勒天生心思敏锐、爱交际，但他在当时并不好沟通。弗莱斯也没有心情惯着他。“他在球场上的对抗性表现得特别差，”弗莱斯说，“他需要网球。网球就是他的一种自我表达。我对他说，‘听着，看着我的眼睛，我想知道你是不是真的明白我所说的每一句话。你，跑来跑去，四处击球，让球在你胯下跳来跳去。嘿，不能这么打球，明白吗？！’就这么几句话，他好像就受不了。他完全没法控制自己的情绪。他不停地摔打，不停地击球。当然，无论从哪方面来看，他都是一名非常有潜力的网球运动员。”

帕格尼尼记得费德勒在训练时常常会通过呐喊来释放自己内心积压的情绪和能量。“他当时是队里最年轻的球员。我记得我当时一边看着他，一边心想他可真任性，”帕格尼尼对我说，“他情绪变化剧烈，前一秒还在哈哈大笑，后一秒就能哭哭啼啼。”

和休伊特的第一次交锋

费德勒并非唯一一个在那个年纪努力控制自己情绪和渴望未来成为世界冠军的选手。1996 年 9 月，年仅 15 岁的费德勒代表瑞士参加了在苏黎世举办的青年网球世界杯。开赛当天，瑞士队对阵澳大利亚队。换句话说，首场比赛是费德勒和休伊特的对决。澳大利亚队当时的队长是达伦·卡希尔。瑞士队的队长是来自瑞典的曾世界排名 25 的彼得·伦德格伦。彼得·卡特也出现在比赛现场。

“这是费德勒和休伊特的第一次交手，两人都听说过对方的名字。他们俩在场上都意气风发，志在必得。”卡希尔回忆道，“比赛从一开始就很紧张。他们俩的表现也几乎一模一样：玩策略、摔球拍、骂骂咧咧、和裁判吵架，无所不用其极。场面震撼，令人不知所措。我也是第一次在现场看休伊特的比赛。他们两人打比赛的样子一下让我想起了几年前的康纳斯和麦肯罗①，康纳斯和麦肯罗那时也是 15 岁的孩子。比赛结束后，两个人都哭了。我印象中休伊特还把球拍扔到了球场围栏的后面。”

费德勒在比赛第三盘的决胜局胜出。休伊特当时一拳就打在了自己的拍弦上，他的手部因用力过猛而鲜血直流。卡希尔略感失望和沮丧地离开了球场，倒不是因为休伊特的失利，而是他作为一名职业球员的失态。卡希尔走到了面带微笑的卡特身旁。卡特的微笑也并不是因为费德勒赢得了这场比赛，而是他看到了两个年轻人的未来。“哥们，这俩以后都不得了。”卡特说。卡希尔回答：“这俩都该被踢屁股。怎么打球呢？真是！”卡特继续笑着说：“行呀，你

① 康纳斯和麦肯罗是指前美国职业男子网球运动员吉米·康纳斯和约翰·麦肯罗，他们二人自 1977 年至 1991 年间多次在网球赛场上正面交锋。——译者注

去踢。这俩家伙以后都会有出息的。”

这是费德勒和休伊特的第一次对战，日后经历了数次这样的比赛。尽管他们之后都学会了控制情绪，但他们之间的竞争就此拉开了序幕。他们彼此在对方漫长的职业生涯中都占据着一席之地。

费德勒在苏黎世赛场上留给卡希尔的印象远比之前在巴塞尔的更为深刻。他的反拍动作已大幅改进，但步法太大的问题仍未解决。卡希尔说：“他已不再放小球了，也几乎不怎么失球了。我觉得他的手眼协调能力非常强。他充分利用了自己的特长，形成了今天的打法。他也开始小步跑动，只是偶尔反拍击球时右腿还是会朝反拍那一侧迈出一大步。人们不禁会惊诧，‘这么大的力量是哪儿来的？他是怎么做到的？’”

回到埃居布朗后，费德勒的球技成了教练们时常谈论的话题。在卡科夫斯基和卡特的指导下，费德勒的基本功已非常扎实，但仍有不足之处。当时他的正拍攻击足以让他独领风骚。

“他在准备击球时手会突然松一下，拍头稍有下落，但他的手腕会立马加速用力。这个过程实在是太奇妙了！”弗莱斯说，“这就是费德勒，他天生有这种细节处理能力。我们把注意力放在他最后的动作上，希望他能让球在球拍上保持稍微再长一点的时间。”

反拍部分，费德勒需要更好地掌握上旋球。弗莱斯说：“反拍训练是我们的重点。”

弗莱斯会不断地抛球给他让他练习，当结果令人满意时，他会停下来，让他记住刚刚球拍接球时在空中划过的轨迹。

在弗莱斯看来，费德勒的击球动作尚不稳定，左肩在击球的瞬间朝前送出得太快。“双肩较长时间地成一条直线是网球运动员保持稳定性的关键。我们为此花了不少时间，”弗莱斯说，“有些比赛中，球打得还是有些乱。”

反拍击球的另一个重点是如何让费德勒尽可能在更靠前的位置接触球。同时，他的另一个强项——单手反拍削球，也需要稍微调整。弗莱斯说：“他反拍削球时拍头有一点后靠。这一点需要改变。”

发球方面的训练重点是增加肩部旋转，每一次稳定地将球抛至相同的位置，强调在同样的发球位置用假动作来迷惑对手。费德勒对我说：“桑普拉斯可以做到在同一位置抛球发出不一样的球。我也希望能借鉴和融入一些他的技巧，自我消化之后再形成自己的风格。我一直在做一些抛球方面的尝试，看同样的抛球是否能打出不一样的效果，能否打出平击式的发球。后来发现其实都能做到。”

帕格尼尼当时在网球训练中心负责学员的上学和住宿的协调工作。他将费德勒安排到了克里斯蒂奈特家。这是一个由女主人科妮莉亚（Cornélia）、男主人让-弗朗索瓦（Jean-François）和他们的三个孩子组成的五口之家。费德勒周一到周五和他们一起生活，周末和节假日则搭乘火车返回巴塞尔与父母、姐姐团聚。

1999年，科妮莉亚·克里斯蒂奈特在接受瑞士杂志《画报》[①]的采访时表示，“如果他获胜，那也得归功于玉米脆片。他每次都是整碗整碗地吃，可以吃一整天。他不喜欢吃鱼，也不喜欢吃肉，却喜欢吃意大利面。”

① 瑞士杂志《画报》（*L'Illustré*）是瑞士的一个时事性周刊，主要对社会人物和最新事件进行全方位的报道。——译者注

费德勒还喜欢赖床。“有时候，即使闹铃响了，他还是没有醒，我只好叫他起床，”科妮莉亚说，“一旦说起床，他能在 5 分钟之内收拾完毕。真没见过比他还快的人。”

对费德勒来说，他在埃居布朗面对的最大挑战来自学校的功课。他的法语其实进步得很快，一方面他属于沉浸式学习，另一方面他不太在意语法错误。在学校并非只有费德勒被法语所困，还有一位来自瑞士德语区的学员斯文·斯文南（Sven Swinnen）和他一样，都需要从头学起，配备的老师和所学的课程完全一样。斯文南在网球方面同样有天赋，他在青少年时期经常打败费德勒，他在拿到一笔网球奖学金后前往美国的俄勒冈大学继续深造。

“我们俩一开始在埃居布朗的日子很艰难，”斯文南对我说，“首先是语言。我们俩的法语都是零基础。那种感觉就像是‘我到这儿干嘛来了？’但是，这种听不懂、看不懂和完全懵的状态反过来却又帮助我们很快掌握了这门语言。怎么说呢，回头看，这段经历对我们来说都是积极正面的。我想它帮助费德勒成为他现在的样子，一个会说多种语言的人。这一点大大提升了他受欢迎的程度。”

曾在德拉普兰塔中学教过他们两人法语的菲利普·瓦舍伦（Philippe Vacheron）老师对费德勒印象深刻。费德勒曾有一次专门和他单独练习法语。“他有一种我称之为天生狂野的一面，”瓦舍伦在接受瑞士《时报》（*Le Temps*）的采访时说，“他会因为没听懂，突然在课堂上大喊起来，‘瓦舍伦先生！那是什么意思？’大多数老师都不喜欢他这样，但我觉得还挺好玩的。和他一样说德语的斯文南基本上是照本宣科，但费德勒更愿意表达自己的想法。他虽然反应强烈，但从不无礼取闹。同时，如果真遇到困难，他又会非常敏感。听不懂加上远离家园，我想那是一种双重压力下的挫败感和失落感。即使他没有成为世界冠军，我都对他印象深刻。在所有到我们学校来上课的年轻球员当中，他是唯

——个曾对我说他会一直坚持打球的孩子。在这条路上，他可能成功，也可能失败，但他的确在网球方面很有天赋。”

毫无悬念地，费德勒在埃居布朗的第 2 年就参加了锦标赛，成绩开始逐步提高。他学会了平衡情结，建立了自信，将自己的所学、所练融会贯通并运用在了比赛当中。

阿莱格罗记得，有一次在课堂上，学生需要填写一份描述自己网球目标的表格。他写的是希望自己能打进世界前 100 名。“费德勒是我们当中唯一一个写了想要成为世界第一的人，”阿莱格罗说，“我不知道他是不是真的相信，但他就是这么写的。”

年轻球员的追梦之路有太多的可能走偏踏错，但是在曾执教过无数天才选手的弗莱斯看来，费德勒 16 岁离开埃居布朗时已经具备了多个走向成功的条件。他认为费德勒的网球技术全面，极具前途。“在场上的时候，我看不到他有什么阻碍，”弗莱斯说，“哪怕从底线后两米处，他都能嗖地一下提升速度来到场内，没有任何障碍能阻止他提升到更高层次。就我感觉来说，他是没有上限的。”

弗莱斯在密切观察费德勒两年后，发现他急需解决一个问题。“唯一阻碍他的是他的心智和情绪，”弗莱斯说，“我记得特别清楚，我曾对他说，‘听着，费德勒，你能捧起这个世界上最大的奖杯，但是切记不要让自己成为自己的敌人，否则一切都将变得困难重重。’”

04 成为大师的必修课

瑞士，比尔

倘若罗杰・费德勒在阿尔卑斯山上的某家餐厅吃了顿午餐，那么他的名字很快就会成为这家餐厅的宣传广告。

费德勒给了我一串瑞士地名，上面有巴塞尔、埃居布朗、苏黎世及其周边的湖泊、伦策海德的雄伟高山和滑雪道。这些地方对他来说至关重要，那我就需要一一走访。费德勒和妻子米尔卡还在伦策海德一处名为瓦尔贝拉（Valbella）的地方建造了一栋梦幻般的房子。

费德勒专门提到了比尔市。“在比尔，有一条街道是以我的名字命名的，”他郑重其事地说，“叫作罗杰・费德勒街。”

“网球之家”的新生活

我搭乘火车抵达了比尔市，沿途风光迤逦，一番查看过后，我却发现那条街和我们大多数人的想象并不一样。它只不过是一段延伸至现代高速公路的普通柏油路，看上去就和20世纪晚期在公园里经常见到的马路差不多，丝毫没有海尔维第共和国时期[①]用鹅卵石铺就的道路的古老韵味。尽管如此，这已经很不容易了。在瑞士，这种街道很难堂而皇之地标记在地图上，因为瑞士政府从不鼓励居民以个人名字来命名街道或其他的公共场所。2016年，费德勒在没有任何游说的情况下，被允许作为世界名人来命名一条街道，这在瑞士绝对是难得一见的例外。从某种意义上说，用费德勒的名字为这条街道命名真是再合适不过了，因为它紧挨着被称为“网球之家”的瑞士国家训练中心。费德勒成长的那几年关键期都是在这里度过的。“我成年后的生活基本上从比尔开始。”费德勒说。

这条以费德勒的名字命名的街道其实有德语和法语两种拼写，因为比尔本身是一座双语城市，它犹如一座连接起瑞士德语区与法语区的桥梁。这座城市名字的德语拼写是Biel，法语拼写是Bienne。2005年，斜杠拼写的“Biel/Bienne”成为它正式的官方名，其官网名称也完美地体现出了它的双语特征。费德勒在使用不同的语言时也会加以留意：他讲德语或英语时会用“Biel”，而说法语时则会用“Bienne”。比尔具有的“双语”特征也是瑞士网球联合会将原本位于埃居布朗的国家训练中心于1997年9月搬迁至此的原因之一。

“这是一个政治正确的选择。”1997年曾在训练中心做训练项目监督员的荷兰人斯文·格罗内维尔德说。与只讲法语的埃居布朗不同，迁至比尔的国家训练中心允许尚在求学阶段的球员自由选择他们的上学语言。

① 海尔维第共和国时期是指法国大革命之后在现瑞士境内成立的自治共和国，1798年建立，1802年解散。——译者注

16 岁的费德勒此时已完全掌握了法语。他按要求完成了基础学业后便不想再继续读书。他决定停止常规学校教育，正式成为一名职业网球运动员。他做好了应对各种新挑战的准备。

这在当时社会保守、注重学业的瑞士，可以说是一个非常大胆的决定。即使是在 20 世纪 90 年代后期，体育运动也鲜少被看作是一条正儿八经的职业道路。“虽然人们的心态已经发生了一些变化，但瑞士并非一个真正重视体育的国家，”在费德勒之前，瑞士最好的网球男单选手马克·罗塞特说，“瑞士不是美国，不是澳大利亚，也不是意大利。可以说，在瑞士当职业运动员有时会特别辛苦。”

1988 年，18 岁的罗塞特成为瑞士青少年网球锦标赛的冠军。但是，他发现瑞士网球联合会并不打算送他去美国佛罗里达州参加在那里举办的世界顶级青少年网球赛事之一的橘子碗[①]。“我当时问，‘为什么不能去？按惯例，每一位 18 岁赢得瑞士青少年网球锦标赛的选手不是都要去参加橘子碗的吗？’”罗塞特回忆道，“但他们对我说，‘你还不够好，去了也没意义。’”

这番话虽然让罗塞特很受伤，但他决心已定。他告诉联合会的工作人员无论如何都要让他参赛，他的家人会给予资助。因此，他成了第一位赢得橘子碗（18 岁及以下的组别）的瑞士人。费德勒是在他之后的第二位。“所以你就知道瑞士在体育方面是个什么情况了，”罗塞特说，“对我来说，瑞士的体育机构做得非常差劲。但话说回来，这种不如意也会磨炼一个人的意志，你会在心里暗自较劲，‘行，你说我不行是吧，那我就证明给你看！’”

费德勒“不上学”的决定很快就受到了各方质疑。有一次，他在巴塞尔

① 橘子碗（Orange Bowl）是国际网球联合会每年 12 月在美国佛罗里达州比斯坎湾的克兰登公园举办的世界青少年网球锦标赛，是全球最重要的青少年网球赛事之一。——译者注

去做常规的牙齿检查。与我们经常会碰到的情况一样，牙医在清洁牙齿的中途和他聊天。“当时，他一边在我嘴里忙活一边问我：‘你现在主要在做什么呀？’”费德勒回忆道，“‘我呀，主要打网球。’他接着说：‘哦，还有呢？’我说，‘没了，就打网球。’然后他看着我说：‘啊，没了？只有网球？！’”

费德勒后来很快就更换了自己的牙医诊所。“我再也没见过他，因为我觉得他一点也不明白我想要做什么，”费德勒对我说，“我想要追逐梦想，想要成为网球明星，可他的那种反应让我觉得自己很糟糕。你知道吗？我不想让自己的身边全是这种声音。”

这是费德勒在建立自己职业的和私人的圈子时经常会采用的方法。他只在乎正能量和那些能给他带来正能量的人。问题是这个方法可能让你的周围充满了只会阿谀奉承的“马屁精”。他身边的人，尤其是那些等着他开工资的人可能只会说他爱听的、想听的而非他应该听的话。每一位职业网球运动员的身边都有一些随行人员，或者婉转地称之为“团队”。在这个小圈子里，许多自身优秀的人怎么会愿意每周 7 天、每天 24 小时地围着别人转呢？甚至在一年当中有近 10 个月跟着球员为了其个人积分、排名成绩而四处参加巡回赛呢？因此，职业球员的团队中不乏阿谀奉承之辈。毕竟，教练和理疗师也有自己的生活。

根据多年同费德勒有着密切合作的人士说，他非常重视团队内部的讨论和建设性的意见。然而，对当年只有 16 岁的他来说，他只想要一心守护自己的梦想并渴望鼓励。费德勒说：“我当时最想听到的声音是，‘你真棒，你的计划很好！’我觉得年轻人需要鼓励，如果大家对我说‘去吧，为了实现梦想，勇敢拼搏！不论你怎么选，我们都全力支持你！’那该多好呀！当然，谁也不能好高骛远，都要脚踏实地，要有自知之明，懂得适可而止。当然也有人走得太远，被沿途的假象蒙蔽了双眼。”

在这个阶段，费德勒身边最理性的声音来自他的父母。他们看到了他的潜力，也看到了他在埃居布朗训练期间所展现出来的毅力。但是作为父母，他们也深知有太多有资质的年轻球员最终并没有达到自己向往的那个高度。于是，他们为费德勒制订了一个兜底的备份计划。他的父亲罗伯特明确地表示他们将倾尽全力资助他追逐梦想，但是如果到了 20 岁他仍未打进世界排名前 100，那么他必须重返校园攻读学位。

费德勒后来对我说："我全盘接受。我想要抓住机会，但同样需要面对现实。"

辛吉斯带来的启示

实现梦想的计时器就这样在距离巴塞尔以南仅一个多小时车程的比尔正式启动。无论是场内还是场外，费德勒的时机都把握得很好。

首先，新的"网球之家"，也就是国家训练中心，完全隶属于瑞士网球联合会。同之前联合会在埃居布朗租用一家私人俱乐部的场地及设施不同，这一次联合会在比尔的训练中心实现了统一管理，首次将整个教练团队和行政团队设在同一地点办公。

其次，网球这项运动在瑞士也恰好发展至一个新的高度。就在训练中心搬至比尔的几个月前，16 岁的瑞士天才少女玛蒂娜 · 辛吉斯荣登世界女单排行榜榜首，成为历史上最年轻的头号选手。她在 1997 年的整个赛季中顺风顺水，成绩耀眼。要不是被一位来自克罗地亚的更年轻的女单选手伊娃 · 马约莉（Iva Majoli）在法网决赛中击败，辛吉斯那一年会包揽包括澳网、温网和美网在内的四大满贯。

在威廉姆斯姐妹横空出世将女单比赛提升至另一个新高度之前，辛吉斯曾短暂地“一统江湖”。她有着精湛的球技和出色的控场感。她不只是简单地有力量。她充满自信，深有谋略，给对手一种压倒性的全面威胁。在国际网坛上，她被称为“瑞士公主”；而在记者圈内，大家都称她是恐怖电影里面露狞笑的“恰吉”（Chucky）。

辛吉斯的微笑确实有些神秘。她是在表示高兴呢？还是在发出一种威胁？答案完全视情况而定。无论如何，她的网球天赋都不容小觑。辛吉斯同费德勒一样，有着非常国际化的成长背景，她的父母均来自现在的斯洛伐克。她从小在母亲梅拉妮·莫利托（Melanie Molitor）的精心指导下练习打球。同大多数在费德勒之前成长起来的瑞士顶级球员一样，辛吉斯从“单打独斗”中脱颖而出。她的成功让大家看到一个人不仅在年轻的时候可以梦想远大，更可以梦想成真。

相比之下，费德勒当时还只是一个怀揣梦想充满活力的16岁敏感少年。他曾在巴塞尔做过辛吉斯的球童。尽管女子单打和男子单打的巡回赛从来都是泾渭分明，但费德勒在观看她的比赛时深受启发。

前温网青少年组冠军、20世纪80年代瑞士最优秀的男子单打运动员海因茨·根达特（Heinz Günthardt）这样说：“好比你是一名登山爱好者，看着横亘在面前的陡峭岩壁，你心想，‘能翻过去吗？’这时突然有人就爬了上去。你会因此深受鼓舞，也想要跃跃欲试。哪怕你一而再、再而三地跌倒失败，你还是会坚持不懈，因为你看到有人做到了，你知道一定有办法。对很多人而言，辛吉斯在心理上就是那个‘做到了’的人。对我来说，在追梦路上看到有人梦想成真，那种激励的力量不言而喻。”根达特曾经在温网和美网打进过男单的四分之一决赛，但他最为世人熟知的身份应该是曾做过施特菲·格拉芙的教练。在当年能获得大满贯的参赛资格且无论成败都被视作巨大成功的瑞士网坛，更何况像根达特这样的一流选手还赢得了一场比赛。

如果说费德勒一贯对自己要求很高，那么在遇到辛吉斯之后就更高了。“我感觉自己也可以成为一名网球明星。我特别感谢辛吉斯和其他所有为这个国家的体育事业做出过巨大贡献的人们，”费德勒对我说，“我觉得我们可以做更多的事，让这个国家的年轻人相信‘一切皆有可能’，你知道你可以志存高远。有时候，为了寻求一种四平八稳的生活：读书、找工作、各方面有保障，等等，我们其实并不相信梦想，也不敢全力以赴，只会说，‘试试，搏一下，看看会怎么样。’这种做一半留一半的效果并不好。如果一个人在中国、俄罗斯、美国、阿根廷或其他任何地方，他们每天需要训练 5 小时，而你每天只训练 2 小时，那怎么能比呢？这种情况下，你想要成为最好的、最伟大的球员根本不可能。打进世界排名前 250 或者去温网比赛不只是有梦想就能实现的。”

费德勒很幸运，他成长的关键期恰逢设备精良的“网球之家”在比尔开始运营，他因此获益良多。由于瑞士联邦政府承担了大部分的训练费用，费德勒能够以极其优惠的价格在训练中心打下坚实基础并且拥有一个非常优秀的智囊团。

费德勒的父母每年为他在比尔的网球训练所支出的费用大约为 30 000 瑞士法郎（约合 21 000 美元）。这不是一笔小数目。然而，相比于其他没有任何联合会或国家补助的网球家庭来说，这笔支出绝对是小巫见大巫。

费德勒在比尔不但遇到了一些新教练，而且还有原来非常熟悉的教练。其中的一个新教练就是高大英俊的年轻荷兰人格罗内维尔德。他指导过的学生包括 1995 年的澳网冠军玛丽·皮尔斯（Mary Pierce）、1996 年打进了法网决赛的迈克尔·施蒂希和后来成为大满贯冠军的安娜·伊万诺维奇（Ana Ivanovic）和玛丽亚·莎拉波娃。格罗内维尔德是应斯蒂芬·奥伯勒（Stephane Oberer）

的邀请来到比尔的。奥伯勒当时既是戴维斯杯瑞士队队长，也是罗塞特的长期教练，负责“网球之家”的日常运营。

格罗内维尔德抵达比尔后的第一要务就是招兵买马。他首轮招募的“新兵”中就有一位好脾气的瑞典人彼得·伦德格伦。伦德格伦曾经的世界排名是第 25 位，在转型做教练之后曾成功带领才华横溢却凶猛好斗的智利选手马塞洛·里奥斯（Marcelo Ríos）打进了世界前 10。

伦德格伦告诉我他之所以接受邀约的部分原因就是费德勒。“我的经纪人打电话给我说有一份去瑞士的工作，他们希望我能带一个非常有前途的年轻球员，名字叫罗杰·费德勒，”伦德格伦说，“做这个决定不容易，因为我的家人都在瑞典，而且我的女儿那时刚出生不久。我是一个人先去的，去了之后发现生活各方面挺艰难的。”网球之家一开始连住宿都没有安排。尽管伦德格伦身边有格罗内维尔德这样的朋友，但他发现语言不通绝对是一个不小的挑战。“到比尔之后，我的内心总有一种非常奇怪的感觉，”伦德格伦说，“很难形容，就好像有一个声音一直在不停地追问，‘你做的决定对吗，正确吗？’”

另外一位教练是彼得·卡特，他也被应邀加入了比尔的网球之家。与费德勒“再续前缘”的远大前景吸引着卡特，他因此离开了巴塞尔和老男孩俱乐部。他当时在巴塞尔的小日子过得还算滋润，所以做出这个决定对他来说也很不容易。格罗内维尔德说：“卡特一直很犹豫要不要离开巴塞尔，我就和他一直讲关于费德勒未来的规划和发展，希望他在其中起到引导作用。”

一开始，伦德格伦的工作重点是指导老学员，譬如像已经开始参加职业巡回赛的伊沃·赫伯格，而卡特主要负责处于转型期的年轻球员，其中包括费德勒、阿莱格罗、迈克尔·拉默（Michael Lammer）和马尔科·丘迪内利。丘迪内利曾和费德勒一起在巴塞尔打球、搞恶作剧，此次算是老友重逢。

在网球之家接受训练的这支队伍是一支充满希望的队伍。尽管后来只有费德勒一人成为全球瞩目的网球巨星，但包括米歇尔·克拉托赫维尔在内的所有人都获得了事业上的成功。

对网球运动员来说，能够在成长期有机会与同伴互相切磋、彼此成就是非常重要的，因为没有人能够在网球的世界里孤立地变得伟大。从 20 世纪 80 年代在美国佛罗里达州的布雷登顿（Bradenton）建立的波利泰尼网球学院（Bollettieri Academy）到 90 年代西班牙巴塞罗那的红土网球场，再到千禧年位于俄罗斯莫斯科的各大网球俱乐部，这些机构将有天赋的年轻球员们汇聚一堂，每日切磋练习，测试他们的极限和心里抗压能力，这种方法已被证明是一条非常成功的培养之路。

伦德格伦对此深有体会。他是继比约恩·博格之后在瑞典网球浪潮中的代表人物。长发飘飘的博格有一张冷酷的扑克脸，当年连续多次夺得冠军，成为一代青少年的心中偶像。博格虽然年轻时性格火爆，但后来一直都是北欧风格的代表。（听上去有没有觉得很耳熟？）博格应该算是网球公开赛时代成就的第一批网球明星。

出生于 1965 年的伦德格伦与前世界冠军马茨·维兰德（Mats Wilander）和斯蒂芬·埃德伯格同属一个时代。他们这一代的瑞典网球名将还包括安德斯·雅里德（Anders Järryd）、乔金·尼斯特罗姆（Joakim Nyström）、迈克尔·波恩佛斯（Mikael Pernfors）、亨里克·桑德斯特罗姆（Henrik Sundström）、乔纳斯·斯文森（Jonas Svensson）和肯特·卡尔森（Kent Carlsson）。他们都曾是世界排名前 10 的网球运动员（雅里德的双打成绩还曾排名世界第一）。

在 1987 年的法网公开赛上，当时博格业已退役，但在 128 位参赛的男单选手中有 18 位来自瑞典。这对当时人口只有 900 万，冬季黑暗漫长且缺乏室内网球场的瑞典来说，实在是令人惊叹。“我世界排名的最好成绩是第 25 位，但在瑞典我仅排第 7 位，”伦德格伦说，“这已经很说明问题了。”

虽然在网球之家接受训练的瑞士球员在网坛上最终取得的成就无法与瑞典的一众球员相提并论，但是他们同样受益于同伴效应。迈克尔·拉默曾对我说：“同伴精神非常重要。网球之家的氛围轻松，教练出众。对年轻球员来说，你在每日训练中能够看到瑞士不同年龄段的顶级球员在一起训练、交流。我认为那是一股非常强大的推动力。”

从卫星赛开启的职业生涯

16 岁的费德勒在比尔并没有选择入住当地的寄宿家庭。这一次，他在父母的资助下搬进了大他近 3 岁的朋友伊夫斯·阿莱格罗在网球之家附近租住的一间小公寓。这间小公寓位于比尔市的亨利·杜南街。亨利·杜南（Henri Dunant）是国际红十字会的瑞士联合创始人，也是 1901 年第一届诺贝尔和平奖的获得者之一。对费德勒来说，他还要奋斗多年才能在日后投身慈善事业，他更没有想到就在这片街区会有一条街道以他的名字命名。

费德勒当时满脑子想的不过是准时参加日常训练的同时保持室内整洁。“打扫卫生可不是他的强项，”阿莱格罗笑着说，“他的房间里到处都是游戏机。”阿莱格罗后来成为瑞士网球联合会青少年组的网球教练。2019 年，我和他一起在网球之家共进午餐。说这话时已经离他和费德勒第一次来到这里过去 20 多年了。

阿莱格罗透过旋转餐厅的落地窗指向训练中心 6 个室外红土网球场中的一

个。"瞧那儿，我和费德勒是第一批在那个球场练习的人，"阿莱格罗说，"我记得特别清楚，1997 年 8 月 15 日，我们俩第一次跟着彼得·伦德格伦在那里练球。"

自从费德勒时代以来，比尔的网球之家发生了很大改变。现在，这里有一栋 4 层的办公楼和一栋阳台冲着红土球场的学员宿舍。2017 年还新修了一座可容纳 2 500 名观众的体育场，用以举办戴维斯杯、国王杯（King Cup）及其他赛事。

网球之家的扩建实际上得益于费德勒的成功和知名度。尽管他很少回到这里，但他始终是一个不容忽视的存在。训练中心的内墙上悬挂着他及其之后成为大满贯冠军的斯坦·瓦林卡的巨幅照片。训练中心的外墙上则悬挂着一张从罗杰·费德勒街就能一眼看到的广告牌大小的宣传照。那是费德勒、瓦林卡和队友们在 2014 年赢得戴维斯杯后的一张合影。

在这个世界上，还有另外一条以费德勒名字命名的街道，其位于德国的哈雷市。费德勒曾在那里举办的"哈雷草地网球赛"（也称"哈雷公开赛"）上连续十多年蝉联冠军。"这是一条很小的街道，不足百米，"费德勒 2016 年在比尔参加一个剪彩仪式时说，"但它在德国而非瑞士，所以在我心里，它和比尔的这条街道没法比。"

"我一直希望瑞士国家训练中心可以做更多的事情，让每一位年轻的球员明白他们来这里不是为了度假，让他们不要害怕有梦想、有抱负。年轻人不能只想着成为职业网球运动员，只在意自己在 ATP 赛事中的积分排名。你完全可以梦想有朝一日问鼎温网，捧回戴维斯杯。而且，为什么不梦想着有一天会有一条街道是以自己的名字命名的呢？"费德勒说。

然而，在人生的某些阶段，一切都不得不从零开始。阿莱格罗和费德勒在抵达比尔不到两周后就发现他们不仅是室友、球友，更是一起参加瑞士境内各种职业网球入门级比赛的竞争对手。

这些入门级的比赛通常被称为卫星赛。当时的卫星赛，即迷你巡回赛，基本上是三周一期滚动进行，其中表现优异者会参加最后的“大师”赛。卫星赛的第一个阶段在比尔市的一家小型网球俱乐部的室外红土球场上展开。费德勒在职业级别的首轮比赛中以两个 7–5 的比分击败了 20 岁时跻身世界排名前 400 的俄罗斯选手伊戈尔·切利切夫（Igor Tchelychev）。“切利切夫身材高大，典型的俄罗斯人，”阿莱格罗说，“他说话的声音非常低沉。我们经常拿这个开玩笑。费德勒赢了他之后基本上就打开了局面，在卫星赛上的表现越来越好。”

费德勒在比尔又赢了两场比赛后，在半决赛时输给了来自阿根廷的阿古斯丁·加里齐奥（Agustín Garizzio）。当时 27 岁的加里齐奥常年在瑞士接受训练，在瑞士境内的巡回赛上是一大威胁，尤其是在红土球场上。1998 年，他在 ATP 积分排名第 171 位。

第一阶段比赛结束一周后，卫星赛的第二阶段在尼永举行。一号种子选手加里齐奥又一次在第二轮击败了费德勒。尽管费德勒是他的手下败将，但他对费德勒的印象特别深刻。两人在两场比赛中都打满了三盘，而且加里齐奥两次都是在先失一盘的情况下成功翻盘。

加里齐奥在接受瑞士《星期日早报》(*Le Matin Dimanche*）的采访时说：“在尼永的比赛进行到一半的时候，我走到一位在现场观看比赛的意大利朋友面前说，‘这家伙，如果能调整好自己的反拍，一定会是第一名’。你看他，在球网的那一侧移动得多么轻松。”

卫星赛第三阶段的比赛在诺埃斯（Noës）举行。费德勒在第二轮以 6-3、0-6 和 6-4 的成绩战胜了自己的瑞士队友乔尔·斯皮歇尔（Joël Spicher），从而打进了半决赛。斯皮歇尔对《星期日早报》的记者说："到第三盘最后关键的那一两分的时候，说实话，我被他大胆冒险的打法给震住了。好几个球在我看来根本就没有胜算，结果他成功了，真是太疯狂了。"多年来，斯皮歇尔不是第一位也不是最后一位发出如此惊叹的网球选手。

费德勒和阿莱格罗最终都获得了参加在洛桑附近的博松嫩斯（Bossonnens）举办的"大师"赛的资格。他们俩搭乘彼得·伦德格伦的蓝色标致 306 从比尔出发前往博松嫩斯并当天往返。"我们把那辆车叫'蓝色火苗'，因为它有点动力不足，"阿莱格罗说，"我们俩当时经常拿这个开玩笑。"

在卫星赛的"大师"赛上，阿莱格罗和费德勒先各自在首轮比赛中获胜，之后在四分之一决赛时相遇。他俩一起热身后走进了赛场。场上没有球童，他们都发挥出了各自应有的水平。最后，阿莱格罗以 7-6、4-6 和 6-3 的比分赢得了胜利。阿莱格罗回忆说费德勒在第三盘开场没多久眼睛里进了东西，节奏一下就被打乱了，挥拍的动作也受到了影响。"赛后，费德勒哭得很厉害，"阿莱格罗说，"哭了将近 20 分钟，接着这事就过去了，我们俩还一起吃了晚餐。"

阿莱格罗说那场比赛的现场观众一共就三位：教练伦德格伦、费德勒的父亲罗伯特和裁判克劳迪奥·格雷瑟（Claudio Grether）。"格雷瑟看着我俩长大，"阿莱格罗说，"赛后他走过来对我说，'阿莱格罗先生，你打得不错。不过，这可能是你最后一次打败费德勒了。'你猜怎么着？他说对了。"自此之后，阿莱格罗只能偶尔在练习场上赢上几盘，毕竟费德勒在练习赛上很少使出全力。"打练习赛的时候，即使他后来已经世界排名第一，我还是偶尔会赢，"阿莱格罗说，"可是，一旦正式开赛，那就是另外一回事了。"

跻身 ATP 赛事

从很多方面来说，年轻的球员能获得在博松嫩斯举办的“大师”赛的参赛资格就是一种奖励和回报。它意味着一名职业网球选手可以在 ATP 赛事中开始积分了。在 ATP 赛事中开始积分对职业网球选手来说是职业生涯的重大时刻。美国网球明星吉姆·考瑞尔曾对我说：“就好比你拥有了人生中的第一辆车。”

刚刚过完 16 岁生日的费德勒，甚至还没有“驾照”，就在 1997 年 9 月 22 日周一获得了自己人生中的第一次 ATP 积分：12 分。他当时在 ATP 的积分排名中与捷克共和国的丹尼尔·菲亚拉（Daniel Fiala）、科特迪瓦的克莱门特·恩戈兰（Clement N’Goran）和摩洛哥的塔拉勒·瓦哈比（Talal Ouahabi）并列第 803 位。

费德勒对自己在 ATP 的网站上查看成绩的过程还记忆犹新。“它是一块里程碑，”多年后，他再次提及第一次积分时对我说，“和你进入世界前 100 名、前 10 名、甚至是第一名时一样，是你在职业发展过程中满心期待的一件大事。”

然而，只有极少数的球员有机会经历所有的里程碑。曾经和费德勒一起并列第 803 位的菲亚拉、恩戈兰和瓦哈比后来都未能成功进入世界前 250 名。唯有费德勒踏上了一条卓越不凡的网球之路。回到 1997 年 ATP 排名发布的那一周，费德勒并不是第 9 页上唯一一个默默无闻的青少年。另外一位日后的世界第一、美网和温网的冠军莱顿·休伊特当时排在第 808 位。休伊特在 15 岁时获得了自己的第一次积分。2001 年，拉斐尔·纳达尔同样在 15 岁时获得了第一次积分。不过，诺瓦克·德约科维奇、安迪·穆雷（Andy Murray）和瓦林卡则与费德勒一样，都是在 16 岁时获得了首次积分。

早在卫星赛前，伦德格伦就确信自己来比尔的决定做对了。“我第一次看到费德勒的时候就对自己说，‘这小子将来一定是超级巨星。百分之百确定，’伦德格伦说，“你一点儿也不用怀疑。我之前带过里奥斯。他们俩在天赋方面有点类似。但脾气个性嘛，就差多了。”听到这句话，我笑了。伦德格伦也禁不住笑了。“这样说我已经比较委婉了。”他说。

要知道第一次训练的时候，费德勒就因为行为不当被伦德格伦当场踢出了训练组。不过，他已经留意到了这个年轻人相当灵活且极具爆发力的正拍。“费德勒有些懒，但正拍击球的感觉好到不可思议，”伦德格伦说，“我之前总说等他再大一点、力量再强一点，这个正拍就会是别人的噩梦。”

除此之外，16 岁的费德勒在赛场上其他方面的表现并没有让伦德格伦觉得有多惊艳。“他的身体素质还不够好，”伦德格伦说，“反拍动作不错，但腿部跟不上，没有什么杀伤力。”

格罗内维尔德在正式来网球之家工作前曾在一次瑞士网球联合会举办的训练营里长时间地观察过费德勒。他很快就发现了他身上的优劣之处。“他很固执，也很爱开玩笑，应该说是非常、非常爱开玩笑。”格罗内维尔德对我说。爱开玩笑经常用来形容早年费德勒的性格特点。那些曾经被躲在门后的他突然跑出来吓一跳的人们至今还这样形容他。

格罗内维尔德所说的“爱开玩笑”究竟是什么意思呢？“我会用‘争强好胜’来形容那个时候的他，”格罗内维尔德说，“在他眼里哪哪儿都跟比赛似的，场上、场下、聊天说话。即便是今天，你和他闲聊，就那种男人之间的聊天，不论是互相开玩笑还是正儿八经地讨论些什么，他总有一种要和你比着来的感觉。他很难一心一意地做好一件事情，即使在做事时也是以那种开玩笑的态度。他喜欢有变化。一旦他觉得什么事不新鲜了，不好玩了，就会变得非常厌烦。”

这个问题怎么解决呢？答案就是尽量给他多一点的新鲜感。“倒不是说大家都得围着费德勒团团转，我们毕竟是在国家网球训练中心安营扎寨的一支训练队，费德勒就是个捣蛋鬼，”格罗内维尔德说，“为了他，我们不得不让整个团队多一些变化。”很快就被人们称作“彼卡”和“彼伦”的彼得·卡特和彼得·伦德格伦设计出了富有创造性和多样性的训练模式。他们还在网球训练中交叉着加入了其他的运动项目。壁球、羽毛球、足球、乒乓球和曲棍球都以某种方式被穿插进了球员的日程训练当中，以此吸引年轻的费德勒的注意力。

格罗内维尔德至今保存着一张费德勒早期训练时拍摄的宝丽来拍立得。照片上的他看上去心不在焉。在照片下方还写了一句：“我没心情。”“他会对训练提不起劲儿，”格罗内维尔德说，“他宁愿玩游戏或做其他事。如果他觉得无聊或是没心情的时候，你最好不要让他上场，否则他会毁掉所有人的一天。可他又是一个那么好的苗子，你还没法和他真生气。”

不过，该守的规矩还是要守的。所有参加训练的球员在比尔的第一年就被警告千万不能损坏室内球场上最新定制的幕布背景。那是一块既沉重又昂贵的防噪音幕布，上面还印着各大赞助商的品牌。

结果有一次，费德勒在枯燥乏味地训练了半小时后，“砰”的一下就将球拍扔了出去，只听“咔嚓”一声，幕布瞬间被划破了，接着“咔哒”一声，球拍撞在后墙掉了下来。现在幕布看上去，至少对费德勒来说，就像是一块硬邦邦的物体上留下一条裂缝。“像是一把烧热的刀插进了黄油里。”费德勒回忆道。他先想到的是“这是什么破质量！”，但他很快就意识到自己闯了大祸。费德勒走回座位，拿起装备，准备离开时看见伦德格伦一个劲儿地在那里摇头，好像在提醒他“一码归一码”。“我当时感觉自己是不是要被开除了？因为这事很早之前就被警告过。”费德勒说。

格罗内维尔德不愿意以停训或开除的方式对待年轻的球员。不过，他也知道一定要奖罚分明。于是，一贯以不爱早起而被大家熟知的夜猫子费德勒不得不在那个冬天连续一周天天早起打扫卫生、清洁厕所。

这则故事后来成为费德勒回忆时的核心：一份基于爱护的严厉故事让他明白，至少在瑞士，即使你是网球小天才，你也得好好地遵守规矩。

“青春期大概就是这样，总想挑战底线。”20 年后，费德勒回到比尔时说，“现在我的孩子就和我当年差不多，正是这个时候。”

或许，我们需要从一个恰当的角度公平地评价费德勒在那个阶段的表现。坦率地说，他在场外并不是一个坏孩子。他严格要求自己，在场上的表现并不比其他追求完美的孩子差，这些好胜的孩子总是苛求自己在竞争激烈的比赛中游刃有余地获得胜利。即使他对丢分的厌恶偶尔被理解为对对手能力的不屑，但那些发泄的情绪大都也是针对自己没有发挥好的不满。

从孩提时代起就认识费德勒并一同打球的迈克尔·拉默认为，费德勒的日后成名使他过去自控力不足的问题被无限放大了。“他的事业很成功。很多酷爱运动、有梦想也有才华的年轻人都很情绪化，”拉默说，“很多人没法接受自己为什么会输和如何输的。费德勒扔球拍，其他人也曾那样做过。相比而言，费德勒并不是有史以来最糟糕的那一个。我觉得说他完全失控实在是太夸张了。”

不过，对费德勒本人及其家人和教练来说，情绪不稳定的确是他不容回避的一个问题。格罗内维尔德说他与卡特、伦德格伦和费德勒的父母一致认为费德勒有必要去拜访一下运动心理咨询师。格罗内维尔德说："大家觉得最好能找到一位年纪轻、同样来自巴塞尔并爱好足球的运动心理咨询师。这样的话，在正式咨询前可以让两个人有很多的共通点。"

成为心理医生的客户

1998 年，正是基于这些条件，大家在巴塞尔找到了克里斯蒂安・马科利（Christian Marcolli）。25 岁的马科利原本是一名足球运动员，曾在瑞士参加过好几个赛季的职业联赛，其中他在 3 个赛季中效力的那家足球俱乐部正是费德勒最喜欢的"巴塞尔足球俱乐部"。马科利后来因为膝盖受伤及一系列的手术而在 20 多岁时不得不早早退役，用他自己的话来说就是"我被迫重新思考我的人生"。马科利转而学习表现心理学。心理学在瑞士的发展可以说源远流长，根基深厚（由大名鼎鼎的瑞士心理学家卡尔・荣格和让・皮亚杰[①]可知）。但是，表现心理学仍然是一个相对新兴的领域。

马科利在巴塞尔大学攻读硕士学位期间就开始帮助费德勒。他后来在苏黎世大学获得了应用心理学的博士学位。2021 年，马科利在 Zoom 上接受采访时笑着说："在巴塞尔足球俱乐部 190 年的历史上，我是唯一一个获得博士学位的足球运动员。"他后来相继与一批顶级运动员有过合作，其中包括瑞士国家足球队守门员扬・萨默（Yann Sommer）、高山滑雪运动员及奥运会金牌得主多米尼克・吉辛（Dominique Gisin）和米歇尔・吉辛（Michelle Gisin）。

费德勒和卡特通过报纸上的一篇报道找到了马科利。他让费德勒想起了自

① 卡尔・荣格（Carl Jung, 1875—1961），瑞士著名心理学家，创立了荣格人格分析心理学理论，提出了"情结"的概念，主张把人格分为意识、个人无意识和集体无意识三层。他的理论对心理学研究产生了深远影响。让・皮亚杰（Jean Piaget，1896—1980），瑞士著名儿童心理学家，提出了发生认知论。——译者注

己以前踢足球的样子。费德勒是马科利最早期的客户之一。根据格罗内维尔德的说法，大家都希望能通过一些科学的手段和方法改变费德勒的行为模式，帮助他更好地管理情绪，尤其是在比赛越来越紧张的时候。

实际上，费德勒并不是第一个“吃螃蟹”的人。早在 1974 年，提摩西・加尔韦（Timothy Gallwey）就出版了如何在网球比赛中打败心魔的经典著作《身心合一的奇迹力量》（*The Inner Game of Tennis*）。

20 世纪 80 年代，伊万・伦德尔在成长为世界冠军的过程中与美国运动心理学家亚历克西斯・卡斯托里（Alexis Castorri）一路合作。说来也巧，伦德尔和卡斯托里是在佛罗里达州的博卡拉顿市（Boca Raton）一家名为“丹尼的餐厅”偶遇的。当时，伦德尔因为在比赛中输给了埃德伯格而情绪低落。卡斯托里采用了在当年来说很前卫的一些方法，譬如运用想象和自我对话让伦德尔专注于当下（他让伦德尔对自己说：“伊万・伦德尔正在拿起毛巾；伊万・伦德尔正在擦脸；伊万・伦德尔手里拿着球正准备发球……”）。

卡斯托里特别善于沟通。他可以用自己的第二（也可能是第三）语言——英语将自己的建议和意见表达得引人入胜。我有一次问他如何从表现心理学的角度来看网球与其他运动项目的区别。

“网球也许在心理上是最难的，高尔夫球也可能算是，”他回答说，“当然，如果你一直都信心满满，什么运动项目都可能不难。对网球这个项目来说，如果一个运动员不自信，他会特别地孤独，因为网球比赛时间长、难度大。它不像滑雪，一两分钟比赛就结束了。网球从比赛时长来讲对运动员是非常残酷的。”

另外，在比赛过程中，运动员只能孤军作战，因为按要求不可以有任何指导性的建议出现在赛场上，尽管大家都会有一些小动作。“很多运动项目在比赛过程中，教练是可以喊暂停或是在旁边大声指导的，”马科利说，“网球则在准备阶段可以有很多的团队合作，譬如战术、战略的讨论，等等，但是一旦上场，球员只能独自面对挑战。”

网球运动员在比赛过程中的等待时间也相对较长。你的一个动作可能也就 5 ～ 10 秒，但接着你会等待大约 20 ～ 25 秒。那么，五盘比赛下来，累积起来的等待时间就相当长了。在等待过程中，你如何不走神，如何不胡思乱想就是一个要解决的难题。“如果能把等待时间充分利用好，”马科利说，“那你赢球的机会就会大幅提升。如何利用呢？我会讲得再详细一些。”

马科利强调运动员在动作与动作之间的间隙要有意识地控制自己的呼吸节奏和关注点。“我认为最重要的一件事就是如何使用你的眼睛，”马科利说，“还有一个基本点是你是否身心合一？你是否感到自己的人生梦想正在逐步实现？你此时此刻站在这里是否感受到一种由衷的喜悦？还是说你实际上‘身在曹营心在汉’，脑子里想着其他的问题？”

费德勒很早便注重心理建设，这对他来说大有裨益。他与马科利第一次合作时还不满 17 岁。马科利自己在十几岁参加比赛时也很难控制自己的情绪。2015 年他出版了专著《请在成就自己的路上多用一些时间》（*More Life, Please! The Performance Pathway to a Better You*）。他在书中写道：“我要学习如何在重压之下保持一份优雅。17 岁那年，周遭环境日益艰难，我整个人也变得冷峻固执。尽管我仍然喜欢踢球、打比赛，但是我并没有以一种合适的方式善待自己的满腔热情。”这恰是他在费德勒身上看到的问题。“费德勒一心想赢，”马科利在接受法国知名的体育报纸《队报》（*L'Équipe*）的采访时说，“在他职业生涯的某一个阶段，他需要学习如何以一种建设性的方式运用内心的这股能量，从而最大限度地发挥出自己的潜能。这也是我和他一起合作的重点。”

费德勒和马科利的合作差不多持续了两年。尽管最终并没有完全解决费德勒的所有问题，但是费德勒从马科利那里学习并掌握到的方法已然让他得以在一个更高的层面上向前发展。“马科利给了他解决问题的钥匙。”2005 年，费德勒的母亲莱内特在接受《队报》的采访时说，“我觉得他在赛场上至今还在不断使用马科利教给他的方法。我和他从来没有专门谈过这件事。对我来说，那是他的而不是我的内心世界。”

格罗内维尔德对此表示赞同。当谈及费德勒和马科利两人之间的关系时，格罗内维尔德说：“非同一般，可以说是至交。马科利像是费德勒的一个大哥哥，费德勒从心底里接受他。”然而，费德勒在公开场合对此并没有多少表露。多年来，他鲜少谈起马科利，只是在早年的采访中提到过在他那里的受益之处。伦德格伦当然也留意到了这一点。

“马科利对费德勒很有帮助，”伦德格伦说，“但心理咨询的效果最后完全取决于咨询者的接受程度。对费德勒来说，我觉得他并不喜欢听那些，但他又让自己听了进去。我觉得他尽可能地吸取了所有的养分。倾听对自己的剖析一点儿也不容易，更何况在费德勒当时那个年纪，还有他那样的性格，应该说相当困难。”

人们当时的普遍认知还停留在如果你去咨询心理医生，那就意味着你是个弱者的阶段。这与费德勒一贯信奉的粗犷的个人主义大相径庭。而他的这种个人主义信条在他成年后也反映在他有意不聘请正式的教练或经纪人上。格罗内维尔德在谈到运动心理学时说：“人们那时还是将运动员咨询心理医生看作一种脆弱的表现。但在我们看来，我们作为教练没法提供他需要的这方面的帮助，他的父母显然也是爱莫能助。那么，我们就需要借助第三方的能够站在他的角度提供的独立咨询服务。”

近年来，在体育界和网球界，人们对待运动员接受心理咨询的态度早已发生了翻天覆地的改变。2020年，法网冠军伊加·斯维亚特克（Iga Świątek）的团队就专门聘请了运动心理学家达里娅·阿布拉莫维奇（Daria Abramowicz）陪同作战。她大张旗鼓地坐在赛场的球员席位上讨论调节心理状态的各种方法。

马科利还曾与自己的另外两位明星客户吉辛姐妹一同出书。然而，基于费德勒的个人意愿，马科利和费德勒谁也没有公开讲述过他们之间的咨询细节。“我们很早就达成了共识，后来随着时间的推移，我们又再次交流并确认了这一点。”马科利对我说。

赢下温网青少年组冠军

很明显，费德勒此时已是一位相当成功的青少年球员，而且很快将成为全球现象级的顶级球星。然而在当时，费德勒还尚未在欧洲境内赢得任何名号响亮的头衔。1995年，小冠军网球赛（Les Petits As）在法国塔布（Tarbes）举行。费德勒在这项享有盛誉的14岁及以下的网球锦标赛中止步16强。1997年，费德勒在16岁及以下的欧洲青少年网球锦标赛的半决赛中失利。

时间来到1998年的下半年，费德勒的事业开始起飞。尽管他先在1月的澳网青少年锦标赛的半决赛中失手，接着又在6月的法网青少年锦标赛的第一轮中就令人失望地败北，但是他带着全新的自信和更加平和的心态第一次来到温网参加青少年组的比赛。在绿茵赛场上，他以不失一盘的比分势不可当地一路打进了决赛，与天赋异禀、身材魁梧的格鲁吉亚左手执拍的伊拉克利·拉巴泽（Irakli Labadze）迎面相遇。

这场决赛在温网的2号球场进行。这又是一个费德勒年轻时打过球后来却不复存在的球场。2 号球场在被拆除前因为常常爆冷而被人们戏称为“种子坟场”，例如 1979 年，约翰 · 麦肯罗就在此爆冷输给了蒂姆 · 古利克森（Tim Gullikson）。

当时即将年满 17 岁的费德勒在阳光下以一种令人惊叹的速度投入了比赛，整体节奏紧锣密鼓，发球环节势如破竹。结果，他在不到 1 分钟的时间里就开始控发球，最后仅用了 22 分钟就以 6–4 拿下了第一盘。

那一年的费德勒还留着棕色短发，未戴发带。因为与“耐克”品牌有合约在身，他在场上穿了一身松松垮垮的“耐克”牌网球服，看上去和他心中的网球偶像皮特 · 桑普拉斯如出一辙。

费德勒有时在发球时会嘴唇微启，露出舌尖。这个动作和他的另外一位偶像——NBA 球星迈克尔 · 乔丹几乎一模一样。费德勒还有一个他后来改掉了的习惯性动作，即在准备发球时会胯下击球。当球从双腿间弹至身后时，费德勒会马上挥拍击球。这个抓人眼球、快速切换的小动作是典型的费德勒在耍酷玩球而非打比赛的样子。如果他之后能将之提升到一个职业比赛的水准，那么这应该会成为他的一个标志性的动作。可惜，它永远只停留在了耍酷的阶段。

同样引人注目的是，费德勒在这场决赛中并没有使用发球上网这一类他所崇拜的网坛偶像在草地球场比赛时常用的战术。费德勒和拉巴泽要是在一个硬地球场上展开对阵就好了。这其实也预示了费德勒日后在温网获胜的方式。

费德勒此时的横移速度已相当惊人。这使得他和拉巴泽之间的多拍回合比想象中更加持久。费德勒能够以迅雷不及掩耳之势手腕轻弹结束对打，在不经意间让拉巴泽大吃一惊。不过，他此时的步伐比起自己全盛时期还是显得过于笔直，击球间的小碎步步幅不够，欠缺灵活性且侧身的角度还不够精准。

费德勒的发球尽管在此时已算是独门利器，但显然和之后成熟的发球动作还是有所不同。他在这个阶段的发球动作有些过快，从开始到触球比他在2019年温网决赛中对阵德约科维奇的发球动作少了近1秒。他的身体重心在很长一段时间都不在前脚上，拉拍动作既不够低也不够远，双膝的弯曲幅度不够，向上跃起击球的爆发力也不足。

反拍切球已经是他的惯用动作了。不过，人们在20多年后才惊讶地发现费德勒早在初期就能在重压之下打出大量的反拍平击球和上旋球。费德勒在首盘唯一一次将拉巴泽的发球局破发之后，就在场上呈现出了自己的经典打法：他滑手反拍切球，近网落球，迫使拉巴泽不得不随球上网，俯身回击这个令人难以置信的近地球，而此时费德勒则瞅准时机，一个反拍穿越球直接得分。

费德勒在这场比赛中还展示了诸多很快就被人们津津乐道的炫酷动作，其中包括当天被媒体广泛报道的那个镜头：一个处于被动位置的正拍上旋高吊制胜球恰好落在对方的底线界内。

可惜，这场决赛的个中滋味鲜少有人仔细品尝。当时在场内观看比赛的观众不足200人，更有一名中年观众在看台上将赤脚搁在其他座位的椅背上，四平八稳地舒展着，全然没有一点儿人们印象中的观看全英俱乐部比赛的优雅绅士的模样。这与临近的中央球场人山人海的情景形成了鲜明的对比。当时在中央球场上演的是桑普拉斯五盘战胜戈兰·伊万尼舍维奇（Goran Ivanišević）的精彩大战。经此一役，桑普拉斯以第五个温网男单桂冠追平了博格先前创造的历史纪录。

费德勒尽管情绪仍有波动，但在面对拉巴泽时已多有控制。他会在等待的瞬间习惯性地拨动球拍线，也会偶尔用瑞士德语一边比画一边自言自语，从而走出情绪。

第二盘开始没多久，费德勒的脾气显得有点收不住了。就在 1–1 打成平局时，费德勒在拉巴泽的发球局错过了一个反拍击球。他将球拍一扬，大喊一声。其实，他已领先一盘，发球动作也步步到位。为什么要被负面情绪裹挟一头跌进以往的陷阱呢？好在费德勒并没有自乱阵脚，而是竭力控制住了自己的情绪。反而是拉巴泽在第二盘第五局失利时一气之下扔掉了球拍，结果当场收到了裁判的违规警告。这场比赛的胜利对费德勒来说已触手可及。他最终以 6–4 的比分拿下了制胜盘。

费德勒虽然在场上表现出色，但是仍有人持怀疑态度。毕竟当时没有几个人能看到他在草地网球的未来。“费德勒会是未来的温网冠军吗？”英国《独立报》（*The Independent*）的记者盖伊 · 霍奇森（Guy Hodgson）这样问道，“除非他改变打法，否则不太可能。在红土球场上长大的费德勒，他的上网次数简直和蓝月亮一样难得一见。”

对年轻的费德勒来说，这场至为关键的比赛实际上只占据了人生的 50 分钟。也许，他最大的收获是没有泪洒赛场。相反，他高举双臂，咧嘴大笑。当他后来在中央球场从肯特公爵夫人手中接过奖杯时，他又满意地笑了。看到这一幕的BBC网球评论员比尔 · 思雷福尔（Bill Threlfall）自信地对观众说：“我们一定会再次在温网见到他。”

这么讲既有先见之明又显得过于大胆，毕竟青少年组的冠军很难确保日后成为真正伟大的球员。截至2020年，温网青少年组一共产生过69位男单冠军，其中只有 6 人成为大满贯的单打冠军，只有 4 人赢得了温网冠军，他们分别是博格、卡什、埃德伯格和费德勒，而费德勒是过去 35 年里唯一一位包揽四大满贯的温网青少年组的冠军。

像费德勒这样成功的情况确实不多。职业网球是一项极其残酷的竞技运动，通往金字塔塔尖的道路何其狭窄，最终成功登顶的球员往往在青少年时期并没有展现出某种卓尔不凡的突出特征。不过，费德勒是个例外。1998 年，他不仅赢得了温网青少年组的男单冠军，还与奥·罗切斯（Olivier Rochus）一起赢得了温网青少年组的男双冠军。费德勒在首次温网之行后便带着威望、声誉更加自信地回到了瑞士。

出于积极备战下一场比赛的考虑，费德勒没有同桑普拉斯及其他获胜者一起参加温网的官方庆祝晚宴便匆匆离开了伦敦。这成为他日后颇感遗憾的一件事。

尚未褪去的稚气

返回瑞士的费德勒来到了位于阿尔卑斯山脉的一家名为格施塔德（Gstaad）的高档度假村。他在及时获得一张外卡后得到了参加 ATP 巡回赛首季的机会。他从温布尔登低纬度的草地球场突然转移到了阿尔卑斯山上高海拔的红土球场。1998 年 7 月 7 日，费德勒在首轮比赛中对阵阿根廷老将卢卡斯·阿诺德·克尔（Lucas Arnold Ker）。

当时世界排名第 88 位的阿诺德·克尔之所以能参加此次的 ATP 巡回赛纯属意外，因为原本打算参赛的德国球星汤米·哈斯（Tommy Haas）因食物中毒退出后正好空出了一个名额。阿诺德·克尔 20 年后在接受阿根廷的一家报纸《国民报》（*La Nación*）的采访时说："他们告诉我对手是一位瑞士当地的青少年，我当时觉得真幸运。那时候，大家只知道瑞士有一个马克·罗塞特，仅此而已。如果当时是某个西班牙的选手拿到了那张外卡，我可能会对自己说，'嗯，得小心点'，但是一个瑞士的青少年，好像不足为患。"

阿诺德·克尔是一位出色的双打选手，他的强项是截击球。他利用费德勒较弱的侧翼，高位发球至费德勒的反拍位置，而后在阿尔卑斯山的红土球场上快速上网。最终，阿诺德·克尔在 1 小时 20 分钟内以两个 6–4 的比分结束了比赛。“比赛结束后我从未想过这家伙日后会名震天下，”阿诺德·克尔说，“我是真没想到眼前的这个少年有朝一日会成为一个传奇人物。”

费德勒原本一直盼着能有机会和汤米·哈斯切磋技艺。这位冉冉升起的德国新星后来也成了他的好友之一。不过，他和阿诺德·克尔的那场比赛还是成功吸引了瑞士球迷和新闻媒体的关注，成为整个赛事中第二重要的比赛。

也是在那一年，年轻的英国人戴维·劳（David Law）被分配到格施塔德出任 ATP 巡回赛的品牌传播经理，负责帮助费德勒面对媒体。目前做网球播客主播的戴维·劳当时和费德勒一起面对媒体时完全是个新手，但他很快就意识到费德勒在 ATP 巡回赛事上的首秀是那一周的大新闻。“总的来说，从费德勒到达的那一刻起，主办方就想要举办一场新闻发布会，”戴维·劳回忆道，“所以在开赛前，我就和他先碰面走一下流程。我记得他当时毫无概念。他不知道我是谁，也不清楚我为什么要找他。我还记得他莫名其妙的神情，他很好奇观众怎么会对他感兴趣。我立马就喜欢上了他的这种态度，就是很放松，没当回事，所以整个过程一点儿压力也没有。”

费德勒在新闻发布会上在瑞士德语和法语之间自由地切换，一如他后来多语言应对媒体那样。“一切看上去都特别自然、容易，”戴维·劳说，“没有伪装、表演，也不显得笨拙或是拘谨。他表现出了超出他自身年龄的灵活自如。”当罗塞特邀请这位将近 17 岁的少年和自己一起前往日内瓦进行训练时也留意到了费德勒的这一特点。

当年 27 岁的罗塞特预计费德勒可能会因为害怕表现不好而有些紧张，一如自己当年应法国球星亨利·勒孔特（Henri Leconte）的邀请前去做对方的陪练一样。然而，罗塞特对我说："费德勒整个人非常放松。也许，这一点来自他的母亲。他的这个状态一点儿也不'瑞士'。从那时起到现在，我总是被他活在当下的态度深深吸引。他有一种遇事不慌不忙的气定神闲。他享受当下，尽情拥抱生命中的每时每刻，专心致志做好一件事，然后再去做下一件。也正因如此，你会在他的身上感受到一股自然而然、水到渠成的力量。这是一种天赋。说实话，这是一种比他的球技更令我着迷的天赋。"

马科利认为这种"天赋"其实可以归结为一种源自内心深处的对生命意义的笃定。"你是可以训练自己活在当下的，它是有技巧可循的，"马科利说，"但是拥有这种状态的一个要点是你相信自己的生活正在朝着一个正确的方向不断迈进，相信你周围的人都在尽心尽力地各司其职，没有什么需要担心或操心。我觉得费德勒有能力让他的身边全是他特别信任的人。这种信任的建立可能需要一段时间，但是一旦建立，相互间就不存在再三猜疑。""'你确定我们在做什么吗？这个技术真的没问题吗？'我从来不会有这样的问题。"费德勒说。

当然，此时的费德勒身上还有很多非常幼稚的一面。在格施塔德的比赛结束后不久，他作为陪练球员跟着罗塞特和戴维斯杯的瑞士球队，在当年 7 月来到了拉科鲁尼亚（La Corogne）对阵西班牙队。这是费德勒第一次跟着戴维斯杯的瑞士球队一起活动。在某种程度上，这也是对他在温网青少年组获胜的一种奖励。罗塞特清楚地感觉到费德勒在未来数年很有可能是戴维斯杯瑞士球队的中坚力量。他将两人在酒店的房间安排为相邻的位置，且两个房间有一道可以相通的连接门。"我想要将他招致麾下，让他感到自己就是球队的一员。"罗塞特说。

罗塞特此行还带来了自己的游戏机。这完全切中费德勒的要害。很快，两人在酒店的房间就很难辨别谁是谁的了。"有一次我出去训练回来，"罗塞特说，“看见他又在我的房间里打游戏。我对他说，‘不好意思，能不能让我一个人安静地待一会儿？’费德勒神情恍惚地回过神来对我说了声‘不好意思’，然后就去了隔壁房间。他懵里懵懂的，一直很贪玩。那周过后，我就觉得他就像是我的一个小弟弟。”

法国健身教练、理疗师保罗·多罗琴科于 1998 年 8 月抵达了比尔市。与很多在网球之家工作的员工一样，吸引他来瑞士的一大原因就是费德勒。

多罗琴科出生于阿尔及利亚。在他出生时，阿尔及利亚还隶属于法国。当时 44 岁的多罗琴科训练过包括罗塞特在内的一批顶级球员。在前往瑞士前，他正陪同两届法网冠军塞尔希·布鲁格拉（Sergi Bruguera）及其父亲兼教练路易斯（Luís）在西班牙参加巡回赛。

多罗琴科个性强悍。据一些熟悉他的人说，他总是以自我为中心。他对如何使用一些科学手段辅助健身特别感兴趣。近来，他专注于通过低频声音来改变运动员的一些习惯性动作，譬如发球抛球或正手收拍的动作。通过 20 世纪 90 年代与布鲁格拉父子的充分合作，多罗琴科深刻理解了什么是职业精神和专业素养。

仍需雕琢的球技

费德勒需要训练，大量的训练。“不得不说他还和以前一个样，”多罗琴科对我说，“感情脆弱，不大能接受失败，平时训练也表现平平。他不是那种下苦功夫、往狠里练的类型，大部分时间都在晃来晃去。从健身上讲，我对他的要求很高。我会让他跑上一小时，坦白讲可能对他打网球用处不大，但能磨炼他的意志，让他变得更坚强。”

与其他在网球之家工作的教练一样，多罗琴科也在想方设法地调动费德勒的兴趣点和专注力。“我们专门从马戏学校雇了一个小伙子来和球员们一起玩杂耍，”多罗琴科说，“费德勒很有天赋，但就是没有什么耐心。有时到了健身训练的时间，我不得不亲自去找他，他时常会忘记训练时间。去找他可真是件让人头疼的事，你简直无法想象他的公寓有多么脏乱差。我有时早上进去之后都不知道他到底在不在里面，实在是太乱了。”

与此同时，彼得·卡特和其他教练则专注于对费德勒的网球生涯进行长远的规划。他们对费德勒的球技和比赛风格精雕细琢，力图能最大限度地发挥出他的网球天赋。

为了降低费德勒滚地球击打的失误率，格罗内维尔德在离网约 90 厘米高的地方拉了一根绳子，让费德勒在保持球不出界、不下网的状态下，将球击打过绳子送到底线。如何击打出高质量的上旋球也是训练的必备项目。费德勒不但明白了这一点，而且还以自己的方式找到了将旋转和速度完美结合的方法，最终将这一技能提升至了一个全新的高度。费德勒还掌握了如何全速地正手挥拍。他的正拍击球威力惊人，简直是“扣人心弦”。

“一个转速过高的上旋球眼看着就要飞出界外，但在最后一刻它还是落在了界内，”格罗内维尔德说，“我们经常会谈论纳达尔的挥拍速度，但费德勒的手臂速度也是快得不可思议。纳达尔的速度主要来自他使用的球拍，所有技术都是围绕着他的球拍设计展开的。但是，费德勒在相当长的一段时间内一直使用的是传统球拍。他从来没有为了能打出高转速的上旋球而强行用力，否则他早就一身伤痛了。”

费德勒当时使用的是一支85平方英寸[①]大小的威尔胜专业网球拍（Wilson Pro Staff Original 6.0 85），与他心中的两大偶像桑普拉斯和埃德伯格使用的球拍一样。这款球拍的拍框重约 340 克，属于头重型的球拍。同时，它拍杆较细，拍面小，这会使偏离中心的击球变得比较棘手。但当费德勒击球时机掌握得恰到好处时，他便非常喜欢这种球拍。这个网球拍的甜区确实非常理想，毕竟费德勒从来都不打算在底线上打长时间的消耗战，他喜欢满场全线进攻，并保持在相对短的时间之内得分。

多罗琴科说他和彼得·卡特经常谈论费德勒的打法。让多罗琴科尤其感兴趣的是偏侧性，即大脑一侧在控制身体功能方面的主导地位。多罗琴科还很留意球员的单侧眼睛主导性和这种主导性对球员产生的影响。多罗琴科发现费德勒在身体动作上属于右利手，但他的眼睛优势却在左眼。换句话说，他的左眼要比右眼能更快速、更准确地将信息传递给大脑。一般来说，一个人的眼睛及身体动作与惯用手是同侧的，而费德勒却天生属于交叉型。交叉型在整体人群中的比例不超过 30%。

在多罗琴科看来，费德勒交叉型的身体特质意味着正手挥拍是他最舒服、最自然的进攻姿势，因为就在他的肩膀转动之时，他占主导的左眼会立马以一个极其有利的位置跟踪球的飞行轨迹。“如果你是右手加右眼，那么反手挥拍就是一种最自然的身体反应，譬如理查德·加斯奎特或斯坦·瓦林卡。”多罗琴科说。

多罗琴科的网球技术属于法国俱乐部级别的。他回忆起自己在比尔的训练中心和费德勒一起周末打球的情景。两人为了好玩，他让费德勒专门用左手和自己打球。“我让费德勒用左手，在这方面我做了许多工作，我有意提高他的

---

① 专业网球球拍的一种常见尺寸，大小约为 548 平方厘米。——译者注

整体协调性。这样大脑的左右两侧都会受到刺激和训练，”多罗琴科说，“费德勒属于很有创造力的网球选手，但注意力不够，发挥也不稳定。他会摔坏球拍，连输比赛，心理素质也不够。所以，大家一致同意要因材施教，按照他的个性特点设计出适合他的网球打法。这方面的工作主要是彼得·卡特做的。我觉得费德勒不一定清楚大家为他所做的一切。但是，我们最终开发出了为他量身定制的打法。不是在他身上套用已有的某种模式，而是为他全新打造出一种模式。”

以正拍为主的进攻型打法需要非常出色的移动能力配合和强劲的双腿力量，以便在需要时能绕开反拍并成功随手击球。鉴于费德勒此时还是个十几岁的孩子，所以教练团队将重点放在饮食搭配和力量训练上。到 2000 年年初，多罗琴科离开瑞士网球联合会再次与布鲁格拉父子合作时，费德勒虽然看上去还不够威猛，但他卧推的重量已超过了 100 千克。

费德勒作为一名年轻球员当时已具有了非常稳定的最大摄氧量①。这对他未来进行五盘的比赛来说是个好兆头。“当人们看到他犯的错误时，会误以为他有些脆弱，”多罗琴科说，“实际上他非常强壮。他当时的最大摄氧量是 62。这对一名进攻型的球员来说已经是一个很高的数值了。为了更清楚地理解，我们可以做个对比，比如马克·罗塞特，他的这一数值大约在 50 左右。优秀职业自行车车手的这一数值可以到 75 或 80。布鲁格拉是一名底线型球员，他的最大摄氧量是 72。费德勒的数值是高于一般进攻型球员的。所以，他参加长时间的网球比赛一点问题都没有。我们也都知道他后来在自己的职业生涯中赢了不少的五盘比赛，从来没有出现过中场体力不支的情况。”

费德勒作为一名职业网球球员最令多罗琴科侧目的是他的精力充沛和脚步

① 最大摄氧量 VO_2 指运动员每分钟能够消耗和利用的最大氧气量。——译者注

敏捷。费德勒在冲击性肌力训练方面表现得尤为出色。这类训练的特点是不断重复极具爆发性的动作，譬如跳箱。“他总会打破纪录，”多罗琴科说，“其他人一般在 30 秒内跳 55 次，费德勒能跳到 70 次。他作为运动员确实很有优势。但是，由于心理还不够强大，反拍动作还不到位，所以当时彼得 · 卡特觉得需要把训练重点放在如何缩短每个回合的长度上，即每个回合要找到一个最合适的击球数。像布鲁格拉这样的球员，每个回合最理想的长度是 11 个球左右，而对费德勒来说，理想长度是 3 ～ 5 个球。”

这听上去就像是一个简单清晰的公式，但事实上并非如此。对费德勒来说，由于情绪不稳和多种不同的战术选择，他要比其他人花更多的时间才能找到合适的击球数。彼得 · 卡特完全清楚这一点。他不得不常常在瑞士网球联合会的会议上对关于费德勒进步过慢的非议进行辩护，反对那些认为出色的男单选手大都在二十出头（譬如桑普拉斯、博格和麦肯罗等）便可以赢得重要赛事的论点。卡特坚持认为费德勒有自己的成长速度，而且训练的重点不是如何打出扭转局面的两三个关键球，而是如何出色地完成所有的回合球。

安德烈 · 阿加西是当代最出色、直觉最敏锐的球员之一。他也意识到了这一点。经过一年的沉寂，阿加西于 1998 年 10 月重返世界排名前 10。他在巴塞尔举行的瑞士室内网球公开赛的首轮比赛中对阵费德勒。此前一周，费德勒在图卢兹（Toulouse）正式成为 ATP 网球赛事的正式抽签选手，即能够直接入选比赛的选手。在图卢兹，费德勒先是在前两轮击败了法国的纪尧姆 · 拉乌（Guillaume Raoux）和澳大利亚的理查德 · 弗罗姆伯格（Richard Fromberg），接着在第 3 轮输给了巡回赛的老牌荷兰选手扬 · 西梅林克（Jan Siemerink）。

阿加西是费德勒在职业生涯中遇到的第一位世界排名前 10 的网球运动员。此次在巴塞尔，阿加西以 6–3 和 6–2 的比分打败了费德勒。阿加西的教练布拉德 · 吉尔伯特（Brad Gilbert）在赛后一如往常那样走进了球员的更衣室。吉尔伯特回忆说："阿加西当时就说，'费德勒这小子有几把"刷子"，他很快就会打得非常出色'。"

阿加西在接下来的一轮又以两个6-2的比分打败了同样来自瑞士的22岁选手伊沃·赫伯格。负责ATP赛事媒体运营的戴维·劳陪着阿加西前往赛后记者会。他在路上问阿加西如果这两位瑞士新星互相对打谁会取胜。"阿加西说，'嗯，如果现在对阵，赫伯格会赢，但以后能大展宏图的肯定是费德勒'。"戴维·劳对我说。

费德勒在未来确实一飞冲天。他所达到高度也超乎了阿加西最初的想象。当然，"欲达高峰，必忍其痛；欲戴王冠，必承其重"，费德勒还要经过艰难的成长过程才能到达理想的高度。他在靠近奥地利边境的风景如画的瑞士山村屈布利斯（Küblis）的经历就是一次证明。

一飞冲天之前的磨炼

费德勒在巴塞尔赛事结束一周后来到了屈布利斯。尽管并未出国，他却已身处一个需要重新适应的新环境。这一次，他的对手不是在体育界名声在外的阿加西，而是一位名不见经传的瑞士人阿曼多·布鲁诺德（Armando Brunold）。布鲁诺德当时单打成绩排名全球第768位。在这个人口不足千人的小镇，他们俩的比赛是此次卫星赛的第一轮。整场比赛的压力都在费德勒一方。

彼得·伦德格伦是为数不多的观赛者。他看到费德勒在首盘比赛中不断地错失弹地球，并且抢七[①]失败后勃然大怒。"看到他消极对抗，我感觉快要疯了。"伦德格伦说。

① 在网球比赛中，按规则每一盘先赢六局者为胜，当出现6-6的平局时，先赢得第7局者为胜。因此，第7局的比赛被成为决胜局，俗称"抢七"。——译者注

这次卫星赛的裁判就是当年早些时候告诉阿莱格罗未来不会再有机会击败费德勒的克劳迪奥·格雷瑟。他告诉伦德格伦自己打算因为费德勒的消极比赛发出警告。“我说，‘马上，一定要给他警告！’。”伦德格伦说。格雷瑟走上场发出了警告。受到惩罚的费德勒还是不在状态，紧接着连输了两盘。

伦德格伦在场上接到了费德勒父母打来的电话。听得出来，他们很是为费德勒的状态担忧并提及费德勒刚才在场上被罚款 100 美元。如果考虑到费德勒未来会累积赢得超过 1 亿美元的奖金，这点钱实在不值一提。可在当时，100 美元可比输掉第一轮比赛的费用还要高。不过，最重要也最关键的是这场比赛让大家倍感尴尬。刚刚报道完费德勒在图卢兹的比赛及他和阿加西在巴塞尔对决的瑞士媒体就他在屈布利斯的表现连发了好几个头条新闻和专题报道。

伦德格伦和卡特也正告费德勒，如果下次比赛还玩这种鬼把戏，那么他们俩陪他一起参加巡回赛的征程到此为止。这项“最后通牒”还是发挥了点作用。费德勒在接下来的三场卫星赛中赢了两场。他在其中一场卫星赛上击败了双打搭档阿莱格罗进入了决赛。

“这就是费德勒，”伦德格伦笑着说，“你把他逼至墙角，他就会反弹。你看，这次他在卫星赛最后就赢了。”显然，这样的时刻对费德勒来说，不论是作为个人还是球员，都富有积极正面的效果。如果任性地破坏了网球场上的帘幕，那就得早起去打扫卫生、清洁厕所。如果消极比赛，那就接受罚款，收到最后通牒。

这些都是费德勒成长的关键点，一如他的父亲当年在巴塞尔为了让他反思自己在赛场上的火爆脾气，而让他自己想办法回家一样。还有一次，费德勒的父亲为了让赛后咆哮的费德勒冷静下来，停车之后把费德勒的头一下按进了雪地里。这个举动肯定会让一些人皱起眉头。

尽管费德勒有家人做坚强后盾，尽管他善解人意，但是如果他过早地恃才傲物，那么日后的结局肯定会不一样。费德勒有些懒散。在比尔市，教练们为了调动他的积极性请来了马戏团的表演者。他总是无法长时间地集中注意力。他也确实与现实的生活有一些脱节。对于一个十几岁便与“耐克”品牌签约，耳边总有人说“你会成为世界第一”的少年来说，成长之路并不容易。“我的耳边总有这样的声音。”费德勒说。

幸运的是，费德勒在成长过程中安分守己，并不张扬。在他的身上，你能看到瑞士风格，也能通过不同时期的教练看到澳大利亚风格和瑞典风格。

澳大利亚、瑞典和瑞士这 3 个国家都倾向平等主义，近年来这种倾向的热情可能有所减弱，但仍然是这些国家的一个特点，澳大利亚有“高大罂粟花综合征”一说，指的是要将罂粟花丛中长得最高的那几枝及时修剪，以此告诫众人不要想着出风头；而包括瑞典人在内的斯堪的纳维亚[①]人，经常提及的“人人平等”的最高理想则是“詹代法则”[②]。费德勒或多或少都深受影响。这种主张低调、不张扬、不突出自己的理念与网球的竞技世界有些格格不入，毕竟任何单打比赛只有一位选手获得冠军，每年只有一名男孩以世界排名第一的身份出现。

1998 年，费德勒在青少年组世界排名第一。尽管他在“橘子碗”首轮比赛中险些被来自拉脱维亚的年轻选手雷蒙兹·斯普罗加（Raimonds Sproga）淘汰，但他还是赢得了“橘子碗”冠军。不过，斯普罗加在比赛中的优势并非

① 斯堪的纳维亚在地理上指斯堪的纳维亚半岛，包括瑞典和挪威，文化和政治上则包含丹麦、芬兰、冰岛和法罗群岛等北欧国家或地区。这些国家或地区之间在历史和文化上有着深厚的渊源。——译者注

② “詹代法则”（Jante Law）是丹麦裔挪威小说家阿克塞尔·桑德莫斯（Aksel Sandemose）在其 1933 年出版的讽刺小说《难民迷影》中提出的。在书中，作者虚构了以自己的家乡为原型取名为“詹代”的丹麦小镇，这里的居民彼此之间有 10 条不成文的默认行为法则，“詹代法则”，其主体内容可以浓缩为一句话，即“不要以为自己很特别，不要以为你比其他人更优秀”。——译者注

源于他的球技而是因为费德勒在赛前跳绳时不幸扭伤了脚踝。“和以往一样，他在闲逛，”当时一同随行的多罗琴科说，“那个脚踝瞬间就肿得跟包子似的。我给他治疗了 3 天。在第 1 轮比赛中他基本上是用一条腿坚持下来的，没想最后还赢了，后来的情况就一天比一天好。”

一切都是最好的安排。费德勒在第 2 轮击败了奥地利选手约尔根·梅尔泽（Jürgen Melzer），而后在半决赛中对战来自阿根廷的大卫·纳尔班迪安（David Nalbandian）。1998 年的早些时候，纳尔班迪安曾在美网男单决赛中击败过费德勒。但这一次，费德勒在半决赛中大获全胜。他接着又在决赛中一举击败了另一位颇有天赋的阿根廷选手奎勒莫·科里亚（Guillermo Coria）。几年后，当梅尔泽在 ATP 赛事中的单打排名升至第 8 位，纳尔班迪安和科里亚升至第 3 位时，他们参加的大满贯单打决赛就更精彩了。

费德勒成了引人注目的网球新星，而他日后的主要对手安迪·罗迪克也在那一年的墨西哥 ITF[①] 巡回赛最后一场的比赛上击败了法国选手朱利安·让皮埃尔（Julien Jeanpierre）。

返回瑞士后，费德勒作为青少年选手参赛的日子也就结束了。他的网球职业生涯即将开启。27 岁便退役的科里亚在多年之后依然对费德勒在职业生涯中所取得的成就赞叹不已。2019 年，科里亚在阿根廷的一档名为《换位》（*Cambio de Lado*）的广播节目中说：“我发誓我从未想过费德勒会成为他现在的样子。他身边的人为他所做的一切，尤其是那些帮助他提升心理状态的人都理应获得诺贝尔奖。当年的费德勒桀骜不驯，耳机里播放的全是音量开到最大的重金属音乐。他染着一头金发，一副特立独行的样子。这和他日后的形象大相径庭。”

① ITF 是国际网球联合会。——译者注

相信我们中的很多人都有过一段想要深藏掩埋的青春过往。费德勒也不例外。当年的他一脸青春痘，形象糟糕透顶。科里亚记得没错，费德勒在参加“橘子碗”的比赛期间染了一头的金发。他还有一个遗传自父亲的超高鼻梁。多罗琴科回忆说，费德勒很早的时候就说过，“别看它现在显得有点大，等我成为世界第一时，就不会有人注意到它了”。

20年后，费德勒在社交媒体上发布了一张自己青春期的照片。他给那张照片添加的标签是“青春期”和“遇见米尔卡之前”。他在照片下方写道：“想要告诉每一个人，美好的未来就在前方。”这句话放在费德勒的身上一点儿没错。多年来，他一直专注于自我接纳与自我提升：他同卡特、马科利并肩作战时这样做，他在独处的时候也是这样。

成长是一个漫长的过程。到目前为止，这个项目还没有获得诺贝尔奖。但费德勒最终却找到了与自己和平相处之道。马科利说：“如今再遇到费德勒，我总会对他说：‘你在球场上的表现无懈可击，你掌控生活的方式更是超出了我的想象。’现在你可以随时随地过着五星级以上的奢侈生活，如同众星捧月一般。然而当你走上赛场，情况就完全不同了，比赛是实打实的，它不关心你睡在哪儿、做了什么、见了谁。比赛就是一个纯粹的过程。过去20多年里，费德勒掌控得很好。他谦逊有礼，全心投入，赢得了一场又一场的胜利。他对待工作的态度，也就是对待打网球的态度，做到了尊重和专注的程度。从这个角度讲，他是一个真正的偶像！”

05 初次登上奥运会赛场

澳大利亚，悉尼

一个人纵然才气逼人、全心投入，但想要长期占据高位，也还是需要运气的。

马克·罗塞特至今回想起2000年1月他和费德勒的那趟滑雪之旅，仍心有余悸。费德勒当时刚刚在澳网以连输三盘的成绩败给了法国网球选手阿诺·克莱门特（Arnaud Clément）。返回瑞士后，他开始为即将在苏黎世举办的戴维斯杯主场迎战澳大利亚代表队做各项准备。他决定在开赛前先去享受一下瑞士的冬天。于是，他来到了瑞士著名的高山度假胜地克莱恩–蒙塔纳（Crans-Montana）与罗塞特两兄弟会合。

那天天色渐晚，他们一行三人在每年举行女子世界杯速降比赛的雪道上滑雪。“那是一条滑过无数次的雪道，”罗塞特回忆道，“一开始他还比较谨慎，然后就越滑越快，最后开始放飞自我。”

那条雪道上有一连串的跳跃障碍。费德勒的第一跳完成得很好，可是紧接着的第二跳因为计算失误和滑速太快，他整个人瞬间就旋转着飞了出去。罗塞特惊恐地看着网坛新星就这样消失在了眼前。“他整个人完全失控，飞出去好高，我都没看到他落地，”罗塞特说，“我感觉情况糟透了。他朝山下滚去，滑雪板也脱落了。大家那时候滑雪都不戴头盔。我感到好害怕，特别特别害怕。”

费德勒的职业生涯会因此彻底转弯还是继续前行？一切就在这转瞬之间。费德勒有可能膝盖撕裂，有可能数月无法参加比赛，或者更糟。结果，只见他惊魂未定地抖了抖身上的积雪，冲着双目圆睁的罗塞特远远地示意自己完好无损。

第一次走进大众视野

回到在苏黎世举行的戴维斯杯团体赛上，费德勒在三场比赛中赢了两场。尽管如此，瑞士队还是以 2-3 的总比分输给了由马克·菲利普西斯（Mark Philippoussis）和莱顿·休伊特（没错，又是他）带队的澳大利亚队。休伊特更是在赛事的最后一天通过四盘的比赛击败了费德勒。

远在半个地球外的澳大利亚，彼得·卡特和达伦·卡希尔也正坐在阿德莱德一起观看此次比赛。那是卡希尔的婚礼前夜，卡特作为卡希尔的伴郎专程从瑞士飞回了澳大利亚。“我们俩坐在一起喝着啤酒，看着男孩们在场上比拼，”卡希尔说，“对我们来说，谁输谁赢不重要。两边都是我们的孩子，看他们能一起玩，挺开心的。”卡特和卡希尔还在一起憧憬着未来有一天这帮小子会在大满贯赛事上你争我夺、互不相让。这一天就在不远处！然而，在此之前，一切都不明朗，每个人都需要付出一定的努力。

戴维斯杯过后，费德勒南下马赛。在那里他首次打入了 ATP 赛事的男单决赛，与他对阵的不是别人，正是罗塞特。就在前不久，费德勒刚在排名上超过了罗塞特，成为瑞士的头号种子选手。费德勒在决赛前夕说："罗塞特是真正的朋友。他熟悉场上的所有选手，所以给了我很多宝贵建议。这一次，我只能独自面对了。"

ATP 赛事的男单决赛第一次在两个瑞士选手之间展开。这是瑞士代际网球选手之间的较量，也是不同打球风格的强烈对比。一边是动作流畅的年近 18 岁的费德勒，脖子上挂着串珠，黑色长发在头顶挽成了与日本武士一样的发髻；而另一边是运动起来毫无诗意可言的 29 岁的罗塞特，一脸乱糟糟的络腮胡，风格粗犷，形似苦役。

但是，他们俩都属于力量型的选手，也都渴望在球速更快的室内球场上上网攻伐、正拍厮杀。比赛进行到第三盘时，罗塞特在发球局以 5-4 领先。费德勒三次抓住了赛点，其中两次以大胆的反拍和穿越球得分。到了第三盘的决胜局，场上比分为 5-6。费德勒在反拍的瞬间转身，侧身来了一记正拍抽球，结果球打在了网绳顶端的白布反弹了回来。罗塞特最终以 2-6、6-3 和 7-6（7-5）的成绩赢得了比赛。

比赛结束后，两人走至网前互相致意。身高约 2 米的罗塞特绝对是伊沃·卡洛维奇（Ivo Karlović）和约翰·伊斯内尔等"巨人"在网坛出现前的大高个。他俯身朝着费德勒的脑门留下了一记大哥哥的香吻。费德勒依然还是那个费德勒，立马就哭了。"他可能觉得那是他在 ATP 巡回赛上唯一夺冠的机会，"罗塞特说，"我告诉他，'冷静一下'。"

此时的罗塞特已经是 14 座 ATP 巡回赛事男单冠军的得主，他确信费德勒将来一定会赢得更多。在赛后的颁奖仪式上，他又一次表达了这个观点。然而，罗塞特对日后费德勒是否会赢得大满贯并没有把握。“那时还真谈不上。如果那么讲，大家肯定认为我在胡说八道，”罗塞特说，“我心里觉得他肯定会赢得一次大满贯，但问题是一个人再有天赋，要达到这个目标还需要付出很多。”

长期以来，人们一直在争论，冠军究竟是天生的还是后天的，又或者更合乎逻辑地说兼而有之。如若将范围缩小至网球冠军，我个人比较喜欢玛蒂娜·纳芙拉蒂洛娃给出的答案。她说：“冠军是天生的，但需要在合适的环境中加以培养才能成为真正的冠军。”无论培养计划多么周密、训练多么高效、父母多么富有，一个身高中等、手眼协调能力和反应速度低于平均水平的网球运动员是不可能捧起大满贯的奖杯的。同样，无论一位网球运动员多么的灵巧、敏捷、有内驱力，但是如果没有高质量的培训，没有一定的机会，那他也不可能脱颖而出，成为他原本可能成为的样子。

“这期间需要大家共同努力，这样才会有许多好的结果出现，”纳芙拉蒂洛娃对我说，“这是一个全方位的过程，未来的冠军们恰好也在这个过程中日益成熟起来。”纳芙拉蒂洛娃举例说：“就拿费德勒和博格来说，两人年轻的时候都是火爆脾气的愣头青，也都碰到了千载难逢的好机会，在后来职业生涯的发展过程中也都学会了如何控制好自己的情绪。”

有多少潜在的网球冠军完全具备这项运动所必需的体能和韧性却毫无机会，又或者他们选择了其他的运动项目。多年来，我常听到职业网球教练公开地讲如果美国 NBA 的篮球巨星迈克尔·乔丹或勒布朗·詹姆斯最初选择的是网球，那么男单的现状将会多么的不同。

费德勒当年也极有可能另择他途。足球当时是他的心头好，也是他长期以来的备份项目。另外，如若他出生在当今这个时代，那他很有可能会成为一名电子竞技领域的明星。“打游戏，他可是大师级的，”彼得·伦德格伦说，“我永远也忘不了那次我们去参加巡回赛，他买了任天堂出品的詹姆斯·邦德游戏。记得他要在游戏里穿过一扇门。有一天，他打电话给我说，‘我怎么也没法穿过那扇愚蠢的门！’我说，‘嘿，你怎么给我打电话？我可一窍不通呀。’一小时后，他又打来电话说，‘天啊，我做到了，穿过去了！’他一天之内过关斩将，打完了其他人可能需要一个月才能打完的游戏。当谈论起游戏，这家伙挺厉害的。这种解决问题的能力，我想是与生俱来的。当他在比赛中遇到很多压力的时候，当他在场上像只老鼠而对手更像只猫的时候，他总是能在地上找个洞活着钻出来。”

诞生于 19 世纪的现代网球发展至 21 世纪时在欧洲青少年中的影响力已日渐式微。值得庆幸的是，费德勒没有选择其他项目，而是拿起手中的球拍追寻心中的梦想。他满腔热忱，目标清晰。不过，在有些时候，真正起作用的还是运气。在克莱恩-蒙塔纳发生的滑雪事故就是一例明证。那年晚些时候，费德勒在澳大利亚悉尼首次参加奥运会时所发生的事情对他之后长期稳居高位产生了深远的影响。

在我参与报道过的奥运会中，2000 年 9 月在悉尼举办的第 27 届夏季奥运会绝对是最令人难忘的一次。澳大利亚人热爱体育运动，悉尼波光粼粼的海港为 9 月底的奥运会提供了一个壮丽的背景。

网球在澳大利亚虽然一直广受欢迎，但它并不是人们心目中排名第一的体育项目。2000 年奥运赛场的聚焦点是在游泳馆。年近 18 岁的澳大利亚游泳健将伊恩·索普（Ian Thorpe）在那里打破了世界纪录。田径赛场是另一个众人关注的地方。澳大利亚短跑运动员凯茜·弗里曼（Cathy Freeman）在勇夺 400 米金牌之后成为全民偶像。

奥运会前，我曾经两度为《纽约时报》采访过弗里曼，其中有一次就在墨尔本的一家咖啡馆里。她脚踏实地，一如人们对她的期望那样：一个身份特殊、内心却依然温柔的人。她很清楚自己为什么会成为一种象征，一种在赛场夺冠后可以同时挥舞起澳大利亚国旗和土著人旗帜的政治象征。然而，随着奥运会的临近，她拒绝将自己所取得的成绩政治化，即使这种拒绝在当时的热度下已为时太晚。“我只想尽情地享受比赛，充分利用好这段时间，”弗里曼对我说，“我想之后我会有专门的时间来参与政治，在土著人事务上发挥更大的作用。但是，此时此刻，我只想做好自己正在做的事。”

弗里曼在开幕式上点燃了奥运圣火。在 400 米决赛的当晚，她身穿一件金色和绿色相间的带帽紧身一体衣。这身“战袍”既符合空气动力学的原理，跑步时可以助她一臂之力，又好似一个保护屏障，在诺大的体育场上能阻挡住全场观众的热情和期望。

我从看台上一个非常不错的位置望向赛场，尽管场上的弗里曼看上去那么小。但在现场创纪录的 112 524 名观众的加油呐喊声中她显得那样坚定。她夺冠的 49.11 秒是我有生以来经历过的呼喊声最震耳欲聋的时刻。群情激动的喧闹声也许让她奋勇向前，也许让她不堪重负，也许兼而有之。就在她冲过终点摘得金牌扑倒在跑道上的那一刻，她茫然四顾，像是突然迷失了方向，而不是兴高采烈。这就好比一位刚刚浮出水面的自由潜水者，在完成水下深度和极限的探索之后，正在新鲜空气中眨着眼睛适应。

在附近霍姆布什湾的网球中心所发生的一切显然无法与这样的“大场面”相提并论。对还没有站到聚光灯下的费德勒来说，这是一次体验奥运会赛场的好机会。费德勒正是在悉尼奥运会后才走进了大众的视野，成为站在前排的体育明星。他在之后的 2004 年雅典奥运会和 2008 年北京夏季奥运会上都是瑞士代表队的举旗手。2012 年，他更是在一举一动都备受关注的情况下重返伦敦，重返全英俱乐部他再熟悉不过的绿茵球场。但是，此次在悉尼赛场上，他还是一个名不见经传、全程仰望他人的奥运新人。

当威廉姆斯姐妹为了逃避她们首次参加奥运会所引发的关注而不得不在悉尼市中心的一家酒店"避难"时，费德勒则和瑞士代表队的其他运动员及官员（包括伦德格伦）一起合住在位于霍姆布什湾的奥运村里。费德勒在接受《队报》的采访时开玩笑地说："很幸运，我住在二楼，一楼住的可是摔跤手，特别有安全感。我们玩得超开心，很难用语言说清楚我有多快乐。"

费德勒从小就是 NBA 球迷，也喜欢看奥运会的篮球比赛。但是，这一次不知道出于什么原因，他没有到现场观看，反而去了游泳馆和羽毛球馆。他和队友们在悉尼度过了一段美好的时光。他们当中就包括瑞士队的另一位网球新秀：22 岁的米罗斯拉瓦·瓦夫里内茨（Miroslava Vavrinec），其昵称为米尔卡。2000 年年初，她的世界排名刚进前 100，此次之所以能够参加悉尼奥运会是因为瑞士女单名将玛蒂娜·辛吉斯和帕蒂·施尼德（Patty Schnyder）均没有前来参赛。米尔卡由于排名还不够靠前，她是在拿到国际网球联合会颁发的一张外卡后才来到了悉尼。

在网球女单的首轮比赛中，米尔卡以两个 1–6 输给了最后摘得银牌的伊琳娜·德门蒂耶娃（Elena Dementieva）。在女双的首轮比赛中，米尔卡与搭档艾曼纽·加利亚尔迪（Emmanuelle Gagliardi）也惨遭失败。米尔卡至少还参加了女单和女双的两场比赛，而费德勒由于双打搭档罗塞特在最后一刻选择退出而未能参加男双的比赛。这使得费德勒与此次原本最有望获奖的项目失之交臂。由于罗塞特的退出决定来得太晚，结果瑞士队的其他成员，譬如洛伦佐·曼塔和米歇尔·克拉托赫维尔也没有了临时与费德勒组队的机会。"真没想到！"费德勒在抵达悉尼时埋怨道。虽然他与罗塞特私交甚好，可是对自己被临时放鸽子这件事依然大为恼火。

奥运会可是罗塞特的职业福地。他在1992年巴塞罗那夏季奥运会上拿到了男单冠军。不过，他和辛吉斯的缺席说明对许多职业网球运动员来说奥运会的网球赛场并不是占有绝对优势的第一选择。事实上，职业网球运动员每年的巡回赛都排得满满当当，从来都不缺重大的赛事和丰厚的奖金。

在男子网坛长期保持霸主地位的皮特·桑普拉斯和安德烈·阿加西也缺席了悉尼奥运会。阿加西是出于家庭原因，而桑普拉斯则是因为更喜欢参加ATP巡回赛。桑普拉斯在他一长串的获奖名单上从未有过一枚奥运会的奖牌。

早在1896年的雅典奥运会，网球就是现代奥运会的一个正式比赛项目了。然而，1928—1984年，网球又退出了奥运会。1984年，它作为表演项目重返奥运会并最终在1988年再次成为正式的比赛项目。这次重返要归功于国际网球联合会的成功游说，尤其是当时的联合会主席——法国人菲利普·查特里尔（Philippe Chatrier）。查特里尔是一位特别聪明的记者和行政官员，他对法网的复兴也功不可没。

奥运会的网球比赛从来都不是国际网坛的巅峰赛事。在四大满贯赛事仍然是最大奖项的运动中，奥运会的金牌并不是许多职业网球选手梦寐以求的终极目标。同样，对于很多顶级的NBA篮球明星来说，奥运会的篮球比赛也从来都不是他们的心头好。NBA的篮球明星是在1992年才再次重返奥运会的赛场。

奥运会本身也一直处于变化之中。它变得越来越注重让尽可能多的全球体育明星们能汇聚一堂。相信有一天橄榄球、高尔夫和冲浪也终将加入这四年一次的体育盛事。

与桑普拉斯那一代人不同，1981年出生的费德勒并不了解网球曾经并非奥运会比赛项目的这段历史。“我长大的时候，网球一直是奥运会的比赛项目，”费德勒说，“所以参加奥运会就是我的一个目标，是我心心念念的一件事。”再加上他和澳大利亚和悉尼的缘分，费德勒对参加 2000 年的夏季奥运会满怀期待。1995 年，费德勒在加入位于埃居布朗的瑞士国家培训中心前不久同家人第一次去悉尼作客。他的父亲罗伯特甚至还一度考虑是否要在澳大利亚找个工作，尽管他最终放弃了这一想法。澳大利亚文化倒真是非常契合费德勒外向、活泼的性格。他热爱阳光、海滩和广阔的户外空间。这一切都让他想起儿时前往南非时所拥有的美好体验。

不过，费德勒此次来悉尼绝非为了度假。启程参赛前，他说：“我特别想带着奖牌，最好是金牌回来。”这对一个从未赢得 ATP 巡回赛事金牌的世界排名第 43 位、年仅 19 岁的年轻人来说，不可不谓雄心壮志。

与米尔卡的初次邂逅

人们常说费德勒和米尔卡正是在悉尼奥运会上收获了他们的爱情。实际上，两人早在各种交叉进行的巡回赛事和比尔的网球之家就碰过面。米尔卡曾与私人教练一起在网球之家打过球，也曾参加过在那里举办的训练营。

气质沉稳的米尔卡大费德勒 3 岁多。一开始，她似乎对费德勒没有特别的印象。米尔卡很少接受采访，但有一次在接受瑞士《晨报周日版》的采访时说：“我特别冷静、自律。费德勒就比较聒噪，他甚至能撕心裂肺地唱后街男孩的歌曲。”

尽管两人的性格天差地别，米尔卡仍觉得费德勒很有趣。“他非常搞笑，充满活力，总能把我逗得哈哈大笑，”米尔卡说，“教练有时候都不得不罚他出场，好让其他人能清静一会儿。”他们两人的训练方式也截然不同。米尔卡从来不会像小丑一样捣乱，也从来不会头脑发热。然而，他们俩却都心怀梦想，同样有移民背景：费德勒的母亲来自南非，米尔卡的父母则来自捷克斯洛伐克。

1978 年 4 月 1 日愚人节这一天，米尔卡出生在现在的斯洛伐克的小镇波耶尼切（Bojnice），她是家中唯一的孩子。波耶尼切以古老的城堡闻名于世。这座只有 5 000 人口的小镇在网球历史上留下了浓墨重彩的一笔。20 世纪 80 年代末最优秀的网球男单选手之一的米洛斯拉夫·梅奇日（Miloslav Mečíř）也出生于此。梅奇日后来打入过美网和澳网的总决赛，并在 1988 年的汉城（今首尔）奥运会上获得网球男单金牌。梅奇日更因其有着猫科动物一般的优雅而被封以绰号“大猫”。他手部灵活、步法轻盈，是一位令人着迷的网球运动员，在赛场上给人一种不费吹灰之力的感觉。有人问他“在场上跑动 100 米是什么感觉”，他开玩笑地说，他可没有发言权，因为他从未跑过 100 米。波耶尼切也是 1997 年在女子网球巡回赛中排名第 10 位的卡琳娜·哈布苏多娃（Karina Habšudová）的故乡。

米尔卡在波耶尼切的居住时间并不长。她的父母在她两岁时便移民瑞士，定居在康斯坦茨湖旁边一座名为克罗伊茨林根的小城。米尔卡的父亲继续从事珠宝业，在当地开了一家名为 Mir’Or 的珠宝公司。

20 世纪 80 年代后期，米尔卡的父亲根据捷克出生的超级巨星玛蒂娜·纳芙拉蒂洛娃及其继父米罗斯拉夫·纳芙拉蒂尔（Miroslav Navratil）的建议，让米尔卡正式成为一名网球运动员。纳芙拉蒂洛娃后来定居美国。

经常有报道称，年仅 9 岁的米尔卡在父亲的带领下，突然出现在 1987 年国际女子职业网球协会在德国菲尔德施塔特举办的一个网球赛事上。作为纳芙拉蒂洛娃的粉丝，米尔卡的父亲成功地让赛场保安同意让米尔卡将一副手工制作的耳环作为生日礼物送给了纳芙拉蒂洛娃。这一举动自然吸引了现场所有观众的注意。报道还说是纳芙拉蒂洛娃告诉米尔卡的父亲说，他的女儿体格出色，有望成长为一名出色的网球运动员。纳芙拉蒂洛娃还牵线搭桥，将父女二人介绍给了一位捷克教练吉日・格拉纳特（Jiří Granát）。这位教练曾是纳芙拉蒂洛娃青少年时期一起练球的伙伴，后移居瑞士。米尔卡由此开启了自己的网球之旅。

事实上，这个听上去充满传奇色彩的故事并没有那么神奇。尽管数十年来不接受采访的米尔卡从未对此加以证实，但是纳芙拉蒂洛娃告诉我说，米尔卡的父亲只是想就女儿的运动潜力听取一位专业人士的意见和建议，所以曾经咨询过她的继父。“我父亲见了米尔卡之后说这个孩子有参加巡回赛的潜力，”纳芙拉蒂洛娃说，“我觉得我的父亲只是说她将来会不错。事情的经过大致如此。后来他们来比赛的时候，我见到了他们一家人。我父母也在，他们那时还能和我一起旅行，我们一行人一起吃了顿午餐或可能是晚餐。那差不多是一年以后的事情了。”

纳芙拉蒂洛娃的亲生父母在她 4 岁时办理了离婚手续。后来由于生父自杀身亡，她的继父罗斯拉夫・纳芙拉蒂尔在她的生活中扮演着重要的角色。纳芙拉蒂尔因网球与纳芙拉蒂洛娃的母亲结缘，他也是纳芙拉蒂洛娃的第一任教练，带领她进入了网球的天地。纳芙拉蒂尔直至 2001 年离世前在纳芙拉蒂洛娃心中的形象一直都非常高大。

“我从来不觉得他不是我的亲爸爸，”纳芙拉蒂洛娃说，“我觉得米尔卡的父亲知道我爸爸是位伯乐。虽然我没有他的基因，但我在他的引导下走上了这条路。他可能告诉过米尔卡一家你们可能是在浪费时间，也可能说一切皆有可能。过程很简单。我父亲这个人也比较直接。话说回来，一个人是否有天赋也是能看得出来的。如果一个孩子从小就表现出一些天赋，那么别人一定会看得到。只不过，没有人知道这个有天赋的孩子究竟能走多远。”

纳芙拉蒂洛娃坚持认为通过观察一个年轻人的步伐就能够判断出对方是否是一名好的运动员。米尔卡早年学习舞蹈，她的步伐带着一种自然而有节奏的美感。她很快就成长为一名实力不容小觑的青少年网球选手，并在 15 岁时赢得了瑞士 18 岁及以下组别的女单冠军。

当时，瑞士网球界的整体成绩已被一批网球新星抬到了一个很高的位置。比米尔卡小两岁的辛吉斯同样是小时候从斯洛伐克移民至瑞士。她很早便成为世界排名第一的女单选手，获得过多个大满贯。与米尔卡同龄的施尼德后来也世界排名前 10，而她的哥哥曾经是费德勒早期的一位对手。

米尔卡对网球训练的投入很高。她后来不仅拿到了瑞士护照，还找到了非常难得的私人投资人：瑞士商人沃尔特·鲁夫（Walter Ruf）。对于有天赋的年轻选手及其家人来说，这种找到私人投资人来资助训练及比赛费用的成长模式非常普遍。

米尔卡是一位技术扎实的职业球员，可惜她的比赛能力相对有限。“她不具备成为顶级球员的素质，但她可以进世界排名前 50。”曾执教过大满贯冠军阿兰特查·桑切斯·维卡里奥（Arantxa Sanchez Vicario）和康奇塔·马丁内斯（Conchita Martinez）的埃里克·范哈彭（Eric van Harpen）说。“她是一位非常不错的底线型选手。运动能力强、力量大、身体壮，但在打球的时候有些死板、机械，”格罗内维尔德说，“她没有什么具有杀伤力的绝技，只能靠不停地跑动来打比赛。但是，她毅志顽强，咬住对手，战斗到底。”

纳芙拉蒂洛娃与米尔卡的早期接触并不是他最后一次在年轻球员的崛起中发挥作用。1993 年，她在莫斯科的一家诊所遇到了 6 岁的玛丽亚·莎拉波娃。她告诉莎拉波娃的父亲尤里，他们应该想办法出国接受训练。就这样，莎拉波娃一家怀揣着不到 1 000 美元的积蓄来到了佛罗里达州想要赌一把明天。结果，莎拉波娃做到了。她 17 岁就问鼎温网，荣登世界第一的宝座。在接下来的好多年里，她都是世界上收入最高的女子网球运动员。

纳芙拉蒂洛娃经常如此吗？在萍水相逢的片刻便改变了他人的人生轨迹和世界网球的发展史？“当然不是，”她笑着说，“米尔卡和莎拉波娃应该是仅有的两位。”

作为一名网球运动员，米尔卡从未达到莎拉波娃的高度。实际上，米尔卡因慢性足疾在 2002 年就退出了网坛。然而，在她和费德勒一起参加奥运会的 2000 年，两个年轻人的面前似乎都展现着无尽的未来。

一次艰难的抉择

费德勒在 2000 年的经历充满了艰辛和挫折。他在多场比赛中的首轮均失利，且做出了一系列重大决定。2000 年年初，费德勒决定参加完悉尼夏季奥运会后便离开瑞士网球联合会自组团队。他面对的首要问题便是如何挑选教练：是选择自己从巴塞尔起便跟随多年的卡特，还是选择在网球之家相识的伦德伯格？相比于前者，后者曾长期参加各种职业巡回赛，且世界排名在前 30 以内。“问题是和他们俩一起打球，我都很喜欢。”费德勒说。

不过，他一开始的选择既不是卡特也不是伦德伯格，而是格罗内维尔德。格罗内维尔德说费德勒及其家人在 2000 年曾找过他做教练，但他拒绝了。“费德勒的父亲经常取笑说，我是这个世界上唯一曾经拒绝过费德勒的人。”格罗内维尔德说。

格罗内维尔德在成为英国球星格雷格·鲁塞德斯基（Greg Rusedski）的教练一年后便离开了在比尔的瑞士国家训练中心的管理岗位。他说他曾告诉费德勒理应请卡特或伦德伯格担任教练。"他俩在费德勒身上都倾注了心血。而且，我和他俩关系都不错。所以，这份邀请，我没法接受。说起来，卡特或伦德格伦都更有资格。"格罗内维尔德说。

费德勒及家人接着询问格罗内维尔德的建议。"我觉得费德勒在事业刚开始的那几年会有很多批评的声音。彼得·伦德伯格在国际上声誉更高，瑞士媒体不敢怎么造次，"格罗内维尔德说，"但是如果是彼得·卡特，他们可能就没有那么客气了，毕竟他的世界排名还不到前 50，也没有获得过 ATP 巡回赛的冠军。卡特来自澳大利亚的一个小镇，没有伦德伯格在网坛的地位。以伦德伯格的背景，加上他曾执教过马塞洛·里奥斯、他的赛场经验以及他与瑞典网球界的关系，所以我个人倾向于选择伦德伯格。费德勒另起炉灶的这条路，说实话，不好走。后来，事实也证明他在自组团队的前三年过得非常辛苦。"

费德勒一家不仅咨询过格罗内维尔德，还征求过耿直的法国健身教练及理疗师保罗·多罗琴科的意见。多罗琴科在 2000 年年初离开瑞士前一直和费德勒共事。"费德勒有一天来找我，问我：'你怎么想？我应该跟谁一起参加巡回赛呢？'"多罗琴科回忆道，"我说：'听着，我真心觉得你应该和伦德伯格一起。'在我看来，伦德伯格参加过更高级别的比赛，为人心平气和，是一个快乐的人，一个乐观的人。彼得·卡特就有点一板一眼，有点技术控。不过呢，卡特的优势在于他知道如何激励费德勒。"

2000 年 4 月 23 日复活节的那个周日，费德勒通过父亲传真给瑞士媒体一份公告，正式宣布了自己深思熟虑后的教练人选：伦德伯格。费德勒后来解释说："当时其实是一半一半。我从 8 岁起就认识卡特了。这是我这辈子最难的一个决定，最后真的就是跟着感觉走。"

这个决定让一直以来担任费德勒网球事业总设计师的卡特备受打击，但是在公开场合，他一再表示支持费德勒的选择。据知情人说，卡特其实非常伤心难过。卡特儿时的教练、后来的密友彼得 · 史密斯说，卡特曾早在公告发出前，也就是 3 月就给他打过电话。当时，费德勒已将自己的选择告诉了卡特。“我们聊了很久，卡特特别沮丧，”史密斯说，“他一生的大部分时间都是在陪费德勒打球。我想他很爱他。”

尽管卡特觉得自己有益于费德勒的发展，但现实是在近三年的时间里，费德勒跟着伦德伯格在比尔的网球之家展开训练的时间比较多。费德勒也因此看到了网球于他而言不同于以往却又令他心安的一面。伦德伯格说，自己和卡特的关系并未因为费德勒的决定而变得紧张。他当然也能感受到卡特的失望。他更是对卡特当时的处理方式充满了敬意和欣赏。费德勒亦是如此。伦德伯格说：“费德勒选择我之后，卡特对我说，‘如果有需要，尽管说，别客气。我百分之百地支持你’。”不过，史密斯坦承卡特的内心其实非常的失落。这一点得到了与卡特一直有紧密合作的多罗琴科的证实。“卡特自这件事之后就不再是以前的那个卡特了，”多罗琴科说，“对他来说，这件事，他很难接受，也很难消化。”

这其实并非费德勒第一次偏离卡特的轨道。14 岁那年，费德勒就离开了巴塞尔和卡特而前往埃居布朗。只是这一次，在费德勒即将成为全球最优秀的网球运动员的关键时刻，费德勒的弃他而去让他更加受伤。卡特尽力收拾好心情，继续整装前行。在瑞士网球联合会满足了他加薪和晋升的要求之后他便留在了网球之家指导其他的年轻学员。费德勒则完成了团队组建，体能训练师皮埃尔 · 帕格尼尼是新团队中的一员。帕格尼尼集踏实严谨、富有创造力和体恤学员于一炉，在埃居布朗给费德勒留下了极其深刻的印象。

奥运会上的“失”与“得”

费德勒的团队在悉尼奥运会后正式开工。然而，谁也没有料到失败会接踵而至。费德勒知道自己要承受自我期望带来的巨大压力，但他没有料到选择离开瑞士网球联合会的决定会进一步强化这种压力。

费德勒在2000年年初也终止了与运动心理学家克里斯蒂安·马科利的合作。“我所做的一切都是为了将来有一天前来咨询的客户不再需要我，”马科利对我说，“我从来不想让我的客户依赖我，从来不想建立一种关系让人们说：只有我在，你才能过得好。这一点，我们从一开始就很明确。我希望有一天我的客户告诉我‘谢谢你，我懂了，不再需要你了’。那一定是激动人心的一刻。我认为这是我对每一位咨询者的终极责任。”

费德勒在2000年步履维艰。从4月开始，他连续5次在红土球场上首轮失利，其中包括在巴塞罗那以两个1-6的成绩输给了塞尔希·布鲁格拉。当时，离多罗琴科离开瑞士重新加入布鲁格拉父子的团队不过两周的时间。“我对布鲁格拉说，别担心，你就往费德勒的反拍上打高上旋，”多罗琴科说，“那会儿布鲁格拉刚做完肩部手术回来。这是他术后的第一场比赛，还是在红土球场上。我说只要你知道如何往费德勒的反拍打出高上旋，你就赢了。不过老实说，没有几个球员知道如何才能做到，因为费德勒的挥拍速度实在是太快了，你几乎没有时间设计动作。”此时的拉斐尔·纳达尔正处于青春期，他会在接下来的法网决赛上对着费德勒的反拍发起毁灭性的攻击。

但在当时，费德勒身边还有其他烦心事。ATP赛事当时的品牌传播经理戴维·劳说：“在蒙特卡洛（Monte Carlo），费德勒在第三盘比赛中以7-5输给了吉里·诺瓦克（Jiří Novák）。我记得在前往记者会的路上，费德勒问我，‘为什么我总是会输掉所有势均力敌的比赛呢？’”费德勒在2000年法网上的表现还说得过去。他在输给西班牙选手阿历克斯·克雷特加（Àlex Corretja）之前还赢了 3 场。克雷特加是一名出色的红土场地选手，能打出大量的上旋。可惜费德勒之后在诺丁汉、温布尔登、格施塔德、加拿大、辛辛那提和印第安纳波利斯均在首轮就惨遭淘汰。

戴维·劳感觉当时的费德勒就像是站在一个布满危险的十字路口。“不得不说，我觉得他应该找条新路。他喜欢职业网球运动员的生活，喜欢四处打巡回赛，喜欢嘻嘻哈哈，”戴维·劳说，“他在更衣室里开玩笑的分寸也能把握得刚刚好，精力也很充沛。那么问题来了，究竟要把这些能量消耗在什么地方？要如何善用这些能量呢？”

曾执教过文斯·斯帕迪亚、布莱恩兄弟及其他球员的美国人约翰·斯凯利（John Skelly）回忆起自己与费德勒及伦德格伦的一些交往互动。“费德勒那时候看上去挺冷的，”斯凯利说，“他和他的教练都喜欢喝酒、参加派对。2000 年温网的时候，他在当地一家酒吧喝得烂醉如泥。他应该是个快乐的酒鬼。年轻的费德勒的确喜欢派对。”

费德勒还曾差点无意中让斯凯利丢了工作。1999 年年初，由斯凯利执教的网球选手斯帕迪亚在蒙特卡洛以绝对优势战胜了费德勒。但是，在当年的赛季后期，他又很快在维也纳输给了费德勒。斯帕迪亚的父亲文森特（Vincent）对这一结果很不满意，紧接着就说出了网球史上最不靠谱的预言。“这个费德勒实在是太烂了，以后什么也不是！”斯凯利回忆道，“文森特赛后一边‘定义’费德勒，一边对我说，‘你被解雇了！’”斯凯利当然还是重新执教了斯帕迪亚。对方也再没有用这种话攻击过费德勒。“费德勒是一个谦谦君子，”斯凯利说，“即使后来取得了那么好的成绩，他给我的感觉也一点儿没变。他始终都彬彬有礼，路上见了也会笑着打招呼。”

直到2000年的悉尼奥运会，费德勒才一扫之前接连失利的阴霾，重拾欢颜。他分别击败了大卫·普里诺西尔（David Prinosil）、卡罗尔·库切拉（Karol Kučera）、米凯尔·蒂尔斯特罗姆（Mikael Tillstrom）和卡里姆·阿拉米（Karim Alami），以连胜4场的成绩打进了奥运会的网球男单半决赛。

这份名单上的确没有网球巨星的名字。动作流畅且世界排名前10的斯洛伐克选手库切拉算是其中最具影响力的一位。尽管如此，奥运会的网球男单比赛仍是一次证明实力的好机会。费德勒带着全新的自信进入了奖牌争夺赛。他首先遇到的是擅长全场跑动的单手反拍德国选手汤米·哈斯。与费德勒不同，哈斯年轻时便远赴美国，在位于佛罗里达州的布雷登顿的波利泰尼网球学院接受训练，并与学院的创始人尼克·波利泰尼（Nick Bollettieri）成了好友。一身古铜色肌肤的波利泰尼是一位天生的社交达人。他虽然结过8次婚，但最重要的人生伴侣似乎始终是工作。他对自家网球学院的营销从来都是不遗余力。但是，他对网球也是真爱。他的执教水平也远高于他的打球水平。

1999年，22岁的哈斯在澳网杀进了半决赛。到2002年，他的最高世界排名是第2位。然而，他持续上升的职业之路却因伤病而被迫中断。同费德勒一样，哈斯在2000年悉尼奥运会之前的整个赛季都表现得不尽如人意。然而，在悉尼奥运会的男单半决赛上，哈斯以6–3和6–2的成绩轻松取胜。费德勒当时的场上情绪还不稳定。在比赛的第二盘，当哈斯直接发球得分，处于基本稳赢之后，费德勒气急败坏地踢飞了球拍。哈斯在半决赛上的胜利确保了他此次绝不会空手而归。伦德伯格曾在之前的一场锦标赛上说过："费德勒有时在比分落后的情况下很难坚持战斗"。

由于奥运会网球赛制的特殊性，费德勒仍然有望获得一枚奖牌。他与另外一位网坛新秀——21岁的法国选手阿尔诺·迪帕斯卡尔（Arnaud Di Pasquale）展开了奥运网球男单铜牌的争夺赛。

迪帕斯卡尔世界排名第 62 位，与费德勒的关系不错。他们俩在悉尼的比赛从一开始就出人意料地紧张。在关键的第二盘，迪帕斯卡尔未能抓住赛点致使比赛持续至第三盘，但在第三盘伊始，他很早便以破发球锁定了战果，最终以 7-6（7-5）、6-7（7-9）和 6-3 的比分获胜。“我心里其实很担心、很害怕。我一再告诉自己不能输，”迪帕斯卡尔说，“这是我职业生涯中非常重要的一刻。”谁也没有预料到悉尼一战竟是迪帕斯卡尔整个职业生涯的高光时刻。2007 年，随着在巡回赛上一系列的失败，迪帕斯卡尔彻底告别了网坛。

费德勒就这样以网球男单第 4 名的成绩无缘悉尼奥运会的领奖台。第 4 名，一个多么令人沮丧的位置。他需要处理输给哈斯之后所引发的各种情绪，也需要面对与迪帕斯卡尔对决时的各种遗憾。在赛后记者会上，费德勒有意拉低帽檐遮挡住自己的眼睛。他说：“我非常难过。半决赛，我打得不好。今天其实发挥得要好一些，但细节的把握还是不够。我错失了一块离我如此近的奖牌，我很难过。”

费德勒的首次奥运之行其实有着一个非常甜蜜的结尾。就在离开悉尼的前夜，他第一次亲吻了米尔卡。奥运会期间的朝夕相处对他们俩来说实属来之不易，因为稍有差池，米尔卡都会无缘悉尼奥运会。

自悉尼一别后，两人一直保持电话联系，等到再见面时，已是 2000 年的 12 月。他们各自看到了对方身上的闪光点。米尔卡更是在费德勒漫长的职业生涯中发挥着无人能及的重要作用。“我觉得她是带着使命来的。”格罗内维尔德说。

如果说费德勒一开始有“幸运”之神的眷顾，那么一如瑞士记者劳伦特·法夫尔（Laurent Favre）所言，唯有艰辛的努力和明智的选择才能成就今天的费德勒。

“米尔卡坚信我不会浪费自己的天赋，”费德勒多年后对我说，“她很努力，但她也很清楚自己的局限。她相信我的网球天赋会带着我到更高、更远的地方。这份毫无保留的信任对我来说意义非凡。”

06 在网球殿堂初露锋芒

英国，温布尔登

当费德勒来到网球殿堂级的比赛地点温布尔登时，一位官员问他："你熟悉温布尔登中央球场的传统吗？"

费德勒说自己只是在电视上看过中央球场举行的多场比赛，但是从未在此打过球。于是，这位官员向费德勒介绍了一下球场里不成文的规定，其中有一项是选手双方需一起上场、下场并向皇家席位行鞠躬礼（2001 年时仍是如此）。

年仅 19 岁的费德勒乐于尊重传统，但他却很快在不经意间打破了传统。在 2001 年温网比赛的第四轮，他迎战的不是别人，而是当年的网坛大神皮特·桑普拉斯，这位强悍而自信的加利福尼亚人，8 年来在温布尔登只输过一次，那就是在 1996 年输给了理查德·克拉吉塞克（Richard Krajicek）。

桑普拉斯走进隶属于全英俱乐部的温网中央球场就犹如踏进了自家的后院。不过，做了多年观众的费德勒也已做好了发起挑战的准备。他即将用自己的一身绝技和新近练就的面对“泰山崩于前而色不变”的冷静姿态惊艳世人。我们这些常年关注网坛动向的人都明白费德勒带来的威胁意味着什么。桑普拉斯在 2001 年的赛季并未丧失水准，却一直未有多少斩获。玛蒂娜・纳芙拉蒂洛娃说：“我感觉他进入了瓶颈期。虽然一如既往地努力，但就是没有突破。”拥有 9 项温网女单冠军头衔的她是少数几个能够与桑普拉斯在温网的连续夺冠相提并论的网球明星。

费德勒当时已是网坛上一支相当稳定的力量。他在米兰赢得了自己的第一个 ATP 巡回赛事的冠军，在戴维斯杯上表现出色，在法网的红土球场上打进了四分之一决赛，在荷兰斯海尔托亨博斯的草地球场上打入了半决赛。就温网来说，费德勒自 1998 年获得青少年组男单及男双的双料冠军之后便久无所获，直到 2001 年才扬眉吐气。他先是在第二轮通过五盘的鏖战击败了泽维尔・马里塞（Xavier Malisse），接着以直落三盘的成绩打败了钟爱草地球场且强势回归的瑞典老将乔纳斯・比约克曼（Jonas Björkman）。

英国球迷一直盼望着在英国网坛奋斗多年的蒂姆・亨曼（Tim Henman）能在此次温网的四分之一决赛上与桑普拉斯展开对决。然而，缓缓踏上中央球场长方形绿茵草地的是来自瑞士的费德勒。现场观众紧盯着他的一举一动。优秀还是伟大在此一役。“我来到了自己梦寐以求的地方。我将第一次在温网的中央球场与桑普拉斯一起打球，”费德勒对瑞士的媒体说，“我来这里不是为了赢得一盘比赛，而是为了赢得整场比赛。”

温网感觉有些失去魅力了，似乎有些违背潮流，不合时宜了，如今，还有几个人是在草地球场上打球的呢？它曾经是网球界的天花板，可现在澳网和美网的势头日渐强劲。看看全球职业网球巡回赛的赛程表，草地球场上的比赛仅占 5 周，如今一统江湖的是合成材料铺就的人工球场，然而，温网在网坛的地位还是那么至关重要。在这里，每一位参赛者都会感受到网球历史在自己身上的延续，都会穿上占主导地位的白色网球服，甚至会因一战成名成为全球瞩目的网球巨星。

温网是四大满贯赛事中唯一一个在私人网球俱乐部内举办的比赛。然而，温网举办期间，这家全名为“全英草地网球和槌球俱乐部”（All England Lawn Tennis & Croquet Club，简称全英俱乐部）的私人俱乐部一点也不私人。这就像在高尔夫球大师赛期间，美国的奥古斯塔国家高尔夫球私人俱乐部一点也不私人一样。

每到温网的决赛时刻，场地四周的通道和看台上满是观众。精彩绝伦的比赛也鲜少会让观众失望。全英俱乐部的位置比一般人想象的要有乡野气息，而它的设施却比较现代化。温网的中央球场更是一如期待。它看上去更像一个大剧院，场内观众不仅可以体验到音乐厅级别的音响效果，还能免受广告招商牌的干扰。

2009 年，温网的中央球场安装了可伸缩的巨大屋顶。这使整个球场丧失了原本在设计上的诸多对称性。不过，在费德勒第一次踏上这片绿茵草地时，一切都还是它原来的模样。

与儿时偶像桑普拉斯的对决

费德勒和桑普拉斯并不陌生。费德勒曾在巴塞尔举办的一次 ATP 赛事上担任过桑普拉斯的球童。在 2001 年 2 月的戴维斯杯上，桑普拉斯也留意到费德勒几乎是以一己之力打败了美国队。两人之后也曾在巡回赛上相遇并一起打球。

2001 年，桑普拉斯仍然是温网的头号种子选手。作为温网历史上最成功的男子草地选手，他期待着自己成为第一个 8 次赢得温网单打冠军的人。然而令人意想不到的是，桑普拉斯在比赛的第二轮就被当时排名第 265 位的英国球员巴里·考恩（Barry Cowan）一路追着打满了五盘。这让他的夺冠之旅亮起了黄灯。“我的意思是，正常情况下，桑普拉斯绝对能在三盘之内结束比赛。”费德勒说。

无论正常与否，桑普拉斯很快重新调整了状态，在第三轮击败了萨吉斯·萨格西安（Sargis Sargsian），而后信心满满地进入了与费德勒对阵的第四轮。20 年后，桑普拉斯对我说：“我当时感觉不错，对费德勒也不那么陌生。我知道他是一位崭露头角的新人。我不觉得我和他之间是棋逢对手，我应该是胜券在握的，所以放松了警惕。”

尽管费德勒的比赛状态很好，但是他这一次感受到了身体发出的紧张信号，好像在告诉他这将是一次不同寻常的比赛。费德勒说自己在中央球场赛前热身的 5 分钟里双手感觉冰凉。比赛一开始就很精彩，费德勒仅在一分多钟的开局直接削球打出一个 ACE 球，稍后又一个 ACE 球得分。

比赛往前推进，费德勒没有纠结。同桑普拉斯一样，他在等待的间隙也拨了拨拍线，而不是唠叨自己的失误，几乎没有为自己的内心活动提供机会。沉稳是费德勒这几年在自我努力和众人的帮助之下练就的品质。从父母到运动心理学家马科利，再到教练伦德伯格和女友米尔卡，他们无一不为他提出建设性的意见。此刻，米尔卡就坐在中央球场的球员席位上观看着比赛。

教练彼得·伦德伯格曾提醒费德勒说：“每个人都知道你很棒，但是如果你自乱阵脚，那你就会被轻而易举地打败。”费德勒在场上那张面无表情的扑克脸就是他“修炼”后的产物。随着关注度的上升，费德勒意识到自己在场上的任性胡闹和负面情绪将会成为他人对自己的定义。

2001 年 5 月在罗马举行的意大利公开赛上，费德勒打败了脾气暴躁的俄罗斯球星马拉特・萨芬。在连续三盘的比赛中，费德勒又喊又叫，表情痛苦，乱扔球拍。这场比赛后来在欧洲体育集锦节目上一再重播。费德勒看到电视画面上的自己倍感尴尬。

离开意大利一周后，费德勒在德国汉堡的首轮比赛中对阵阿根廷老将佛朗哥・斯奎拉里（Franco Squillari）。没想到，他又一次在现场发飙。费德勒在自己发球局的赛点[①]严重误判了一次截击球，气得当场摔坏了球拍。“我使出了浑身的力气把球拍砸碎。”他说。

但是这一次在温网，费德勒只是在中场休息时情绪失落地走下了球场。他对自己的失利既没有耿耿于怀，也没有气急败坏。他知道改变场上风格的时候到了。他必须顾全大局，自己的大局。不论他人曾苦口婆心地劝过他多少次，最后能真正下定决心并做出改变的唯有他自己。“对我来说，那是一个决定我职业生涯的拐点，”费德勒多年后对我说，“我看到自己之前在电视画面中的那个样子感到特别不舒服。你瞧那一张把球拍扔到角落的臭脸，嗯，怎么说呢，有一种不知所措的失落和沮丧。我后来就对自己说，‘这么做显得特别蠢。不行，你必须得有所改变’。我实际上花了很长时间，过程也挺有意思的，但真的是花了很长时间。”

随着参赛级别的不断提升，费德勒对赛场的敬畏感也越来越强。他意识到如果放任自己的情绪不管，那么他的现场发挥一定会受到影响。“我知道我的一些行为给自己带来了困扰，比如进入巡回赛的四分之一决赛后，我会

① 赛点（match point）是指比赛进入关键时刻，领先的一方再赢得 1 分即可获胜。——译者注

觉得很累，”费德勒说，“其实并不是比赛本身有多累，而是我在情绪上和心理上很累。十二三岁的时候，大家都收不住，你看像马可·丘迪内利和迈克尔·拉默。我们在场上都很情绪化，还互相挑衅，嘟囔着想要激怒对方。说实话，我都不知道我们在做什么。但是很快，你眼前的画风就变了。你登上了一个更大的舞台，你不能再这么打球了，因为你遇到的是帕特里克·拉夫特、皮特·桑普拉斯或者其他任何偶像级的顶级高手。明白我的意思吗？我不能再是之前的那个样子了。”

当然，一个人也可以一直保持老样子。有一些网球明星即使登上了更大的舞台还是会当场发飙、扔球拍，甚至是掀椅子，像麦肯罗、萨芬和尼克·克耶高斯（Nick Krygios）。只不过，一个更大的舞台却足以让费德勒平静下来，至少在表面上平静下来，尽管他的内心依然热血澎湃。“嗯，可以这么讲。”费德勒承认道。这是一段学习如何控制火势而非让它熄灭的过程，是一段要让内心的能量转化为缓慢燃烧的燃料而非分散注意力的篝火的过程。费德勒在与桑普拉斯的对抗中显示出了足够的耐心和韧性，甚至他偶尔还会有灵魂出窍的感觉。

费德勒从来没有和自己儿时的其他偶像打过比赛，譬如鲍里斯·贝克尔、斯蒂芬·埃德伯格，更没有见过马塞洛·里奥斯。然而，就在此刻，在安静的温网中央球场，在绿茵草地的那一头正对准他发球的却是他从小只能远远地为之欢呼雀跃的美国网球巨星桑普拉斯！

费德勒对我说：“一开始，你会感觉很不真实，怎么会和之前只能在电视上看到的偶像一起打球呢？这种对两个人关系的界定必须被打破。”桑普拉斯早在 19 岁时就突破了这层认知。他在 1990 年的美网上击败了伊万·伦德尔和约翰·麦肯罗成为冠军。他还在那次比赛的第二轮打败了费德勒日后的教练彼得·伦德格伦。我第一次报道美网恰好是在 1990 年。我至今记得桑普拉斯在比赛后期完全丢掉包袱之后呈现在脸上的那种一切尽在把握的表情，它就像是一个孩子拿到考试题目后发现自己能拿满分的表情。

2001 年温网上的桑普拉斯已经是全球知名的“冠军收割机”。他比费德勒大了约 10 岁。从很多方面来讲，费德勒的很多动作都像是对桑普拉斯的致敬，从单手反拍到极具杀伤力的跑动中的正拍击球，再到犹如杂技一般的即兴动作（譬如跳跃式反拍扣杀）。

他们俩还有一个极具节奏感的“不迈步”的发球动作：向上抛球时两脚分开，继而双膝弯曲，接着一个跳跃挥拍击球。其他许多包括拉斐尔 · 纳达尔和安迪 · 穆雷在内的球员都会在向上抛球后，后脚迈出一步。

桑普拉斯和费德勒身高一样（约 1.85 米）、体重一样（约 80 千克），就连使用的球拍也一样：威尔胜专业系列 85，即拍面相对较小，只有 85 平方英寸，该球拍在适当击球时手感尤为明显。我平时打球也使用的是这款球拍。这些年来我听过的对它在击打截击球方面最好的一个赞誉就是“犹如抹了黄油一般”。

汤姆 · 古利克森（Tom Gullikson）是桑普拉斯已故前教练蒂姆 · 古利克森的双胞胎兄弟，他也为桑普拉斯和费德勒在场上的相似性深感震撼。“我不停地在揉眼睛。”他对我说。

但是，他们俩又绝对不是简单的复制粘贴的关系。费德勒身姿挺拔，与桑普拉斯稍微前倾的身形对比明显。费德勒的步伐更加流畅。桑普拉斯的发球势大力沉，具有极大的威慑力，他在球场前区更具爆发力，会毫不犹豫地以一发的速度完成二发。两个人不同风格的对决让整场比赛看点多多。绝不拖泥带水的比赛进程、变化多样的击球方式、纯粹的运动美感、轻快的步伐和你追我赶的得分线让这场比赛引人入胜。

在桑普拉斯活跃网坛期间和之前，人们对于在草地球场上你一下、我一下那种毫无紧张感和未知感的打球模式多有抱怨。多年以后，在底线型打法长期占据统治地位时，再回看桑普拉斯和费德勒之间的短兵相接，那真的是一份略带苦涩的甜蜜回忆。它蓦然让人们想起纯粹的进攻型打法的快速攻伐和ACE得分，那种节奏是多么地魅力无穷，尤其是像桑普拉斯和费德勒这样的高手对决。

费德勒的教练彼得·伦德格伦最近对我说："那场比赛更像老式网球，现在基本上已经看不到了。现在的温网大都在底线附近和对手周旋。桑普拉斯和费德勒的比赛还和之前的一样，大家都会从底线发球接着很快上网。这种比赛看上去很有意思，时至今日依然让人感觉乐趣无穷。所以，无论什么时候回看，我都很享受。"

在第一盘的第四局，费德勒先赢3个球得40[①]，而桑普拉斯在零得分的情况下很快反弹，他抵挡了3个破发点[②]，才保住了发球局。桑普拉斯在重压之下往往行事大胆。然而，随着比赛的持续推进，他出现了一些平常根本不会出现的失误，譬如反拍穿越球直接入网、截击球时脚程过慢，甚至连他标志性的独门绝技——一跃飞起的"高压球"也出现了问题。

令人遗憾的是，这是桑普拉斯与费德勒之间唯一的一次正式的比赛。这场经典的高手过招，胜负就在分毫之间。在第一盘的决胜局，费德勒在比分5-6时开始一发，这场比赛显得如此漫长，使桑普拉斯感到有些失望。就在唯一一

① 网球比赛的方式是球类运动中比较奇特的一类，以love、15、30和40作为记分法，即love=0，15=1分，30=2分，40=3分，1局=4分。这种记分法始于15世纪的法国。——译者注

② 在对手发球局中，如果再得1分就可以取得胜利，称为破发点；还差1球就可以拿下此局比赛，并且领先对手1分的话，称为拥有1个破发点；如果还差1球就可以拿下此局比赛，并且领先对手3分的话，称为拥有3个破发点。——译者注

个盘点[1]回球显示为失利时，桑普拉斯一脸茫然，感觉莫名其妙，就像费德勒因为一记紧张的正拍截击球而丢掉了自己的发球局和第二盘一样。在第三盘，面对桑普拉斯落点刁钻的发球，费德勒出人意料地疾步上前以拍头冲向草地的方式成功回球，然而桑普拉斯却在拿手的高压球上错失良机而输掉了第三盘。

随着桑普拉斯在第四盘决胜局中胜出，整场比赛被拖入了第五盘。盘间休息时，桑普拉斯走下球场走进了休息室，而费德勒则继续留在场边的座椅上。他有足够的时间思考场上的形势，只见他一边琢磨一边拿出了一条新的发带绑在了头上。

我从视野不错的记者席上望了出去，感觉桑普拉斯已经吃定了费德勒。尽管桑普拉斯远非状态最好的时候，但是他依旧实力雄厚，在比赛中动力十足。多年来，他在温网见证过太多的挑战者在他的步步紧逼之下失望而归的样子。他有理由信心满满。同时，大家无须像揣测一个新人那样去想象桑普拉斯的战斗力。他是久经沙场的老将，而费德勒是一个前途未知的新人。况且，桑普拉斯从未在温网的第五盘失过手。状态良好的费德勒可能对这个统计数据并不了解。虽然他的左腿内收肌群稍感不适，但整体上依旧精力充沛、情绪稳定。

比赛重新开始后，费德勒快速地保住了自己的发球局。在比分来至 4-4 平之前，两人暂时都不需要面对最后一盘的破发点。

多年来，桑普拉斯在回球方面并不是很稳定，他在对手发球局通常比较轻松，不会全力以赴，当来到比赛关键时刻，他会突然间打出几个高质量的回球争取到一个破发点，最终以自己极具杀伤力的发球锁定战果。

① 盘点（Set point），离赢得一盘比赛只差一分时。——译者注

4-4 平局就是这样一个关键时刻。桑普拉斯抓住了两个破发点，眼看就胜利在望，然而令人意外的是桑普拉斯没能抓住这次机会。当双方比分 30-40 的时候，桑普拉斯在场内打出了一记平淡无奇的反拍穿越球，费德勒迅速截击，一招制胜。在这个关键时刻，桑普拉斯在跑动中打出的正拍穿越球入网，就这样一个不可思议的低级错误，使他倾尽全力的一次回击化为了泡影。

“我感觉在球场上都会遇到这种情况，”桑普拉斯对我说，“一个破发点就是一个赛点，如果我得到其中一个，我就赢定了。但这种情况并不是注定都能如愿。”

费德勒先以 5-4 保发成功，又以 6-5 再次保发成功。接着，他以一记反拍制胜球接住了桑普拉斯发球局中的二发。

关于另外一点的是：当桑普拉斯想要打出一个位置较低的正拍截击球，结果因为身形过于僵硬而未能成功。桑普拉斯以 0-30 落后。好在，他很快扳回 1 分。比分来到 15-30。不幸的事，桑普拉斯正拍截击失误，费德勒再赢 1 分。比分到了 15-40 赛点的时候，年轻的费德勒处于领先，桑普拉斯在中央球场上习惯性地用食指轻拂了一下额头上的汗水，开始了快速有力的一发。他在切削外角发球，但又没有偏离到费德勒接不住的程度。

“桑普拉斯的特点是他的发球能打到任何位置。这是他在重大时刻制敌获胜的关键，”桑普拉斯当时的教练保罗・安纳科内说，“可是那次在温网与费德勒比赛时，他发球落地的错位高达 20 厘米。这完全不是他以往在关键时刻的样子。”

费德勒右侧移步，一记正拍回击制胜球打到了桑普拉斯远不可能跑到的接球位置。桑普拉斯温网连胜 31 场的传奇就此止步。费德勒面对赛果双膝跪地，双手掩面，在跳起来与桑普拉斯握手前泪流满面。“我感觉自己会赢，”费德勒对我们说，“我一直都有这种感觉，这就是我获胜的原因。”费德勒在场上的表现犹如一位中央球场的常客。

“我以为这一刻会对费德勒有一定影响，让他感到紧张不安，而对桑普拉斯则不会有什么影响，”安纳科内说，“奇怪的是，这一刻其实对两人都没有太大影响。费德勒打得不错，有一些出人意料。我们迎来了一个重大时刻！网球的一个新时代。”

直到比赛结束后，费德勒才表现出他初来乍到的那一面。就在他大步流星走向球场出口的时候，桑普拉斯停下来朝看台上的皇家席位行了一个鞠躬礼。费德勒见状尴尬一笑，赶紧不好意思地掉头再回到场上，加入到这位获得温网 7 次冠军的行列，匆匆地一起鞠躬致意。

费德勒将这场胜利献给了教练伦德格伦的瑞典偶像和密友比约恩·博格。伦德伯格可是假扮博格的一把好手，在有来电显示之前，他有一次在瑞士的蒙特卡洛假扮博格打电话给自己的瑞典队友乔纳斯·比约克曼，让对方误以为真的是博格本人邀请他共进晚餐。直到比约克曼走进一家自己预定好座位的高档餐厅，他才发现原来上当受骗了。“他比博格本人还博格。”比约克曼说。

费德勒太熟悉伦德伯格让人真假难辨的声音了。后来，当他在 2001 年的早些时候在蒙特卡洛遇到真正的博格时，费德勒总会忍俊不禁。

博格是职业网球史上最伟大的球员之一。他曾在温网男单比赛中连胜 41 场，连续 5 年夺冠。桑普拉斯一直力图打破博格创造的这些纪录。然而，桑普拉斯实现目标的这条路被费德勒阻断了。费德勒当时想要与博格直接联络。由于他的经纪人比尔·瑞安（Bill Ryan）同时也是博格长期以来的经纪人，所以很快就安排好了两个人的通话。瑞安对我说："费德勒和博格通话的时候就像是一个来到糖果店里的小男孩，两只眼睛睁得跟盘子一样大。"费德勒在此次打败桑普拉斯的比赛中打出了与桑普拉斯相同数量的 ACE 球（25 次）。同时，他回球稳定，击球霸道，二发的成功率非常高，球速也快到让桑普拉斯大吃一惊的地步。

"是这样，"桑普拉斯对我说，"不能说我招架不住，但的确有些不大习惯他击球的力量。这是我第一次和他对打。如果我们俩的比赛是在第二天举行，我可能会准备得更充分一些。他当时的状态非常好，我有一点小小的不安。那场比赛后没几年他就取得了不凡的成就。我知道他很有天赋，会在网坛活跃一段时间，但我真的没想到他会称霸网坛近 20 年，把该拿奖杯的统统拿了个遍。费德勒的情况还和泰格·伍兹或勒布朗·詹姆斯（LeBron James）不太一样，他们俩早在 12 岁时就被大家认定会是未来的超级巨星，但费德勒对我来说一直是个未知数。网球这项运动不好预测。一个球员的成长更需要时间的沉淀。"

网球的比赛结果确实很难预测。就在两天后的四分之一决赛中亨曼以四盘 7–5、7–6（6）、2–6 和 7–6（6）的成绩战胜了费德勒。

一次改变一切的胜利

费德勒虽然在 19 岁赢了主要比赛，但并不能完全取代桑普拉斯。他的腿伤让他在参加巡回赛时必须吃止痛药。他在草地球场上领先对手的空间也并不大，但他的确已让众人记忆深刻。没有什么比在一个世人瞩目的舞台上击败一位超级巨星更能打开一名年轻球员的知名度了。这一点对大坂直美（Naomi Osaka）来说亦是如此。与费德勒在 2001 年温网上击败桑普拉斯一样，她在 2018 年的美网决赛上因击败了塞雷娜·威廉姆斯（Serena William，小威廉姆斯）

而一战成名。

“我觉得那场与桑普拉斯的比赛改变了一切，”伦德格伦说，“因为在那之后大家开始知道谁是费德勒了。如果你在温网的中央球场战胜了桑普拉斯，那你自己也会信心倍增。在那之后，费德勒在世界各地参加职业赛事。他之前打得也不错，但是你周围的经纪人和其他人都会问：‘哎，怎么回事儿？他怎么没赢多少场比赛呢？’我每次都会说，‘别着急，时间还没到’。一定会有一场大赛，我们得有点儿耐心才能在合适的时间、地点遇上‘大鱼’。他掌握的技巧已经很多，成绩肯定不会差的。”

战胜桑普拉斯的这个结果证明伦德格伦和卡特对费德勒的信心，他们对经纪人和赞助商的安抚一点儿也没错。那一刻的确意味着一个新时代的到来，但要做到真正地取代他人还为时尚早。

“不用太过在意，”桑普拉斯在落败后的当天说，“我的意思是，我只是输了一场球。我还会回来的。打球，参加比赛，本身就有输有赢，这很正常。如果有一天我不想打了，不是因为我不能了，而是我不想了。没必要觉得我不会回来了，赢不了了。我觉得我来这里就能赢。”

可惜，桑普拉斯之后便再也未能在温网夺冠。不过，他在 2002 年再次问鼎美网，不仅将第 14 座大满贯桂冠收入囊中，也成功地回击了那些质疑他的声音。只是，这次夺冠成了他职业生涯的最后一役。费德勒在 2001 年的温网之后也并没有能扶摇直上。尽管在温网的中央球场上，他表现得沉着冷静、自信出色，但是面对桑普拉斯爆冷失败之后众人对他的殷切期望，他并没有做好准备。同时，因有伤在身，他在格施塔德短暂亮相后，便在第一轮输给了自己未来的教练伊万・柳比契奇。紧接着，他被迫在比尔市进行了为期 6 周的康复休息。

休假期间，他摇身一变成了名专职司机。在伊夫斯·阿莱格罗和斯文·斯文南之后，费德勒迎来了自己的新室友迈克尔·拉默。拉默当时因脚踝受伤也在休养，但他仍需学习自己的高中课程。拿到了驾照的费德勒就这样自告奋勇地成了拉默的专职司机。“费德勒就是那种‘好了，我来接你上下学吧。反正我也在养伤，时间自由灵活，就让我当你的出租车司机吧’。”拉默说。

当时也在比尔市疗伤的米尔卡就这样和费德勒、拉默一起度过了不少的时光。“好在有米尔卡来帮我们俩收拾公寓，真是太幸运了！”费德勒笑着对我说，“现在我和拉默回想起来都会乐开花。回想起那段生活，我们俩都会感慨那时候有米尔卡真是太幸福了。我们俩也能找着东西了，也能在清扫飞扬的灰尘后自由呼吸了。”

费德勒在这个阶段的发挥仍不稳定。2001 年，他的世界排名是第 13 位。这比他在 2000 年的排名大有进步，但又没有好到足以让他前往悉尼参加在那里举办的世界八强精英锦标赛。莱顿·休伊特在此次锦标赛上大获全胜。

费德勒在 2002 年整个赛季的表现还算不错。先是在悉尼夺冠，有了一个开门红，接着在莫斯科举办的戴维斯杯上赢得满堂彩，之后又在米兰和迈阿密打进了决赛，最后在汉堡战胜了红土场地上的霸主古斯塔沃·库尔滕和萨芬获得冠军。但是，他在法网首轮输给了希查姆·阿拉兹（Hicham Arazi）。这一年，他以第 7 号种子选手的身份重返温网，并因为去年的出色表现而成为大家投注的焦点。

打法极具攻击性的约翰·麦肯罗也大胆预测费德勒将会再次夺冠。同样看好费德勒的全英俱乐部将他同马里奥·安西奇（Mario Ančić）的比赛直接安排在了中央球场。马里奥·安西奇又高又瘦，头脑聪明，同戈兰·伊万尼舍维奇一样来自克罗地亚美丽的海滨城市斯普利特。当时，18 岁的安西奇比费德勒还小两岁多。他此次是第一次参加大满贯赛事。结果，他凭借坚定的信念以 6–3、7–6（2）和 6–3 的成绩打败了费德勒，再次证明具有在中央球场打球的经验并不是成为赢家的先决条件。

这次败北让费德勒倍感失望。他输掉这场比赛的时间点也太过敏感。他与耐克的协议即将续约，与国际管理集团的经纪合约因为一些细节争议而充满了不确定性。对顶级球星而言，他们在场上的比赛奖金绝对不可能与他们在场外的收入相提并论。因此，在一个"豪赌明天"的商业世界中，费德勒究竟是下一个世界第一，还是只是一个比较有竞争实力的年轻人？这两种定位之间有着天壤之别。

当时与费德勒几乎同龄的莱顿·休伊特已经迈入了顶级球员的行列。在 2002 年的温网，休伊特在没有发球上网的情况下打败了另一位费德勒青少年时期的竞争对手、来自阿根廷的大卫·纳尔班迪安（传统上大家认为比赛当天下雨会影响球员的发挥）。与费德勒一样属于新生代的球员还有安迪·罗迪克。罗迪克头脑机智，发球迅猛，他来自一个更重要的商业市场美国。他也正在叩击世界前 10 的大门。对费德勒来说，这是一个充满了焦虑和不确定的时期。而且情况将会变得越来越糟。

在挚友离世的悲痛中重振旗鼓

8 月初，费德勒和伦德格伦一起前往多伦多去参加大师系列赛。这是夏季室外硬地赛季的开始。8 月 1 日深夜，伦德格伦的电话响了。打来电话的是安德烈·阿加西的教练达伦·卡希尔。"我当时以为卡希尔这么晚打电话给我是想说阿加西希望能和费德勒比赛的事，"伦德格伦说，"卡希尔在电话那头说，'先坐下'。"卡希尔随后告诉伦德格伦，彼得·卡特在南非度蜜月时在前往克鲁格国家公园的途中遭遇车祸身亡，年仅 37 岁。

卡特的蜜月之旅是费德勒的母亲莱内特帮忙安排的。前往南非也是费德勒一直向卡特和他的瑞士妻子西尔维娅极力推荐的。然而，拥有无敌自然美景的南非却也是世界上驾驶最危险的地方之一。2002 年 8 月 1 日，卡特乘坐朋友驾驶的一辆汽车前往克鲁格国家公园。行驶至一座大桥前，为了躲避一辆迎面而来的卡车，车子失去了控制，连人带车从桥的一侧翻了下去。卡特和朋友当场身亡。

卡特的妻子西尔维娅因乘坐了另一辆车而侥幸躲过一劫。他们此次的蜜月之旅原本是为了庆祝她的重生。2001 年，就在她和卡特结婚后不久，西尔维娅被诊断出患有霍奇金淋巴瘤。2002 年夏天，医生宣布她的治疗圆满成功。于是，她和卡特一起踏上了因治疗而延期的蜜月之旅。

有谁能想到这趟劫后重生的甜蜜之旅却以悲剧收场，而要将这个悲伤的消息告诉费德勒的人是伦德格伦。伦德格伦先给费德勒发了一条短信。费德勒很快打来了电话。当时已被淘汰出局的费德勒正在城里闲逛，在收到伦德格伦的消息后，他在陌生城市的街头一路狂奔，泪流满面，难以接受这令人悲痛欲绝的消息。“他就像个孩子，在面对巨大无助的黑暗时一路疯跑。”直觉敏锐的美国体育记者普赖斯（S. L. Price）在给《体育画报》（*Sports Illustrated*）的一篇文章中这样写道。

费德勒走进了伦德格伦入住酒店的房间。“他走了进来，看着我，我当时也糟透了。那种情况，可想而知，”伦德格伦说，“我大脑一片空白。对我和费德勒来说，真是太难以接受了。卡特是我的好友。费德勒失去了自己的前教练、多年的好友和他所代表的一切。我深知卡特对费德勒来说意味着什么。我们俩第一次经历这样的事，顿时都手足无措。”

当时，给格雷格·鲁塞德斯基做教练的斯文·格罗内维尔德也在多伦多。

伦德伯格也打电话让他来他们的房间一趟。伦德伯格告诉了格罗内维尔德有关卡特的事。“费德勒彻底被这个消息击垮了，”格罗内维尔德回忆道，“他连话都说不出来，整个人完全是懵的。”

卡特和妻子正是在费德勒及其家人的建议下选择了南非，这件事让一周后即将迎来 21 岁生日的费德勒在情绪上倍感复杂，在悲伤之余，还有着一份深深的自责和愧疚。“我觉得这是最让他无法释怀的主要原因。”格罗内维尔德说。那一晚，费德勒彻夜未眠。第二天，他仍需要和来自南非的搭档韦恩·费雷拉一起参加男子双打的四分之一决赛。两人在第三盘的决胜局输给了来自澳大利亚的山顿·斯托利（Sandon Stolle）和乔舒亚·伊格尔（Joshua Eagle）。他们再一次让费德勒想起了卡特。

事故发生时，费德勒的父亲罗伯特正好在南非出差。“卡特在我们全家人的心中占据着非常特殊的位置，”他在卡特去世当周接受巴塞尔当地的《巴斯勒报》（*Basler Zeitung*）的采访时说，“现在你大概明白他和我们之间的关系有多亲密了吧。”

尽管费德勒之前选择了伦德格伦作为自己参加职业巡回赛的教练，但是他和卡特的关系并未因此疏远。2001 年夏天，在费德勒的推动下，卡特成功取代了雅各布·赫拉塞克，成为戴维斯杯瑞士队的新队长。由于卡特没有加入瑞士国籍，根据国际网球联合会的相关规定，他无法被正式任命为瑞士队的队长，但事实上，他在莫斯科举行的 2002 年戴维斯杯上带领着瑞士队首轮对战俄罗斯队。“我热爱戴维斯杯，但在澳大利亚我不可能担此重任，”卡特曾对瑞士的媒体说，“我坚信如果瑞士队的主要队员身体健康，状况良好，我们一定会在未来 5 年内赢得戴维斯杯。”

在莫斯科的室内红土网球场上，费德勒以直落三盘的成绩击败了曾经世界排名第一的马拉特·萨芬和叶夫根尼·卡费尔尼科夫（Yevgeny Kafelnikov）。然而，在男子双打比赛中，费德勒和马克·罗塞特不敌另外两名俄罗斯的明星选手，以 2–3 的成绩输掉了比赛。

因为戴维斯杯的关系，卡特开始比以往更加频繁地出现在职业巡回赛的赛场。在出发前往南非前，他分别在温布尔登和格施塔德见过费德勒。卡特去世后不久，费德勒说："卡特给予我的一切，我都将铭记于心！他教会了我太多的东西。它们已然成了我的一部分。"费德勒先是选择继续参加之后的比赛。在辛辛那提，他在第一轮输给了伊万·柳比契奇。费德勒当时的经纪人比尔·瑞安说："我一直记得当时温度高达 38℃。我和伦德伯格、费德勒一起坐在球员休息室外的树荫下，酷热难耐。费德勒突然说，'我不想打了'。"费德勒继而退出了在华盛顿特区举办的赛事，搭机返回瑞士去参加卡特的葬礼。这也是他有生以来参加的第一个葬礼。"无论如何，我都要回去，"费德勒后来解释说，"那一刻我觉得美国太远了。尽管我也帮不上什么忙，但我想和朋友们一起送卡特最后一程。彼得·卡特永远在我心里，永远和我一起在赛场上。"

在位于巴塞尔市中心的圣莱昂哈德教堂（Saint Leonhard），费德勒同包括伊夫斯·阿莱格罗和其他瑞士知名球员在内的 200 多名哀悼者一起悲痛不已地参加了卡特的葬礼。"他整个人都被悲伤吞噬了，"阿莱格罗说，"你从他的神态就能看出来，他全程一直在哭，哭了差不多一个半小时。那种悲伤的情绪让人不忍直视。怎么说呢，我觉得卡特的去世让费德勒一夜之间长大成人。这应该是他有生以来第一次直面人世的艰难与无常。之前，他很快就打入了世界前 100，很快就开始挣钱。他的家人身体健康，父母恩爱。尽管他会因为钱或其他一些小事和姐姐偶尔吵来吵去，但生活中没有什么大事。他还遇到了米尔卡，感情生活顺遂。一切都一帆风顺。可是突然之间，他失去了生命中至关重要的一个人。"

从小就和卡特关系亲密的卡希尔也专程飞到巴塞尔参加葬礼。西尔维娅等人均有致辞。仪式结束后，卡希尔走到哭红了双眼的费德勒面前对他说："卡特为你感到骄傲，你唯一要做的是继续努力，让他一直为你感到骄傲！""我是这么说的，"卡希尔多年后告诉我说，"费德勒也做到了。我相信卡特对费德勒所取得的成就一定倍感欣慰。我们这些卡特的朋友也同样深感自豪。对我们来说，他成功的意义深远。"

卡特的离世让费德勒脱胎换骨。他从一位有天赋的年轻球员发展成有史以来最伟大的球员之一。他的转变一定包含着诸多的因素，然而，卡特的离世是其中一个主要的甚或说是决定性的因素。从失去卡特的那一刻起，费德勒坚信唯有成功才是对卡特最好的纪念。卡特英年早逝，如果费德勒能够在球场上实现他的心中夙愿，那么他的生命至少实现了部分价值。"我的确找到了新的动力。"费德勒对我说。费德勒透过卡特找到了自己永无止境的追求和梦想。

"那是一个人生的转折点，"阿莱格罗说，"这么说可能不太好，但是我真觉得如果卡特还活着，不知道费德勒是否还会取得现在这样的成绩。他可能还是一名非常棒的球手。我总觉得卡特迟早还会再次成为费德勒的教练。"阿莱格罗一直认为即使费德勒在参加职业巡回赛的前几年选择了伦德伯格，但是一旦他站稳脚跟，他还是会回到卡特的身边。费德勒对此从未加以证实。不过，的确在他的助力下，卡特才站上了戴维斯杯瑞士队队长的位置，也因此拥有了更大的舞台。

从基本动作到打球理念，没有人比卡特更了解费德勒的打球方式。随着卡特的离去，费德勒不得不挥别过往而独自踏上新的征程。他年少时曾经流汗挥泪的赛场消失了，就连陪伴他成长的教练也走了。

费德勒参加完葬礼后返回了纽约康马克继续参加 ATP 的赛事。他面对瑞士媒体说，“我深受打击。这是我第一次失去人生挚友。我有好多话、好多事想和他讲。现在最放心不下的是他的妻子西尔维娅，还有他的家人和朋友，我们都很熟悉。”

费德勒在康马克的首轮比赛中输给了尼古拉斯·马苏（Nicolás Massú）。不过，在接下来的一周，他在美网重振精神相继赢了三场比赛，最后以直落三盘的成绩输给了马克斯·米尔尼（Max Mirnyi）。在费德勒第二轮击败 30 岁的球星张德培之后，有人问他就目前的情绪状况是否需要一位心理治疗师一起共渡难关。费德勒青少年时期曾合作过的表现心理学家马科利也很熟悉彼得·卡特。面对这个合乎情理的提议，费德勒在纽约回答说：“不了，再难熬的日子，我都需要独自面对。”

然而，更加错综复杂的情绪正在卡萨布兰卡等待着他。瑞士戴维斯杯代表队前往卡萨布兰卡迎战实力强劲的摩洛哥代表队。这次资格赛将决定哪个国家的代表队有望参加 2003 年举行的世界顶级联赛戴维斯杯。

卡特曾在度蜜月前帮助瑞士队进行过沙盘推演。伦德伯格在卡特离世后应瑞士队的队员以及瑞士网球联合会官员的邀请，决定接替成为瑞士队的新队长。与卡特一样，来自瑞典的伦德伯格也因国籍问题而无法获得正式的任命。他出发前先回瑞典看望了自己被确诊患有糖尿病的女儿朱莉娅，从而比其他球员们稍晚一步抵达卡萨布兰卡。

瑞士队的队员有费德勒、马克·罗塞特、米歇尔·克拉托赫维尔和乔治·巴斯特尔。巴斯特尔曾在 2002 年的温网第二轮击败过桑普拉斯。那场比赛是桑普拉斯在温网的最后一场。伦德伯格邀请塞韦林·卢蒂作助理教练，任命老将罗塞特为场上队长，并为整个瑞士队制定了清晰的目标。“一定能做到，”他说，“为了彼得·卡特！”

费德勒在三场比赛中未失一盘。这一次，他打败了刚在法网红土球场上赢了他的希查姆·阿拉兹，并与巴斯特尔联手获得了双打冠军。他在比赛最后一天又击败了尤尼斯·埃尔阿诺伊（Younes el-Aynaoui）。瑞士队最终以 3-1 的成绩获胜。

费德勒将自己在场上的表现完全归功于卡特。他说："我一直想着他，感觉他就在场上，甚至就在关键的赛点上。"罗塞特也察觉到了费德勒的改变。他用了一个法语词"déclic"来形容，大意是"顿悟"或"脱胎换骨"。罗塞特说："我觉得卡特的过世加速了费德勒的成长，让他有了一种使命感。"

在之后的一个月内，费德勒在维也纳举行的 ATP 赛事的半决赛上击败了卡洛斯·莫亚（Carlos Moyá），在决赛上击败了吉里·诺瓦克，再次含泪将新的胜利献给了前任教练卡特。①

莫亚和诺瓦克当时都是世界排名前 10。在维也纳获胜后，费德勒因此得以进入世界男子单打前 8 强。这对他拿到自己的第一个年终总决赛，即网球大师杯赛的资格来说至关重要。2002 年 11 月，网球大师杯赛第一次来到中国，在上海的新国际博览中心举行。考虑到很多中国球迷是第一次接触国际比赛，不太了解赛事规则，组委会专门向观众分发了对赛事基本规则进行解释说明的小册子。实际上，现场观众并不需要任何指南，就能直接感受到休伊特和费德勒在半决赛上激烈酣战的紧张和精彩。

休伊特在悉尼赢得 2001 年的大师赛后想此次在上海成功卫冕。2002 年赛季初，费德勒曾在迈阿密打败过休伊特。然而，上海的这场比赛是两人之间最重要的一场对决。

---

① 此处原版可能有误。费德勒在 2002 年维也纳公开赛决赛中击败吉里·诺瓦克夺冠，在 2003 年维也纳公开赛决赛中击败卡洛斯·莫亚夺冠。——编者注

职业生涯的第一个劲敌

早在对战费德勒之前，休伊特实际上已连续两年成功锁定年度世界排名第一的宝座，他身材瘦长，每场比赛都竭尽全力。球场上两位 21 岁的年轻人都非常出色，斜线球很精彩。网球界一直喜新厌旧，大家会默认最新的一定是最好的。然而，费德勒和休伊特在这场堪称经典的三盘比拼中打出了各自应有的水准。

费德勒在第一盘未能发球得分。休伊特在输掉第二盘前未能扳回赛点，然后在第三盘 5–4 领先时也未能发球得分。但是，费德勒还是如狂风一样，在职业生涯的这个阶段技术不是很稳定，他在发球局一分未得，最后两分又出现了严重失误。休伊特在底线表现得顽强而稳定，以三盘 7–5、5–7 和 7–5 的比分结束了半决赛，并且最后赢得了上海网球大师赛的冠军。

在这个阶段，休伊特在巡回赛中以胜 6 负 2 的成绩领先费德勒。一直至 2001 年底还在执教的卡希尔帮助休伊特确立了其在网坛早期的统治地位。与年轻的费德勒相比，年轻的休伊特又有什么过人之处呢？“嗯，两个人都有很多长处，”卡希尔说，“但是休伊特的得分情况要比费德勒好。他善于捕捉机会，锁定目标，从不失手。不管机会是一个破发点、两个破发点，还是在第一盘发球局中以 3–2 领先时，还是和对手的比分是 15–30，他都会牢牢抓住。一些年轻球员往往在这种情况下有些松劲儿，很快就把自己的发球局给丢了。但休伊特不是，他会竭尽全力拿下发球局，把比分变成 30–30，接着再将比分悄悄地变作 40–30，结束被动挨打的局面。

费德勒上网进攻的打法也恰好落在了休伊特灵活应对的范围之内。当时，由于拍线技术的革新，网球运动员得以在全力挥拍时可以使球产生更大的旋转力和精确度。

“休伊特喜欢有目标，”卡希尔说，“但他的内心更有一团渴望成功、渴望竞争的熊熊烈火，并且百折不挠。这种特质真的是非常罕见。也许，能够与之类比的也只有像纳达尔这样的球员了。早在纳达尔踏入网坛之前，休伊特就已经具备这样的素质。他几乎不会为任何事分神。在他十七八岁的时候，哪怕他参加 ATP 的巡回赛遇到了问题，哪怕家里或女朋友有什么不愉快，只要他一踏上球场，他就能心无旁骛。球场就是他的安全之境，心归之处。只要人在球场，他就能置身事外，一心一意冲着‘赢’去。我觉得这是一种非常非常罕见的品质。因为大多数的网球运动员，如果近期生活不开心或是遇到了什么难题，都很难在球场上集中精力投入比赛。但休伊特就不存在这样的问题，他完全能做到。”

休伊特凭借他的冲劲、精准和早熟成为费德勒职业生涯中的第一个强劲对手。他是第一个让费德勒认识到自己不足之处的同龄人。通过两人的教练以及他们自己的眼睛，他们也早就预见到了对方的崛起。这一切从他们青少年时期在苏黎世的对战就开始了。

只是休伊特先行一步登上了阳光灿烂的顶峰，但他能感觉到费德勒正匆忙地在迷雾中向上攀登。他在上海参加大师赛的时候就说过，他完全相信费德勒有朝一日必定会成为大满贯的冠军。

眼看着仅仅比自己大几个月的休伊特已经摘得了两座大满贯的桂冠，费德勒有些按耐不住了。随着 2003 年赛季的往前推进，费德勒的耐心似乎越来越少了。

比赛有时也不能太冷静

费德勒在戴维斯杯期间，在队友们的帮助下，在常规的三盘两胜制的巡回赛上，状态非常不错。他分别在马赛的室内球场、迪拜的室外硬地球场和慕尼黑的红土球场赢得了冠军，可惜在罗马的决赛中输给了菲利克斯·曼提拉（Félix Mantilla）。然而，当他作为第五号种子选手理所当然地带着“大计划”来到巴黎的罗兰·加洛斯球场参加法网公开赛时，他却再次在大满贯赛事的重压之下崩溃了。

费德勒未能成为继雅尼克·诺阿之后在法网公开赛上第一位赢得冠军的进攻型选手。在法网最主要的菲利普-查特里尔球场（Philippe-Chatrier Court），费德勒在第一轮以6-7（6）、2-6、和6-7（3）的比分输给了来自秘鲁的路易斯·霍纳（Luis Horna）。这是费德勒在重大赛事的中心球场又一次沮丧失意的时刻。这也是他在2002年输给阿拉兹之后在法网的第二次首轮失利。

霍纳是一名球风稳健、擅长在红土球场奔跑的网球运动员。他曾是法网青少年组的冠军，当时世界排名第88位，且从未在主场球员参赛的大满贯单打比赛中取得过胜利。毫无疑问，费德勒原本理应占据上风。可惜，他整个人完全不在状态：战术上一塌糊涂，反拍脱拍，双眼哀怨地望向在看台上的伦德伯格。

费德勒在连输三局之后，确实连续赢了五局。他其实有机会赢得第一盘。在抢七6-5时，费德勒错失了一次正拍击球。在当天下午的总结会上，他发现自己在上午的三盘比赛中竟然有88个非受迫性失误。

法国的体育报纸《队报》用“阴沟里翻船”作为标题来形容此次比赛的结果。但是，费德勒在“翻船”之后表现得异常平静。“也许他应该大喊大叫或摔球拍，把所有的不愉快都发泄出来。”伦德格伦说。

这条建议可真太有意思了，想一想费德勒付出了多少努力才让自己在场上表现得集中精力、沉着冷静。事实上，费德勒还在努力让自己达到一种平衡的状态。

“有段时间，我在场上有些太过冷静了，”费德勒多年后对我说，“我意识到我在场上既需要激情也需要冷静，需要做到水火交融。年纪小的时候，我不明白什么是合适的能量和强度。当时那种感觉是，嗯，那是什么状态？看上去是什么样的？是跑动时的状态吗？究竟是什么样的？后来我明白了，它是一种专注力，是一点一点解决问题的心态。年轻的时候，人就是会有些飘忽不定。这是一场内心的斗争。”费德勒在采访中尽力用语言去描述这场内心的斗争。“年轻的时候，你会关心‘我们中午吃什么？吃完之后我们做什么？’有时候状态好，有时候不好。问题是，状态不好的时候你会不断丢分，真的是一泻千里。场上比分就会是 0–15、0–30、0–40，你在场上被对手按住打，那时候你会觉得，‘天啊，天啊，稳住，必须稳住’。可是，一切都太晚了。”

伦德伯格感受到了他的挣扎。“费德勒知道自己在场上又喊又叫或是气急败坏的样子一点儿也不好。情绪太外露，”伦德伯格说，“其他球员又不蠢，他们如何击败你呢？一定会在精神上打垮你。费德勒意识到了这一点，但是他又矫枉过正。好在突然之间，他就找到了适合自己的方法。”然而，对费德勒来说，整个过程一点儿也不突然。那是一个历经两年的找寻过程。2001 年在汉堡参加完赛事之后，他一路持续摸索到 2003 年的温网。这期间人们一直在喋喋不休地公开争论费德勒是否具有成为一名冠军的心态。费德勒至今已参加了 16 场大满贯赛事，却从未打进四分之一决赛，更有 6 次在首轮就惨遭淘汰。

群星四起的黄金时代

在同时代的网球运动员中，不只有休伊特独占鳌头。同样 23 岁的马拉特·萨芬和胡安·卡洛斯·费雷罗（Juan Carlos Ferrero）也已是大满贯冠军

（费雷罗刚刚在法网摘得桂冠）。21 岁的纳尔班迪安也打进了温网决赛。20 岁的罗迪克在 2003 年澳网公开赛的四分之一决赛扳回了赛点，并且击败了尤尼斯・埃尔・阿诺伊，在第五盘比赛中最终以 21–19 的比分进入半决赛。这场比赛也是大满贯历史上历时最长的一次比赛。罗迪克在抵达温布尔登前还刚刚在英国伦敦女王俱乐部（Queen's Club）草地球场上击败了安德烈・阿加西而夺冠。

费德勒显然是一个引人注目的击球手，有着非常好的观众缘，在更衣室里也是人见人爱。然而，即使刚刚在德国哈雷的草地球场上赢得了自己的第一个草地赛冠军，他还是能明显感到自己的优势并不明显。“人们很快就会给他人贴上一个标签，”罗迪克对我说，“所以当费德勒没能早早打入任何一个大满贯赛事的四分之一决赛的时候，我觉得人们给他贴的标签就有了。何况，他一直以来都很顺利，感觉他好像不费吹灰之力就出名了。这和我们其他人走的路很不一样。”罗迪克的确和费德勒很不一样。他肌肉发达，精力充沛，汗流浃背，在场上会精神紧张，动力十足。

“我觉得每个人都会被贴标签，”罗迪克说，“如果费德勒身高只有 1.78 米，球打得也不怎么好，我敢说就现在这个成绩，他应该不会被贴上软弱的标签。就是因为他还不错，言行举止有模有样，软弱是最容易的标签。我认为这可能是所有人最能接受的、最懒的标签。”

如果说这是网球运动员的视角和理解，那么媒体就没有那么客气了。他们会马上给出各种分析。他们不会“风物长宜放眼量”，也不会给运动员留下自我成长需要的空间。不过，也不能说所有的标签都是空穴来风。那么，就费德勒当时的情况，最合理的问题是：他真的有竞技运动所需要的毅力吗？

桑普拉斯确信费德勒有。桑普拉斯退役之后，尽管还没有正式宣布，他认为费德勒会摘得 2003 年的温网桂冠。毕竟，桑普拉斯有着在法网苦苦挣扎后在温网上取得成功的经验，并且这样的经验还不止一次。1996 年，桑普拉斯在法网打入了半决赛。这是他在法网取得的最好成绩。可紧接着他就在当年的温网上铩羽而归。这也是他在 1993—2000 年唯一一次没有得冠的温网。一切好似旨在证明同一年参加这样两个大满贯的赛事是有多不容易。

费德勒一开始在巴塞尔接触的是红土球场。虽然他接触草地球场的时间比较晚，但是在那个阶段，他在草地球场上感觉既新鲜又快乐。

费德勒对一些有关自己在法网很快出局的新闻报道很是不满。所以，来到全英俱乐部之后，他将接受媒体采访的时间压缩到了最低限度。与此同时，他尽可能地同米尔卡和伦德伯格一起在温布尔登租住的房子中共度时光。“那时候，我名气一般，”费德勒对我说，“不和媒体走得太近其实是不大寻常的。我来到温布尔登，下决心‘我得一心一意地打比赛，不能再在第一轮就被淘汰。因为当时的各种状况，我承受了很大的压力。”

费德勒在前两轮比赛中横扫对手李亨泽（Hyung-taik Lee）、斯特凡·库贝克（Stefan Koubek），接着在与年轻的美国选手马尔迪·菲什（Mardy Fish）比赛时输了一盘。

但到了第四轮，他遇到了真正的麻烦。当费德勒正在为对抗新晋职业选手菲里西亚诺·洛佩兹（Feliciano López）积极热身时，他突然感到自己后背下方特别的难受和紧张，犹如被锁住了一般。在第一盘比赛的比分还是 1-1 的时候，费德勒叫来了教练，却依旧无法查明原因。伦德伯格后来解释说可能是费德勒背部错位造成神经受压。“我想再打两场看看情况会怎么样。”费德勒说。

由于无法全力挥拍和正常走动，在中央球场屋顶建成之前的日子里，再没有比因下雨推迟比赛更让他开心的事了。“我抬头望着天空，心里盼着能突然奇迹般地飞来大块的乌云，或是一些其他能救我的东西，”他说，“我很快调整了打法，以守为攻，等着洛佩兹失手犯错，但我仍然在一些关键点上步步紧逼，因为我知道作为受伤的球员打比赛并不容易。”

洛佩兹在第一盘 5-4 时发球，可惜他未能保持优势。费德勒在后背感觉稍有轻松之后，在第三盘从 0-3 的劣势一路反弹，最终以 7-6（5）、6-4、6-4 的成绩打赢了比赛。“我不知道今天我是如何赢的。”费德勒说。他坦承自己第一次萌生了退意。“我的抽签结果也很让我崩溃。”他说。

曾经的大满贯单打冠军很快爆冷出局。名不见经传的伊沃・卡洛维奇在中央球场的首轮比赛中击败了休伊特。非种子选手马克・菲利普西斯在第四轮打满五盘后击败了阿加西。于是，4 号种子选手费德勒成为留下来的参赛选手中排名最高的一位。但他并不是一个明显的热门夺冠人选。其中，在四分之一决赛中以直落三盘的成绩击败了乔纳斯・比约克曼的罗迪克就是一大威胁，这回又再次证明了这一点。费德勒击败岑・沙尔肯（Sjeng Schalken）后进入了半决赛。在周三下雨之后，费德勒有额外的一天时间恢复，他感觉好多了。

与罗迪克的发球大战

在 2003 年的温网半决赛上，费德勒和罗迪克相遇了。这是新一代网球运动员之间的对决，是他们俩后来多次在重量级比赛中狭路相逢的第一次，也是他们俩第一次在草地球场上的对决。

罗迪克极具竞争意识。他在家中排行老二，是个聪明伶俐的小弟弟。在成长过程中，他似乎总在试图跟上哥哥约翰的步伐。约翰后来以青少年网球的领军人物及全美最佳运动员的身份进入了佐治亚大学。可是，约翰在网球巡回赛中的成绩始终未有突破。

罗迪克年轻时是一个力量不足的底线型球手，后来慢慢发展，激发出了内在的力量，拥有了绝世强劲的正拍发球的能力，充满了自信。在法网首轮失利之后，罗迪克出人意料地与自己的长期教练及导师、常驻佛罗里达州的法国人塔里克·本哈比莱斯（Tarik Benhabiles）分道扬镳，继而聘请曾世界排名第四位的布拉德·吉尔伯特成为自己的新教练。吉尔伯特很健谈，在战术上也很有一套。他是《反正都是我赢》（*Winning Ugly*）这本书的作者之一。阿加西的球技也是在他的指导下达到了更高水平。

尽管罗迪克的发球很有威慑力，但是罗迪克和吉尔伯特决定不采用草地网球的经典打法，将比赛重点从发球上网转向了尝试凭借强劲的正拍发球之后寻觅机会突袭上网。罗迪克的个人优势在费德勒面前有点黯然失色，他本人对此并不诧异。他曾三次与费德勒交手，但均铩羽而归。其中有一场是 2002 年在巴塞尔巡回赛的四分之一决赛上。正是在这场比赛上，费德勒打出了他自己（也是任何人）职业生涯中难得一见的一个球：在底线附近一记高压削球，几乎擦着罗迪克的脑袋呼啸而过，把网前的罗迪克惊得目瞪口呆。在谈及那一刻时，罗迪克说："我感觉其他人在打网球，而他在玩游戏。"罗迪克调皮地把球拍扔给了咧着嘴笑的费德勒，接着又绕过网把球拍捡了回来。整个场景充满了某种暗示：费德勒犹如神助的天才一击彻底碾压了罗迪克的坚实努力，而罗迪克用自己的幽默机智化解了部分苦楚。

在温布尔登，罗迪克有理由对自己满怀期待。这是他第二次打入大满贯赛事的半决赛，而费德勒则是第一次。罗迪克的教练吉尔伯特还曾指导过阿加西战胜费德勒。"老实说，我当时觉得罗迪克有 50%甚至是 55% 的机会能赢，"吉尔伯特对我说，"他发球很棒，我很有信心。2003 年温网进入半决赛的选手中也只有他之前在这里打进过半决赛。”

如果罗迪克能在第一盘决胜局的6–5时抓住自己发球局的盘点，那么结局肯定会不一样。然而，他的招牌动作，在反拍位跑动后直接在中场正拍击球，结果球入网未过。费德勒抓住罗迪克犯错的机会连赢两分，拿下了第一盘。在第二盘的首局比赛中，费德勒以一记完美的反拍截击放小球拿到了破发点，球直至落地反弹后才停止旋转。

大展身手的时间到了。“那是我看过的最好看的网球比赛。”为NBC现场解说这场比赛的资深美国网球评论员玛丽·卡里略（Mary Carillo）说。

吉尔伯特曾不无遗憾地提及这场比赛自第一盘的决胜局至第二盘开始的那“7分钟”。“相信罗迪克和你讲过同样的话，他希望那7分钟能重来一遍。”吉尔伯特说。

吉尔伯特明白自1998年费德勒与阿加西的在巴塞尔那场比赛之后费德勒的进步有多大。“他的反拍进步太快了，发球也精准了很多，”吉尔伯特说，“费德勒之前发球时跳得太高，可现在无论是一发还是二发，都非常到位。”

费德勒本人并不怎么熟悉草地网球的经典打法。他多次在二发之后停留在底线附近，满足于与罗迪克进行底线对抽并伺机突袭。他很多令人记忆深刻的制胜球都是穿越球，既炫酷又精准。

罗迪克也是全力以赴。在第二盘的第二局上，他抄底反拍截击，但费德勒顺利跟上，一记正拍轻击得分。费德勒渐入佳境，用高超的球技完全制衡了罗迪克的威猛，随心所欲地控制着球的方向。费德勒除了以一记角度刁钻的正手半截击球[①]出奇制胜结束第二盘时的嘴角上扬之外，其他时间他整个人都如入无人之境。“难以置信，”罗迪克说，“我不知道还有谁能做到这一点。感觉像是凭空变出了新花样。但不得不说费德勒做到了，而我只能说，‘真是太棒了’。”

罗迪克很快就降级为给艺术家递颜料的帮工。费德勒以 61 发制胜球、12 个非受迫性失误球结束了比赛。近 20 年后，罗迪克认为没必要戴着有色眼镜来看他和费德勒那场在温网以 6–7（6）、3–6 和 3–6 的比分输掉的比赛。“我当然记得自己在破发点上错失的那一个正拍击球，但是我觉得自己尽力了，打得也不错，只是打败了，”罗迪克说，“好坏很难讲，但至少我知道自己尽力了，能睡个安稳觉。显然，费德勒的打法很适合草地球场，但人们很少讨论他如何在草地球场把所有的技术整合在了一起。那时候可以说，他在温网有 95% 的概率能赢，他的发球和 80% 的截击球都是得分的，就看他如何根据各种情况进行调整。”

捧起第一座大满贯奖杯

费德勒在战术和打法上的多样性确实让他有别于其他偶像，与贝克尔、埃德伯格或桑普拉斯每年依靠在温网反复出现的比赛计划不同，费德勒会从球拍和拍线的技术及球场本身，以及根据对手的不同情况而调整适应，他有非常广泛的适应性和过硬的技术实力。在 21 世纪初，温网的草地球场也迎来了新的改造。球场表面变得更加坚固，球的弹跳力因此增强，底线型选手因此受益。

不过，费德勒在温布尔登赢得的众多比赛中的第一场依然和他以往观看过

① 截击球是指网球比赛中将即将落地但还未来得及接触地面的球突然击回，能起到打乱对手球路的作用。半截击球，又称反弹球，是指当球落地但是还没弹到最高点前就把它击回。截击则是球不落地，直接打回去。——译者注

的温网比赛差别不大。他在 2003 年温网遇到的决赛对手是来自澳大利亚的菲利普西斯。菲利普西斯胸肌健硕，身高 1.93 米，擅长发球上网。他当年甚至因为总能打出优质的 ACE 球而不怎么需要截击球，譬如他在和阿加西对阵的五盘比赛中共打出 46 个 ACE 球。

和费德勒一样，菲利普西斯也是因为在一场大满贯赛事中击败了桑普拉斯而名声鹊起。在 1996 年澳网决赛的第三轮比赛中，19 岁的菲利普西斯在屋顶封闭的场地以直落三盘的成绩击败了桑普拉斯。菲利普西斯的父亲是希腊人，母亲是意大利人。他因挥拍速度极快，打出的球犹如导弹一般而被人们称为“飞毛腿”。他的球拍技术，包括单手反拍都非常出色。在我看来，他是极具天赋却始终未能获得大满贯赛事冠军的球员之一。

菲利普西斯在击败桑普拉斯的那晚成为澳大利亚的明星，随之而来的是他一连几年在澳大利亚丰富多彩的夜生活，团队对此缺乏一致性的认识是他面临的问题。在 1998 年的美网，他进入决赛后输给了自己的同胞帕特里克·拉夫特。紧接着，在 1999 年的温网，他在四分之一决赛领先桑普拉斯一盘时突然听见左膝传出令人不安的撕裂声。2001 年他不得不退出比赛并接受了三次膝盖手术，在轮椅上度过了两个多月。他在 2003 年的温网重回正轨——虽然只是暂时的。他在自己 26 岁这一年开始认真对待自己的职业生涯和机会。

菲利普西斯具备在温网夺冠的技能和天赋，可是费德勒正在进入一个崭新的阶段，能够把控全场四处得分。决赛进程和之前对阵罗迪克的半决赛进程非常类似。费德勒先在首盘的抢七中获胜，接着在第二盘一开始就用一系列精彩的穿越球打破了菲利普西斯的发球局，从而掌控全场。

在第三盘的决胜局中，费德勒以 6-1 的比分大幅度领先，为自己迈向冠军又赢得了 5 个积分。眼看自己的第一个大满贯冠军唾手可得，各种思绪蜂拥而至。尽管他看上去依然淡定，但实际上他已经在即将摘得胜利果实前强忍着在眼眶打转的泪水不让它流下来。多年后，费德勒对当时脑海中出现的各种声音依旧记忆犹新。“我当时感觉听到一个声音说，‘快了，就要成功了，我要成为温网冠军了’，然后就会听到另一个声音对自己说，‘别着急，稳住，稳住’。”费德勒在纪录片《罗杰·费德勒：冠军精神》中说，“我当时还心想，‘哦，马克，就犯一个错误吧，就一个球，行吗？这样我就不需要打出什么制胜球就能赢得比赛了’。”费德勒在那两周的温网比赛中打出了很多个制胜球。他在决赛中也没有遇到一个破发点。结果，比赛的走向的确如费德勒心中期盼的那样。菲利普西斯在成功扳回两个赛点之后，在第三个赛点上反拍回击触到了网上。费德勒冲向网前，他不需要再打一个制胜球了。他向前迈了一步，然后突然跪倒在地，高举双臂，回头望向坐在球员包厢里的米尔卡、伦德格伦和理疗师帕维尔·科瓦奇（Pavel Kovac）。

费德勒终于以 7–6（5）、6–2 和 7–6（3）的决赛比分证明了自己的网球实力。也许在全世界观众面前，他在场上表现得行云流水，可是只有他心里清楚其中的辛苦。费德勒说：“我赢球的时候，大家都说这对你来说很容易；我输球的时候呢，大家又会觉得我不够努力。事实上，我特别努力，过去两周可以说是倾尽全力。”

熟悉费德勒的人对接下来发生的一幕绝不诧异。他坐在球场边的椅子上泪流满面，在颁奖典礼上更是欲罢不能。“我家人的泪点都比较低。”费德勒的母亲莱内特解释说。不出所料，英国的八卦媒体可不会错过这样的好机会。《每日镜报》的专栏标题上十分醒目地写着“痛哭流涕的费德勒”。

费德勒这一次终于参加了 1998 年错过的温网冠军晚宴，他在浏览了剪报上流泪的照片后承认，自己本可以不留那么多眼泪。“也许再拿几个奖杯就会好一些。”他说。

在接下来的温网比赛中，将会有更多这样的比赛。网球运动员的时代更替历经两年差不多也大功告成了。和桑普拉斯一样，费德勒在 21 岁赢得了自己的第一个温网冠军。心中的重担已经卸下，他的多个弱点均已解决。他已经为实现自己的目标做好了进一步向上攀登的准备。

为费德勒青少年时期做过心理咨询的瑞士运动表现心理学家克里斯蒂安·马科利一直在默默地关注着他。马科利和卡特曾一起约定等到费德勒捧起第一座大满贯，他们俩要一起抽雪茄进行庆祝。然而，令人遗憾的是，马科利如今只能独自站在他位于巴塞尔的公寓阳台上抽起雪茄。“我们一直都坚信费德勒能够做到。”马科利对我说。想起卡特的他神情哀伤，语带哽咽。

在埃居布朗，费德勒曾寄宿的克里斯蒂奈特一家同前来采访的瑞士国家电视台的记者们一起在沙发上观看了这场比赛的现场直播。费德勒举起奖杯的那一刻，克里斯蒂奈特夫妇举起了香槟酒杯。“看到他流泪，我也没忍住，”科妮莉·克里斯蒂奈特说，“当年他还只是个 14 岁的男孩，天真烂漫。他对我来说一点也没变，永远都是那个我们熟悉的费德勒。”

以严厉著称的法国教练克里斯托夫·弗莱斯在埃居布朗始终对费德勒严格要求。他实际上一直就在温网现场观看比赛。最近，他对我说：“我没有去中央球场的球员席位，而是坐在了一个角落。那个位置的视野不错。我看见费德勒夺冠后整个人平躺在草地上，哇，那一刻，我对自己说，‘天啊，看看他已经走了多远’。”弗莱斯停顿了一下，接着说：“现在我想，之后他会走更远。”

▲在马德里，费德勒灵活自如的单手反拍发力瞬间。（图片由摄影师埃拉·林提供）

◀1998年，年仅16岁的费德勒赢得了温网青少组的冠军。（迈克·休伊特摄，由视觉媒体公司盖蒂图片社提供）

▶ 2003 年 7 月，温网新科冠军罗杰·费德勒与妻子米尔卡·费德勒、母亲莱内特·费德勒、教练彼得·伦德格伦和理疗师帕维尔·科瓦奇在全英俱乐部的合影。（由托马斯·科克斯 / 法新社摄，视觉媒体公司盖蒂图片社提供）

◀ 2008 年温网决赛现场是有史以来最伟大的网球比赛之一。当夜幕降临时，费德勒和纳达尔在网前相遇。（图片由摄影师埃拉·林提供）

◀ 2009 年在迈阿密公开赛上，费德勒在与诺瓦克·德约科维奇比赛时沮丧地摔砸球拍。对于已经学会控制场上情绪的费德勒来说，这是一次罕见的爆发。（图片由摄影师埃拉·林提供）

"All the News That's Fit to Print"

The New York Times

Late Edition

Today, limited sunshine, scattered showers, high 84. Tonight, humid, patchy fog, low 74. Tomorrow, hazy sunshine, very warm, high 90. Weather map appears on Page B6.

VOL. CLVII . . No. 54,364 — NEW YORK, MONDAY, JULY 7, 2008 — $1.25

Rafael Nadal celebrating after breaking Roger Federer's streak of five consecutive Wimbledon titles and 65 straight wins on grass in a 4-hour-48-minute match.

DOCTORS PRESS SENATE TO UNDO MEDICARE CUTS

10.6% REDUCTION IN FEES

Medical Association Ads Take Aim at G.O.P. as Battle Grows

By ROBERT PEAR

WASHINGTON — Congress returns to work this week with Medicare high on the agenda and Senate Republicans under pressure after a barrage of radio and television advertisements blamed them for a 10.6 percent cut in payments to doctors who care for millions of older Americans.

The advertisements, by the American Medical Association, urge Senate Republicans to reverse themselves and help pass legislation to fend off the cut.

How to pay doctors through the federal health insurance program is an issue that lawmakers are forced to confront every year because of what is widely agreed to be an outdated reimbursement formula. But the dispute, which showcases the continued potency of health care issues, has reached

In Epic Battle, A Reign Ends At Wimbledon

By CHRISTOPHER CLAREY

WIMBLEDON, England — No man had beaten Roger Federer

Decades Later, Toxic Sludge Torments Bhopal

By SOMINI SENGUPTA

BHOPAL, India — Hundreds of tons of waste still languish inside a tin-roofed warehouse in a corner of the old grounds of the Union Carbide pesticide factory here, nearly a quarter-century after a poison gas leak killed thou-

dues in the neighborhood wells far exceeding permissible levels.

Nor has anyone bothered to address the concerns of those who have drunk that water and tended kitchen gardens on this soil and who now present a wide range of ailments, including cleft palates and mental retardation, among their children

the mess they left. But the question of who will pay for the cleanup of the 11-acre site has assumed new urgency in a country that today is increasingly keen to attract foreign investment.

It was here that on Dec. 3, 1984, a tank inside the factory released 40 tons of methyl isocyanate gas,

QUIETLY, BRAZIL ECLIPSES AN ALLY

A Softer Turn to the Left Than Venezuela's

◀ 2008 年《纽约时报》刊登的纳达尔在温网夺冠后的庆祝画面。这是网球比赛中难得一见的场景，但温网这场决赛超越了网球这项运动本身。（图片由作者提供）

▶ 2009 年，费德勒在法网夺冠后泪流满面。网球名将、费德勒的前对手安德烈·阿加西为之颁奖。（瑞安·皮尔斯摄，视觉媒体公司盖蒂图片社提供）

◀费德勒标志性的击球动作：腾空跃起、侧身正手。（朱利安·芬尼摄，视觉媒体公司盖蒂图片社提供）

◀ 2014 年，瑞士代表队首次在戴维斯杯上成功捧杯，参赛队员分别是（图中从左至右）：迈克尔·拉默、马尔科·丘迪内利、斯坦瓦林卡、罗杰·费德勒和队长塞韦林·卢蒂。（朱利安·芬尼摄，视觉媒体公司盖蒂图片社提供）

▶费德勒击球时面部没有太多变化反而说明了很多问题。打球对他来说是一个非常自然、毫不费力的过程，是身心的一种自然延伸。（图片由摄影师埃拉·林提供）

◀费德勒接受过数百次的现场赛后采访。这一次是费德勒在 2017 年的澳网上接受吉姆·考瑞尔的访问。（图片由摄影师埃拉·林提供）

▶成功复出。费德勒在 2017 年澳网的夺冠是最令人意想不到的一次夺冠。（图片由摄影师埃拉·林提供）

◀德约科维奇：网坛身手最灵活的选手。（图片由摄影师埃拉·林提供）

▶ 2017 年，在布拉格，费德勒和纳达尔首次在拉沃尔杯上一起双打（并赢得了比赛）。（克莱夫·布伦斯基尔摄，视觉媒体公司盖蒂图片社提供）

◀2019年在瑞士费尔斯贝格，费德勒在以自己的名字命名的球场进行训练，教练伊万·柳比契奇站在旁边，看上去很酷。（图片由作者提供）

▲费尔斯贝格网球俱乐部的会员在白雪皑皑的阿尔卑斯山上观看费德勒的训练，直至训练结束也无人鼓掌。（图片由作者提供）

▲费德勒与教练卢蒂、柳比契奇及陪练丹·埃文斯一起在红土球场上。（图片由作者提供）

▶ 2019 年的温网决赛：费德勒最痛苦的失利之一。（马赛亚斯·汉斯特摄，视觉媒体公司盖蒂图片社提供）

◀ 费德勒漫长的职业生涯让自己的孩子有充足的时间观看自己的比赛。米尔卡·费德勒及他们的儿女与皮埃尔·帕格尼尼、莱内特·费德勒和塞韦林·卢蒂一起坐在赛场前排。（图片由摄影师埃拉·林提供）

▶ 2019 年，彰显着拉沃尔杯精神的费德勒和纳达尔。（朱利安·芬尼摄影，视觉媒体公司盖蒂图片社提供）

▲ 2020 年，费德勒同喜剧演员特雷弗·诺亚一起在南非开普敦举办的表演赛上进行庆祝。此次表演赛不仅创纪录地吸引了 51 954 名现场观众，更是体育场馆与南非国境因新冠疫情而被迫关闭前的一次狂欢。（阿什利·弗洛特曼摄，视觉媒体公司加洛图片和盖蒂图片社提供）

▼ 虽然费德勒擅长强有力的发球，但是他的特质其实是在重压之下保持动作的精准性。（图片由摄影师埃拉·林提供）

07 失败，让王者变得更强大

澳大利亚，墨尔本

费德勒在 2003 年 7 月荣登温网冠军宝座后没多久便给彼得·史密斯发了一封邮件。史密斯收到时颇感意外。费德勒在邮件中谈及了自己的教练——史密斯曾执教多年的学生和人生知己彼得·卡特。

“费德勒在邮件中写道：‘每次我状态不错或打出一个好球的时候，我都觉得卡特就在天上看着我。抬头望去，就好像卡特在上面俯视着我，为我感到骄傲。’”史密斯说，“费德勒可能想让我知道他之所以能有今天的成绩，要归功于卡特的培养。我想卡特的突然离世让费德勒暗下决心要成为全世界最好的网球运动员。”

这件事过去差不多 20 年了，可是史密斯每每提及仍会哽咽。2011 年，史密斯被诊断出患有帕金森病。在此之后，他便再也无法正常地做教练工作了。“这是一种慢性病，我有很长的路要走。”史密斯说。

然而在史密斯的记忆里，有关卡特的部分总是那么的鲜活。他也很清楚费德勒的成功对卡特意味着什么。史密斯说："费德勒下定决心要实现卡特对他的期许——成为全世界最好的球员，不是最有天分的，而是最好的。"

当费德勒在使命感的召唤下日渐走向成熟时，史密斯一手栽培的澳大利亚冠军和得意门生莱顿·休伊特却也因此不得不面对更加激烈的竞争环境。这或许就是命运的捉弄吧。

戴维斯杯的特殊意义

休伊特是一名斗士，他不愿意在没有战斗的情况下就放弃属于自己的时代。2003 年 9 月，当费德勒和瑞士队的其他成员一起来到墨尔本参加戴维斯杯的半决赛时，休伊特不仅做好了准备，而且深受鼓舞，斗志昂扬。

因为未能打入 2003 年四大满贯任何一项赛事的半决赛，休伊特当时的世界排名从第 1 名直落至第 7 名。身为温网卫冕冠军，他却在比赛第一轮输给了资历一般、身高 2.10 米的来自克罗地亚的伊沃·卡洛维奇；在美网，他因胯部不适，四分之一决赛输给了胡安·卡洛斯·费雷罗。于是，休伊特准备在 9 月墨尔本举行的戴维斯杯一改颓势，逆风翻盘。

对澳大利亚人来说，戴维斯杯的意义远不止是体育竞赛那么简单。它曾在构建澳大利亚的国民性中发挥着自己的作用：20 世纪五六十年代，澳大利亚人通过戴维斯杯向全世界展现了一种拼搏进取的精神。在一位痴迷网球、具有本土意识的队长且曾做过体育记者的哈里·霍普曼（Harry Hopman）的带领下，澳大利亚网球队源源不断地涌现出一批又一批擅长攻伐上网的出色球员。

戴维斯杯作为团体赛，在当年几乎与个人参赛的大满贯一样有分量。

1950—1967年，澳大利亚代表队在17年里15次成功摘冠，其中9次战胜了美国队。澳大利亚队一时风光无两。根据当年的比赛规则，卫冕冠军队在新一年的赛季不需要从零开始，而是等待其他国家的代表队经过比赛决出挑战者之后直接进入决赛。

卫冕冠军队还有一个可以决定总决赛举办地的优势。于是，许多来自欧美的球员不得不长途跋涉抵达澳大利亚。他们在疲乏困顿之时，却不得不出现在被称为“挑战赛”的总决赛现场，面对像弗兰克·塞奇曼（Frank Sedgman）、卢·霍德（Lew Hoad）、肯·罗斯威尔、罗德·拉沃尔、罗伊·埃默森（Roy Emerson）和约翰·纽科姆这样的伟大球员以及他们身后的众多球迷。

戴维斯杯早年这种不太公平的赛制一直持续到1981年。之后，由16支国家队组成的戴维斯杯世界组经过四轮比赛决出胜负的比赛机制，彻底取代了“挑战赛”的比赛规则。

尽管澳大利亚代表队在新赛制下取得的胜利越来越少，但是戴维斯杯所承载的文化意义却依然在澳大利亚深入人心。费德勒在与卡特的交流中清晰地感受到了这一点。卡特从小就梦想着能够代表澳大利亚队参加戴维斯杯的比赛。谁能想到他日后竟成为戴维斯杯瑞士队的非官方队长呢？尽管时间非常短暂。

费德勒经由卡特的介绍，认识了多位澳大利亚著名的前网球教练和球员。性格外向的澳大利亚人喜欢互相开玩笑，别看他们在场下很友善，只要一上场就成了凶猛的竞争对手。费德勒凭借自己灵活的社交能力与他们打成一片，并开始欣赏和钦佩澳大利亚的网球历史。虽然费德勒在读书期间是一个漫不经心的学生，可是这一次他带着强烈的求知欲一头扎进了网球的历史之中，这种好奇心随着自己创造了许多网球历史而愈发强烈。

在2008年发行的纪录片《天才之击》中，费德勒在采访中说："我满脑子都是问题。开始参加巡回赛的时候，周围人教会我很多东西，他们会说'瞧，这位曾在1968年打入温网半决赛，或者那位是1954年的双打冠军'。我当时的反应是，'哇，能不能再多讲一点'。"

费德勒对那些推动网球事业从业余时代过渡到1968年公开赛时代的人物很感兴趣。职业网球选手自1968年开始才得以参加在温布尔登及其他地方举办的原本只对业余选手开放的大满贯赛事。费德勒知道，正是那些收入微薄的网坛前辈为他及同时代的其他网球运动员开辟了一条致富之路。"我一直觉得，要尊重长辈，对网坛前辈更应如此，因为他们是我们这些后来者打球的动力和灵感的来源，"费德勒说，"他们所做的那些特别有意义的事情，即使在今天，我们仍在从中受益。我真心希望参加职业巡回赛的年轻一代能够多了解网球的发展史，知道阿瑟·阿什创造了怎样的纪录，知道谁是吉米·康纳斯，知道谁是玛蒂娜·纳芙拉蒂洛娃，知道谁是加布里埃拉·萨巴蒂尼，认识他们，了解他们。每一位网球运动员都有着非常有意思的人生经历。不是只有曾经排名世界第一的选手才值得关注。"这是典型的费德勒式的表达：既热情洋溢又漫无边际，总会一再提起过去的某段对话或内心的某段独白。

可惜大多数与他同时代的网球运动员对网坛前辈并不感兴趣，休伊特和费德勒一样属于其中的异类。面对澳大利亚媒体时，休伊特简直浑身是刺，但是，他对成为戴维斯杯澳大利亚队队员的热情却是毋庸置疑的。

更早成名的休伊特

1986年，5岁的休伊特坐在电视机前观看了前澳大利亚网球明星帕特·卡什在墨尔本库扬体育场（Kooyong Stadium）的一场比赛。卡什在先失两盘的情况下奋起直追，最后经过五盘的鏖战，打败了瑞典队的迈克尔·波恩佛斯，让澳大利亚队最终捧得了当年的戴维斯杯。休伊特一直保留着这场比赛的录像带，对场上每一分的得失都能细细道来。“我经常回看那场比赛，”他曾经对我说，“我觉得它是戴维斯杯历史上最精彩的比赛之一。”

对休伊特来说，想要成为一名职业运动员从来都不是一个模糊缥缈的梦。他的父亲格林（Glynn）和叔叔达里尔（Darryl）是澳大利亚的职业足球运动员。母亲谢丽琳（Cherilyn）曾是澳大利亚女子无挡板篮球项目的领军人物，退役后成为一名体育老师。

休伊特 13 岁前主要玩澳式足球和网球。后来，他在与费德勒选择专攻网球时差不多年龄开始考虑专攻一项。考虑到自己的中等身材和顽强拼搏的斗志，他极其明智地选择了网球。休伊特在 15 岁那年正式成为澳网历史上单打正赛中年龄最小的网球选手。同费德勒一样，休伊特也是在十几岁时获邀成为自己国家戴维斯杯代表队的陪练。在澳大利亚，人们将年少的陪练称为“橙子男孩”，因为他们一度负责给参加戴维斯杯的球员运送水果。1997 年，休伊特在悉尼白城体育场（White City Stadium）举行的澳大利亚队对阵法国队的首轮比赛中第一次成为“橙子男孩”。当时，约翰 · 纽科姆是澳大利亚代表队的队长，托尼 · 罗奇（Tony Roche）是主教练，帕特里克 · 拉夫特是主力队员。比赛当天，拉夫特一上场便连输两盘，队长纽科姆在换发球的间隙不停地给他打气加油。经过惊心动魄的五盘比赛，拉夫特最终战胜了法国队的塞德里克 · 皮奥林（Cédric Pioline），赢得了胜利。

“那是快乐无比的一周，能和自己崇拜的偶像明星们在一起，感觉真是好得不能再好了，”休伊特说，“纽科姆对我说，希望未来三四年之后我能在场上为澳大利亚而战。”

事实上，休伊特根本不需要等待那么长的时间。就在次年，即 1998 年的第一周，16 岁的休伊特在家乡阿德莱德举办的一次 ATP 巡回赛上，爆冷击败了网坛名将安德烈 · 阿加西。在他获胜后，彼得 · 卡特第一个给史密斯打来电话。他之前曾在电话上揶揄史密斯说，尽管休伊特身手不错，但比起费德勒还是差了一点。“可是这一次，卡特在电话里说：‘刚刚看了一会儿休伊特的比赛，看来他已大幅领先了。’”史密斯笑着说。

休伊特的“一鸣惊人”让他获得了一张参加澳网的外卡，这让他与费德勒不得不放弃一起在澳网青少年项目中打双打的计划。就在费德勒成为一名世界顶级青少年网球运动员的时候，休伊特却一路高歌地迈进了职业网球运动员的队伍。1999 年，他在 ATP 的积分排名跻身前 25，并在尼斯的戴维斯杯上对阵法国队时成为澳大利亚队的主力队员。

巅峰时期的休伊特以其迅猛的回球著称于世。他连续几年蝉联世界第一，在温网和美网独占鳌头之后，他想在澳大利亚举办的戴维斯杯上再次有所斩获。然而，若想打进决赛，他首先要面对正在崛起中的费德勒和瑞士队。

澳大利亚队和瑞士队在 2003 年的戴维斯杯上均有意向卡特致敬。澳大利亚队的队长约翰 · 菲茨杰拉德来自卡特年轻时受训、生活的阿德莱德。澳大利亚网球联合会同瑞士网球联合会一致同意设立专门的彼得 · 卡特纪念杯，颁发给最后的冠军队伍。在澳网的举办地墨尔本公园，两支球队在开赛前一起为彼得 · 卡特默哀一分钟。

澳大利亚作为主办方原本计划在一个临时搭建的草地球场上举行半决赛。可是，考虑到费德勒在温网草地球场上的表现，他们决定更换为与澳网一样的硬地球场。这种橡胶材质且回弹力相对更高的场地被称为“反弹王”。一般情况下，它会让球员在场上的跑动更加轻松。但是在极端炎热的条件下，它的基脚变黏，会变得更具危险性。

好在 9 月的墨尔本天气凉爽，甚至还有些许寒意。开赛当天因为下雨，比赛不得不在屋顶封闭的罗德·拉沃尔体育场内（Rod Laver Arena）进行。休伊特以直落三盘的成绩击败了瑞士队的米歇尔·克拉托赫维尔，而费德勒则重演了温网决赛的一幕，打败了澳大利亚队的马克·菲利普西斯。

第二天，费德勒和瑞士队队长罗塞特在双打比赛中对阵澳大利亚队的韦恩·阿瑟斯（Wayne Arthurs）和托德·伍德布里奇。伍德布里奇是澳大利亚知名的网球双打选手，曾与退役前的马克·伍德福德是长期搭档。这场双打比赛紧张刺激。费德勒在第五盘 3–3 平局的关键时刻双发失误。阿瑟斯和伍德布里奇最终以五盘 4–6、7–6（5）、5–7、6–4 和 6–4 的成绩获得了胜利。

此时，澳大利亚队整体上 2–1 领先。在接下来的周日，两支队伍的单打对决将在费德勒和休伊特之间展开。这场在罗德·拉沃尔体育场即将上演的比赛，门票早已售罄。休伊特当时的女友、被人们视作半个澳大利亚人的比利时网球明星吉姆·克里斯特尔斯（Kim Clijsters）也来到了现场。彼得·卡特的父母鲍勃和戴安娜也从阿德莱德北部的家里出发来到了墨尔本。

澳大利亚队只需再赢一场就能在此次半决赛中胜出。但是，面对费德勒日益高涨的雄心壮志，休伊特想要轻而易举地拿下比赛似乎不大可能。这一次，费德勒在场上并非一张毫无表情的扑克脸，他对成功的渴望呼之欲出。在第一盘最后一个正拍动作失误之后，他忍不住连骂了好几句脏话，休伊特丢球之后也是如此。这场比赛犹如两人几年前在苏黎世作为青少年网球选手首次交手时的一次回闪：互相较劲、互飙脏话。只不过，他们俩这一次的注意力始终未受影响。

费德勒以 7–5 拿下第一盘，接着又以 6–2 赢得第二盘。总体来说，他的每一次得分都掷地有声。在第三盘，费德勒在一记侧身正拍制胜球破发之后以

5-3 领先，他紧握拳头冲着队友大喊一声，接着开始了自己的发球局。在比赛双方打成 30-30 平手之后，费德勒离胜利仅两分之遥。休伊特的教练罗杰·拉希德说："当时大家把赌注都押在费德勒身上。"看台上，一边是为费德勒欢呼雀跃的瑞士球迷，另一边是为休伊特加油打气却明显信心不足的澳大利亚球迷。

面对费德勒的第一个发球，休伊特以一记强有力的正拍予以回击，费德勒错误估计球会出界，于是反应晚了一步，反拍击球出界。这是 30-40 的破发点，紧接着，休伊特又以一记深远的回球让费德勒在接球时不慎削球下网。休伊特扳回一局，第三盘的比分来至 5-4。在换发球间隙，有些焦急的瑞士队队长罗塞特蹲在费德勒的座椅前，手搭在他的腿上，用法语给他鼓励和建议。

一切似乎都徒劳无功，尽管费德勒有两次似乎将比分的差距缩小至两分之内，但休伊特仍然保住了自己的发球局，而这位精力充沛的澳大利亚人继续以 4-3 领先，最终赢得了抢七局，将比赛延长至第四盘。

拉希德说："对休伊特来说，与最棒的球员进行拉锯战意义重大。只有当他像史泰龙扮演的斗士洛奇·巴尔博亚（Rocky Balboa）那样打过比赛后，他才能够提升到一个只有他自己能体会到的新高度。他才会真正开始相信，'我能扭转局面，能翻盘，能变得更强'。这就好比是大力水手又吃了一罐菠菜。"拉希德的比喻对休伊特来说还真有意义，因为他在场上的确大声对自己喊："加油，巴尔博亚！"

第四盘的比分咬得很紧。休伊特以双手握拍在网前反拍截击破发成功，最终以 7-5 胜出。休伊特连追两盘之后，费德勒在体力和精神上显出颓势。休伊特乘胜而上，用自己精准的高压球锁定了第五盘，最终以 5-7、2-6、7-6（4）、7-5 和 6-2 的成绩赢得这场半决赛。"这次胜利比在温网和美网的胜利还要艰苦。"休伊特说。

“因言获罪”的一次教训

费德勒在场上能够保持冷静，在场下由于各种因素的影响就是另外一番景象了。2001 年，他用自己的影响力将瑞士队的前队长雅各布·赫拉塞克赶下台。他自己成了戴维斯杯瑞士队的领军人物。此次在墨尔本的一个主要目标就是他能同罗塞特及其他队友一起大获全胜，但这一目标刚刚被挫败了。而且，即使那场关键的单打半决赛真的举行，瑞士队也可能会输，因为瑞士队要面对的是澳大利亚的猛将菲利普西斯。然而，由于费德勒输给了休伊特，这场与菲利普西斯的男单对决便未能上演。

对费德勒来说，大家对卡特的怀念使得这一次的失利更加难以接受。多年来，休伊特一直是卡特心中可以与费德勒相比较的对象：休伊特缺乏费德勒那样的爆发力和长期潜力，但他是一位只有费德勒足够优秀才能击败的对手。在见到卡特父母的那一刻，费德勒的情感就再也控制不住了。“他像在巴塞尔参加卡特葬礼时一样难过，”罗塞特说，“看到他这样，没有人会无动于衷。真是太让人心碎了。”

法国资深网球教练乔治斯·德尼奥是应罗塞特的邀请加入瑞士队的。他对我说：“费德勒当时躲进了穿线工作人员的小屋里不愿意出来。”“从没见过一个大男人会哭成那样。没人敢去打扰他。我过了好一会儿才走了进去，只见他泣不成声。”德尼奥对法国的《网球杂志》说。

费德勒多年后告诉我，他和休伊特的那场比赛在他心里是最惨痛的失败之一。然而，也正是这场比赛让他看到自己有实力击败网坛的顶级球员。他曾经占据主动，差不多连着三盘压着休伊特打。他还是缺乏面对劲敌时所需要的沉着冷静，但他正在上升到一个新的水平。经此一役，费德勒明显感觉到了自己心态上的变化。

出人意料的是，费德勒在墨尔本戴维斯杯上的失利并没有给他在 2003 年赛季后期的比赛蒙上阴影。相反，2003 年成为他标志性的一年。他展现出了一种从失望甚或绝望的情绪中迅速满血复活的能力。

“他恢复得很快，”曾长期带过他的教练保罗·安纳科内对我说，“他的确有时会特别的沮丧和难过，可是到了晚上或第二天一大早，他整个人就又精神焕发了。费德勒是我见过的为数不多的能够做到收放自如，迅速找到平衡点的球员。”

在戴维斯杯失利的费德勒很快在维也纳室内网球比赛中顺利夺冠。之后，他因为背痛在欧洲其他城市举办的室内网球赛上战绩不佳。但是，在 2003 年赛季最后一场引人注目的大师杯比赛上，费德勒又摘得大奖。大师杯比赛已经从上海移师到休斯敦举办了两届。

大师杯是全球八大精英网球选手之间的对决。在吉米·康纳斯和约翰·麦肯罗的鼎盛时期，它曾是纽约麦迪逊广场花园的固定赛事。自 1989 年后，美国本土就再未举办过大师杯的比赛。此次大师杯落地休斯敦的幕后推手是休斯敦西区网球俱乐部（Houstons Westside Tennis Club）的老板吉姆·麦金维尔（Jim McIngvale）。麦金维尔是一位桀骜不驯、偶尔暴躁的家具大亨，江湖人称“麦床垫”。

麦金维尔是一位典型的白手起家的人物。他梦想远大、努力拼搏，在花钱和捐赠时出手阔绰。他喜欢直来直去，不喜欢外交辞令。他和妻子琳达都是资深的网球迷。尽管他们掌控的休斯敦西区网球俱乐部与举办温网和法网的私人俱乐部相差很大，但是他们大刀阔斧、积极投资，努力弥补这一差距，在他们的 46 个网球场上修建了所有四大满贯的不同类型的球场，其中草地球场和红土球场当时在整个北美都极为少见。麦金维尔花了约 700 万美元买下了大师杯的主办权。网坛一度戏称在休斯敦举办的大师杯比赛是“床垫杯”比赛。他在新修的室外体育场及其他配套设施方面总计斥资 2 000 万美元。

由于投入远超预期，麦金维尔很难心平气和地面对质疑的声音。费德勒在比赛前夕的新闻发布会上称一个仅拥有 7 500 个座位的体育场对于如此规模的赛事来说太小了，而且球场表面还有一些高低不平的问题。麦金维尔对此很是不满。在费德勒首轮对战阿加西前，麦金维尔直接走进球员更衣室与费德勒当面理论。ATP 的官员不得不介入调停，极力安抚这位稀有的美国金主。费德勒最终选择了道歉。麦金维尔表示接受并对外宣称费德勒是“一个好孩子和一名伟大的球员”。

与此同时，费德勒有关球场的评论在赛事官网上被删除得干干净净。时至今日，你也很难找到他在当时记者会上的那番评论。“我不大明白为什么新闻媒体说我在批评，”费德勒后来说，“那只不过是我抵达现场后的第一感觉。我当然也可以高唱赞歌，但我当时只是说出了自己的真实感受。如果非得言不由衷，那我宁可不再出席记者会。”

对费德勒来说，这是他早期“因言获罪”的一次教训。大家很快意识到作为影响力越来越大的公众人物，他的一言一行都会被无限放大，有可能会造成甚或是暴露出某些冲突。费德勒吸取了这次教训。从新闻记者的角度出发，我会觉得他自此之后又过于谨慎了。他后来参加过成千上万次多种语言的记者会，但是几乎再也没有引发过任何有争议的话题，对于政治、文化、积分排名等更是避而不谈。

挑战网坛传奇阿加西

费德勒初至休斯敦的不愉快并没有影响他的赛场表现。相反，他突破障碍，多有收获。费德勒在更衣室和麦金维尔交换意见后带着压力开始了与阿加西的首轮对战。他在比赛的最后一盘两次抓住了赛点，最终以6-7（3）、6-3和7-6（7）的成绩首次战胜了阿加西。

至此，费德勒战胜了20世纪90年代称霸网坛的两大名将：桑普拉斯和阿加西。尽管这两人的风格和个性大相径庭，桑普拉斯多在前场，阿加西喜在后场，但是他们进攻好胜的心态是一样的。费德勒后来说："在网球职业生涯中，哪怕有一次击败如此优秀的对手，都是一个非常美好的过程。"

在接下来的循环赛中，费德勒又击败了另一位强劲的对手纳尔班迪安。来自阿根廷的纳尔班迪安风格粗犷，双手反拍，擅长主动进攻。费德勒在青少年时期及最初的五场职业比赛中均是他的手下败将，其中就包括2003年早些时候的美网四分之一决赛。然而，这一次，费德勒改变了战术，大举从底线进攻，以6-3和6-0直落两盘，轻取胜利。紧接着，费德勒又以6-3和6-1直落两盘击败了法网卫冕冠军胡安·卡洛斯·费雷罗。至此，他在休斯敦以未失一场的成绩顺利晋级对阵安迪·罗迪克的半决赛。

大师赛期间，麦金维尔穿着星条旗衬衫在看台上挥舞着美国国旗，毫不避讳地为美国队的阿加西和罗迪克加油打气。他在场上直呼他们"我的男孩们"。赛事主办方的这种耀武扬威式的"爱国主义"的确让场上其他6位来自欧洲和南美洲的运动员很是不满，毕竟这是选手个人参赛的大师杯，而非国家队参赛的戴维斯杯。"这种表现缺乏对其他参赛选手的基本尊重。"纳尔班迪安说。可是，此时此刻，麦金维尔的梦想都已一一实现。他拥有了一个可以进行夜间比赛的大球场，他看到了阿加西和罗迪克双双晋级四强。

此时的费德勒也处于和之前温网一样的好状态。他对即将到来的半决赛胸有成竹。

罗迪克在 2003 年也大有突破。他在美网半决赛上抓住了一个赛点击败了纳尔班迪安，之后又在决赛中击败了胡安·卡洛斯·费雷罗，由此获得了自己的第一座大满贯桂冠。罗迪克在纽约参加完《周六夜现场》的节目录制后来到了休斯敦。他当时在节目上还大开阿加西和麦肯罗的玩笑。“我的生活突然变得像马戏团那样混乱。”他说。

费德勒曾在 8 月蒙特利尔举办的大师系列赛的半决赛上碰到过罗迪克。费德勒当时离积分排名第一仅差一场胜利，可惜没能保住自己的发球局，罗迪克以三盘 6-4、3-6、7-6（3）的成绩赢了比赛。

罗迪克对我说：“我就需要一场这样的硬仗，一场通过艰苦的比赛打败费德勒的硬仗。在那个时候，你满脑子都是费德勒打球的具体情况，作为一名网球运动员我应该怎么应对他，而不是思考他的历史意义。对我来说，重要的不是比赛，而是我在场上是否打得很好，是否很优秀。以前在巴塞尔或其他地方，即使自己输了，我也只会觉得说，嗯，他技术还行，球打得不错。但是这两年，他进步神速。所以在温网，还有上次在蒙特利尔的比赛，我第一次感觉到我们俩是在争夺世界第一的宝座，或者说至少在当时的情境下是这样。”

罗迪克在纽约夺冠后真的成为世界排名第一的网球选手。然而，这次在休斯敦大师杯的半决赛上，费德勒以 7-6（2）、6-2 直落两盘的成绩打败了罗迪克。接着在五盘三胜的决赛中以 6-3、6-0、6-4 的成绩击败了阿加西。阿加西作为当时最好的回球手，却在费德勒的发球局连一个破发点也没能拿到。

阿加西当年自美网后因为要迎接和施特菲·格拉芙的女儿贾兹·埃勒

（Jaz Elle）的出生便再未参加任何比赛。这一次因为感念麦金维尔的慈善事业、企业家精神以及对美国网球业的大力支持，他才答应出战。由于已停赛一段时间，他能打进决赛已算相当不错。所以，阿加西的教练达伦·卡希尔对这一结果表示满意。然而当他走进球员更衣室时，他惊讶地发现阿加西正垂头丧气地坐在那儿。

“他一句话也不说，”卡希尔说，“从没见过他这样。以往即使败下阵来，过上两三分钟，这事也就过去了。可是那一次，他垂着头坐了有二三十分钟。”卡希尔最终走过去将手轻轻地放在阿加西的后背上，告诉他自己很满意他今天的表现，毕竟今天的对手是无与伦比的费德勒。卡希尔鼓励他说：“别灰心，往前看。”阿加西抬起头对卡希尔说：“不一样了，回不去了。费德勒已经把网球推到了一个新高度，一个前所未有的新高度。”

阿加西的这番话让卡希尔倍感震惊。他说：“不管怎么说，阿加西一直都特别自信。而且，冠军的思路大都是‘只要我全力以赴，只要我打出自己的最好水平，那我就能打败对手’。这是我跟着这位网球界的传奇人物这么多年第一次听他对自己说，‘哦，我的天，如果费德勒这样打球，我就彻底没戏了’。”此时 33 岁的阿加西深知自己在讲什么。他知道自己再也不会打败费德勒了。费德勒在休斯敦球场上的胜利也预示着他在未来的赛季将一统江湖。

追逐全新的目标

然而，人们在 2003 年 12 月先收到了一个颇感意外的消息。就在费德勒 2003 年赛季取得重大突破之际，在他即将冲上最高排名的前夕，费德勒突然宣布终止与伦德格伦的合作。这个消息犹如重磅炸弹，且迅速传开。瑞士媒体刚刚做完对费德勒和伦德格伦亲密合作的深入报道，伦德格伦甚至还在采访中介绍了自己和费德勒在即将到来的 12 月休赛期的一些计划及之后的伟大目标。费德勒的父亲罗伯特当时还在强调说："伦德格伦将始终陪伴在费德勒的左右。"

同上一次犹豫再三却最终放弃卡特选择伦德格伦一样，费德勒这一次换掉的是一支已经取得胜利的团队，他这么做实属冒险。但是，这恰是费德勒职业网球生涯的发展模式。尽管他与伊夫斯·阿莱格罗和马可·丘迪内利等人多年来情深意重，可是在事业追求上，每当他听到内心寻求改变的呼声，他从来都不会让过往的情谊束缚手脚。

尽管宣布合作结束的时间点让人有些出乎意料，但费德勒对外强调这不是一个仓促的决定。他说早在 2003 年赛季之初他就已经在考虑这一决定了，而最近几个月他考虑得更加频繁。

这条消息被《新苏黎世报》(*Neue Zürcher Zeitung*) 披露后，费德勒出席了一个在日内瓦临时安排的记者会。他在会上说："做出这样一个决定是一个漫长的过程。在我职业生涯的一个高点上，我准备和我现在的教练分开，做出这个决定并非易事，但我觉得迈出这一步是对的。"

他说自己和伦德格伦的训练已经陷入了一种常规模式。"今年赛季快结束的时候，我们都觉得现在已经不像过去那样了，"费德勒说，"我上周告诉了他这个决定。他很失望，但也表示理解。我们之间的合约是一年一签。现在合作到了收尾阶段。"

尽管一些熟悉费德勒和伦德格伦的人坚称是米尔卡在其中发挥了决定性作用，但是费德勒一直拒绝承认这种说法。"团队内部当然会有很多讨论，"他说，"但最后做决定的人是我，我是唯一对教练工作感到是否满意的人，而不是其他什么人。"

面对这样的结局，伦德格伦自然有些伤感。但是，他告诉我尽管这不是双方达成一致做出的决定，但在某种程度上，他感到了解脱。他的女友及两个孩子依然生活在瑞典，他们一家也正在自建一座房子。他和费德勒签的是一年40周的工作合约，大部分时间都在全球各地参加职业巡回赛。伦德格伦说连他自己都没有意识到他已经对这种以往作为球员、如今作为教练四处奔波的生活感到了身心疲惫。

“我觉得我没有自己的生活。这么说没有要责怪费德勒的意思，”伦德格伦说，“当他打电话说就到此为止时，我觉得一切都结束了。当然会失落，毕竟一起合作了那么多年，共度了那么多时光，突然有一天一切都结束了。但话说回来，我已尽我所能倾囊相授，是时候让他去倾听其他的声音了。这就是我的真实感受。我很高兴他做了一个这样的决定。”

费德勒的另一位竞争对手马拉特·萨芬及时向伦德格伦发出了邀请。伦德格伦决定先休假一段时间。曾经世界排名第一的萨芬也是一位难得一见的网球选手，但他经常很难处理好自己的情绪问题。

费德勒返回比尔市后与体能训练师帕格尼尼一起开始为2004年的赛季做准备。接着，他同米尔卡、理疗师帕维尔·科瓦奇及好友雷托·斯多布利（Reto Staubli）一起前往澳大利亚。斯多布利是一位瑞士前网球冠军，曾参加过费德勒2003年温网夺冠的庆祝活动。

费德勒没有官宣新教练，这对于一位可以满足任何薪资要求的知名球星来说并不多见。他好像并不着急。年长11岁的好友斯多布利答应他利用自己在一家瑞士银行工作的节假日的部分时间陪他练习并给出建议。斯多布利还负责为费德勒预定训练场地和进行对手评估。斯多布利虽无教练之名，却在2004年做了很多与教练职责相关的具体工作。不过，他并不负责技术指导。

费德勒计划在澳网公开赛前不再参加其他的重大比赛。他在 2003 年参加了 90 多场的单打比赛。这对任何参加巡回赛的球员来说都不是一个小数目。不论是基于帕格尼尼的建议还是他自己的感觉，费德勒决定放慢脚步，全力备战澳网。

费德勒曾在中国香港和墨尔本库扬草地网球俱乐部的硬地球场打过表演赛。他在其中一场的表演赛上还输给了阿加西。对于参加 2004 年澳网，他的心态很放松，因为他不再是别人眼中没有成绩的天才选手了。澳网开赛后，他在前三轮以每场不超过四盘的成绩横扫对手。

在澳网第四轮，费德勒和休伊特再次狭路相逢。4 个月前，就在同一个场地，费德勒在与休伊特的奋力厮杀中败下阵来。这一次，费德勒击打落地球很难达到深度，发球也缺少了往常的精准，休伊特先行一步拿下了第一盘。在第二盘，休伊特在 2-3 先失一局、40-15 领先的情况下双发失误，继而在下一个首发，ACE 球却因踩线犯规而被判无效。受司线裁判[①]警告的干扰，休伊特丢了那一分，并最终丢了自己的发球局。

这是一场势均力敌的比赛。尽管罗德·拉沃尔体育场附近燃放的烟花对比分悬殊的第三盘有所影响，但是费德勒就像脚底踩了油门一样，在接下来的 9 局比赛中赢了 8 局。

比赛当天恰逢全民放假的澳大利亚国庆日。然而，休伊特大比分的落后让这一天看上去没有半点要为澳大利亚网球庆祝的意思。在比赛的第四盘，费德勒在场上 2-2 时破发了休伊特的发球局。这一破发绝对是费德勒职业生涯中令人印象深刻的一次得分：只见他快速冲至角落，全力高吊回球并准确预判休

① 司线裁判也叫线审，其主要职责是判罚球的落点是否出界。尤其是球落在边线附近的判罚，因为这往往决定球员是否能得分，也是司线裁判容易出错的地方。——译者注

伊特的扣杀路径，在跑动中成功地正拍制胜。这个击球让坐在球员席位上的教练拉希德和其他人看得目瞪口呆。不过，在费德勒重演九月温网那样大获全胜之前，休伊特还有机会。

费德勒在这局比赛的初期出现双误后，又在平分时反拍削球失误。这让休伊特得到了一个破发点。"早些时候有关戴维斯杯的记忆一下子就涌了上来，"费德勒说，"他可能会赢，现场观众的情绪也被调动了起来，哦，天知道呢。"

费德勒的第一个发球有一个明显的倾斜角度，迫使休伊特远离球场边界。休伊特在击球的瞬间大叫一声，就好像他知道这个球一定会落地很远一样，他抓住了这个破发点，一个俯冲像守门员那样扑向前方翻滚着去抢球。然而，他还是没能阻挡在费德勒的一记高压扣球制胜。

费德勒以四盘 4-6、6-3、6-0 和 6-4 的成绩取得了胜利。"报仇了！我非常非常高兴，"他赛后直言，"脑袋好像嗡地一下出现了好多人和好多事。我再也不想经历那场噩梦了。"

这场比赛实际上预示着那些曾经与他不相上下的球员正在丧失与他你追我赶的能力。费德勒在澳网四分之一决赛上以四盘击败了纳尔班迪安，在半决赛上直落三盘击败了费雷罗。这些成绩确保费德勒在赛后首次登上排名第一的宝座。"当你在大型锦标赛上获胜时，世界排名第一就是自然而然的事。"费德勒说，他对即将来临的大赛最感兴趣。

横空出世的萨芬

萨芬现在成了费德勒通往 2004 年澳网冠军之路上的最后一道障碍。在与费德勒同时代的球员中，萨芬是第一位摘得大满贯桂冠的球员。他在参加职业巡回赛仅仅17个月之后，就在2000年的美网决赛上击败了桑普拉斯成为冠军。总体来说，萨芬在美网击败桑普拉斯的过程，比 2003 年费德勒在温网击败桑普拉斯的故事还要传奇。费德勒在 2003 年的温网与桑普拉斯一直鏖战至第五盘，不到最后一刻没人知道谁是王者。然而，在 2000 年的美网，年仅 20 岁的萨芬以 6–4、6–3 和 6–3 直落三盘的成绩获胜，面对萨芬的组合拳，桑普拉斯毫无招架之力。

萨芬在美网结束后不久就达到了世界排名第一的水平。然而，由于 ATP 巡回赛当时正在试验一种被称为“竞赛”的排名计算方式，所以他世界第一的名号并没有得到广泛认可。这种新算法强调整个赛季的累计积分，而非遵循自 1973 年以来计算连续 52 周的滚动排名制度。好在试验并没有持续多久，萨芬很快就实至名归地成为世界头号种子选手。尽管纳达尔、德约科维奇同费德勒之间的对比一直占据着大幅的新闻版面，但是萨芬与费德勒之间的对比在很多方面都更具启发性。

尽管萨芬是双手反拍，但是他和费德勒之间的相似点很多，譬如同样一流的运动能力、令人赞叹的击球天赋、强悍有效的截击、精湛的旋转球和轻松却富有弹性的控拍能力。相比而言，费德勒在场上的动作更流畅，也更迅速。萨芬身高 1.93 米，比费德勒高出 8 厘米，在身体健康的状况下他跑动起来又如同鹿一样矫捷。他粗犷硬朗，荷尔蒙爆棚，招摇迈步上场的样子就像是一个彪悍的伐木工快乐地走进了一片大森林。尽管他的状态时好时坏，但是他总能吸引观众的目光。你看他正准备出手时，肩膀摇晃着，金链子摆动着，他是想要发 ACE 球还是开始彰显他的这些装备，谁知道呢？费德勒就像每个家长都希望自家姑娘的约会对象，而萨芬就像姑娘自己选择的约会对象。

场下的萨芬比场上的更有魅力。他毫不做作，机智有趣，回答问题从来都不讲官话、套话。他会说三种语言：俄语、西班牙语和听上去花里胡哨却并不完美的英语。他在场上散发出一种与众不同的魅力。他表现力极强，脾气暴躁，总在意想不到的地方突然得分或出错。这最后一句也曾适用于费德勒。两人都有一个不光彩的“荣誉”，都曾因比赛时不尽力而被罚款。就在费德勒学习如何控制情绪、调整自己在场上的表现时，萨芬却在很长的一段时间内都无法找到自己的平衡点。他有次直言：“我有时会突然就觉得很无聊，有时突然就非常生气。”

结果，无数支球拍便成了萨芬发泄情绪时的牺牲品。与费德勒不同的是，萨芬在整个职业生涯中一直与严重的伤病做斗争，其中部分原因就在于他不得不为了奖金而带伤上场。我们忍不住会设想，如果萨芬在十几岁时遇到了像帕格尼尼这样的体能训练师，如果他咨询过克里斯蒂安・马科利这样的表现心理学家，如果他找到了一位像米尔卡这样懂他、支持他又满怀雄心壮志的人生伴侣，那么他的人生将会是什么样？

萨芬是一位难得一见的天才。我一直相信他理应同费德勒和纳达尔一道在 21 世纪初实现网坛三雄争霸，各自精彩。然而，现实却并非如此。就在费德勒不断自我检视，最大化自己的才能和优化自己的机会时，萨芬却始终未踏出这一步。他并没有因此变得无趣，只是没有更加成功，即使他最后入选了国际网球名人堂，即使他是比队友叶夫根尼・卡费尔尼科夫早三年获此殊荣的第一位俄罗斯人。萨芬在 2021 年新冠疫情期间曾有一次在莫斯科和我视频通话，他说：“常言道，‘欲戴皇冠，必承其重’，我越往前，心就越累。有时候也有惊喜感，那个感觉挺好；可是大多数情况下，我都觉得自己压力好大，有一种筋疲力尽的感觉。”

萨芬 1980 年出生于莫斯科，他的父母也都曾是网球运动员，母亲劳萨・伊斯拉诺娃（Rauza Islanova）一度是苏联网球排名第二的女单选手，后来在莫斯科一家名为斯巴达克的网球俱乐部（Spartak Tennis Club）做教练。

如果换个时代，她极有可能是一位参加世界巡回赛的职业球手。萨芬的父亲米沙（Misha）则是斯巴达克俱乐部的经理。萨芬从小梦想能成为一名足球明星，但他最终却无意间踏入了网球界。他和母亲的另外两名学生——俄罗斯网球明星安娜斯塔西娅·米斯金娜（Anastasia Myskina）和安娜·库尔尼科娃（Anna Kournikova）在同一个球场上长大。

萨芬的母亲伊斯拉诺娃亲自教授萨芬和他的妹妹迪娜拉（Dinara）。迪娜拉后来也成为排名世界第一的女单选手。直到今天，还没有哪一对兄妹像萨芬和迪娜拉这样双双成为世界冠军的。显然，伊斯拉诺娃很清楚自己在做什么。萨芬 12 岁那年，全家人决定让有打球天赋的萨芬离开俄罗斯前往一个更适宜户外训练的地方。

萨芬首先来到了位于佛罗里达州的尼克·波利泰尼网球学院。学院院长波利泰尼在萨芬和年纪稍长的里奥斯之间犹豫不决，不知道究竟要将助学金颁发给谁。他最终选择了来自智利的里奥斯。尽管里奥斯后来的世界排名也一度达到第一，但其个人魅力却远不及萨芬。波利泰尼后来告诉我说："那是一个很难做的选择。"

被拒后的萨芬回到了莫斯科，但没过多久，他便启程前往了另一个俄罗斯球员喜欢的目的地——西班牙。13 岁的萨芬抵达西班牙后，大概只有一年两次、一次两周的探亲时间。他自此再也未能在莫斯科的家中长住过。他的母亲和妹妹后来也搬到了巴伦西亚（Valencia）同他一起生活。他曾语带轻松地说："那些杀不死我们的，终将让我们变得强大。"然而，他也承认过早地与家人分离影响了他情感的发展和稳定。"我小时候一个人，遇到了很多事都无人倾诉，也不知道要如何处理、如何消化，"萨芬对我说，"有些事只能深藏心底，一个人默默承受。"

萨芬跟着教练拉斐尔·门苏阿（Rafael Mensua）在西班牙的巴伦西亚训练了4年。他在1998年的法网上一举击败了安德烈·阿加西和当年的卫冕冠军古斯塔沃·库尔滕，自此在网坛崭露头角。

几乎是横空出世的萨芬一上来就势不可挡。不过，他在参加2004年澳网前的状态并不理想。整个2003年赛季他因左手腕韧带撕裂而成绩不佳，世界排名一度跌至第86位。

2004年，他的身体状态在抵达墨尔本时看上去至少还不错。经过一系列马拉松式的车轮战，他在四分之一决赛和半决赛上分别以打满五盘的成绩击败了罗迪克和阿加西，成功闯入了决赛。萨芬的场场拼搏与费德勒的轻松过关在澳网赛场上形成了一种强烈的对比。体力不支是萨芬需要面对的一大问题。好在他与费德勒对阵前可以好好地休息两天。

“特别高兴看到他重回赛场，”费德勒说，“当然了，大家的感觉也是又喜又怕。”费德勒和萨芬的关系一直不错。2000年2月，两人在哥本哈根举行的一次ATP赛事上还曾一起结伴游玩。那一年，萨芬20岁，费德勒18岁。萨芬说他们俩原本想要进入当地的一家夜总会，结果被拒，谁也没认出他俩，又或以为他俩那会儿理应在半决赛的现场。“现在想想，那会儿真好玩。”萨芬说。2001年，他俩还一起搭档在瑞士古斯塔德公开赛上成为双打冠军。萨芬在谈及费德勒时说：“他是个非常敏感的人，很有洞察力，也很情绪化。”

这一次，他们俩将为澳网的冠军头衔展开对决。决赛一开始，两个人在底线激烈地混战。费德勒和萨芬都急于想要占得先机以破解对方的进攻。势均力敌之下，他们俩在场上你争我夺，互有攻守，互破发球局。费德勒最终在第一盘的决胜局中拔得头筹。尽管费德勒暂时领先，但他在场上的表现依然不稳，好在他逐步调整，露出稳健之态，以此慢慢地消除了人们心中的悬念。拉锯战中的每一个球，无论得失，都吸引着观众的眼球。费德勒以正拍击球掌控全局，露出疲态的萨芬在第三盘开始后没多久冲着人群大喊“我很好！”然而，这听上去更像是虚张声势。费德勒最终以 7-6（3）、6-4 和 6-2 的成绩赢得了胜利，他似乎迟疑了那么一秒钟，但紧接着便双膝跪地，双臂举过头顶伸向了天空。

费德勒在赢得人生第二座大满贯后表现得很平静，再没有类似“痛哭流涕的费德勒”的新闻标题见诸报端。这种转变意味着他已成长为一名有足够经验的成熟球员。只是在某个瞬间，当他想起卡特时，他的内心依然会翻江倒海。澳网，这是与卡特有深深连接的澳网！倘若此刻卡特就在现场，那该是多么意义非凡！卡特一直坚信费德勒会成为“全球有史以来最好的球员”。他在多年前给史密斯的儿子布雷特介绍费德勒时就说过这样的话。

迈向巅峰的 2004

也许，2004 年的费德勒还不敢妄称自己是世界上最好的球员。但是，他的确已世界排名第一，并且连续两次获得大满贯桂冠，结束了网球 8 个大满贯冠军分别由 8 位不同的选手捧杯的历史。可以说，他的崛起意味着网坛“平分秋色”的时代结束了。“我的目标是尽可能长时间地保持在世界第一的位置。”费德勒说。

他的确在 2004 年的整个赛季把控着网坛的头把交椅。他 11 次成功打进单打决赛且全部获胜，在全球三大类型的网球场上全面开花：硬地球场 7 次、红土球场 2 次、草地球场 2 次。从大洋洲到亚洲、北美洲和欧洲，他获胜的足迹遍布世界四大洲，还创下了全年 74 胜 6 负的好成绩。

然而，人生又岂能了无遗憾。首先，在迈阿密公开赛的第三轮，费德勒出人意料地以两个 3-6 的比分败给了一位当时还鲜为人知的西班牙少年——拉斐尔·纳达尔。

其次，尽管费德勒曾在单打比赛中分别战胜过尼古拉斯·埃斯库德（Nicolas Escudé）和阿诺·克莱门特，但在 2004 年 4 月瑞士举行的戴维斯杯的四分之一决赛上，费德勒代表的瑞士队却输给了他们代表的法国队。另外，费德勒在 2004 年的法网又再次折翼，在第三轮连输三盘败给了三届法网冠军古斯塔沃·库尔滕，尽管对方当时还深受髋部问题的困扰。最后，费德勒又一次在奥运会上出师不利。先是在和伊夫斯·阿莱格罗搭档的男双比赛的第二轮被淘汰出局，接着在男单第三轮输给了捷克的新人托马斯·伯蒂奇（Tomáš Berdych）。

但费德勒在 2004 年赛季收获的欢乐远多于苦涩。他在澳网、温网和美网均成功问鼎。在温布尔登，费德勒在第一轮打败了亚历克斯·博格丹诺维奇（Alex Bogdanovic），第二轮击败了亚历杭德罗·法拉（Alejandro Falla），在四分之一决赛以四盘 6-1、6-7（1）、6-0 和 6-4 的成绩击败了休伊特。接着，在因为下雨而顺延了两日的半决赛上，他打败了法国选手塞巴斯蒂安·格罗斯让（Sebastien Grosjean），最后在决赛中碰到了老对手安迪·罗迪克。

罗迪克在 2004 年的草地球场上也是战绩辉煌。他誓言在输球前绝不刮胡子。于是，你看到比赛前期仅失一盘的罗迪克胡子拉碴地踏上了温网决赛的绿茵草场。

罗迪克和教练布拉德·吉尔伯特下定决心不给费德勒转动手中“网球魔法棒”的机会。他们的策略是充分利用罗迪克的强大攻势来缩短交手时间。罗迪克主要采用底线进攻。他的这一策略在比赛的大部分时间里效果不错。

你在现场完全能感受到费德勒的“错愕不已”和罗迪克的“志在必得”。开赛伊始，罗迪克就犹如一头刚被放进竞技场的公牛一样。“面对费德勒，必须一上来就特别强硬，”罗迪克解释说，“不能被他牵着打。一旦开始多拍拉锯，他总会有惊人之举。”

罗迪克在第一盘的第三局破发后迅速领先。尽管比赛因雨势曾短暂延迟，但罗迪克一路保持优势拿下了第一盘。“我是真没想到，”费德勒承认，“虽然我们都知道他的力量。”

费德勒在第二盘开始以 4–0 领先。可是，罗迪克一路追成 4–4 平。费德勒最终以场上的第三个正拍制胜球破发成功，赢了第二盘。

罗迪克没有因此自乱阵脚。他在第三盘以 4–2 领先。然而，由于雨势越来越大，比赛被迫中止。费德勒在场下休息时同斯多布利和米尔卡进行了讨论。比赛恢复后，他带着更具有进攻性的全新战术回到了赛场。他开始更加频繁地发球上网：切削、猛攻和上网。这一步至关重要。费德勒在第三盘的决胜局中反攻成功，拿下了第三盘。“可能大多数选手会说，‘我的天，罗迪克今天太猛了’，可费德勒不一样，他坚持了下来并改写了结局，”罗迪克说，“所以，在那一刻，你大概就会了解费德勒打球的智商有多高了。”

当场上比分在第四盘来至 2–3 时，费德勒在发球局中 6 次成功保发并最终以 4–6、7–5、7–6（3）和 6–4 的成绩夺得了他的第二座温网桂冠。

“就好比，我使出浑身解数把厨房的水槽扔给了他，而他却转身走进浴室，操起了浴盆进行更强大的反击。”罗迪克的这句话至今令人难忘。我最近再次问罗迪克，他说这番话的时候，只是觉得这个比喻很好玩，还是说在那个有雨的午后他已拼劲全力。“兼而有之吧，”罗迪克说，“我做了所有我能做的。我和费德勒相比，优势在哪儿呢？我可以猛攻。但是，如果我在场上为了可爱或者为了对抗他的切削球而做出调整，那我肯定会死得更惨。你明白吗？所以，即使有调整，也只能是在我能力范围之内的调整。想要打败费德勒，我需要花很长时间琢磨出一个极富冒险性的策略才行。"

我接着问他，是否有过明明自己打得不错最终却还是输了比赛的经历？他沉思良久。这对于一向快人快语的罗迪克来说实属罕见。过了好一会儿，他轻轻地说："这种情况发生过几次，但都是和费德勒交手的时候。"他无奈地苦笑了一下，接着说："打得不错还输了，这种情况，对我来说，没有遇到过第二个人。"

尽管罗迪克在面对费德勒残酷而精湛的球技时内心多有失望，但是他始终认为2004年温网的决赛是自己没有抓住的机会，那次比赛并非是费德勒注定会赢的一场比赛。

吉尔伯特对此表示赞同。他说："身为教练，那场比赛对我来说是整个职业生涯中最难以接受的几场比赛中的一场。我的意思是，罗迪克原本是有机会的。通常，费德勒的发球别人很难接得住，但是罗迪克在那场比赛中成功破发4次。那是一场高水平和高强度的比赛。我一直觉得罗迪克会赢。费德勒的获胜说明他的球技又有了一个飞跃。费德勒第一次在大满贯赛事中蝉联冠军，这让他离'伟大'又近了一步。说实话，直到那一刻，我才意识到他离'最伟大的球员'真的不过是一步之遥。"那么，在未来几个月甚或几年之内，这个"一步之遥"究竟是多远呢？

吉尔伯特是网球赛场上最好的战术家之一。他留意到，费德勒的发球正在变得越来越精准，越来越难以捉摸，而他的回球则越来越稳定，尽管他回球的位置通常都紧贴着底线，而非像其他竞争对手那样在球场的后方位置。吉尔伯特说："他和阿加西一样能够成功打出许多回球，但是他又不会用力击球，而是轻柔地将球来回击打许多次，使比赛继续进行。"

在发球上网的时代，深回球的战术可能就不起作用，因为对手会将你的回球直接打走从而获胜。因此在现在的比赛中，越来越少的球员采用这一战术，包括费德勒在内的一些球手。最重要的是根据这些趋势适时调整战术。

在吉尔伯特看来，费德勒擅长于在他自己的发球局能够通过快速反击回球，尤其是他的正手击球，具有强大的攻击力。由于正手技术出色，他能够在其他人无法掌控的地方使用正拍。

"到 2005 年和 2006 年，他成为我见过的最伟大的球员。他能发球至特定的位置，回球更会让你招架不住，"吉尔伯特说，"他的进步真可谓突飞猛进，达到了又一个新高度。罗迪克面对的挑战自然也就更大了。"

费德勒对我解释说他在中场的正拍回球在某种程度上就是现代版的发球上网。他说："之前你需要跑至网前，但是今天你可以发球后在中场截击。得把握好这一点，不然是要吃苦头的。"

我请罗迪克描述一下在这个阶段他对费德勒的感觉，以及费德勒与其他对手的区别。罗迪克并没有立马提及费德勒的正拍回击，反而是说到了他的反拍削球。"感觉球来到身边的时候一直在不停地向后旋转。除非你真找准了位置，否则一定没戏。"罗迪克解释道，"那是一种非常特别的削球，正面回击不管用，得花心思好好处理。蒂姆·亨曼的削球很果断，也很难应对。桑普拉斯的也是，非常有力量。但是，费德勒的削球速度感觉没有那么快，以一种非常奇怪的方式旋转过来，但是你真的无法判断它的轨迹。"

罗迪克接着提到了费德勒的发球，这是费德勒在职业生涯中长期被人们低估的一个撒手锏。罗迪克说："费德勒在发球时球速可以达到每小时196千米，但你感觉不到它有那么快。它不是呼地一下就从球拍上弹了出来，而是轻飘飘地却又快速地飞了过来。我的天啊！我觉得自己无法用语言把它说明白。"

罗迪克对这种击球方式背后的物理原理了解吗？"我不是科学家，"罗迪克回答，"我满脑子都是我要怎么应对，怎么处理。"

阿加西称费德勒是最出色的"目标精准的发球手"之一，即使在比分悬殊的情况下他也有在角落和底线制胜的强大能力。许多网球运动员都曾提及费德勒的正拍上旋球在接近底线时会突然下沉的那种奇妙感。这不完全是他早年的那种扣人心弦的上旋球，但好似又如出一辙。让罗迪克倍感吃惊的是费德勒能够毫不费力地打出这种后劲儿十足的极致上旋球。

"很多球员的身体重心都在脚后跟上，纳达尔的挥拍动作停在他耳朵后方的位置，"罗迪克说，"所以他的动作会'出卖'他的意图。可是费德勒不一样，他的动作很隐蔽，你很难预警，往往会有出其不意的效果。"

费德勒回球时的身体控制也是让罗迪克又爱又恨。他说："如果我的出球时速在225千米，那么对方得使出很大力气才能接得住。但是，费德勒不一样，他挥拍幅度大约15厘米就能接得住。"这又一次证明了费德勒超乎寻常的反应速度。"换句话说，即使你的球速达到每小时225千米，费德勒可不着急，"罗迪克说，"如果手部控制能力差一点，他是做不到的。其他人要接我这个时速的球，那他的接球动作通常都很夸张，可能整个身体都得跟着飞出去，可费德勒就能轻松控制，只是稍显吃力。这是让我最不爽的地方。"在罗迪克看来，费德勒不可思议的身体控制能力是他称霸网坛多年的一个重要原因。

“我们在打球过程中容易有耗费体力的一些额外动作，但费德勒基本上没有，”罗迪克说，“如此一来，既节省精力又缓解压力。球拍就像是他手臂的一个自然延伸。没错，他给我的就是这种感觉。”费德勒自成一派的打球方式让罗迪克这样的对手难以“偷师学艺”。他的打球方式既难以解读又无法让人完全吃透。

“另外，他并没有给你什么令人讨厌的理由，这反而有点烦人，”罗迪克说着大笑起来，“我和休伊特有时凑在一块会有一些冲突，就会产生一种‘去他的吧！我才不会在乎那个家伙’的心态。在比赛中，我需要这种心态激励自己。虽然这种不服的心态可以针对大多数对手，但很难对桑普拉斯、阿加西产生这种心态，因为他们都是我从小崇拜的英雄。费德勒，怎么说呢，他不会斜眼瞧你，也不会在上场前咄咄逼人或者冷不丁地给你一拳。他不会刺激你产生那种心态。这对于一个经常需要用这种方式激励自己的我来说是陌生的。”

“这样做对他的帮助可能很大。过去 10 年里，周围充满了那种只要有机会就愿意冒险或投入其中的人，但费德勒不会让自己陷入风险与冲突之中，他不会轻易地被激怒或卷入纷争，他有自己的原则和底线。”罗迪克说。

归根结底，这样的特质与费德勒非常契合。他喜欢和对手共生而不是一味的冲突较劲。这也体现出他很瑞士的一面。他喜欢让自己的节奏犹如一位速降滑雪的爱好者在平坦的地形上毫不费力地平稳运行。他很在意自己的形象，这也是他改变场上行为的主要动机。现在的费德勒已经学会了如何管理情绪。他不再骂骂咧咧地制造背景杂音。他学会了如何用自己引人入胜的比赛本身说话。

这种比赛对于其他人来说可能就是灾难性的。休伊特在 2004 年美网决赛中就深有体会，费德勒在短短 1 小时 51 分钟内以 6–0、7–6（3）和 6–0 直落三盘的成绩令休伊特当众“蒙羞”。

这种比分对像休伊特这样的钢铁战士似乎不大可能。休伊特在与费德勒的多次交手中一直占据上风。他在 2004 年更是风头正劲，以 16 连胜的成绩一路打进了美网决赛。然而，在巡回赛一盘未失的休伊特竟然在美网决赛开场的 18 分钟之内就丢了第一盘。费德勒先是正拍制胜，接着在自己的发球局凭借 ACE 球得分。休伊特自己也好想知道场上的风究竟是怎么吹的，竟然两次在破发点上发球失误。

休伊特在第二盘开始反击。费德勒也因失误没能在 5-4 时抓住发球机会，但他在决胜局还是占据了主动。比赛到第三盘，费德勒再次延续了自己年轻时一直梦想的完美网球比赛，没有留给休伊特一丝反抗的机会。

后场、前场、发球、回球、进攻、防守，无论哪个环节，费德勒都一一掌控。现场观看网球比赛的碾压局面，犹如你眼睁睁地看着一个孩子在钢琴演凑会上的局促不安一样煎熬。在这个开阔的露天球场上，面对劲敌，你根本无处可躲、无人可依。费德勒就这样以出色的表现击败了休伊特。

“太棒了，老兄。”休伊特在比赛结束后走至网前对费德勒表示祝贺。这位他昔日的温网双打搭档如今已是一个赛季包揽了三大满贯的全球巨星。休伊特后来说：“从没见过一个人会打得这么好。”

统计数字当然并不是空洞的。在这次决赛上，费德勒首发球的成功率为 56%，他的制胜球和非受迫性失误之比为 40 ∶ 26。他发挥得不错，但也不是那么突出。整场比赛的第一盘和最后一盘让人印象深刻。自 1884 年理查德 · 西尔斯（Richard Sears）以来，还没有人在美网决赛上让对手在两盘比赛中颗粒无收。

美国网球协会的主席艾伦・施瓦茨（Alan Schwartz）在颁奖典礼上对着麦克风用他低沉的男中音发表了讲话。“对网球比赛现场感到好奇的人们今天终于体验到了它的美妙，”施瓦茨此时转头朝费德勒看了一眼，接着说，“费德勒，你的表现让整场比赛看上去轻松愉快，从未有人像你这般地出神入化。”

新晋的美网冠军费德勒礼貌地报以微笑。23 岁的他已听到了太多类似的评价。他们在赞美的同时又好似低估了他的努力付出。尽管费德勒的优雅是无可置疑的，可是他的“看似轻松”往往会让人忽略他所付出的巨大努力。

桑普拉斯也是一位动作流畅自如的网球选手。他在职业生涯中也遇到过类似的问题。“看上去轻松并不意味着它不难，”桑普拉斯对我说，“我和费德勒看上去好像没使什么力气或者说我们使的力气不大。其实，我们只是高效，从比赛、步法到击球，就像挥拍、正拍、发球，呼的一声就完成了，不会像大部分球员那样需要慢慢摸索。”

费德勒尽管清楚这种误解的根源，但他还是备受困扰。“我觉得早期打球时所表现出来的那种毫不费力给我带来了一个很大的问题，那就是人们通常会看着你说，‘嗯，很有天赋’，”费德勒在纪录片《天才之击》中说，“所以一旦我输球，大家就会问，‘哎，怎么不见你全力以赴呀？’赢球的时候呢，大家又会说，‘哦，对你来说还不是轻而易举的嘛’。”

费德勒发现这两种反应之间没有中间地带。他深知场上再风轻云淡的表现其实都是努力拼搏的结果。真正让他颇感自豪的并非一上来就轻松获胜的比赛，而是那些频繁出错、四处碰壁且最终杀出重围的比赛。“那些才是我自己感到满意的胜利。这会让人们看到我的顽强和勇敢。我相信这才是我最重要的品质，”费德勒说，“否则，我不可能在职业生涯中赢了 1 000 多场。天赋也是把双刃剑。我觉得，很多时候，它在我的职业生涯中扮演着相当复杂的角色。”

大多数的网球运动员都希望自己可以有费德勒那样的“美丽问题”。费德勒从来都不缺积极正面的反馈。他的“轻松”让太多付出辛苦努力才能追赶上的球员倍感压力。譬如像罗迪克这种爱抓球衣、扯帽子、动作夸张的球员；像休伊特这种为了在比赛中增加体能，在拉希德的指导下增肌四五千克的球员。

2004年年初，休伊特与费德勒的交手纪录中以7胜2负领先。但是，随着他连续6场的失利，其中包括费德勒再次成功卫冕冠军头衔的休斯敦大师杯赛，他在2004年年末时已经7胜8负落后于费德勒了。

休伊特在对战费德勒时手中没有致命性的武器。费德勒能从底线展开进攻击垮休伊特。一旦确定了要往前推进，费德勒便会从一个有力的位置做到这一点。他运用球拍的技巧和精准的场上预判能力让他在应对休伊特最具有威力的穿越球时灵活自如。在与休伊特对战的美网决赛中，费德勒总计拿到了网前35分中的31分。这绝对是当天比赛中最令人难以置信的一个数字。休伊特到底该怎么办呢?

彼得·史密斯记得自己有一次在观众席上就坐在休伊特的身旁，只听见他在喃喃自语。“我不大记得他当时具体说了些什么，”史密斯说，“我们坐在一个靠墙的位置。我看他一直在自言自语，后来我才反应过来。原来他一直在念叨，‘他真是太快了，太快了！’我问他，‘你说谁太快了？’他说，‘费德勒，费德勒太快了’。”“当时，休伊特被公认为是场上速度最快的球手，”史密斯说，“但是，他当时抬起头，看着我说，‘怎么会那么快呢？！大家其实都不知道他有多快’。”无论是在休斯敦场地更衣室里的阿加西，还是在比赛现场的休伊特，他们无一不被费德勒所表现出来的“独特之处”深深震撼。

2005 赛季开始前，桑普拉斯接受了《体育画报》的采访。他的评论一下子就抓住了那个时代的趋势。他说："没有人能够抗衡费德勒，在接下来的四五年里，只要他参加比赛就是在创造纪录。"

费德勒虽然已将四大满贯的桂冠尽收囊中，但他的目标是打破桑普拉斯创造的 14 座大满贯桂冠的纪录。他回到墨尔本意图在澳网成功卫冕时，大家也纷纷讨论起来自 1969 年男子全满贯的第一人：罗德·拉沃尔，他在那一年斩获了 4 大公开赛的冠军。

全满贯的结果虽然难以预料，但对费德勒来说，一切并非难以企及。同桑普拉斯不一样，他在红土球场屡有胜出。他的技能足以支撑他实现超越对手的梦想。此时的费德勒有了一个新教练：托尼·罗奇。罗奇是一个出生在沃加沃加（Wagga Wagga）的澳大利亚人。下巴突出、为人低调的罗奇曾是法网冠军，而法网冠军恰好是费德勒唯一缺少的大满贯头衔。

费德勒同罗奇并没有签署正式的合同。罗奇的身份更像是兼职顾问而非全职教练。不过，罗奇凭借其在技术和战术上的素养而广受赞誉。他带过的学生中有曾经世界排名第一的伊万·伦德尔和帕特里克·拉夫特。费德勒决定将罗奇招纳进由父母和米尔卡组成的小团队。这说明即使在经历了不平凡的 2004 年赛季之后，费德勒也不惧怕改变。

与萨芬鏖战至深夜的比赛

2005 年赛季一开始，费德勒就在多哈举办的 ATP 赛事上以未失一盘的成绩横扫 5 位对手，成功夺冠。当时 34 岁的阿加西全球排名第 8 位。阿加西即使是在休赛期间也努力想要保持自己的竞技水准。他特意减重约 6 千克以提高场上速度并减轻他脆弱的臀部压力。作为 4 届澳网冠军得主，阿加西自信满满地重回墨尔本。这一次陪同他前来的还有他的妻子施特菲·格拉芙和两个年幼的孩子。结果，费德勒以 6–3、6–4 和 6–4 的成绩在四分之一决赛将阿加西淘汰出局。阿加西说："费德勒的下一位对手千万别向我请教经验。"

费德勒的下一位对手就是萨芬。萨芬这一次可以得到"专家"的建议。费德勒的前教练彼得·伦德伯格在 2004 年 4 月正式成为萨芬的新教练。伦德伯格凭借其多年与费德勒的近距离接触，清楚地知道费德勒的作战思路和打球策略。他觉得费德勒在面对萨芬这样的对手时，可能会流露出感性的一面。"有几个球员是费德勒不想与之同场对打的对手，你能从他的表情上看出来，"伦德伯格说，"我看他的表情就知道他在对阵萨芬时压力很大。"

费德勒和萨芬第一次是在 2004 年休斯敦举办的 ATP 年终总决赛上相遇的。伦德伯格当时已经在为萨芬做指导了。费德勒在半决赛上以 6–3 和 7–6（18）直落两盘的成绩打进了决赛。不过，正是在这场半决赛上，费德勒在第 8 个赛点前和对手打出了一个总计 38 分的史诗级的决胜局。"我坐在那儿挺别扭的，感觉很奇怪，"伦德伯格在休斯敦时告诉我说，"萨芬已经证明自己完全可以对抗这个世界上最好的球员。我们下一年争取在某些方面有所提高，继而有机会战胜费德勒。"

这是当时男单比赛中最长的一个决胜局。在此之前，约翰·麦肯罗和比约恩·博格在 1980 年的温网决赛第四盘著名的决胜局中，一路将比分拉锯至 18–16。

这两场马拉松式的决胜局充分展示了球员在重压之下的比赛质量：步步为营而非连连失误。"我们把彼此都逼到了极限。"费德勒说。最后在 18–18 的关键时刻，萨芬出现了失误。"我可能太在意了，因为对手不是别人而是费德勒，所以我感觉自己的反应有些过度。"萨芬说。

萨芬显然有些心神不宁。在两个人再次对阵前，伦德格伦希望萨芬明白他的存在其实也对费德勒构成了威胁。伦德格伦在赛前和萨芬一起坐下来讨论时，他问萨芬："你对这场比赛有什么期望？"萨芬说："我希望能多打几局。"伦德格伦又问了一遍，萨芬再次给出了相同的答案。这时，伦德格伦不由地提高了音量。他说："我明确地告诉过你，你是少数几个他特别在意和尊重的对手。"伦德格伦话一说完便起身离开了。"我对萨芬的叮嘱就这一句。我没有谈及战术或其他的什么，"伦德格伦对我说，"萨芬盯着我看了几秒钟，一句话也没说。我知道他听进去了。"

网球史上最伟大的一场对决就此诞生了。这场史诗级的比赛一直从白天持续到黑夜。两个人都展现出了强大的力量、灵活性和韧性，不仅萨芬，两个人都因紧张而大喊大叫。

比起以往，萨芬显然在有意识地控制自己的情绪。"我知道如果我放任情绪不管，那肯定完蛋了。"他说。费德勒打球时很少流汗。然而，随着这场比赛的时间不断拉长，费德勒看上去也凌乱了起来。他黏在一起的长发看上去毫无造型，被汗渍浸湿的蓝衬衫上的拉链也歪歪扭扭。

2005 年澳网的这场半决赛犹如是两个人早先在休斯敦那场比赛的延续。对于我们这些午夜还在罗德 · 拉沃尔球场的观众来说，这场比赛注定将是极少数值得慢慢回味的一场比赛。"在我看过的那么多场的比赛中，这一场绝对是排名前 10，甚至是前 5。"伦德格伦说。

场上每一盘的气氛都很紧张，每个得分既短暂又充满爆发力。但最吸引人的还是实力与实力的对抗。费德勒的正拍对萨芬的双手反拍，费德勒在网前的轻轻一挑与萨芬恰到好处的穿越球相互抗衡。

只有亲临现场方能体会其中的美妙，即使时隔多年再次回看也不会失望。这是一场干货满满的高手对决。尽管萨芬信誓旦旦，但还是被费德勒拿到了第一个赛点。

第四盘决胜局时，费德勒在场上比分 6–5 时开始发球。费德勒在二次发球时来了一次突袭截击。萨芬反拍回击横传，费德勒又一记反拍截击，紧接着高高跃起接住了萨芬的又一个穿越球，而后在一个很少有人跑动到的位置反拍打出了一个精彩绝伦的短球。眼看着球就要在网前落地的那一刻，萨芬奋力救起并大胆地挑出了一记越过费德勒头顶的高吊球。费德勒赶紧后撤，瞬间做出了一个不同寻常的动作。他并没有选择最简单地跑至球后挥拍拦击，而是在胯下直接击球，结果球未过网，费德勒仰天朝着月亮的方向大喊一声。

萨芬对我说："大概千年之内也不会有人来这么一下了。费德勒差一点儿就成功了。我当时尽力在网前跃起，闭上了眼睛，幸好没有过网。"25 岁的萨芬赢得了接下来的 2 分，将比赛延长至第五盘。他和费德勒征战 3 个多小时之后打成了平手。整个球场几乎没有一个人离开。"费德勒在胯下击球后，我突然想到这可能就是我的机会，"萨芬一边卷着烟卷，一边回忆道，"我当时心想，'机会来了，机会来了'。我感觉自己会赢，这大概是我第一次这么自信。"

费德勒流露出疲于应对的迹象。他的左脚底此时已磨出了一个水泡。第四盘结束后，他的右手食指因为神经受压接受了现场治疗。

比赛的第五盘因为双方选手的奋力搏杀而精彩纷呈。萨芬在比分 5–3 时发球，却被费德勒拿到了两个赛点。于是，比赛不得不再次延长半小时。

伦德伯格在萨芬的球员包厢里观看着比赛。萨芬的经纪人杰拉德・卓巴尼安（Gerard Tsobanian）回忆说："伦德伯格对我说他知道费德勒会如何打球，知道他会何时大胆冒险，知道他面对破发点时会从什么位置发球。"

费德勒在 4-5、30-40 时，在换发球后以一记截击球赢得了另一个赛点。接着在比分 6-6 时，费德勒正拍击球失误，萨芬得到了一个破发点。费德勒随后在比分 6-7 时又挽救了两个赛点，在 7-8 时又挽救了一个赛点。

在其他的时间和心理状态下，萨芬可能无法保持镇定和集中精神，然而在第五盘第七个赛点，他冒险尝试了一个有风险的动作，反拍直线回击。令人意想不到的是，费德勒向右猛冲时跌倒在地，就在球拍脱手前成功将球打入对方界内。鏖战 4 个多小时之后，这场精彩的半决赛终于尘埃落定。费德勒膝盖着地，萨芬正拍将球打向了他来不及跑去的空位。费德勒眼睁睁地看着球在地上弹跳了两次。

萨芬没有挥舞拳头，没有撕破衬衫，也没有像刚刚砍倒红杉的伐木工人一样咆哮。相反，他挥舞着双臂，仿佛在说："谢天谢地！"而后，他拿上自己的个人物品来至网前等待费德勒起身，和他握手告别。

"那场比赛真是太难了，"萨芬说，"我当时脑子里只有一个信念，那就是赶快结束吧，赶快结束。"

五盘比赛的成绩分别是 5-7、6-4、5-7、7-6（6）和 9-7。然而，场上还有其他令人记忆深刻的场景：人群在多回合紧张对峙中的呐喊欢呼声、费德勒在第四盘末尾时扔出去的球拍声、在萨芬强势压力下费德勒那年轻面孔上出现的凌乱、费德勒赛后赤着脚一瘸一拐低着头走在拉沃尔体育场走廊上孤单的身影。

萨芬花费了大量的精力来控制自己的情绪。他在场上接受了两届澳网冠军吉姆·考瑞尔的赛后采访。尽管已至深夜，体育场依旧人头攒动。尽管午夜过后，萨芬的生日已过，但大家还是一起为他奉献上了小夜曲。

萨芬接着在决赛中击败了休伊特，赢得了他的第二个大满贯桂冠。然而，这一次的胜利与其说是他日后伟大征程的先声，倒不如说是他最后的高光时刻。“我后来深受内心折磨之苦，我的事业和生活都备受影响。”萨芬对我说。再加上职业伤病的影响，萨芬在 29 岁那年宣布退役。

2005 年的澳网对费德勒来说，绝对是一个标志性的节点。毫无疑问，他是全世界最好的网球运动员，但与此同时，他也在激发和成就了其他球员的伟大。当他同萨芬在澳大利亚温暖夏夜决斗时，他当时以及未来的对手都在远处密切地关注着。

08 费德勒 vs. 纳达尔

西班牙，马略卡岛，帕尔马

罗杰·费德勒和拉斐尔·纳达尔在西班牙马略卡岛帕尔马体育场（Palma Arena）的比赛是网球历史上最奇特的比赛之一，7 000 张门票很快便销售一空。赛事总监阿尔韦托·托斯（Alberto Tous）说："即使我们有 15 000 个座位，估计也会瞬间售罄。"

场地之战

2007 年 5 月 2 日，帕尔马体育场临时搭建的室内球场在球迷抵达时还被两块防水油布完全覆盖着。比赛开始前，防水油布被缓缓拉开，展现在眼前的球场一侧是红土，另一侧是新铺的草地。这个"混搭"的疯狂创意来自阿根廷的广告总监巴勃罗·德尔坎波（Pablo del Campo）。当时，纳达尔已连续在法网及其他红土球场赢得了总计 72 场的胜利。费德勒则在草地球场连赢 48 场且连拿 4 座温网桂冠。于是，在帕尔马体育场即将上演的可是两位顶尖高手在各自最擅长的球场场地一决高下的精彩戏码。

这绝对是剑走偏锋的惊世之举，人们将其戏称为“场地之战”。观众的热情足以反映出费德勒和纳达尔的受欢迎程度。他们之间的对战似乎已超越了网球本身。让我备感惊讶的是，费德勒和纳达尔居然同意中断 2007 年的网球春季赛事，冒着受伤的风险参加这场各方面存在不确定性的表演赛（当然，他们的出场费还是比较可观的，每人 40 万欧元）。

在纳达尔的故乡——西班牙地中海上的马略卡岛，费德勒和纳达尔这两位隶属于同一家经纪公司——国际管理集团的年轻人都身穿耐克赞助商的品牌网球服出现在了帕尔马体育场上。德尔坎波早在 2005 年便一直试图说服费德勒接受此次表演赛的邀请。经过两年时间的思考，费德勒最终答应出场。

这只是一场狂热的梦吗？不知道，但一切都在进行中。费德勒启程前说：“这有点疯狂，人们大概会觉得‘为什么要去呢？时机也不是很好’。但怎么说呢，我喜欢打网球的时候换换口味，在比赛场上不必总是那么严肃认真。”

人们对此的确没有什么好争论的。表演赛原本就是一件轻松、愉快的事。球员可以在场上有各种假动作或开玩笑的举动。不过，费德勒和纳达尔的比赛从来都不是普通意义上的“表演”赛。他们俩也很难不拿对方当回事，从跑动、接球到回球，每一个动作都和以往的正式比赛没什么两样。

“混合”场地是此次表演赛最大的噱头。每次交换场地前，两位球员都不得不换上与球场相匹配的球鞋。草地球鞋鞋底上的小颗粒并不适合红土球场。费德勒坦言即使换上了红土球鞋，他也总是忘记可以在红土球场上滑步。

新铺的草地能最终成功出现在帕尔马体育场上也实属不易。第一批铺就的室内草皮由于虫害和缺乏自然光而被迫弃用。就在开赛前夕，主办方不得不从临近的高尔夫球场搬运来大块的成熟草皮，这才解决了燃眉之急。

正如所料，草地球场的回弹力不大理想。在第三盘决胜局的赛点上，费德勒正手挥拍时，由于草地球场的反弹差而没有击中球。纳达尔最终以三盘 7-5、4-6 和 7-6（10）的成绩取得了胜利。

今天，当我们再看回放的时候，那一片“一半是红土一半是草地”的混合球场依然是如此的奇怪。明亮的色彩对比会让人恍惚间误以为在观看两场比赛的分屏画面。尽管主办方当时计划第二年在同一场地再举办一次，但是后来这场别出心裁的表演赛并未能再度上演。

取名“场地之战”实际上是在向 1973 年在休斯敦天文馆体育场（Houston Astrodome）上演的“性别之战”致敬。当时，温网女单冠军比利·简·金在“性别之战”中战胜了自诩大男子主义代表的鲍比·里格斯（Bobby Riggs）。而这场“性别之战”无疑是一场怪异的比赛：一边是 55 岁的里格斯乘坐着由女模特拉着的人力车进入球场，而另一边是 29 岁的比利·简·金打扮成埃及艳后的模样坐在布满鲜花的轿子上，由赤裸着上身的男模抬入球场。不过，他们俩至少是在同一类型的场地上完成了表演赛。

2020 年，纳达尔在谈及这场混搭表演赛时撇了撇嘴说：“是挺怪的，对我们俩来说也挺难的。但是，说实话，我玩得很开心。那是一次终身难忘的经历，而且是仅此一次的经历。”费德勒和纳达尔一起联手在网球世界创造了太多的回忆。

纳达尔是一位正手、挥拍力大而沉且喜欢在比赛中大喊大叫给自己助威的网球奇才。他一开始在马略卡岛上跟着自己的叔叔托尼·纳达尔（Toni Nadal）

学习打网球。

与在巴塞尔的ATP职业赛事上担任过球童的费德勒一样，纳达尔也是很早就接触到了较高层次的职业比赛。1998—2002年，马略卡一直是ATP红土赛事的举办地，其获胜者包括后来的大满贯冠军胡安·卡洛斯·费雷罗、马拉特·萨芬和加斯顿·高迪奥（Gastón Gaudio）。纳达尔同家人一起观看过这些比赛。2000年，14岁的纳达尔因其在青少年组的出色表现而获得了在西班牙巴塞罗那的圣乔治宫体育馆（Palau Sant Jordi）举行的戴维斯杯的决赛开幕式上担任西班牙旗手的殊荣。当会场上响起西班牙国歌的时候，留着一头深色短发的纳达尔有点儿害羞地站到了西班牙网球明星阿历克斯·克雷特加、阿尔伯特·科斯塔（Albert Costa）和费雷罗的身旁。在那个时候，有谁会想到纳达尔有朝一日将成为这个国家最伟大的网球球员呢？

西班牙虽然传统上是一个网球强国，但它始终未能在1900年创立的戴维斯杯上有所斩获。经过一个多世纪的漫长等待，经过3天的轮番对阵，当西班牙代表队的费雷罗在一场关键性的比赛中经过四盘的鏖战最终战胜澳大利亚代表队的莱顿·休伊特时，场上14 500名观众群情激动。

当时的西班牙国王胡安·卡洛斯（Juan Carlos）就坐在观众席前排，现场的纳达尔也观看了这场比赛。17个月后，即2002年5月初，纳达尔就赢得了首个巡回赛级别的赛事冠军，并因此获得了一张可以参加马略卡公开赛的外卡。这让排名前100位的巴拉圭选手拉蒙·德尔加多（Ramón Delgado）略有不安。

对当时只有15岁的纳达尔来说，这并非他第一次在家乡成功“阻击”外来的成年访客。一年前，澳大利亚球星帕特·卡什与德国球星鲍里斯·贝克尔原本计划在岛上的圣蓬萨乡村俱乐部（Santa Ponsa Country Club）举办一场表演赛。然而，就在开赛前不久，年迈的贝克尔却因伤退赛。为了避免让已购票的观众失望而归，卡什坚持表演赛不能临时取消，并同意由岛上最有前途的年轻人替代贝克尔上场进行比赛。当时 36 岁的卡什自然从未听说过纳达尔的名字，也无法想象自己将要面对的是一个什么样的 14 岁少年，换句话说是毫无概念。

卡什后来在伦敦的《泰晤士报》上写道："纳达尔蹦蹦跳跳地上场了。看得出来，他知道这是一个好机会。现场的观众立马被他青春洋溢的活力感染。如果你觉得莱顿 · 休伊特已足够有观众缘，那么你真应该来感受一次纳达尔的现场。大家挥舞着拳头不停呐喊。只要有人喊一声'加油'，紧接着就会有成千上百个加油声随之而来。"卡什虽然第一盘旗开得胜，但是纳达尔却拿下了第二盘，并紧接着又在第三盘抢七成功，最终打赢了比赛。

"他在网前俯冲截击救起了一个看似根本不可能接到的球，然后跳跃着举起了拳头，"卡什回忆道，"他毫不遮掩自己的喜悦，这让我觉得他太张狂了。不过，一旦我克服了心里那种被一个小屁孩打败的愤怒之后，我立马意识到站在我对面的不是别人，而是一定会在未来横扫各大奖项的网球天才。我第二天就给好几个赞助商打了电话，让他们赶紧投资这个小男孩。哈，相信他们今天一定非常后悔当初没听我的。"

然而，有一些赞助商可不需要这样的一通电话。耐克品牌商早在纳达尔 12 岁时便与他签约。"对我们来说，最好的时间点是十一二岁，"耐克负责网球业务的前总监迈克 · 中岛（Mike Nakajima）说，"你看，玛丽亚 · 莎拉波娃签约时是 11 岁。她当时只会说几个英文单词，她对我说的第一句话是'我不喜欢你的袜子'。"

纳达尔的英语也不怎么好，但他就内敛多了。

来自马略卡岛的男孩

作为体育记者，我最先报道的其实是纳达尔的叔叔米格尔·安格尔·纳达尔（Miguel Ángel Nadal）。在1994年美国举办的世界杯足球赛上，他是西班牙足球代表队中一名风格粗犷的中卫。

当时只有8岁的纳达尔和他的叔叔一样热爱足球。纳达尔和他的父亲塞巴斯蒂安（Sebastián）都是皇马的球迷。纳达尔有时也会参加巴塞罗那足球俱乐部的比赛。不难看出纳达尔想要成为一名职业运动员的梦想是有其家族渊源的。当你第一眼看到米格尔·安格尔的体格时，你大概就会明白纳达尔结实的样子从何而来，而米格尔·安格尔直到38岁才正式退役的事实也会让你明白纳达尔虽一身伤痛却始终坚持比赛的原因。

纳达尔家族在马略卡岛上的历史可以追溯数代。他们繁衍生息的地方是一个名为马纳科尔（Manacor）的舒适迷人的内陆小镇。小镇的居民人数在纳达尔童年时不足4万。纳达尔同自己的父母、祖父母及其他家族成员一起住在一栋五层的公寓楼里。这座矗立在小镇中心广场上的公寓正好俯瞰着镇上18世纪的教堂，其对面恰好是马纳科尔网球俱乐部和它的红土球场。距马纳科尔几千米便是著名的度假胜地克里斯托港（Porto Cristo）。纳达尔家族在这里拥有诸多产业、商铺和另外一份共享海洋产权。

纳达尔的童年生活犹如田园诗般美好，这也再次印证了并非一定要历经苦难才能成长为世界冠军。纳达尔3岁那年在他另一位叔叔托尼的带领下开始接触网球。于是，他就在马纳科尔和克里斯托港之间穿梭，活跃在足球和网球之间。

在纳达尔12岁之前，足球在他的生活中一直占据着主导地位。他是一位身手敏捷的左边锋，在场上时常头球射门得分。但与此同时，他也是西班牙及欧洲网球青少年组的冠军。12 岁那一年，他的父亲塞巴斯蒂安觉得纳达尔是到了该做出选择的时候了。

与 12 岁的费德勒一样，纳达尔基于自己在网球方面的天赋而选择了网球。同时，他也渴望着从事一种能拥有绝对掌控权的体育竞技项目。也是因为网球比赛，纳达尔错过了一次足球训练，之后就被新来的教练从足球队中换了下来。这一点与费德勒的经历更是惊人的相似。“如果不是因为当时那个足球教练，我也很有可能会成为一名足球运动员。”纳达尔说。难以取舍之时，选择往往就发生在转瞬之间。

与费德勒一样，纳达尔在青少年时期也曾离家在外接受训练。由于马纳科尔缺乏优秀的训练同伴，纳达尔不得不前往马略卡岛最大的城市帕尔马的一家网球训练中心进行常规训练。这家训练中心在马纳科尔以西约 55 千米的地方。为了减少通勤时间，纳达尔转入了父亲和托尼叔叔曾就读过的一所寄宿学校。后来由于很想家，他又返回了马纳科尔。与费德勒一样，纳达尔在学校的功课很一般。我曾经问他最喜欢什么科目，他想了想，说：“体育”。

西班牙的网球官员发现纳达尔是个不可多得的好苗子，于是设法说服他的父母让他穿过巴利阿里海（Balearic Sea）前往西班牙网球运动的中心巴塞罗那。这就是马略卡岛最出色的球员所走过的道路。高大帅气、沉默寡言的卡洛斯·莫亚是第一位从马略卡岛走出来的网球明星，也是第一位在网球职业巡回赛上穿无袖运动衫出场的球员。留着一头长发并喜欢正拍击球的莫亚是 1998 年的法网冠军，他在法国世界杯前夕从球王贝利手中接过了奖杯。莫亚曾在 1999 年短暂地成为世界排名第一。他的成功让纳达尔看到想要成为伟大的网球运动员并非白日做梦。纳达尔 12 岁时第一次遇到莫亚，14 岁时开始跟着他一起接受常规训练。莫亚对纳达尔的提携成为他前进的巨大推动力。是呀，能有几位才华出众的网球运动员在青少年时期就有机会和一位现役的大满贯冠军一起练球呢？纳达尔的家人始终认为在马略卡岛开发他的网球技能对他的健康有利，即使这样会让他们失去西班牙网球协会的财政支持。纳达尔的叔叔托尼对我说："纳达尔的父亲不想让他去外地，因为他觉得纳达尔的成长需要家人的亲密陪伴。年纪轻轻就孤身在外，也许球技会有进步，但个人的心智发展肯定会受到影响，因为每个人在训练过程中都会遇到很多问题。纳达尔留在马略卡岛面对的最大难题是找不到水平差不多的对打球员，但我们最终还是找到了。"

根据帕尔马国家级网球教练乔弗雷·波尔塔（Jofre Porta）的建议，托尼对纳达尔的训练进行了重大调整：纳达尔在9岁时，从双手正拍改为单手正拍。波尔塔和托尼发现很少有男单选手双手握拍，虽然双手握拍的女单选手莫妮卡·塞莱斯（Monica Seles）的比赛成绩不俗，但双手握拍的男单选手却从未有过佳绩。

平时用右手吃饭、写字、打篮球和高尔夫球的纳达尔开始用左手作为正拍击球。他踢足球时也是左脚更有力。打网球的人都知道，左手挥拍是球员的一大优势，因为它出球角度新颖，具有反向效应，能在反手拍区域提高切削发球的能力，扩大攻击面。托尼注意到每当纳达尔双手握拍击打落地球时，他左侧的击球力度更大，成功率也更高。"他的身体左侧更自然，"托尼对我说，"所以左侧应该是他正拍的主攻方向。"

无论是哪侧主攻，最终的选择权还在纳达尔自己。竞争的转折点亦在于此。即使右手主攻，凭借纳达尔的天赋、性格和稳健的心态，他也一定会大获成功。然而无论纳达尔从哪一侧主动进攻，他都不会对费德勒构成威胁。费德勒侧身正拍抽杀和短平快的反手斜线削球都是他运用自如的制胜武器。

对纳达尔来说，左手挥拍的不利之处是这会加剧他的左肩疼痛。不过，他通过自己标志性的挥拍动作——绕头随挥，即拍头以惊人的速度击球后绕过头顶的动作，让他的肩部不适有所缓解。纳达尔标志性的“绕头随挥”被波尔塔和其他教练称为“纳达拉达”（Nadalada）。可惜，这个有趣的名字未能在网球界广为流传。

我第一次见到纳达尔是在 2003 年的温网。那一年，17 岁的纳达尔首次亮相大满贯赛事。在此之前，我既没有在现场也没有在电视机前观看过他的比赛。在诸如 YouTube、Twitter 和 Instagram 等各大网络媒体大行其道之前，许多网球比赛都没有机会得到广泛传播。人们也因此不可能像现在这样及早地注意到网坛新秀。也许，及时的观察会有助于我给出自己的评价。2002 年，在纳达尔战胜巴拉圭选手德尔加多之后，我为《国际先驱论坛报》第一次撰写了一篇有关他的文章。我在文中提到纳达尔和法国新星理查德·加斯奎特都有着出色的单手反拍（新闻报道永远都得措辞谨慎）。

纳达尔在 2003 年温网第二轮对阵以外卡参赛的实力悬殊的英国选手李·蔡尔兹（Lee Childs）。令人欣慰的是，当我坐在全英草地俱乐部的看台上看到他在场上跑动时，快乐的神情洋溢在他的脸上。我当时心想，西班牙媒体对他的赞誉原来并没有夸大其词。远远望去，纳达尔的样子就像是一个成熟的男人。但是当你靠近他时，才会发现他原来如此年轻：棱角分明的五官尚未定型，两颊还有点婴儿肥，连刮不刮胡子都在两可之间。

纳达尔当时最引人注目的、时至今日也依然令人印象深刻的是他在赛场上的专注力和好胜心。也许有那么一刻，失望的情绪会划过他的脸庞，甚至进入他的脑海，但一切都转瞬即逝，他直面挑战，认真对待场上的每一分、每一秒。

费德勒曾多年学习如何控制情绪，尤其是对自己的期望进行有效的管理，但纳达尔似乎从一开始便无师自通。在他成长的过程中，既没有运动心理学家，也没有摔坏的球拍。“我从没扔过球拍，”纳达尔说，“如果我胆敢那么做，我叔叔一定会立刻把我踢出球场。”纳达尔不会任由这些情绪左右自己，而是紧紧地包容消化。2004 年 3 月，在迈阿密大师赛第三轮的夜场比赛中，纳达尔就是带着这种对比赛的尊重与费德勒在场上一决高下。

尽管此次对决总被贴上两人首次对战的标签，但它实际上是他们的第二次交手。在一周前举行的印第安维尔斯大师赛 16 强的争夺赛上，纳达尔和汤米·罗布雷多（Tommy Robredo）在男双比赛中以 5–7、6–4 和 6–3 的成绩击败了费德勒和伊夫斯·阿莱格罗。不过，费德勒的确还没有体验过独自面对纳达尔完成全场的个人挑战。

所有那些误以为纳达尔面对费德勒会心有余悸的人真应该看看他一年前首次参加职业巡回赛时对战莫亚的表现。当时，纳达尔在汉堡以 7–5 和 6–4 直落两盘的成绩轻取胜利。

面对纳达尔的雄心壮志和运动天赋，没有哪一位深受大众喜爱或乐善好施的童年偶像能与之相提并论。与现在的情况相反，当时费德勒并非纳达尔的偶像。他们俩年龄相差大约 5 岁，且费德勒近来才在一众顶级的男单选手中脱颖而出，所以他并非纳达尔仰望的网坛前辈。随着纳达尔的横空出世，费德勒战无不胜的霸主地位很快便不复存在。他和纳达尔对战的状态与他在温网对阵桑普拉斯或大坂直美在美网决战小威廉姆斯的气势不可同日而语。

拉开王者对决的序幕

费德勒自 2004 年开始稳居世界第一的宝座。他在澳网、迪拜和印第安维尔斯大师赛中接连获胜。在参加迈阿密大师赛前，他在 62 盘比赛中赢了 55 盘。

费德勒其实在迈阿密时身体有些不适，但又没有严重到不能上场的地步。此前一天，他还在一场夜晚的比赛中通过三盘艰难的比赛打败了尼古拉·达维登科（Nikolay Davydenko）。

“今晚，纳达尔战胜费德勒的概率大吗？”前网球球员、英国资深电视网球评论员约翰·巴雷特（John Barrett）在场上直播时问道。巴雷特的解说搭档道格·阿德勒（Doug Adler）在比赛第一盘场上比分为 1–2 而纳达尔正准备发球时语带否定地回答道：“这场比赛最不可能的结果就是费德勒会输给这名初出茅庐的 17 岁小将。”巴雷特表示同意，但他接着说：“如果费德勒不在状态，那倒是也有可能……”

就在纳达尔抛球的那一刻，他停止了评论。接下来的第一分，纳达尔向费德勒展示了挑战的威力。费德勒向着纳达尔的反拍角方向打出了一记追深切削球，纳达尔快速跑动直接正拍回击，费德勒紧接着反拍朝着另一个方向打去。原本，这的确可以成为他的一个制胜球。可是，纳达尔迅速冲向后场，又一个正拍全力拼杀抢救，然后伪装要打穿越球的一连串假动作后赢得一分。

这场对决犹如两人未来多年在场上难解难分的一次预演。明智的巴雷特立马不再去探究纳达尔获胜的可能性有多大。当时的纳达尔已经在某些方面向我们展现了今天所熟悉的样子，譬如在交换场地后会专注于把水瓶摆放到极其精确的位置，会伸手拉扯短裤，等等。不过，他后来强迫性地摸肩膀、碰鼻子和动耳朵的小动作还尚未出现。

纳达尔在场上的步法显然是经过设计的，但又不是那么的刻意。总体来说，他坚持下来了，并且表现得很不错，费德勒不得不努力适应他强有力的旋转球、无穷的力量和坚强的意志力。费德勒在场上还是有些不在状态，在常规正拍和截击时频繁出错。显然，这些非受迫性的失误正是来自对面纳达尔所给的压力。

费德勒以往让其他球员毫无招架之力的击球这一次却显得有点无关痛痒。纳达尔的速度和对比较脆弱位置的观察分析能力，使得他能找到别人无法找到的球路。与此同时，他的穿越球也打出了前所未有的高度。费德勒有 6 次网前偷袭均以失败告终。

当然，年轻的纳达尔参加如此重要的大赛内心不可能毫无波澜。在第一个破发点时，他回球不稳，但他很快进行了自我调整。这让大家看到了他在重压之下思路清晰的一面。随着比赛的持续推进，纳达尔表现出了在后场区域超强的掌控能力，即使费德勒靠近底线、加快节奏，他也能应对自如。纳达尔的首发命中率高达 81%。费德勒在纳达尔的发球局没能获得一次破发机会。最后，纳达尔成功瓦解了费德勒的致命反拍（这又是一次对未来名场面的预演），在网前拿下了整场比赛的最后一分。

纳达尔以两盘 6–3 的比分战胜了费德勒，用时仅 69 分钟。面对此情此景，巴雷特直言："人们对这位来自马略卡岛、左手执拍的网球天才的未来充满了好奇与期待。"纳达尔在迈阿密的胜利向世人展现出了他的王者真容。正式加冕也只是时间问题。

不过，2004 年还不是加冕的时候。这一年，纳达尔因左脚应力性骨折错失了整年的红土赛季和温网。加斯顿・高迪奥因此在法网的夺冠犹如中了彩票一般。来自阿根廷的高迪奥在 2004 年的法网决赛现场抓住了 6 个激动人心的赛点，战胜了他一直都很喜欢的同胞奎勒莫・科里亚。此次夺冠成为他职业生涯中唯一的一座大满贯桂冠。毫无疑问，这场决赛是高迪奥和科里亚职业生涯中的巅峰时刻。

对我来说，那年的晚些时候，纳达尔在西班牙塞维利亚举行的 2004 年戴维斯杯决赛上与安迪·罗迪克的对决让我彻底打消了对他在重压之下能否英勇作战的怀疑。

那场决赛的现场有 27 200 名观众，创下了重大网球赛事观赛人数的纪录。在 12 月初清冷的室外体育场，人们偶尔会看到自己呼出的白气。纳达尔原本计划只参加双打比赛。不过，西班牙代表队的负责人完全清楚他的实力。他们冒着可能会引起内部纷争的风险在开赛当天决定，为了国家利益，启用纳达尔替代状态不佳的费雷罗参加男单比赛。罗迪克酷爱戴维斯杯，与自己在常规巡回赛上的个人成绩相比，他更热爱自己的祖国。尽管他在场上表现不俗，但纳达尔还是更胜一筹。最终，纳达尔以四盘 6–7（6）、6–2、7–6（6）和 6–2 的成绩赢得了胜利。

当时我穿着毛衣、戴着围巾站在看台上，写下了下面这段话：

> 网坛从来都不缺乏擅长底线进攻的年轻球员。然而，让他们真正成长为伟大球员的是他们具有拥抱重大赛事的能力。尽管西班牙人以其充满活力的生活态度闻名于世，但是西班牙的顶级球员通常在场上都很含蓄：从塞尔希·布鲁格拉、阿历克斯·克雷特加、阿尔伯特·科斯塔、莫亚到费雷罗莫不如此。然而，纳达尔的情绪从他身穿无袖衫上场的那一刻就一览无遗。如果他哪天没有穿无袖衫上场，那似乎才是对他个人情绪的一个绝妙隐喻。他在比赛中不断地挥舞着拳头，变换着剪刀腿和时不时地大叫一声，整个球场都弥漫着他按捺不住的兴奋。

总而言之，一如吉米·康纳斯或莱顿·休伊特，纳达尔在以自己的方式带动着整场的观众。这或许并不是他在漫长的赛季为自己打气的方式，也不是他让自己赢得更多同龄人喜爱的方式，但绝对是他让整个西班牙为之买单的方式。我相信，经过今天这一段气势威猛的独舞，西班牙的球迷已被他深深折服。

2004 年，纳达尔世界排名仍然停留在第 51 位。不过，这个排名很快就得到了改写。2005 年，纳达尔一举夺得 11 座冠军头衔，其中包括他 19 岁初次亮相法网便摘得的法网桂冠。到 2005 年 7 月，他的世界排名已经飙升至第 2 位。

费德勒在 2005 年 4 月的迈阿密大师赛上通过五盘的鏖战勉强阻止了纳达尔继续夺冠的步伐。在这场比赛中，费德勒一上来就先输了两盘，紧接着在第三盘一度 1-4 落后，但最终逆势翻盘。比赛的紧张程度足以让费德勒失去冷静，和几个月前在澳网对阵萨芬时一样，费德勒在第三盘发起反击后错失了 4-4 的破发点。眼看着纳达尔保住了关键的发球局，他一气之下就将球拍扔了出去。“我一再错失良机；整场比赛，我真的感觉我一直很吃力，”费德勒说，“当时的感觉真是糟透了！我扔得很用力。但是，那一刻，这个动作可能也有好处，它一下点醒了我。不过，谁知道呢？”纳达尔巧妙地将费德勒的这种“失控”看作是对自己的鼓励。在未来的日子里，他经常会对费德勒这种微妙的变化保持敏感，以此来改变自己的比赛策略。“看到他现场扔拍子，我挺吃惊的，”纳达尔说，“但这好像预示着，我离胜利不远了。”

纳达尔离冠军越来越近了。他在第三盘抢七中以 5-3 领先。换句话说，他离胜利不过两分之遥。可就在此时，费德勒突然及时调整状态，一连拿下 4 分，在第三盘胜出，接着又在第四盘和第五盘后劲十足，最终以五盘2-6、6-7（4）、7-6（5）、6-3 和 6-1 的成绩拿下了比赛。“对我来说，这是一场非常非常重要的比赛，”费德勒说，“我深知终有一天纳达尔将会到达什么样的高度。”

这样的一天并没有太久。就在两个月之后的巴黎红土球场上，纳达尔在自己 19 岁生日的当天，也就是在 2005 年法网半决赛上，横扫费德勒。这是两人第一次在大满贯赛事上的对战。两天后，纳达尔在决赛中击败了马里亚诺·普埃尔塔（Mariano Puerta），成为与比约恩·博格、马茨·维兰德、鲍里斯·贝克尔、张德培和皮特·桑普拉斯等伟大球员一样，在十几岁时便捧得法网桂冠的网球运动员。手捧奖杯的纳达尔第一次在获胜后喜极而泣（“脆弱”这一点也和费德勒一模一样）。普埃尔塔说：“他必将成为传奇。”

那些优秀到足以赢得大满贯的球员都是非凡的，都是值得人们瞩目的。想想有数以百万计的拿起球拍开始学习打网球的人吧，而最终能站到金字塔尖儿的人可谓凤毛麟角！这些极具运动天赋的神童，无论好坏，都散发出一种独特的吸引力。他们的成功有一丝命运的气息，你会看到他们与生俱来便跨越常规的成长曲线，你会领略到他们突然之间便领先众人的卓越能力。

自从马诺洛·桑塔纳（Manolo Santana）在 20 世纪 60 年代包揽四大满贯桂冠之后，西班牙便涌现出了一大批的网球名将。然而，纳达尔是第一位来自西班牙的真正意义上的超级巨星。他既有初生牛犊不怕虎的生猛，又有一种来自传统家庭的谦逊有礼。两者结合让这位网坛神童自带一种不可抗拒的个人魅力。他颜值在线，使其更具风采。在西班牙，网球运动仍然极具社会精英的色彩，它让人们联想到私人俱乐部和阶层差异。但纳达尔凭一己之力让网球成为西班牙的主流运动项目。

纳达尔的影响力当然不可能仅限于西班牙。法网夺冠后，他的个人故事及相关的庆祝活动登上了《纽约时报》的头版头条。当时英语是纳达尔最大的短板。幸好，在塞维利亚生活多年后，我的西班牙语虽然没有那么的悦耳动听，但也能派上用场。就在他夺冠当晚的午夜时分，纳达尔与亲友在一家名为“众人”的咖啡馆里庆祝他的突破性胜利时接受了我的采访。这是一家位于特罗卡德罗大道上可以看到埃菲尔铁塔美景的餐厅。出人意料的是，现场的气氛很平和。一如我们后来所熟知的那样，纳达尔会刻意在获得重大胜利时保持低调。被亲友围绕的纳达尔身穿一套深色西装，搭配一条颜色保守的领带，与他在场上穿着荧光绿无袖衫、搭配白色七分裤的样子大不一样。“我希望这一切不会改变我，”他说，“我想保持我一直以来的样子。我希望自己能成功，我也相信我能成功。”

纳达尔身为西班牙前足球名将米格尔·安格尔的侄子，这样的关系肯定对他有所帮助。如何处理名人效应对他们整个家族来说在过去的数十年里一点儿也不陌生。我们有理由相信纳达尔的家人比大多数的家庭都更有经验和能力划分好私人领域与公共领域的边界。

费德勒眼中的纳达尔

2005 年法网开赛前，我在巴黎的克利翁酒店的顶层套房里为《纽约时报》和《国际先驱论坛报》采访费德勒时第一次提到了纳达尔。这套顶层套房犹如王宫贵族的城堡一般将协和广场和国民议会大厦尽收眼底。

一路走来，费德勒一直顺风顺水。2005 年是他排名世界第一的第二年。米尔卡的状态也非常不错。费德勒在与国际管理集团解约后便没有了全职经纪人。他的父母代为管理他的许多商业事务。米尔卡因慢性足疾退出网坛后成为他的私人助理、媒体联络人和女友。

米尔卡在费德勒的生活中扮演着多重角色，而且，这些角色之间的界限也并不清晰。就在我与费德勒做访谈时，她正在房间里为杂志拍照而试穿着各式各样的名牌服装。她时不时地走过来询问费德勒试穿效果怎么样。我们的访谈也因此时断时续。费德勒每次都会十分专注地给出自己的意见：可以、不行或者是还凑合。

然后，他会礼貌地转过头继续和我聊天，“嗯，我们刚才说到哪儿了？”“纳达尔，我们刚才说到了纳达尔。”“他给人的印象非常深刻，不是吗？”费德勒说，“纳达尔小我 5 岁，现在就能打赢我。想想 5 年后会是什么样？！对网球这项运动来说，总有新的不同类型的球员出现，这是件好事。我在十八九岁的时候可没达到他现在的高度。”“好吧！他一定不会让我变得骄傲自满。”我说：“他可以左手执拍是件好事。”费德勒说：“很久没有左手执拍的伟大球员了。”

费德勒接着谈到了已经退役的左手执拍的球员：托马斯·穆斯特（Thomas Muster）、戈兰·伊万尼舍维奇、皮特·科达（Petr Korda）和马塞洛·里奥斯。他其实还可以提及自己的教练，同样是左手执拍的托尼·罗奇。“网坛一直缺少左手执拍的球员。”费德勒说，“纳达尔的出现非常好，因为他可以改变整个网坛的局势和球员打球的方式。旋转球会从另外一个方向过来，这会非常有意思，整场比赛的设计也会因此有些不同。”费德勒的回应在好几个层面都非常有趣，尤其是他将纳达尔的出现视作一种现象，一种犹如月亮的潮汐或热带风暴一类的现象（“相当令人印象深刻，不是吗？”）

当米尔卡再没有一席盛装走过来打断我们的谈话之后，那天的采访最触动我的是费德勒以一种守护和维护网球发展的角度来看待纳达尔的横空出世。面对一位盛气凌人的意欲把所有网坛前辈都扑倒在沙滩上的年轻人（当然是心怀敬意地），费德勒反而认为他的出现丰富了风格上的多样性。也许，这只不过是他面对新人挑战时自我纾解的一种说辞。但是，我相信这也一定源自他真正的好奇心。费德勒看过太多的网球比赛，其中包括自己许多赛事的回放。“但我们从未看过萨芬、休伊特、罗迪克或科里亚同左手执拍的人交手的比赛。”费德勒说，“我们只见过他们与同样是右手执拍的对手打球的样子。”我当时觉得纳达尔及家人没有在现场听到这段话实在是太遗憾了。原本对他们来说基于现实考虑的一个选择，却原来这样的意味深长，他们从右手改为左手的决定原来是如此的正确。

费德勒也明确表示，自己深知纳达尔的出现对他及其他选手意味着什么。“我之前只知道他一定会大放异彩，”费德勒说，“但不大确定会是什么时候。去年西班牙队选择他出战戴维斯杯的决赛，我当时就在心里说，‘罗迪克，祝你好运’。”

至少，纳达尔在2005年的后期并没有对费德勒构成多大的威胁。他们俩在那一年再未交手。法网之后，纳达尔又5次夺冠。而这5次比赛，费德勒均未参加。纳达尔在2005年的温网和美网也早早失利。费德勒则在这两项赛事上大获全胜。他在全英俱乐部以直落三盘的成绩击败了罗迪克，在纽约则通过四盘的比赛击败了阿加西。

自1974年35岁的肯·罗斯威尔在一场大满贯赛事上虽败犹荣之后，阿加西成为了大满贯参赛者中年龄最大的一位。他在采访室全面地谈及了费德勒的优点，他是不可战胜的。阿加西在美网决赛前说：“我面对的问题其实很简单。绝大多数的球手都有弱点，往往精彩的球也就那么一两个。但是费德勒几乎没有弱点且好球不断，这就是问题。”阿加西在赛后说：“桑普拉斯很棒，他的实力有目共睹。但你知道怎么和他比赛，知道打他哪里。如果做到了，可能就赢了。费德勒不一样，他没有你可以攻击的地方。我个人觉得他是我遇到过的最好的对手。”

费德勒此时取得的成绩让人眩晕。他在大满贯男单决赛中6胜0负，已经连续在23场世界巡回赛中获得冠军。在此之前，世界巡回赛的男单纪录是由网球名将比约恩·博格同约翰·麦肯罗共同保持的连胜12场。费德勒的胜利囊括各类网球场地：16 场硬地球场、4 场草地球场和 3 场红土球场。

美网决赛结束后的第二天，我在时代广场的一家体育酒吧见到了费德勒。这基本上是他获胜后媒体见面会的一部分。凌晨 3 点才休息的他看上去有些疲惫。他在一张软垫椅上坐下后伸展开双腿，流露出的表情与其说是兴高采烈，不如说是心满意足。费德勒在场上和场下都展现出一种猫科动物的特质。我在《泰晤士报》的一篇文章中写道，“他让我想起一只体态优雅、心满意足的猫”。

我在采访中提及他 23 场的连胜纪录。他说：“这个成绩的确让我感到自豪。我连胜的次数一直以来都不多。但这一次，我做到了。这让我对自己更有信心了。当我一旦意识到比赛到了关键时刻，我总能找到一种方法使自己处于最佳状态并取得成功。尽管我知道这种连胜可能很快就会结束。”大家都在猜想费德勒会需要多久才能打破桑普拉斯连赢 14 座大满贯单打桂冠的纪录。在桑普拉斯宣布退役的两年后，这个纪录看上去不再是不可战胜的了。

“我从不认为只有大满贯才是最重要的比赛，”费德勒说，“如果这么讲，那就意味着我曾在其他巡回赛上面对的优秀选手和成千上万的观众就不重要了。在我至今摘得的 32 座桂冠里也只有 6 座来自大满贯。”这是一个值得探讨的观点。当前媒体竞争激烈，往往只有最华丽的数字才能占据版面有利位置。显然，参加大满贯赛事的次数是最耀眼的。但是，当我们评判一位球员的成绩时，它又绝非一个可靠的参考。例如，像博格这样伟大的球员在历史上也只参加过一次澳网，甚至像吉米·康纳斯这样职业生涯长达 20 年之久的球员也只参加过两次澳网。

对跨时代的球员进行这种比较就更加困难了，有时是毫无意义的。以阿加西为例，他在职业生涯的前 8 年没有参加过澳网，后来又因为伤痛错过了两次。但是，这反过来也许又让阿加西在30多岁时依然状态在线。“阿加西到了35岁还在不断地进步。对此，我一点儿也不惊讶，”费德勒对我说，“只要没有伤病困扰，他喜欢每年参加一些巡回赛。他怎么会不进步呢？”

对于那些一直想要破解费德勒网坛常青树之谜的人来说，这一点可算是重大线索。费德勒曾密切关注阿加西。不久之后，他将关注点更密切地放在纳达尔的身上。

将战线推向草地赛场

这个西班牙人一点儿也不简单。不过，由于再次出现左脚伤痛的问题，纳达尔在2005年年末和2006年年初退出了所有的比赛。他的医生对此也束手无策。后来，西班牙的一位医学专家诊断：由于他左脚跗骨舟骨的先天性问题，可能不得不因此终止竞技性的网球运动。这个诊断让纳达尔备受打击。然而，他的父亲始终很乐观。他们最后找到了一种方法，利用定制的球鞋和鞋垫来减轻受创跗骨的压力。纳达尔在前往美国俄勒冈州的“耐克之旅”中完成了球鞋和鞋垫的定制设计。他因此得以再次踏上征程，向网坛的顶峰发起了进攻。然而，职业生涯有可能随时终止的阴影让他将赛场上的每一分都当作他生命中的最后一分来认真对待。

纳达尔在错过2006年澳网之后以一种报复性的方式返回了赛场。在2006年迪拜网球公开赛的硬地球场上，他在决赛中击败了费德勒。迪拜当时俨然已是费德勒的第二主场和气温舒适的训练基地。这一年，他们成了彼此的劲敌。费德勒和纳达尔总计对战6场，是截至当时所有赛季中两人交手次数最多的一年。纳达尔4胜2负，其中3场是在红土场地上取得的胜利。6场中有5场都是决赛。意大利罗马公开赛上的决赛更是一场超级马拉松式的比赛。时长达5小时5分钟的比赛中，纳达尔通过五盘的鏖战，最终以6-7（0）、7-6（5）、

6–4、2–6 和 7–6（5）的成绩赢得了胜利。

即使这么多年过去了，单纯从网球观赛的角度出发，我仍然认为那场比赛是费德勒和纳达尔之间第二精彩的比赛。他们俩都拼尽全力，发挥到极致。当时，费德勒还在场上指责纳达尔的教练托尼·纳达尔无视规则，在球员席内进行场外指导。

在整场比赛的最后一盘，纳达尔在 1–4 落后的情况下奋起直追，在自己的最后一个发球局内挽救了两个冠军点。然而，费德勒却在标志性的正拍击球中出现了两个非受迫性失误。他的急躁与失误恰好说明了纳达尔正在以自己的方式挑逗着他的情绪。

费德勒以往面对对手发出的威胁大都视而不见。但是面对纳达尔，他有些过于在意。尽管费德勒依然世界排名第一，依然是全球备受瞩目的两大赛事——温网和美网的冠军得主，但是纳达尔的出现已经让他看上去不再那么坚不可摧。这一说法听上去似乎有些夸大其词，毕竟费德勒在 2006 年和 2007 年依然包揽了四大满贯赛事中的三座桂冠，还连续 237 周占据了世界排名榜的榜首。然而，即使在成绩斐然的全盛时期，人们也很难摆脱他在红土球场一而再、再而三地输给纳达尔的印象。费德勒的自信与得意也因此有所递减。如果他在这些失利的比赛中输给了不同的球员，那么大家可能还不会那么印象深刻。可惜，他一连几次都输给比自己小 5 岁的纳达尔，这种重复性必然会强化和放大他失败的效果。

费德勒独占鳌头、自由控场的时间远比人们印象中的短暂。他只不过在 2004 年的整个赛季（如果忽略不计他在迈阿密的失利）和 2005 年赛季的大部分时间里做到了这一点。纳达尔很快便异军突起。尽管纳达尔的出现让费德勒不再战无不胜，但是这反而赋予了费德勒人性化的一面。甚至可以说，他的失利反而帮助他赢得了更多的观众支持。他流畅飘逸且富有创意的比赛风格让世人，即使是门外汉，也大为赞叹。与此同时，他举止优雅，对待粉丝态度友好，在比赛中顽强拼搏的精神也让人们看到了他对网球赛场和现场球迷的尊重。不过，在这一两个赛季里，费德勒也不再是网球怪物。

纳达尔的存在让球迷意识到费德勒的每一次胜利，无论大小，并非毫无悬念和理所应当。这种不确定性反而让人们对费德勒的比赛充满了期待。“想要大众对某个人物产生一种类似于他们对费德勒的情感，我觉得首先要激发出人们内心的一种怜惜感。”安迪·罗迪克对我说，“想想大家面对阿加西的态度。年轻时，大家只会觉得他盛气凌人、狂妄不羁。后来，在他经历一些事业和生活的挫败之后，大众才看到他‘脆弱’的那一面。我觉得人们其实需要与公众人物和偶像有一种个人情感的连接和投射。所以，当费德勒不再是战无不胜的时候，大家反而会觉得在某些方面，哪怕只是一丁点，我和他是一样的。他们会觉得：哦，原来费德勒也会不知所措，他也会没有安全感，等等。”玛蒂娜·纳芙拉蒂洛娃认为费德勒的国籍也有助于他。“我的意思是，”纳芙拉蒂洛娃解释道，“费德勒来自瑞士，这是一个中立国，所以他会给人一种‘我是安全、中立无害、不会威胁任何人’的感觉。”

不过，同样来自瑞士的玛蒂娜·辛吉斯就没有成为众人追捧的对象。纳芙拉蒂洛娃曾 9 次获得温网女单桂冠，在 20 世纪 80 年代一度势不可挡，连续赢得 6 座大满贯。她在全盛时期所向披靡，让比赛结果毫无悬念。但是一直以来，她受欢迎的程度就是不高。“我总是在网前‘手撕’对手，并且我速度快、力量强，结果现场观众都特别同情我的对手，”纳芙拉蒂洛娃说，“但是，几乎没有什么人会同情费德勒的对手。大家只在乎他的表现，很少会关心他的对手是否能赢得比赛。”然而，“手撕”纳达尔对费德勒来说是很难完成的任务。甚至是在费德勒的宝地——温网的全英俱乐部的草地上，情势也开始变得危险。

纳达尔不只是红土球场的霸主，尽管大家在一段时间之后才明白了这一点。在纳达尔的成长期，他的叔父兼教练托尼非常注重培养他在不同球场的战斗能力。托尼要求纳达尔直接上网对抗实力较弱的球员，尽管这意味着纳达尔可能会输掉比赛。

尽管纳达尔挥拍幅度大和特有的发球特点无法让他在场上迅速占据主导优势，但是他强大的攻击力、超高的运动天赋和平稳的心态会让他慢慢控场。另外，纳达尔一点也不惧怕尝试和冒险，你看他在大庭广众之下用自己蹩脚的英语发表演讲就是明证。托尼一直觉得自己身为一名职业球员的最大失败是没有"撒手锏"。于是，他希望自己的侄子能尽可能地武装完备。"我是那种防守型的球员，做得并不是很成功，所以我就想让纳达尔能够成为具有攻击性的球员，"托尼对我说，"事实证明，这种打法非常符合他的性格。"

不过，现实中的纳达尔好似一个矛盾的结合体。在 2011 年出版的《拉法[①]：纳达尔的自传》（*Rafa*）中，他的母亲安娜·玛丽亚（Ana Maria）提到了他如何对家里发生的意外事件持续焦虑与不安。他会一再提醒母亲在去往帕尔马的路上慢点开车或是要记得熄灭壁炉的火。他甚至会专门从餐厅给家里打电话并且一一叮嘱。

与许多西班牙的男单选手不同，纳达尔从小就把温网视为自己的目标。托尼在纳达尔很小的时候就开始强调温网的重要性，即使在当时一众西班牙球星（譬如塞尔希·布鲁格拉、阿尔伯托·科斯塔和莫亚）的心中，法网才是第一大满贯赛事。14 岁那年，纳达尔公开宣称自己有朝一日要在温网的全英俱乐部问鼎冠军。不过，早在 1966 年当马诺洛·桑塔纳摘得温网桂冠的那一刻就已证明西班牙人绝对做得到。在纳达尔首次登上温网的舞台之前，大他 5 岁且

① 纳达尔的昵称。——编者注

同样左手执拍的西班牙选手菲里西亚诺·洛佩兹凭借其优雅却不失进攻性的风格和干脆的反拍削球技术两次打进了温网的四分之一决赛。

纳达尔首次亮相温网时对我说："来自西班牙的选手也开始在这一类的比赛中取得好成绩了，你可以从年轻球员身上看到这一点。他们对参加这样的赛事很感兴趣，也在不断地自我提升，我想这些都有益于网球的发展。"对纳达尔来说，温网不再青睐凭借发球和快速上网的选手，这应该是个好消息。随着网球的反弹力愈来愈好，底线型运动员得以有机会与对手进行多拍回合的对战，甚至通过大量的穿越球给对方造成威胁。聚酯线和现代球拍制作技术也进一步提升了底线型运动员在球场上的发挥，让他们得以在四大满贯及其他赛事中大显身手。

纳达尔在草地球场对阵费德勒的比赛与桑普拉斯在草地球场对阵伊万尼舍维奇的比赛几乎毫无相似之处。无论是在温网还是澳网，纳达尔针对费德勒的打法都很类似，不外乎大量的底线攻守、偶尔突袭上网以及当球落地太短或飞得太高时会第一时间快速移动击球。

2006 年，纳达尔首次打进了温网决赛。他一路将费德勒拉至了第四盘。尽管费德勒最终第四次蝉联温网冠军，但是纳达尔的表现赢得了西班牙球迷的一致好评。

2007 年，纳达尔重返温网决赛时，西班牙球迷对他的期望显然已发生了改变。这是温网历史上可以说是绝无仅有的一年。温网中央球场的棚顶因之后要安装可伸缩的新屋顶而被拆除。于是，这个全球瞩目的网球场上第一次，当然也是最后一次，在整个夏季都是露天的。它看上去就犹如美国的玫瑰碗球场（Rose Bowl）一般，向着天空，向着阳光肆意敞开，决赛当天更是晴空万里。

比赛进行到第五盘，纳达尔在第三局和第五局的发球局将费德勒锁在 15-40。费德勒先后两次逃脱了控制，纳达尔在错失了四个破发点中的两个回球机会之后，紧接着又一个正手击球未中，球落在了场外。费德勒随后以一记侧身正手直线制胜球将纳达尔的发球局扳成 4-2。从那一刻起，场上的形势开始对费德勒有利。他最终以一记过顶扣杀结束了截至当时对他而言最为艰难的一场大满贯决赛。就在获胜的那一刻，费德勒倒在草地上，双手掩面，流出了激动的泪水！纳达尔在场上的表现很克制。然而，当他走进球员休息室，坐在淋浴间任由流水冲刷身体时，他还是哭了出来。他对自己在第五盘试探性的打法深感难过。

费德勒就此追平了一代球王博格在温网创造的五连冠纪录。也是在温网，费德勒之前阻止了桑普拉斯的卫冕之路。

气质平稳的瑞典人博格此刻就坐在温网中央球场的皇家席位上。他的一头金发已变得有些斑白。纳达尔常因其强劲的上旋球、双手反拍和争强好胜的本性而被人们拿来与博格做比较。不过私底下，真正认识博格的是费德勒。所以，他的到来让费德勒在场上备受鼓舞。“看到他坐在那儿真是太好了，”费德勒说，“非常舒服。”不过，博格在学会如何在场上控制情绪之后没多久就因心生疲惫而离开了网坛。反观费德勒，他反而因为情绪的改变在网坛一直持续发展。这是一个非常有意思，乃至有些诡异的对比。

费德勒穿着一身温网的传统服装站上了领奖台：白色夹克衫搭配白色运动长裤。然而，令人尴尬的是，他这一次竟然穿反了裤子。费德勒手捧奖杯在场上接受了英国广播公司的休·巴克（Sue Barker）的采访，巴克提到了纳达尔。费德勒回答说：“在纳达尔独步江湖之前，我很高兴还有机会捧起奖杯。他进步神速。”

2007的温网冠军是费德勒个人职业生涯的第11座大满贯桂冠。两个月后，他在美网又获得了自己的第12座大满贯桂冠。不过，他很快就要面对与他人在网坛并驾齐驱的局面。“一开始，我压根不想有一个势均力敌的竞争对手。”费德勒说。

亦敌亦友

纳达尔和费德勒的打球风格在某些层面来说差别巨大。“耐克”品牌多年来对他们俩精心打造。这一过程会让人不禁想起耐克品牌商在20世纪90年代对桑普拉斯和阿加西的投入。如果说费德勒球风优雅，给人一种四两拨千斤的轻松与平稳，那么纳达尔则肌肉结实、热情似火；如果说费德勒有一种带着古典意味的飘逸，那么纳达尔则体现出一种粗犷且前卫的美感；如果说费德勒意味着传统的持重，那么纳达尔则意味着年轻的激情。

他们俩的赛前准备过程也大不相同。2006年，世界排名第四的美国选手詹姆斯·布莱克在印第安维尔斯杯的半决赛上打败了纳达尔，却在决赛中输给了费德勒。布莱克对我说：“这两人在球员更衣室的表现可真是太有趣了。他们俩毫无疑问都是非常伟大的球员。但是，纳达尔在赛前会带上自己的博世耳机，在更衣室里跑来跑去，又是小跑冲刺又是活动手指，就像是一头被困的猛兽正在等待出笼的机会。第二天，换费德勒与我对阵。我和他坐在休息室一起聊天。他那会儿刚刚在瑞士买了块地准备建房子。他和我讲他和米尔卡的房屋构想，等等。那个感觉就像是我们俩接着并没有什么比赛，而是安逸地坐在一家咖啡馆里无所事事地闲聊，要多平静就有多平静。”

然而，不只是纳达尔，这两人在球场都孔武有力。事实上，就好像突然打开了一个开关，两个人会突然投入战斗，成为具有钢铁般意志的夺冠斗士。只不过，费德勒是直到上场前一刻才会有这种转变。或者说，费德勒的转变自上场开始，而纳达尔则早在更衣室里就开始了。“我觉得人们总是低估了费德勒的杀气，”布莱克说，“因为他在赛前一直都特别放松。他会和你说，‘来，过来看看我们瑞士的美丽乡村，‘哇，好美’之类的。可是，只要一上场，他一点儿也不手软。整个人的状态就是：‘我必须赢’，但是他看上去一点也没有荧幕硬汉洛基·巴尔博亚的样子。”纳达尔有着一整套“战前”仪式。他一跳一跳地从体育场的通道上跑出来，带给人一种战士上场的感觉，虎虎生威，令人生畏。费德勒则更像是“007”系列电影里的隐形杀手，尽管出手致命，却在觥筹交错、谈笑风生间丝毫不显山露水。

纳达尔和费德勒虽然行事风格迥异，但两个人却有着极大的相似之处：既大开大合又细致入微。他们俩为人敏感、善解人意、家教严格、注重礼仪。在与他人握手时，他们绝不敷衍了事，注重眼神交流；对于他人的付出和恩惠，他们也都铭记于心。费德勒的座右铭是：“成为重要的人物固然重要，但更重要的是与人为善。”纳达尔及其家人则信奉：“你之所以特别并非因为你是谁，而是因为你做了什么。”

费德勒和纳达尔都是足球爱好者，都曾有望成为职业足球运动员。尽管两人都在 16 岁左右结束了学业，但是在追求网球的荣耀之路上始终抱有一颗强烈的好奇心。他们俩都与自己的父母关系亲密，且在年少时都遇到了一位职业发展未能如愿却热爱网球的前职业选手做自己的良师益友。甚至，他们俩遇到的体能训练师也很类似。不论是费德勒的皮埃尔·帕格尼尼还是纳达尔的琼·福卡德斯（Joan Forcades），他们都是能够通盘考虑、目光长远、打破常规的人，他们都喜欢在幕后默默工作，而不是在舞台上表演。帕格尼尼与来自马略卡岛的兼职老师福卡德斯都意识到，传统的体能训练对费德勒和纳达尔来说并不理想。他们都选择避开传统的体能训练项目，譬如长跑和举重，转而将注意力放在如何让运动员熟悉和掌握网球特有的一停一顿的击打节奏上。“差不多有 20 年没见过费德勒长跑了。”伊夫斯·阿莱格罗后来有一次说。

在一个更为基本的层面上，费德勒和纳达尔都成长于一种注重平等的文化氛围中。这种不强调突出个人的价值观使得他们不把出名后的自己太当回事儿。与此同时，这种文化基调也使得费德勒在瑞士的家人和纳达尔在西班牙马略卡岛的家族都免受由于过度关注而引发的打扰与骚扰。

纳达尔和费德勒之间的语言障碍在很长一段时间内是真实存在的。不过，随着纳达尔的英语表达越来越好（虽然费德勒的西班牙语毫无长进），两个人都意识到彼此的共通点远比想象中的多得多。这个发现的过程就犹如在暗房中冲洗的照片渐渐有了它清晰的模样。

十多年前，费德勒就曾对我说："我和纳达尔互相尊重，我们看向彼此的眼神都带着一份真挚的敬意，有一种惺惺相惜的感觉。"费德勒和纳达尔或许无论从什么角度出发都谈不上是亲密的朋友，但他们之间绝对有一种特殊的连接。"'友谊'是一个分量很重的词，"纳达尔最近在接受我的一次采访中说，"我和费德勒之间是一种互相尊重、彼此信任的关系。我们都对对方有信心，这一点至关重要。我不可能把费德勒和我在马略卡岛一起长大的发小做比较，但我相信我和他都很珍视我们俩所经历的一切。"

费德勒见证了纳达尔在场下逐渐自信的过程（在场上纳达尔从来都是信心满满）。"我们俩每次见面都会一起聊天，都关心网球是否在朝着正确的方向不断地发展，"费德勒说，"我记得纳达尔几年前还小的时候，特别矜持、害羞，每次聊天都会看着我说，'听你的，我都行'。后来长大了，成了一个很有自己想法的人。我们俩一直都相处得不错。"

费德勒和纳达尔在行为处事上也都是老式做派。他们坚持认为人与人面对面的交流至关重要，而网球也不应被迫做出太多的改变。"说到底，我们俩很像，"纳达尔对我说，"对话很多。在很多方面，包括对体育，对各自职业生涯的理解，都有着类似的观点。”

另外，尽管他们各自的教练都强调要对场上的表现进行场下的数据分析，但是他们俩其实都更喜欢在场上自由发挥。“费德勒对比赛的数据分析一直都不感冒，”纳达尔说，“我也是。我和他一样特别尊重网球的历史和其中的重要人物。我觉得这些年来我们对彼此的了解越来越深入了。”

费德勒和纳达尔之间的惺惺相惜让他们之间的对决对整个网球事业的发展大有裨益。即使两人在 2008 年没有太多对决，情况也是如此。费德勒和纳达尔曾多次交手且每次都令人难忘。然而，在众人心中，他们俩在 2008 年的交手才真正地开启了网坛“费纳争霸”的时代。这一年的对决就犹如一部电视连续剧。对费德勒来说，既有在红土球场的大起大落，也有在草地球场的再创辉煌。

2008 年的法网决赛是两个人第三次在法网争霸。赛前场内的喧闹声听上去更像是咆哮。即使此刻我闭上眼睛，我依然能感受到美国亿万富翁、软件大亨拉里 · 埃利森（Larry Ellison）在决赛开始前最后一刻落座的样子。埃利森本人是一名业余的网球选手。他富可敌国，既能出手购买一座夏威夷岛（他买下了拉奈岛），又能投入数亿美元追捧日益边缘化的美洲杯帆船赛。然而，在巴黎的那个周日午后，他脸上的表情分明在说：除了这里，他哪儿也不想去。因为即将上演的是费德勒和纳达尔之间最新的甚至也是最伟大的一场对决。

这场决赛总计仅用时 1 小时 48 分，部分原因在于纳达尔以一种非常稳健的节奏保住了自己的发球局。场上的最终比分是 6-1、6-3 和 6-0。这是自 1984 年麦肯罗在温网决赛上四盘战胜康纳斯以来比分最悬殊的一次。纳达尔一开始就破发成功，紧接着一发不可收拾连续赢得了整场 25 分中的 22 分。

不过，费德勒还是费德勒。尽管出师不利，但是他一直试图翻盘。他积极投入，可惜纳达尔此次的得分速度实在是太快了。纳达尔在整场比赛中只出现了7个非受迫性的失误。可以说，他牢牢地抓住了每一次机会。反观费德勒，他冒着被纳达尔的穿越球横扫的危险想要上网攻伐。可惜在大比分落后的情况下，费德勒稍显尴尬。当他最后一次正拍击球出界时，纳达尔一如多次在红土球场取得战果时的样子，双臂高高举起，微笑着慢悠悠地走至网前与费德勒握手。

“我一开始并没有准备什么庆祝活动，一般也都是跟着感觉走，”纳达尔说，“决赛通常至少都会打满四盘，比分胶着。可是这一次，没有一个充满张力让人心悬一线的时刻。再加上我和费德勒之间的关系，我觉得没有庆祝也是对的。”纳达尔的回答一如既往地直白和坦率。的确，费德勒在场上的溃败让他和所有人都感到有些措手不及。

他们俩在几周前刚刚在汉堡的红土球场上交过手。经过三盘比分接近的争夺，纳达尔成功地阻止了费德勒的夺冠之路。汉堡的场地回弹幅度小，打球的感觉比较沉闷。这一次在巴黎，纳达尔充分展示出费德勒在红土场地不具备的各项优势。他成为自博格以来首位在法网以不失一盘的成绩摘得桂冠的球员。这一次依然坐在前排观战的博格有了和上次在温网完全不一样的观感。或许，“费纳争霸”更应该被称作是“纳费争霸”，因为纳达尔在两人交手的比赛中以11胜6负的成绩领先，其中在10场红土球场的比赛中更是9胜1负。

“他进步很大，”费德勒说，“防守、进攻都有进步。当我不在状态的时候，他却能从底线打出自己想要的好球，所以就会出现像这样悬殊的比分。做纳达尔的对手，嗯，挺难的。”

比赛如此艰难，那么在2008年接下来的比赛中，在离开红土球场之后，费德勒将会面对怎样的未来？

“我也曾推过他的‘光头’，也在决赛中赢过，也曾有过轻松获胜，”费德勒说，“但是，所有这些并没有让我在红土球场上占到任何优势。”

基于各方面的原因，2008 年对费德勒来说异常的艰辛。那年 3 月，我独家披露了费德勒患有传染性单核细胞增多症并正在积极治疗的事实。费德勒之所以选择让我发布消息，是因为在这个社交媒体的时代，他觉得通过我和《泰晤士报》的采访将有助于让大众正确看待他患病的事实。

在澳网半决赛，当时年仅 20 岁的诺瓦克·德约科维奇以直落三盘的成绩击败了他。德约科维奇之后又在决赛中胜出，赢得了人生的第一座大满贯。面对失利后大众的错愕反应，费德勒在赛后记者会上说：“我觉得我好像有意无意成了别人心中一个永远都不能被打败的‘网坛怪物’。事实上，我想说的是我在半决赛上的发挥并没有不好。”澳网结束后，费德勒休赛 5 周。接着，他前往迪拜。结果，在首轮比赛中又输给了另一位 20 岁的年轻选手安迪·穆雷。

费德勒在澳网结束后的 6 周内第三次病发，他在休赛期间于瑞士和迪拜分别做了检查。医生说他极有可能早在 2007 年 12 月就已患有传染性单核细胞增多症。这类疾病的症状与感冒类似，会让人长期处于虚弱和疲劳的状态。由于此类疾病会引发脾脏破裂的风险，医生通常建议患者应避免参加剧烈的体育活动。

极具运动天赋的克罗地亚网球选手马里奥·安西奇也因传染性单核细胞增多症被迫缺席了 2007 年前半年的赛季，卧床休息两个多月。然而，他最终不得不因此结束了自己的职业生涯。费德勒的另一位对手，罗宾·索德林（Robin Söderling）也因传染性单核细胞增多症在 2015 年宣布退役。“在祖国瑞士的一家足球俱乐部，也有一名球员因为传染性单核细胞增多症而两年未能参赛，”费德勒在电话上对我说，“人们在你耳边说的都是‘两年’‘半年’，我的天啊！”

费德勒说他在前往迪拜参加比赛前不久，他已经获得了可以恢复训练的医疗许可。“终于开了绿灯，让我能够百分之百地投入到训练中。那种半途而废的感觉实在是太不爽了，”他说，“不能去训练，一点也不开心。能够战胜病魔再次回到网球场，对我来说，意义重大。我知道，对职业生涯来说，尤其是一个长久的职业生涯来说，你必然要面对各种伤病的侵扰。”

费德勒说之前由于担心宣布自己病情会有损大家对德约科维奇和穆雷获胜的关注度，所以他并不想公开谈论。但是，如果一直避而不谈，又会让大众觉得自己有意回避，过于害怕。费德勒觉得有必要在参加印第安维尔斯公开赛前将得病的消息公之于众。如果有球迷或其他球员对他在场上的表现大为不解时，或许这个消息会让他们看到事情的全貌。

对费德勒来说，他对网坛的“统治”远未结束。“我觉得通过几次失利就对一个选手做出这样的评估显然是不公平的，”他说，“年轻球员的崛起早晚都会发生。他们已经登上了舞台，每一个人都很棒。但不能否认的是，我依然是目前世界排名第一位的网球运动员。我个人觉得那些非议和评判目前显得有些为时过早，甚至可以说是粗鲁无礼。如果有人说‘这家伙就参加了两场比赛，还全都输了，他不行了，已经过气了’，那我真觉得太不公平了。”

“费纳争霸”再次打响

费德勒从一开始就非常善于捕捉场上观众的反应。他几乎会以中场打出一个半截击球的速度用自己的触角感受场上的负面情绪。通常，他也会在人们的质疑情绪发酵之前就试图扭转局面。但是在 2008 年，费德勒在旋转球的控制方面遭遇到了前所未有的挑战，他请来了备受尊敬的西班牙教练何塞·伊格拉斯（José Higueras）帮助自己应对整个赛季中从葡萄牙的埃什托里尔（Estoril）开始的红土球场。伊格拉斯是一位西班牙前网球明星，目前居住在美国加利福尼亚州棕榈泉的一个牧场。他曾在张德培和吉姆·考瑞尔获得法网冠军的过程中功不可没。法网桂冠恰恰是截至当时费德勒未能问鼎的唯一一座大满贯。

伊格拉斯对我说："费德勒的身体状况不太好，至少需要 18 个月才能从传染性单核细胞增多症中完全恢复过来。我在埃什托里尔遇到了他。当时我的行李丢了，身无一物。有一天晚饭后，他对我说，'来我房间吧'。然后我就去了，我们俩一直看网球比赛到凌晨一点。让我印象特别深刻的是他对一切都感兴趣，会问你很多问题。他知道所有网坛新秀的名字。说实话，身为一个大明星，他能对后辈如此关注，我很诧异。"

伊格拉斯劝说心中仍有犹疑的费德勒尝试在红土场地上改变自己的步伐节奏，以正手放小球的方式来打比赛。学习能力超强的费德勒这一次在伊格拉斯的指导下在埃什托里尔红土球场上大获全胜。然而，伊格拉斯教给费德勒的技巧却未能帮助他在法网上取得成功。"纳达尔势头正猛。对费德勒来说，红土场地的比赛尤为辛苦，不仅是在技术上，也是在心理上。一旦比分开始落后，他就会有些守不住了。"伊格拉斯说。

最初只打算与费德勒短暂工作几周的伊格拉斯原本计划在埃什托里尔的比赛结束后便前往西班牙看望家人。然而，在比赛结束后不久，他就收到了费德勒的经纪人托尼·戈德西克发来的一条短信，说费德勒想要邀请他一同前往德国的哈雷参加在那里举办的草地公开赛。"我当时把飞西班牙的机票都订好了。但是，我对自己说，'我没法拒绝这样的合作'，"伊格拉斯说，"然后我就跟着费德勒去苏黎世待了几天，再一起去了哈雷。到达哈雷后，我们一起在训练场练习，他的势头就像是他刚刚连续获得法网五连冠一样。那是一种纯粹的打球带来的快乐。说实话，他积极的状态也在调动我。不管是天生的还是后天的，费德勒身上有一种能够快速摆脱失败阴影和不纠结过往的特质。特别富有感染力！我想这也是他在整个职业生涯一直坚持的事情。”

费德勒在哈雷以未失一盘的全胜成绩赢得了比赛。他似乎也因此积蓄了全新的能量。然而，事实上，随着温网的到来，埃什托里尔和哈雷的比赛成为他在 2008 年仅有的两次夺冠机会，而这两个赛事的级别却并不高。这似乎拉响了费德勒职业生涯的警报。反观纳达尔，他在比哈雷好太多的全英俱乐部的草地球场击败了罗迪克和德约科维奇，成为 2008 年的温网冠军。“纳达尔就像是一记重锤。”布拉德 · 吉尔伯特说。

费德勒在 2008 年的温网开赛后以未失一盘的成绩一路横扫进入了决赛，而纳达尔打入决赛前也只是丢了一盘而已。“费纳争霸”再次开启。“这是一场人人翘首以盼的决赛。”费德勒说。这场比赛几乎囊括了所有的梦幻元素。

费德勒和纳达尔在 2008 年的温网之争绝对是网球史上最惊心动魄、最荡气回肠的一场比赛。费德勒梦想着能第六次成功问鼎，以此打破由博格创造的温网五连冠的纪录。与此同时，纳达尔则盼着自己能首次在温网夺冠，成为继博格之后温网和法网的双料冠军。

“大众当时普遍感觉纳达尔继上次遗憾败北后可能会在此次温网大获全胜，尤其是他在法网完全压制住了费德勒，”达伦 · 卡希尔在开赛前对我说，“但我很高兴看到费德勒在法网之后强化了训练。我个人觉得他在 2008 年温网的状态非常好。他进入这场决赛和之前任何一次进入温网决赛的感觉没有差别。我觉得他的发球恰到好处。他把球漂亮地发到禁区，打出了很多靠近边线的 ACE 球。说实话，我特别喜欢他在场上的步伐，那种脚步轻盈的感觉。他的犀利和敏锐也都回来了。”

纳达尔想要势如破竹地一举拿下这场比赛看来是不可能了。不过，他也已经第三次做好了以直落几盘的成绩打败费德勒的准备。在比赛正式拉开帷幕前，纳达尔却首先不得不对着疼痛的左脚打了一针封闭。令人遗憾的是，这种处理在他患上足疾后常有发生。此次温网决赛，纳达尔不觉得自己是夺冠热门，但也绝对没有甘居下风。在他看来，这是一场势均力敌的比赛。他坚信正是因为势均力敌才让整场比赛引人入胜。

开赛后，纳达尔先声夺人，轻取两盘，且第二盘是在 1–4 落后的情况下反败为胜。尽管费德勒的回球增多且更为频繁地上网进攻，但纳达尔还是在第三盘占据了主动。两人在第三盘打成 3–3 平局后，费德勒在发球局时以 0：40 大幅落后，但是他很快又在局数上以 5–4 反超。紧接着，比赛因下雨暂停了一个多小时。

伊格拉斯此次并未到场。换句话说，费德勒在没有正式教练的情况下投入了比赛。他返回球员休息室后，米尔卡立马为他加油打气。根据乔恩 · 沃特海姆（Jon Wertheim）在其著作《天才之击》中对 2008 年温网决赛的描述，米尔卡当时提醒自己的男友是他而非纳达尔才是温网五连冠的得主。不过，费德勒后来说自己对这一幕毫无印象。“老实说，我不觉得她会这么说。”费德勒在接受《星期日泰晤士报》（*The Sunday Times*）采访时说。

一个多小时后，费德勒带着新的能量回到了赛场。他很快在第三盘抢七成功，比赛由此来至第四盘。决战在即，费德勒尽管看上去一时占据主动，但纳达尔始终紧随其后。

倘若当时大家能亲临现场自然是再好不过了。温布尔登理应是每一个人都不可错过的网球胜地。它远比人们想象的要拥挤，绝对名副其实。仅仅是中央球场的视听效果就让你不虚此行。立体环绕的音效，低沉而响亮，现场观众的情绪也因此而高涨。

参赛选手的绝佳表现更是令人终生难忘。纳达尔和费德勒的正手会让你领略到什么是旋转速度，从底线猛冲过去接小球的那一刻会让观众见识什么是健步如飞，每一个回合都在向观众说明什么叫力大无穷。

2008 年的电视转播还无法呈现出所有的比赛细节。多年后，我们也不可能让时光倒流，穿越回当年的决赛现场，随时按下播放键一览比赛最后两小时的精彩对决。事实上，这场比赛既是场上两名球员的高手过招，也是现场观众的群情投入。场上风云变幻，观众的情绪随之跌宕起伏。这就是高手对决才会引发的现场反应。对纳达尔的球迷来说，当他在第四盘的抢七局中以 5-2 领先后，大家的心情自然是无比振奋，因为在那一刻纳达尔离温网冠军的距离不过是在自己的发球局再拿 2 分而已。难道纳达尔真已掌控大局，胜券在握了吗？答案似乎并非如此。他双发失误，第二发更是直接挂网。纳达尔接着在场上的一个短球让费德勒有了进攻的机会，另外他在自己屡试不爽的反手穿越球上也出现了失误。

此时场上比分从 5-2 来到了 5-4。随着费德勒在自己的发球局中双发成功，纳达尔原本领先的优势顷刻间荡然无存。但是，纳达尔还是抓住了盘点，在长距离多拍回合的较量中撑了下来，在比分 7-6 时遇到了自己的第一个冠军点。此时，费德勒丝毫没有拖延，他一发外角球，纳达尔正拍长球回击。当比分来至 7-7 时，纳达尔原本想跑到一侧浅打一记直线正拍穿越制胜。如若费德勒未能一个反手穿越制胜球回球成功，纳达尔刚才的一击肯定就胜利结束整场比赛了；然而，费德勒的回球成功将比赛延长至第二个冠军点。

纳达尔和费德勒在如此强大的压力之下所表现出来的精准对打将抢七局的比分带至了 8-8。这一次，费德勒抓住机会连赢两球，愉快地拿下了第四盘。

至此，费德勒和纳达尔在四盘比赛中各赢两盘，整场比赛来至第五盘。

此刻，在我落笔回忆 2008 年温网决赛时，远比当时在现场写报道要轻松愉快。那一年，比赛因下雨推迟，实际上意味着我们在欧洲出版赛事报道的时间已过最后期限。喜忧参半的第五盘更意味着出版时间还得往后顺延。记得我当时因为工作关系不得不时不时地将目光从现场转移到电脑屏幕。真希望我那会儿没有公务在身，只是作为一名观众在现场享受纯粹的比赛。时间紧迫，结局未知，我们这些媒体人必须做好两手准备：两种结局、两个版本、两份导语。一个是费德勒在夜色渐浓的中央球场再续传奇；另一个是纳达尔在暮色之中笑到了最后。究竟结局如何？哪个版本的故事会刊印在第二天的报纸上？答案要在一个多小时后才能揭晓。

这场决赛两次因雨势被迫中断。最后一次中断后，费德勒和纳达尔各赢两盘打成了平手。当比赛进行了将近半小时后，费德勒连续打出 ACE 球，他看上去似乎志在必得。比赛进行到第五盘，当纳达尔在局数 3–4、比分也以 30–40 落后的时候，费德勒在纳达尔的发球局破发成功。可是，纳达尔紧接着就以一记正拍防御性高吊球直接过顶扣杀成功。纳达尔看上去似乎也志在必得。“费德勒！”“纳达尔！”“费德勒！”“纳达尔！”中央球场上的两派呼声势不两立，不绝于耳。

在第五盘纳达尔在局数 4–5，且比分 30–30 平时，费德勒只要在纳达尔的发球局连赢两个球，就会拿下第五盘，进而获得整场比赛的胜利。然而，纳达尔又岂会轻易放弃。事实上，他再次抓住时机大胆发挥。场上记分牌上的数字就这样你追我赶，你一分我一分，我一分你一分，两个人从 5–5、6–5、6–6、7–6 和 7–7 一路打得难解难分。

此时中央球场的光线已经暗到远处的观众很难看清比赛，电视摄像机的灯光也被调到最亮，比赛接近于无法正常进行的状态。随着看台上自动闪光灯的熄灭，15 000 名观众都在焦急地等待着比赛结束的最后一刻。

谁又能苛责场上的观众呢？尽管能见度已大幅下降，但最后一刻仍然值得众人等待。费德勒又连续挽救了 3 个破发点。米尔卡一度靠在椅背上双眼紧闭。看着她的爱人在拉锯战中奋力拼搏，她浑身紧张，精神疲惫。可惜，费德勒未能挽救第四个破发点，正手进攻球刚刚超过底线。“我几乎看不清对面是谁。”费德勒说。对面当然还是纳达尔。当比分为 8-7 时，纳达尔换新球发球。在夜色中（已过晚上 9 点），纳达尔一定也想尽快得分结束比赛。他当然不愿意将比赛拖至周一。如果那样，他将不得不在租住的地方度过一个难熬的夜晚。

让这场网球史上史诗般的比赛当晚没有结局，那该多么遗憾！费德勒的心情也是一样。当然，他一点也不想为纳达尔抵达终点助一臂之力。在温网历史上，2008 年的这场决赛是受光线不足困扰的最后一场决赛，因为中央球场上方可伸缩的屋顶当时已基本安装到位。新的屋顶及其配套的灯光设施自 2009 年开始全面投入使用。至此，无论天气好坏，总决赛确定都会在比赛开始的当天顺利结束。

不过，这次“费纳争霸”是在 2008 年。从很多层面来讲，这一年可以说是“纳达尔年”。费德勒在比分为 30：40 时以一记本场比赛最佳的反手回球挽救了第三个冠军点。纳达尔没有自乱阵脚，紧接着在一发中再次得分，这是费德勒无法企及的。第四个冠军点出现了。发梢扫在脖颈上的纳达尔开始常规二发，打出了一个平淡无奇的反手，但回击很短。费德勒向前一个猛扑，运用帮助自己连续 5 次温网夺冠的正拍直接击球。可惜，球未过网！纳达尔瞬间躺倒在地，后背接触在草皮已斑驳分离的泥土上。温网的新冠军诞生了！

网球男单比赛被注入了新的活力！纳达尔在与费德勒耗时持久的长盘争斗中最终以五盘 6–4、6–4、6–7（5）、6–7（8）和 9–7 的成绩胜出！

一如你所能想象到的比赛失利一方的样子，场上的费德勒当时表情沮丧、垂头丧气，一副受伤的模样。“对我来说，这是迄今为止最大的失败，”他后来红着眼眶说，“我的意思是，没有比现在更让人难受的了。”

实现了梦想的纳达尔心满意足。他爬上球员席位与家人和团队成员紧紧拥抱。这一幕让人们回想起帕特·卡什在 1987 年温网夺冠后同样爬上看台的举动。不过，纳达尔在 2008 年增加了自己的风格，他穿过解说员所在小屋的屋顶，径直来到皇家包厢，向西班牙王储费利佩（Felipe）和莱蒂齐亚公主（Letizia）致意。

“这是他职业生涯中最棒的一次胜利，”纳达尔的叔叔托尼·纳达尔说，“他的精神状态从未如此强大过，甚至在法网夺冠时也没有。”

不过，费德勒认为正是因为纳达尔在 2008 年法网上的胜利才给了他接下来勇夺温网桂冠的信心和勇气。费德勒后来对赛场后期的能见度和组委会将拉锯战进行到底的决定有所抱怨。“无论是对球迷、媒体，还是对我们两个人，周一再战都有些残酷，所以你又能有什么选择呢？”费德勒说，“光线不足肯定会有一定影响。我输掉了有史以来最伟大的一场比赛。”不过，纳达尔也不得不面对场上光线不足的问题。但是，他最终抓住了冠军点，赢得了比赛。

“我想这次温网已经证明了我不仅可以在红土赛场夺冠，”纳达尔说，“这次胜利对我来说意义非凡。在四大满贯中，温网的历史最悠久。它是一个高规格的竞技舞台。”

这是一场史上最精彩的比赛吗？我们真的要做这样的论断吗？博格与麦肯罗在1980年温网的五盘决战同样名载史册，这是不应该被忽视的。同样是左手与右手的较量，同样是个性与风格有着很大反差的两位对手，同样是网前进攻与底线进攻的决战。1980年的温网决赛对我们这一代人，乃至对我们之前那一代人来说，绝对是经典中的经典。

麦肯罗将2008年的“纳费争霸”称作自己“看过的最精彩的一场比赛”。显然，他参赛的那场1980年的温网决赛因自己身处其中而没有机会进行全方位的观察。事实上，麦肯罗在那场决赛中7次挽救了冠军点，比费德勒在2008年还多了4次。麦肯罗7次挽救赛点中的5次都发生在抢七局中。他和博格在第四盘抢七局中的比分一直拉锯至18：16从而进入第五盘。尽管博格在第五盘发球局的表现并不平稳，但是他最终以一记反手穿越制胜球胜出。相比之下，2008年的“费纳之争”则是以费德勒的一个网前失误结束了比赛。

如若论及在赛场上的忍耐力和强大的心理支撑能力，德约科维奇在2012年澳网通过近6小时的鏖战最终战胜纳达尔的那场比赛，也绝对值得一提。如若论及不屈不挠的战斗精神和情感投入，我对戈兰·伊万尼舍维奇在2001年温网“超级周一”举行的决赛中五盘战胜帕特里克·拉夫特的比赛更情有独钟。在场上，人们的沟通靠的是心灵而非大脑。毫无疑问，伟大的比赛从来都不是场上某一方的孤身作战。它是一个彼此成就、悬念叠生以至拍案叫绝的过程，更是一个突破众人想象、超越人类的手持球拍极限的过程。

如有必要，你完全可以自行决定你眼中最精彩的网球比赛。对我来说，我会选择博格和麦肯罗在1980年的温网对决。当然，个人选择皆可付之笑谈。但是，一场诸如1980年或2008年的温网决赛绝对预示着网球发展的历史走向。

1980年温网决赛过去40多年后，当你再次看到博格和麦肯罗那心领神会的默契表情时，你就知道他们如何通过那场比赛深深地彼此连接。然而，随着麦肯罗在温网和美网相继打败博格，博格早早宣布退役之后，他们两个人始自 1980 年的对决只延续了 4 个赛季便戛然而止。

然而，"费纳争霸"的生命力则要长久得多。可以说，费德勒和纳达尔的交手已经成为网坛一道谁也不想错过的风景线。他们在 2008 年的温网对决是彼此争锋的开始而非结束。在暮色中的长盘拉锯不仅触动着场上的每一位观众，更深深地印刻在了他们自己的心中。我猜想正是这一份彼此连接的触动让他们在日后拥有多次相聚，譬如 2016 年的冬天，费德勒专程来到纳达尔的故乡马略卡岛参加那次史无前例的"场地之战"。

当时费德勒和纳达尔两个人都处在逐步康复阶段。经过努力，纳达尔投资的网球学院正式在马纳科尔投入运营。为了扩大宣传，费德勒更是从瑞士坐飞机前去站台。费德勒和纳达尔两个人在场上并肩作战。他们在彼此的生命中也紧密相连。就在那个温网争霸落幕的夜晚，当纳达尔在全英俱乐部的草地上自豪地举起金杯时，费德勒也怅然若失地举起了手中的银盘。场上的闪光灯在那一刻照亮了他们的脸庞。

09 打破法网无冠的“魔咒”

法国，巴黎

2008年法网决赛开始后不到一小时，伟大的罗杰·费德勒被挤压得就如同制作罗兰·加洛斯红土球场的红砖一样。“你还相信自己有朝一日会在法网夺冠吗?”在气氛凝重的赛后记者会上，费德勒面对提问说：“是的。”“真的吗?”提出问题的那位记者再次语带怀疑地问道。“是不是我说‘不能’你才满意?”费德勒有些生气，“你想要的答案不存在。你爱怎么想是你的事，但我说的是‘是的’。”在记者会上发脾气，对费德勒来说实属罕见。

大家的怀疑也并非毫无根据。费德勒在此次与纳达尔对战的三盘比赛中只赢了四局。整场比赛给人一种一个手持弓箭的人却意图抵抗激光制导导弹的感觉。他们俩已连续3年在法网对战，但费德勒一次比一次显得力不从心。当然，我们也可以从费德勒的角度出发进行思考。毫无疑问，他是世界上第二个强大的红土球员，能够击败纳达尔以外的任何对手。

迅速崛起的诺瓦克·德约科维奇虽然已收获一座大满贯，但是他在红土球场上的表现远未达到顶峰。斯坦·瓦林卡刚刚冲进世界排名前10。曾经在红土球场叱咤风云的胡安·卡洛斯·费雷罗和奎勒莫·科里亚均已退隐，古斯塔沃·库尔滕则已正式退役。

在费德勒眼中，真正阻碍他成为四大满贯得主的不过纳达尔一人。那么，他有什么理由不相信自己能在法网的罗兰·加洛斯球场解开这些不可思议的谜题呢？毕竟，他曾在职业生涯早期曾顺利地解决了莱顿·休伊特带来的难题，也曾成功改变了自己在场上的脾气。“我的意思是，他很难被打败并不意味着不能被打败。这两者之间有着本质的区别。”费德勒在谈及纳达尔时说。

迈不过去的红土赛场

费德勒就是在红土球场上长大的。他最早在巴塞尔的红土球场学习打球：温暖的季节在户外球场，而寒冷季节则在老男孩俱乐部这样有着巨大加热灯照射的室内球场。“在瑞士，室内红土球场有加热大灯是很常见的，”费德勒对我说，“这样能保证俱乐部即使在冬天也照常运转。我也曾在一些铺着地毯的球场或是其他场地上打过球，但是在青少年时期的大部分时间里，我都是在红土球场上练习的。”

北美风格的硬地球场在瑞士很少见。红土场地对不同年龄阶段的人都有好处。由于球在红土球场落地时会与地面产生较大的摩擦力，球速因而变慢，场上双方也因此有更多时间进行动作设计，思考如何得分、打出各种球，如网前吊球。在球速更快、摩擦力较少的球场，也许一次挥拍就能解决问题。可是在红土球场，球员们需要有更多的耐心和耐力来多拍应战。多年以来，我个人更喜欢观看红土球场的比赛，看球员在场上的动作、战术和策略，甚至从纯粹美学的角度出发，在傍晚时分的罗马或巴黎红土球场上看人影流动、光影变化。

美国网球协会前球员发展主管帕特里克·麦肯罗认为，美国在 21 世纪初期缺少顶级男子网球运动员的一大原因就是：欧洲球员本身是在红土球场成长起来的，具有先天优势。他坚称太多的美国年轻球员只知道挥拍击球，却不知如何打好比赛。红土球场或许是最好的训练场地，它可以消磨球员的生猛之气，让他们转而思考如何设计得分。红土球场的优点当然不止于此。

也许，费德勒能够在网坛 20 多年参加各种巡回赛的原因之一就在于他年轻时未曾在硬地球场上过度损耗自己的身体。相比而言，红土球场对身体关节的消耗偏低。不过，费德勒在红土球场上遇到的挑战可不小。1998 年，费德勒第一次参加巡回赛时在格施塔德的红土赛场上输给了卢卡斯·阿诺德·科尔。之后，他在红土球场接连输球。费德勒多年后对我说：“最开始的 11 场比赛，我全输了！有几场比赛的得分很接近，但还是输了。11 场就是 11 场！哦，那种挫败感！”这个具体准确的数字深深地印刻在了他的脑海里。

1999 年的法网是费德勒的大满贯首秀，也是他早期失利的一场比赛。当时的对手是魅力十足、擅长近网战术的澳大利亚选手帕特里克·拉夫特。拉夫特在 1997 年和 1998 年连续两年夺得美网冠军。他是一名网前速度极快的球员，懂得如何在红土球场上滑步和进攻。这一点也许得益于他的成长环境。他和澳大利亚网球明星罗德·拉沃尔和罗伊·埃默森一样在阳光明媚的昆士兰（Queensland）的“蚁床”球场上长大。所谓“蚁床”是指由白蚁山碾碎的泥土制成的练习球场。“‘蚁床’球场特别滑，跑动时经常会滑起来，”拉夫特说，“这是在我们昆士兰最接近红土的东西了。”

拉夫特在抵达罗兰·加洛斯球场的前几天，曾在 1997 年打入红土球场意大利公开赛决赛和法网半决赛。在 1999 年之前，他从未与费德勒交过手。费德勒 17 岁时幸运地拿到了一张通常留给法国本土网坛新秀的外卡而来到了法网赛场。不过，值得注意的是他当时在 IMG 的经纪人雷吉斯·布鲁内特也是一位人脉颇广的前法球员。1998 年，费德勒尽管在法网青少年组的首轮单打和双打比赛中统统失利，但他最终还是成为世界网球青少年组排名第一的选手。

1999 年，鉴于拉夫特的名号和他全球第三号种子选手的身份，他和费德勒的比赛被安排在了法网的第二大球场——可容纳一万名观众的苏珊·朗格伦球场（Suzanne Lenglen Court）。苏珊·朗格伦球场是一个精致的现代网球球场，视野极好。正对着底线后方的大型媒体席依然是观看比赛的最佳位置，落座其间既可以看到全局又无须跟着球来回转动头部。我可能是人群中少数几个冲着费德勒而非拉夫特前来的观众之一。作为一名网球专栏作家，我需要时刻留意网坛动向。我认识的两位网球经纪人分别和我提到了费德勒，这也激发起了我的兴趣。费德勒并没有与他们合作，换言之，他们没有任何夸大其词和有意“推销”的动机，费德勒的“与众不同”让两人青睐有加。

外卡可能是年轻球员迅速上位的一个主要途径，因为这使得他们跳过或缩短通常的卫星赛或排位赛，从而在重大赛事上获得积分和曝光机会。这一点对潜在的赞助商来说也是意义重大。来自大满贯赛事举办国（英、法、美、澳）的球员由于能优先获得外卡提前进入大满贯赛事而占尽先机。费德勒尽管是瑞士人，却在早年获得了不少的外卡，其中巡回赛级别的外卡就超过 10 张，还有 1 张是他在 1998 年获得温网男子青少年组冠军之后得到的 1999 年参加温网男子组比赛的外卡。依照当时的积分规则，如果一名局外者打败了一位高位排名的选手，那么就可以在常规积分的基础上获得额外的奖励积分。“如果我能在法网打败拉夫特，那可是双倍积分，”费德勒说，“所以，我一场比赛将得到 90 而不是 45 分。当然，要打败拉夫特谈何容易，但我还是忍不住会想，‘万一呢？如果赢了，那自己的排名会有什么变化？’这样的问题。你知道在开赛前，满脑子全是这些。”

那个阶段的费德勒还远谈不上潇洒飘逸。他尚未结识法国《时尚》（*Vogue*）杂志的主编安娜·温图尔（Anna Wintour）。只见他穿着一身松松垮垮的网球服，反戴着一顶网球帽就登上了法网的舞台。在得分之间，他显得火急火燎，总是急于想打出下一个制胜球，整体的感觉还是有些松懈。在某些情景下，他似乎并不清楚要如何调整身心，运筹帷幄。但是，不可否认的是他的击球动作相当迅速，发球流畅，对一个 17 岁的青年来说，令人印象相当深刻的是他的挥拍力量。当他挥舞着球拍拿下第一盘时，我深感自己在一个对的时间出现在了一个对的地方。适时出现永远是职业记者的不懈追求。可惜，费德勒之后的表现还是有负所望，在接下来的三盘中只赢了五局。拉夫特最终以 5–7、6–3、6–0 和 6–2 的比分赢得了胜利。

“我一直感觉自己是一个不错的比赛型选手，属于在重大赛事上遇强则强的那种，但是遇到拉夫特的上旋发球，加上我的单手反拍，真挺难的，”费德勒对我说，“第一盘结束后，他就掌握了我的打法，把我的打法分析得非常透彻。我还是缺少来回对抗所需要的技巧。拉夫特经验丰富，他很清楚要如何应对。”

不过，费德勒的表现也让拉夫特印象深刻。这倒不是一向待人和善的拉夫特有意客气。“他很有天赋，”拉夫特说，“我觉得他无所不能，发球很好，截击不错，挥拍回球有一些也很到位。他在场上是个危险的家伙。正反拍都好，尤其是正拍。他还那么年轻，一切才刚刚开始。如果够努力、够投入，将来必定会成为一名特别出色的网球运动员。”

多年过去，拉夫特早期对费德勒的评价惊人地准确。然而，尽管费德勒精通法语且很早便在红土球场上征战，但是罗兰·加洛斯球场对他来说一直都困难重重。2000 年，他止步第四轮。2001 年，他打进八强。这是他在当时取得的最好成绩。2002 年，他在第一轮就输给了来自摩洛哥的希查姆·阿拉兹。

2003年，尽管他的世界排名已晋升至第5位，但是他却依然在第一轮被来自秘鲁的路易斯·霍纳爆冷出局。

阿拉兹和霍纳均以直落三盘的成绩轻松取胜。费德勒解释说是因为自己在球场开阔、球员在界外的活动空间较大的法网菲利普·查特里尔球场难以找准方向。“场地大小对我很有影响，”费德勒对我说，“我的视野感觉范围会变得不太确定。”

更重要的是，他一直在与压力做斗争。2004年，费德勒在法网的第三轮以三盘4–6的比分输给了库尔滕。如果你留意到库尔滕曾3次问鼎法网且喜爱红土球场的事实，那么这个结果看上去无可非议。可是，需要说明的是库尔滕因慢性髋部疼痛的问题，到2004年早已走过了巅峰期且当时世界排名仅第28位。反观2004年的费德勒：世界排名第一，温网和澳网的双料冠军得主。“我原本能赢，但不知道为什么还是输了。”费德勒说。

为了能更好地适应法网场地，费德勒在2005年年初便来到了巴黎。我在开赛前对他做了一个简短的采访。当我提及好几位在三大满贯赛事中均有斩获却唯独在法网上颗粒无收的伟大球员并且意将他与他们类比时，他信心满满地予以了反驳。这些伟大的球员包括鲍里斯·贝克尔、斯蒂芬·埃德伯格和皮特·桑普拉斯。费德勒说：“仅凭发球和截击就想在法网夺冠真的很难。”我说：“桑普拉斯曾试图留在后方。”费德勒说：“没错。可是由于他发球威力大且底线附近的技术平平，所以他不得不频繁上网。而且，他用的球拍也一直是小头拍。”

费德勒指的是桑普拉斯一直使用的85平方英寸威尔胜专业系列的球拍。他自己曾一度也使用这款球拍，包括2001年击败桑普拉斯的那场比赛。直至2002年，费德勒才为了提高场上成绩便将自己的球拍换为尺寸稍大的大头拍。

费德勒接着说：“我的意思不是说如果桑普拉斯换了球拍就一定能在法网夺冠，但是换球拍一定有帮助。我目前使用的球拍的拍头是 90 平方英寸，我感觉它能很好地帮助我在后方发挥。当然，你不能，尤其是不能拿我和麦肯罗进行比较。埃德伯格、贝克尔、桑普拉斯，他们频繁上网。但话说回来，他们不上网必定会输。如果你能在场上把他们压在底线附近，那你肯定发挥出色。对我来说，如果我在底线附近，我相信我会打得好一些。”

一直以来，我都喜欢采访费德勒。其中的一个原因就是他说话总是直截了当。他从不藏着掖着，即使有时候听上去有些过于自负。他知道风险在哪儿，但是用他自己的话来说，他希望自己能“自然而然”地表达，能尽量地简单明了，避免前后不一或各种解释。

他真的相信自己比儿时的偶像在罗兰·加洛斯球场有更好的表现。他的自信在某种程度上是合理的。麦肯罗在网前当然很强，但他很少使用上旋球。埃德伯格的正手在多拍回合中并不突出。贝克尔的动作无论在什么类型的球场，都没有达到费德勒的高度（除非他在草地球场上横向俯冲）。桑普拉斯在红土球场发挥起来显然没有费德勒得心应手。况且，桑普拉斯还患有先天性地中海贫血的血液疾病，他因此很难在红土球场漫长且艰苦的比赛中保持耐力。

“在我心中，温网永远排第一位。这一点非常明确，”费德勒说，“对那个地方，我有别样的感情。我的偶像都曾在温网夺冠。当然，我也知道如果能在法网夺冠，这对我个人来说意味着什么。所以，我多年的付出和准备让法网在我心里有一个特殊的位置。因为在法网，我想可能只有 7～10 次，最多也就 15 次的机会。”“15 次？！”听到这个数字，我当时就惊呆了。费德勒 2004 年参加法网时已 23 岁，再参加 15 次，天哪，这是一个多么野心勃勃的长远计划！

费德勒哈哈一乐，笑着说："嘿，你想想阿加西，他就做到了。"阿加西在2004年晚些时候打进美网决赛时已35岁。"我喜欢挑战。我在红土球场上遇到的对手比在其他球场遇到的都强硬。我想这一点也会促使我在红土球场上不断努力。遗憾的是，非常遗憾的是，我在其他场地的成绩都不错，这让我没有足够的时间专门针对红土球场做最充足的准备或是有更多的时间在红土球场练习和打比赛。"

时至今日，回想起来，可以说费德勒在2004年错过了在红土球场耀武扬威的大好机会。因为就在第二年，2005年，纳达尔正式在法网参加比赛，并凭借一己之力改写了整个网坛的格局，扰乱了每个人的计划。如果说迈克尔·菲尔普斯天生是泳池霸主，那么纳达尔就一定是红土之王。"2004年之后，我在红土场地上的表现其实越来越好，"费德勒在职业生涯的后期对我说，"我打进了半决赛、决赛。结果，纳达尔出现了。纳达尔就是纳达尔，我的红土之战变得越来越困难。"

费德勒的这番话让人感觉纳达尔似乎是一个手持重锤的北欧神灵而非一位手持百宝力球拍、来自马略卡岛的世间凡人。问题是，他这么讲又有谁会不同意呢？纳达尔的确在法网的红土球场上毫无弱点。截至2009年，他已在法网四连冠并在包括戴维斯杯和大师系列赛在内的五盘三胜制的红土决赛中创造了45胜0负的历史最高纪录。"很难想象这竟然是真的，"美国球员萨姆·奎里(Sam Querrey)说，奎里也是纳达尔众多手下败将之一，"去年在戴维斯杯上，我曾在红土球场赢了纳达尔一盘。我不是红土球场的宠儿。我想大多数人都会觉得他可能已经累了，或者他度过了令人难以置信的一天，对他来说这一天很糟糕，但事实上他总是能战胜这一切。"

掌控失衡的天平

纳达尔的确在 2009 年遇到了一些麻烦。其中有两件事只有他核心圈子的成员才知道。当时，大众只知道纳达尔在法网开赛前一周的马德里红土决赛上败给了费德勒。但是，考虑到马德里的具体情况，这个结果似乎并不意外。首先，马德里红土场球场海拔是 640 米。其次，纳达尔在对阵费德勒的前一晚刚刚在半决赛上与德约科维奇鏖战了四个多小时。大众不知道的是纳达尔的膝盖此时患有肌腱炎，而他的父亲塞巴斯蒂安和母亲安娜・玛丽亚刚刚离异不久。塞巴斯蒂安在 2009 年 2 月澳网结束后返回西班牙的飞机上告诉了纳达尔离异的消息。2009 年纳达尔第一次在澳网击败费德勒夺冠。

正处于事业上升期的纳达尔听到这个消息时震惊不已。他在 2011 年出版的自传中写道，这个猝不及防的消息让他和父亲在接下来的旅程中一路无话。在西班牙《国家报》（*El País*）就职的英国藉新闻记者约翰・卡林（John Carlin）的帮助下，纳达尔在自传中详细地记录了他的心路历程：

> 父母曾是我生命的支柱。如今，这根支柱轰然倒塌。我生命中最珍视的连接就这样被拦腰斩断。我的情感依靠就这样遭受了致命一击。也许，对于其他孩子已成年的家庭来说（我已 22 岁，妹妹也已 18 岁），父母离异并非大事，每个人都能处之泰然。然而，对于生养我的家庭来说，它是如此的亲密和融洽，这样的消息不可能让身处其中的人无动于衷。以往，我能看到的都是欢笑与和睦，从未有过任何明显的冲突。突然有一天，你蓦然发现原来自己相濡以沫的父母在携手共度 30 多年后却历经危机，并最终选择分开。你在震惊之余唯有心碎。我的家庭一直是我生命中神圣不可触碰的核心，是我内心安定的保障，也是我美好童年回忆的储存场所。然而，在猝不及防之间，原本完整的温馨家庭就这样被撕碎了。不论是我的父母，还是我和妹妹，每个人都痛苦不已。甚至我们身边的每一个人：

叔伯姑舅姨、祖父母、外祖父母，甚至是小一辈都深受影响。我的世界开始变得动荡，家庭成员之间的关系第一次那么的别扭和尴尬。没有人知道相互之间究竟应该如何面对。回家，原本对我来说是那么开心的一件事，如今却变得奇怪和陌生。

纳达尔当时仍和父母住在一起。对于他这个年龄生活在马略卡岛上的人来说，这并不罕见。然而即使是外出比赛，父母突然离异的痛苦也让他无从逃避。在这个消息公之于众的第二年，他在接受采访时说："很多时候，离开家去参加比赛反而让我更痛苦，因为我不知道家里到底是什么情况，不知道他们告诉我的是不是真的，不知道是好是坏。"纳达尔虽然精神紧绷，但是一如他自己所说，父母的离异并没有影响他在2009年2月至法网开赛前的几个月里再次赢4场比赛。

实际上，对纳达尔造成更大困扰的是他的身体问题，尤其是他的膝盖。在3月的迈阿密公开赛上，他因膝盖问题在四分之一决赛的第三盘抢七时输给了崭露头角的阿根廷新人胡安·马丁·德尔波特罗。

对于网球这样一项比赛进程艰苦、动作不断重复的运动项目来说，几乎没有人能够百分之百地发挥出自己的水平。纳达尔比大多数的球员在比赛中忍受了更多的伤痛。早年受伤严重是一个原因，再加上他强悍的打球风格和非传统的正拍技术，都让他承受了比别人更多的痛苦。很多和我一样密切关注网坛发展的人都觉得纳达尔不会是一棵网坛常青树，也许20多岁以后就会开始走下坡路。"他很早开始夺冠，可能会和博格一样，在26岁左右就会退役。"法国著名球员塞巴斯蒂安·格罗斯让说。

然而，我们都错了。纳达尔征战赛场的内驱力远比他的左臂更为有力。2009年，他在马德里大师赛决赛后稍事休息便决定继续前往法网去捍卫自己的冠军头衔。费德勒带着在马德里成功终结纳达尔在红土球场 33 场连胜的成绩，带着 2009 年赛季早些时候留下的遗憾，抵达了巴黎。

他这一年最主要的遗憾发生在墨尔本。近几年来，墨尔本对费德勒来说是一座让他喜忧参半的城市。2009 年，费德勒虽然背部酸痛但还是打进了澳网决赛。他比同样打进决赛的纳达尔多了一天的休息时间。澳网是四大满贯中唯一一个男单半决赛不同日举行的赛事。费德勒在周四晚间以直落三盘的成绩战胜了安迪・罗迪克，而纳达尔则要到周五晚间才通过一场硬仗打败同样来自西班牙的费尔南多・沃达斯科（Fernando Verdasco）之后再次挺进决赛。

这场历时 5 小时 14 分钟的半决赛是锦标赛历史上时间最长的一次。纳达尔和沃达斯科奉献了一场高质量的对决：全场厮杀，频出制胜球，发球自带威力。尽管比赛最终因沃达斯科的双发失误而落下了帷幕，但他们俩绝对配得上观众在凌晨一点后的全体起立和鼓掌致敬。

在那一刻，纳达尔连站立都很困难。然而，他不得不在 48 小时之内尽快恢复接着迎战费德勒。这是他和费德勒继 2008 温网决赛后的首次对决。纳达尔和他的团队想尽办法，从冰浴、冰按摩到蛋白质补充剂全部安排到位。在更衣室里，托尼・纳达尔引用新近就职的美国总统贝拉克・奥巴马的名言为自己打气：“是的，我们可以！”

纳达尔说自己在比赛休息间隙一直默默重复这句话。当费德勒看到纳达尔在身体状况不佳的情况下还打得如此出色，不觉心里一沉。纳达尔最终通过五盘的比赛，再一次战胜了费德勒。倘若这场澳网决赛不是在 2008 年精彩绝伦的温网决赛之后，那么它一定会收获更多的赞誉和讨论。

澳网这场决赛的五盘比分是 7–5、3–6、7–6（3）、3–6 和 6–2。在这场

“费纳争霸”赛上，纳达尔开局并不顺利，但是他奋起直追，在第三盘面对6个破发点竭力抗争，最后在至关重要的第五盘先行一步，稳扎稳打，锁定了战果。“也许，就不应该有第五盘，”费德勒说，“我应该赢下第一盘或第三盘。后来的事，大家也都知道。”这次失利打碎了费德勒意图打破桑普拉斯创造的14座大满贯男单桂冠的梦想。然而，比起又一次输给纳达尔，无缘破纪录这件事似乎已不那么重要了。

费德勒哽咽着从罗德·拉沃尔的手中接过亚军奖杯。这可是体现着彼得·卡特和托尼·罗奇原来时常谈及的澳大利亚网球精神的奖杯呀！费德勒在发表赛后感言和致谢辞时泪流满面。“天哪！这要了我的命！”费德勒说。尽管人群中传来此起彼伏的支持声，但是费德勒还是无法继续说下去，转身离开了麦克风。费德勒说自己当时脱口而出的这句话后来被人们误解了。他解释说自己想说的是那一刻发言太难了，“要了我的命”，而不是说输掉比赛这件事“要了我的命”，尽管输掉比赛这件事着实让他心烦意乱。

纳达尔在两人多次的交手中以13胜6负的成绩遥遥领先。就大满贯而言，纳达尔5胜2负（如果不考虑法网的话，两人打了个平手）。“场地之争”所传递的信息显然已不再有效，纳达尔踏进了费德勒的“地盘”，完成了不同场地之间的跨越。

另外，费德勒赛后的表现或有失风度要是放在以前可不会就这么轻易地过去了。人们根本无法想象有哪位澳大利亚的网球明星会在输球之后的颁奖礼上如此失态。

在罗德·拉沃尔、肯·罗斯威尔和约翰·纽科姆的全盛时期，费德勒的表现会被公认为“太不男人”了。说实话，在赛场上无论成败都会频频落泪的费德勒凭一己之力扩大了人们对网球男单选手的情感容忍度。2006年，同样还是在这个球场，同样还是从拉沃尔手中接过奖杯，费德勒也曾泪洒球场。那一次，他因为在决赛中击败了意外入局的马科斯·巴格达蒂斯（Marcos Baghdatis）而喜极而泣。“泪水是一种释放。”他说。

不过，情感一向外露的费德勒还是为自己在纳达尔获胜的那一刻吸引了所有人的目光而深感惭愧。“我并不想让人们因为我在澳网输了而感到难过，”费德勒后来对我说，“我也不想让他们因为我在温网失利而难过。事情不应该是这样，比赛结束理应是一次网球的狂欢，一个充满欢乐的时刻，一个为获胜者开心喜悦的时刻。当然，落败的一方可以有失望的情绪，但它不应该是主旋律，不应该盖过欢乐庆祝的氛围。”

纳达尔非常得体又感性地化解了当时的尴尬。由于费德勒无法继续发表赛后感言，他被迫提前站到台前。他接过冠军奖杯后绕到费德勒身旁，用左臂搂住对方的脖颈，头靠头地安慰对方。在纳达尔的鼓励下，费德勒再次回到麦克风前说：“好的，我再试一下。这个家伙绝对值得，所以，纳达尔，祝贺你！恭喜你！你打得太棒了。你绝对值得！你又完成了一次精彩绝伦的决赛，祝愿你在这个赛季接下来的比赛中顺风顺水！”费德勒随后对各位前来观赛的网坛前辈表示了感谢。他紧接着又有些难以自抑，于是快速结束发言，将舞台留给了纳达尔。

纳达尔站在麦克风前先说了句“大家晚上好”，而后转身看着费德勒说：“费德勒，今天不好意思。”大家都笑了。“你现在的感受，我真的感同身受，”纳达尔接着说，“确实很难过。但请记住你是一位伟大的冠军，有史以来最出色的网球选手之一。你一定会成为那个打破桑普拉斯 14 座大满贯纪录的人。”

自 20 世纪 70 年代早期开始，我就一直在关注和跟进网坛的发展。可以说，迄今为止，我还没有见过第二个像 2009 年澳网颁奖礼上这样令人心潮澎湃的时刻。尽管费德勒在2008年第五次在美网问鼎冠军，但是纳达尔显然已掌控全局，可是他却一如既往地对自己的对手心存敬意，赞不绝口。

坦率地讲，这似乎是虚伪的，是一种奇怪的“一厢情愿”。第二天，我们一帮人在墨尔本的一家酒店再次见到纳达尔时，希望他能对此做一些解释。“到目前为止，费德勒已经赢得了56座冠军头衔，我只有32座。这个区别很大，”纳达尔说，“他已经拿到了13座大满贯，我也只有6座。他拿下了14个大师赛系列的冠军，我有12个。这是我们俩唯一接近的地方。”“所以他的成绩没得说，没得说。”他一再重复道。

也许，我属于反应比较迟钝的类型。但是，那天我第一次清楚地认识到纳达尔是那种注重过程的运动员。他更享受追求狩猎的快感而非最终猎杀的满足感。这一点与大多数寻求释放，想要从比赛压力、众人期望和眼前的挑战当中走出来的冠军是不一样的。是的，纳达尔很不一样。对他而言，打球的意义不在于超越费德勒，而是如何心无旁骛地打好每一分。“我喜欢比赛，不只是网球比赛，”纳达尔坦言道，“我喜欢各种竞争的感觉。一旦投入战斗，我会很享受，我会一心想赢。”

纳达尔说到这里，停顿了一会儿。他那传神的左眉挑了一下。“也许，”他接着说，“我更喜欢赢的过程而不是赢本身。”年轻的纳达尔还远没有到需要考虑墓志铭的年纪。不过，倘若他在亚马逊网站订购一块墓碑的话，那么刚才这句话绝对适合刻在上面。

我还不知道可以用哪句话来形容费德勒。他身上的特质一时很难用一句话说清楚。他同纳达尔、博格以及其他伟大的球员一样，无论做什么都不喜欢输，哪怕是玩大富翁一类的桌游也是如此。可是，如若他不享受比赛的过程，不在意自己所取得的成就，他又怎么可能在网坛叱咤风云这么多年？“说实话，我压根不是一个按部就班、选框打钩的人。”他曾经对我说。尽管在外人看来，他已经实现了不少目标，打了许多钩。

费德勒似乎很满足作为完美和谐的焦点：他能在场上快速转移观众的注意力并保持绝对中心。他非常善于使人们对他产生欣赏或崇拜的情感，并且能适应各种场景，展现出一种难得的高情商和自信心。他最终适应了一个自己不是唯一霸主的网球世界，尽管我一直觉得他对自己独步天下、一统江湖的过去充满怀旧之情。

吉姆·考瑞尔对我说：“罗杰·费德勒是美的化身。这种网球之美是他带来的。纳达尔是位勇士。我曾听纳达尔说过，他说，‘如果我和费德勒之间的比赛能变成一场战斗，一场混战，或者哪怕是战争，那么我一定会赢，因为我远比他在这种氛围中自在。’我觉得他说的有一定的道理。你看费德勒打球会看到什么是美，什么是潇洒飘逸，还有一种你不知道要如何形容的信手拈来，一切看上去都那么地轻松随意。我记得他曾经说过他怀念那些没有对手的日子，那些对他而言很顺利的日子。那是一个没有纷扰的世界。我想除了红土球场，他在 2000 年左右大抵就是活在一个那样的世界。但是在那之后，他遇到的摩擦和纷争就多了起来。”

相比而言，纳达尔就是在摩擦和纷争中成长起来的。考瑞尔喜欢用“在怀疑中奔跑的勇士”来形容纳达尔。纳达尔似乎真就展现出一种哪怕目标遥不可及，他一定会全力以赴，任凭汗水滑落鼻梁的硬汉形象。“我觉得我们看到的纳达尔，一如他原本的样子，一个人在不起眼的地方默默耕耘，”考瑞尔说，“这也是他一直以来脚踏实地，始终积极进取的原因。他觉得自己必须每天练习，过往就是过往，过去的不再重要。他从不会像费德勒那样自信满满地进行表达。有时候，费德勒会让人觉得有些过于自信，甚至是自负，但是在费德勒看来，他不过是在陈述事实。”

西班牙《国家报》的资深体育编辑圣地亚哥·塞古罗拉（Santiago Segurola）曾在形容纳达尔时说："这位来自地中海岛屿的男人其实是一个穿着短裤的加尔文主义者。"这个评论可谓一语中的。不过要小心，千万不要把审视清教徒的那套清规戒律拉得太近，毕竟纳达尔手上佩戴的可是价值 100 万美元的名贵手表，毕竟他不久前刚刚斥资 600 万美元购买了一艘长约 25 米的游艇。

去费德勒或纳达尔参加巡回赛居住的酒店做采访时，你会清晰地意识到这样的酒店你根本消费不起。他们有时可能真的会忘记普罗大众——这世间 99% 的人究竟是如何生活的。费德勒曾经有一次出于好意建议自己的一位中产阶级的下属去买一块劳力士手表。不过就外在服饰而言，两个人都很有衣品。这既源于他们的基本品位，也与网球这项运动不允许自己的冠军得主穿着过于随意的传统相关。因为每一场比赛都蕴含无数可能：网球明星也许首轮出局，而默默无声的新选手可能会享受到你所能想象到的一切礼遇。重点在于无论什么情况之下你都必须亲自出场。正因如此，真正喜欢和享受挥拍击球的网球运动员大都头脑清醒、敢为人先，也都能战胜厌倦和恐惧。

费德勒和纳达尔就是在网球世界中甘之如饴的代表。他们多年来持之以恒地彼此琢磨、互相成就。在费德勒的启发下，纳达尔改进了反拍技术，包括双手反拍击球和单手削球，提升了发球威力，还找到了如何在多拍回合时靠近底线尽快得分的方法。与此同时，费德勒在纳达尔的激励下改进了自己的网前技术，提升了反拍击杀的威力，甚至找到了新的教练。

向法网发起最后的冲击

塞韦林·卢蒂是费德勒在埃居布朗时的朋友，如今是瑞士戴维斯杯球队的队长，原本也是费德勒团队中的常客。2008 年年底，何塞·伊格拉斯回到了美国网球协会工作。费德勒一直有意聘请为人聪明且能言善辩的澳大利亚人达伦·卡希尔做自己的新教练。卡希尔在与休伊特和阿加西合作时成绩出色，仅凭分析比赛视频就能破解对手的打球模式，因此一直是行业中的佼佼者。

“费德勒虽然一直成绩很好，但是再多双眼睛总是好的。”伊格拉斯说。卢蒂有一次对我说：“人们时常会问我，‘费德勒什么都明白，你和他能说些什么呢？’但是这么多年的合作让我发现，即使他什么都知道，他还是想再听一遍，哪怕是像击球时蹲下这样的小动作，他说自己有时会忘了或是没留意。”

2009年，辞去了澳大利亚戴维斯杯队长职务的卡希尔与费德勒取得了联系。两人约定等费德勒的背痛缓解之后，3月在迪拜见面时进行为期12天的试用练习。和很多人一样，我期盼着他们俩能一拍即合。然而，在3月中旬的时候，我意外接到费德勒的经纪人托尼·戈德西克打来的电话，他说费德勒和卡希尔无缘合作。面对这个结果，我深感诧异。

一直以来，我都觉得他们的合作是命中注定的，尤其卡希尔和卡特的关系还那么密切。费德勒的母亲莱内特也早在多年前就和卡希尔说过希望他能在阿加西退役后做费德勒的教练。

卡希尔自己后来和我谈及那段在迪拜的试用期，他说：“我稍微了解了一点他的生活习惯、训练方式和专业精神。毫无疑问，能带他几乎是每一个职业教练的梦想。”可是，临近试用期的尾声，费德勒还是没有做好互相承诺的准备。与此同时，卡希尔并不想因为与费德勒的合作而中断自己与ESPN[①]及阿迪达斯球员发展计划的关系。再加上，见到费德勒，卡希尔心里总会有一种隐隐的不安和情绪波动。

① ESPN是1979年面世的一个体育节目品牌，拥有诸多重大赛事的播出权。——译者注

“每天看见他，只是看着他，都会让我想起卡特，”卡希尔说，“所以和他在一起，过去的回忆会如潮水般涌来，那是一段让我很难面对的过去。”“我不知道要如何才能解释清楚那种感觉。但是，那种感觉很强烈，我会自问我真在做对的事情吗？卡特会因为我这样做而生气吗？我发现我满脑子都是各种质问的声音：这么做真的对吗？我对费德勒来说是合适的人选吗？对我来说，费德勒是卡特一手带大的孩子，我好像怎么做都不合适。我不是在讲我们俩无法合作的原因，而是试着让你理解我内心深处的感受。”

于是，当费德勒来到2009年的法网时，他并没有一位业内资深的正式教练。在这个阶段，卢蒂功不可没。我每次见到的卢蒂都是一脸睡眼惺忪、头发凌乱的样子，就好像刚刚午睡过。他本人也从未参加过任何巡回赛。但是，冈特·布雷斯尼克——网坛最有经验的教练之一，坚持认为千万不要被卢蒂邋遢的外表所迷惑。“卢蒂绝对是一位被低估的教练，”布雷斯尼克告诉我说，“他过于低调、谦虚，从来都不会站到台前，但他事实上一直都在。在费德勒很难的日子里，他始终在其左右。单纯从技术上讲，可以说他并不是最棒的教练。他不是一个能发展球员球技、教他们怎么打球的人，但是他会陪在你的身边，理解你作为球员的需求，知道何时往前推你，何时让你独处，何时抓住时机表达观点。毫无疑问，在这些方面，他做得相当出色。”

布雷斯尼克能够与卢蒂直接用德语交流，也能明白卢蒂和费德勒互相交流的瑞士德语。

2009年春季，无论场上场下，对费德勒来说都可谓一波三折。在场上，费德勒在3月的迈阿密公开赛半决赛上输给了德约科维奇。他一气之下又摔坏了一支球拍。在场下，费德勒和米尔卡于4月11日在巴塞尔奉子成婚。新婚燕尔的两个人将度蜜月的时间推迟到了那年的晚些时候。

2009 年的红土赛季开始后，费德勒在法网开局不稳。他在第二轮与来自阿根廷的名将何塞·阿卡苏索（Jose Acasuso）对决。费德勒也是历经挫折才最终以 7–6（8）、5–7、7–6（2）和 6–2 的成绩获胜。费德勒在第一盘就不得不挽救 4 个盘点，而后在抢七局中还一度以 3–6 落后。他在第三盘两次破发后不得不再次挽救起另一个盘点。

在周六举行的法网第三轮的比赛中，费德勒通过四盘的鏖战才最终击败了法国选手保罗–亨利·马蒂厄（Paul-Henri Mathieu）。第二天，费德勒无赛休息。法网却迎来了一股冲击波。罗宾·索德林竟史无前例地在法网的五盘三胜中爆冷打败了红土之王纳达尔。

索德林体型高大，留着一头中世纪铁匠的发型，是一位有着狼一般凶狠目光的瑞典人。他被公认是场上的一大威胁。他当时是世界排名第 23 位的种子选手，在之前的一轮比赛中刚刚击败了另一位从不轻易放弃一分的西班牙网球明星大卫·费雷尔（David Ferrer）。

鉴于纳达尔在网坛的地位和他 31 场法网连胜的纪录，索德林战胜纳达尔绝对是网球史上的大冷门之一。因为两人在 5 月初的罗马大师赛刚刚对战过，纳达尔以两盘 6–1 和 6–0 的悬殊比分轻松获胜。

而这次法网比赛纳达尔的滚地球击打和回球都未能产生稳定的深度，结果让索德林有空间运用自己的正拍和双手反拍大刀阔斧地在场上自信切球。面对纳达尔强势的上旋球，身高 1.93 米的索德林并没有节节败退，反而是信心满满地轻松挥拍，使纳达尔毫无时间组织防守。在前世界排名第 2 位的马格努斯·诺曼（Magnus Norman）的出色指导下，索德林在整场比赛的网前 35 分里拿下了 27 分。与纳达尔这样防守技术一流的球员对战，能有这样的得分率，实在是令人惊叹。当然，纳达尔在这一时期的击球远不及平常那么锋利，其原因唯有他核心团队的成员才知道。“索德林的比赛状态并不让我感到惊讶，”纳达尔说，“而我的表现却是出乎意料。”

现场的法国观众并没有因此心生同情。他们渴望有新人出现。为了亲眼见证“新王更替”，全场观众咆哮着，一直在为索德林加油打气。众人反复高呼着他的名字，直至他以6–2、6–7（2）、6–4和7–6（2）的比分大获全胜。法网现场观众的这一反应让纳达尔和他的叔叔托尼深感受伤。

“我感觉体育场内的每一个都在为我喝倒彩，”纳达尔多年后提起这一幕时依然心生悲凉，他说，“我那么喜爱那个地方，喜欢法国人，所以我很难理解这一切究竟是为什么，我爱巴黎胜过世界上的任何一个城市。”然而，在罗兰·加洛斯球场上的每一位观众都不约而同地选择支持弱者。在对阵纳达尔的比赛中，每一个人都是弱者。

“我努力告诉自己：专心比赛，别多想!”索德林说。这句话里包含着一个人人皆可效仿的真理。费德勒很快也在场上采取了“别多想”的态度。他再也不用冥思苦想如何破解纳达尔这个巴黎红土之谜了。索德林已为他完成了这一步。很快，德约科维奇也在第三轮输给了菲利普·科尔施雷伯（Philipp Kohlschreiber）而无缘再战。此时，每个人都意识到费德勒这一次在巴黎有了夺冠的机会。

纳达尔还是支持费德勒的啦啦队的队长。他选择返回马略卡而非留在巴黎庆祝自己的生日。他明确表示自己支持费德勒。“集齐大满贯对他来说是件好事，”纳达尔说，“费德勒之前运气不好，在这里丢了3次决赛和1次半决赛，但如果说有谁值得在这里拿奖，我觉得只能是他。”不过，值得拥有与真正拥有还是两回事。安迪·穆雷曾5次打进澳网决赛，绝对可以“当之无愧”地成为澳网冠军，可惜他从未有过这样的机会。对费德勒来说，当前的形势让他备感压力。他虽然早已习惯成为夺冠的大热门，但是对于突然成为夺冠的焦点而显得很不适应。

法国老将法布里斯·桑托罗（Fabrice Santoro）说：“今夜对费德勒来说，肯定不一样。”他的感受的确和以往不同。“整个团队弥漫着一种紧张的气氛，”费德勒告诉我说，“就好像突然之间所有人都在说：天啊，你的机会来了。”

在索德林爆冷淘汰纳达尔之后的第二天，费德勒在法网对战德国选手汤米·哈斯。正是这个危险的家伙让费德勒 2000 年的奥运首秀充满了遗憾。这一次，他似乎又是来搅局的。

费德勒开局顺利，前 6 个发球一分未丢。然而，在第一盘抢七失败后，他的情绪明显有了波动，出现了非受迫性失误，整个人紧张了起来。哈斯接着又赢下了第二盘。然后费德勒在第三盘局分 3–4 时开始发球。费德勒连续两次错失了他平时绝对不会失手的正手球，使哈斯在 30–40 时获得了破发点。

全场观众的神经都被场上严峻的形势牵动了。费德勒再次发球前，全场未出现掌声雷动的情景。费德勒一发内角发球失误，二发侧上旋发球打到了哈斯的反手位置。哈斯一记弧形斜线回球，费德勒连忙朝角落扑去，紧接着打出了他在高压之下曾多次打出的经典动作：反手位跑动中在双打区后方强势跃起正手击球。在那个微风浮动、阳光明媚的下午，费德勒的这个经典动作远非十拿九稳。但是，只见他一跃而起从一个刁钻的角度侧身击球，打出了一记制胜球。费德勒保住了这一局的破发点，整场比赛也因此得以保全。欧洲体育频道的评论员弗鲁·麦克米兰（Frew McMillan）忍不住评论道：“太酷了。”

费德勒后来解释说：“老实说，我做到了，我当时就给自己说了声‘成功了'。"自那一刻起，费德勒在场上的心态发生了改变。尽管他在正手击球成功后并没有多少的情绪外露，但是在接下来的比赛中，他在两次得分后都忍不住大喊一声。费德勒保住了自己的发球局。至此，费德勒和哈斯在第三盘各得4局，打成平手。场上观众全情投入。无论是在费德勒打出制胜球，还是哈斯双发失误又或糟糕的正手截击，场上都喊声雷动，这使得哈斯在下一局比赛失去了发球权。费德勒乘胜追击，最后两盘只留给了哈斯赢得两局的机会，费德勒最终以五盘6–7（4）、5–7、6–4、6–0和6–2的成绩成功胜出。在未来的日子里，费德勒和哈斯成为亲密无间的朋友。这说明哈斯的确宽宏大量。这是一场两个人谁也无法忘怀的比赛。

费德勒在四分之一决赛中击败了另一位危险人物盖尔·孟菲尔斯。费德勒在场上获得了和这位法国选手几乎一样多的欢呼声。费德勒从来都不会赖在酒店房间，无论他下榻的酒店有多奢华（他这一次入住的是五星级的巴黎旺多姆柏悦酒店）。他更喜欢在参加比赛的城市四处走走。当他和米尔卡一起在城市中漫步时，他们很受欢迎。"不论是走在街上，开车途中，或者出外就餐，遇到的每个人都会说：'这一年是属于你的，加油！'"费德勒说，"不论大家是在滑滑板还是在开车，看见我之后都会为我欢呼，甚至在等红灯的间隙也会下车来找我签名或合照。"

不过，在半决赛的现场，场上的红灯再次闪烁。当时，年方20岁，身高1.98米且在快速崛起的阿根廷选手胡安·马丁·德尔波特罗以自己威力十足的正手平击球在场上引发了震动。当费德勒在红土球场上打出制胜球、在场上占据主动的时候，德尔波特罗的那件无袖衫肯定会让他这个瑞士人痛苦地想起纳达尔。

在费德勒发起第五盘决战之前，他在场上失去了两盘。他们两人早早就开始互相破发。当局分3–3时，德尔波特罗双发失误后丢掉了自己的发球局，费德勒开始暂时领先。尽管费德勒在 5–3 时错过了自己的第一个赛点，但他以一记自信的正手制胜球抓住了第二个赛点。“我不觉得自己打得更好，”费德勒说，“只能说我的经验更丰富。这一点帮助我度过了难关。毕竟我参加了那么多次的大满贯半决赛，而德尔波特罗是第一次。”

比赛结束后，在等待德尔波特罗来至网前握手时，费德勒低着头重重地靠在网上。比赛的压力显而易见。但是，如果此时身怀六甲的米尔卡都能应对，那么费德勒也绝对没问题。“我感觉特别好。”米尔卡兴高采烈地在当时的一次深度采访中对我说。

此时，横亘在费德勒和集齐四大满贯桂冠之间的唯一障碍就是索德林了。索德林在四分之一决赛和半决赛分别击败了另外两名排名靠前的种子选手，他再次证明自己此次打败纳达尔绝非偶然。

具体来说，索德林在四分之一决赛时以直落三盘的成绩击败了当时世界排名第 10 位的尼古拉·达维登科；在半决赛则通过五盘的激战打败了世界排名第 12 位的费尔南多·冈萨雷斯（Fernando González）。“确实是很难，但又没有想象的那么难，”索德林说，“也许迄今为止我遇到的最大的挑战就是在巴黎的红土球场上击败纳达尔。不过，虽然我发挥得不错，但赛事还没有结束，我还要继续战斗，我想要更多。这就是我的感受。”

在平常的年份，像索德林这样的突破性表现一定是法网的焦点话题。可惜，这一次不是，大家的焦点都集中在了费德勒身上。当时，他正在一路想要赶超桑普拉斯创造的大满贯纪录，并意图成功获取桑普拉斯也无缘问鼎的法网桂冠。

费德勒的突破使他成为有史以来最伟大的球员。不过，人们对于谁是最伟大的球员一直存在争议。“网球规则变得太多，所以不同时代之间根本无法比较。”布拉德·吉尔伯特说。

现代网球运动的历史久远，即使我们不追溯到网球的室内版本——现在所谓的“庭院网球”，以及在英国温布尔登出现的现代网球公开赛，也可以追溯至1877年。当时的冠军只需要赢得一场比赛就可再次成功卫冕冠军头衔，即当时的挑战赛。

直到1968年，以往只有业余球员才有资格参加的大满贯和团体的戴维斯杯才开始对职业选手开放。美国选手比尔·蒂尔登（Bill Tilden）是20世纪20年代最伟大的男单网球运动员，但是直到1925年当法网对非法国籍球员开放之后他才得以第一次参加。蒂尔登经常错过温网，更没有远渡重洋搭乘蒸气轮船去参加澳网。由此，将蒂尔登的10座大满贯单打桂冠与桑普拉斯的14座大满贯桂冠进行比较显然是不公平的。第二次世界大战后，最优秀的业余男子球员通常在职业生涯的早期就转为职业球员，进而参加由美国网球明星杰克·克莱默（Jack Kramer）组织的巡回赛。于是，像克莱默、潘乔·冈萨雷斯（Pancho Gonzalez）、卢·霍德、肯·罗斯威尔和罗德·拉沃尔这样的球员多年来都没有参加过大满贯。四大满贯当时并不被广泛赞誉和认可，即使拉沃尔在1962年赢得了所有四大满贯的桂冠而完成了全满贯时也是如此。

1969年，拉沃尔二度成就了单年全满贯的霸业。此前一年，大满贯赛事正式向职业选手开放。拉沃尔最终一共获得了11座大满贯的奖杯。“但是，我们当时谈论的不是这个数字。”拉沃尔对我说。

你可能会好奇如果拉沃尔在1963—1967年参加了大满贯，他会赢多少个大满贯。但是，还要考虑的是，如果截至1962年，当时世界上最出众的球员，诸如霍德、罗斯威尔和冈萨雷斯等都有参赛，那么拉沃尔面对的竞争又将会何等的激烈。所以，当我们谈论谁是男单最伟大的球员时，众人争论不休，难有定论。即使将比较的历史严格限定在网球公开赛的时代，也同样没有定论。从比约恩·博格、吉米·康纳斯到约翰·麦肯罗，再到 20 世纪七八十年代的其他网球明星，他们大都没有参加在当时来说距离最远、知名度也不高的澳网。在博格、康纳斯及其同时代的球员心中，大满贯赛事的成绩根本不是最重要的统计数据。倘若大满贯有今天这样的地位，那么他们一定会不辞辛劳地多跑几趟澳大利亚。

康纳斯在播客节目《加拿大赛点》（*Match Point Canada*）上说：“如今是大满贯的时代了。我自己只参加过两次澳网，在事业巅峰期也曾有六七年错过法网。所以，我在网坛主要是靠美网和温网被人们熟知的。”“我大概 20 年内一共参加过 50 场大满贯。可是，如今的球员一年就要参加 4 次，所以，怎么说呢，这就是现在的潮流，是人们认可和在意的赛事。任何体育项目都会有这个问题。”

不过，我们将费德勒和桑普拉斯在大满贯上所取得的战果进行比较倒还算得上公平、公正。在他们俩参加大满贯期间，无论是球员自己还是赞助商都认可大满贯的含金量。赞助商还往往在与球员签订的合约中专门加入如果能在大满贯赛事上获得胜利将有额外奖金之类的条款。费德勒后来连续参加过 65 场大满贯。尽管桑普拉斯在其职业生涯后期在法网获胜的概率几乎为零，但是直到 2002 年他最后一个赛季之前，他每年都准时参赛。

尽管桑普拉斯与费德勒交情匪浅，但是他并没有出现在 2009 年法网决赛的现场。相反，桑普拉斯的多年劲敌阿加西应法网组委会的邀请专程从美国拉斯维加斯的家中出发来到了比赛现场。

阿加西也是在漫长的等待之后在 1999 年与一位意想不到的对手安德

烈·梅德韦杰夫（Andrei Medvedev）对战后赢得了自己唯一的一座法网桂冠。梅德韦杰夫是一位体格健壮、善于思考的乌克兰网球选手。对采访者来说，他几乎和阿加西一样易于相处。阿加西当时的世界排名已跌至第100位，在落后两盘的情况下逆风翻盘取得了胜利。

费德勒在2009年的法网决赛上可不需要如此戏剧化的反转。过去曾经9次击败索德林的战绩让他信心满满，更何况在刚刚结束的马德里大师赛红土赛场上他又一次击败了对方。与此同时，费德勒还得到了观众的大力支持，就在他跟着索德林踏上法网球场时，全体观众起立鼓掌。

可是，赛场风云变幻，又岂会一帆风顺。意想不到的事情发生了：就在费德勒赢得一盘、索德林在局分1–2落后发球时，突然坐在席位下方的一名观众跑下台阶，越过场上的障碍设施，闯进了费德勒那一侧的球场。只见他挥舞着一面旗帜不断地逼近费德勒并试图将一顶帽子戴在费德勒的头上。“他离我那么近，吓我一跳。”费德勒说。幸运的是，这名突如其来的闯入者只不过是一名为了曝光而无所不用其极的人，没有人身伤害的意图。尽管如此，保安人员还是花了不少时间才将这名闯入者拦下并送出场外。

索德林保住了自己的发球局。费德勒在场上的形势第一次看上去有点危险。“闯入者的出现一下子就打乱了我在场上的节奏，”费德勒说，“一局结束后，我觉得我应该坐下来回顾一下刚才发生的一切，‘是真的吗？怎么回事？’”

不过，这一天注定是费德勒在法网一扫阴霾的日子，即使那一天的天气对打网球来说并不理想。比赛中间刮来一股旋风，且在最后两盘的比赛期间，雨下个不停，甚至一度是倾盆大雨。

赛事总监吉尔伯特·伊森（Gilbert Ysern）考虑是不是要暂停决赛。可是根据天气预报，尽管当天下午的情况不容乐观，但周一的天气情况更差，预报有大雨。伊森知道决赛无法拖延，必须尽快结束。费德勒发挥出了自己应有的水平，在第二盘抢七局中表现出色，打了 4 个 ACE 球，接着在第三盘一开局就破发成功。费德勒在局分来至 5–4 时开始发球。他听见自己的心脏怦怦直跳，一如 2003 年在温网对阵菲利普西斯时一样。他有些心神不宁，不得不在 30–40 时挽救了一个破发点。好在，他在网前罕见突袭赢得了下一分，紧接着在赛点上，在全场球迷的欢呼声中开始发球，第一发之后，索德林回球下网。费德勒向前扑倒在已经打湿的红色泥土上，双手遮面。

27 岁的费德勒终于成了四大满贯的得主。“这或许是我最重大的一次胜利，一次在重压之下的胜利，”费德勒在以三盘 6–1、7–6（1）和 6–4 的成绩获胜后说，“从此以后，我可以轻松上阵了，我想再不会有人说我从未在法网赢过了。”至少这句话的后半部分准确无误。然而，在接下来漫长的职业生涯中，费德勒每一次面对挑战时都很难真正放松。不过，在那一刻，在巴黎的细雨中，费德勒感到了前所未有的满足。他是 6 位获得网球四大满贯桂冠中的一位，其他 5 人分别是：唐·布吉（Don Budge）、弗雷德·佩里（Fred Perry）、罗伊·埃默森、拉沃尔和阿加西。那一天，在现场为他颁奖的恰好就是阿加西。

“有一种命中注定的感觉，”阿加西在球员休息室时对我们说，“很多人都说幸运比实力更重要，那我宁愿自己有费德勒的实力。他刚刚赢得了比赛，获得了冠军头衔。倘若他此次失败而归，大家可能都会觉得他‘罪不可赦’了。他过去连续 5 年都是红土球场上的 2 号种子选手，如果不是有那位来自马略卡岛的孩子从中阻挠，他早就收获满满了。”

费德勒自然是拼尽了全力。不过，倘若他此次是打败纳达尔后夺冠，那么这场比赛胜利的意义将更具有象征性。但不论怎么说，费德勒抓住了此次来至眼前的机会。费德勒后来对我说："能在法网击败纳达尔当然好，但是我从来不觉得这是我在职业生涯中必须有的一步。可能很多人觉得这个仪式或者形式很重要，但其实我们俩也没有在美网决赛上对打过。会发生的自然会发生，你没法自己决定。你所要做的只是面对对手奋力拼搏。不过，别误会我的意思。我相信如果是对阵纳达尔，那一定很有趣，但我不会觉得有多特别。"

对费德勒来说，2009 年法网决赛的胜利同 2003 年的温网和 2007 年的澳网一样属于他排名前三的重大胜利。"罗兰·加洛斯的法网，不由得我不爱它，"费德勒说，"我不得不，怎么说呢，全身心地拥抱它。""在法网的感觉不是说'嘿，法网，我来了，也就这样！"费德勒一边说一边打了个响指，"它和温网的感觉还不一样。你看贝克尔、埃德伯格和桑普拉斯都在温网举起过奖杯，却始终未能在法网夺冠。"

在首次与纳达尔对决的 10 年之后，费德勒终于成功问鼎法网。如此漫长的等待使他此刻的成功显得更加意义非凡。

"2004 年的时候，我已经在其他三大满贯赛事上夺冠，"费德勒说，"法网的胜利，我等了好久。这种等待让法网对我而言变得有些特殊。我觉得我的支持者们也有同样的感受。可以说我在日渐成熟的过程中一直都觉得巴黎是个充满挑战的地方。2009 年的法网之行不可谓不是奋力一搏。这对我来说是一次巨大的精神胜利：和哈斯、德尔波特罗的两场比赛都很焦灼，与孟菲尔斯那一场也不轻松，后来又和索德林在雨中对决。知道纳达尔出局之后，我的心里也会有波动，因为你会被带入，会想这种情况还会再上演吗？所以，当我看到现场的法国观众的时候，我觉得法网是我必须面对的挑战。我的内心复杂而激动。"

费德勒在法网夺冠近一年后，我和他再次在巴黎相遇。那是深秋季节，他返回罗兰·加洛斯参加室内训练。树叶尽落，平时拥挤的人行道一如查特里尔体育场那样空旷。“我们应该花些时间享受如此美好的时刻，不是吗？”费德勒说，“就这样安静地坐在观众席的某个位置，俯视球场，若有所思。”

费德勒对我说他的回忆犹如一幅幅幻灯片，往昔的一幕幕就在眼前一一闪过。他说：“我当时难以置信地双膝跪地，球拍落在身旁，橘红色的黏土，那样充满生机和活力。我举起奖杯，亲吻着它，当国歌响起的那一刻，我泪流满面。如今，我总会回想起那一刻。”即使时隔一年，当费德勒再次提起自己第一次在法网夺冠和之后的颁奖仪式时，依然语带哽咽。

费德勒的父亲罗伯特当时因为生病而未能亲临现场。当费德勒返回父亲居住的酒店房间时，他的母亲和米尔卡正敞开大门等着他。“他当时病得很重，躺在床上，毯子盖到这儿，”费德勒指着下巴的位置说，“我记得我说，‘你感觉怎么样？’他说，‘嗯，不好。’接着我把奖杯捧给了他，我说，‘看！我们做到了！’那一刻，大家都好激动。”

他们父子俩一起走这条路，走了那么久！自从罗伯特让脾气暴躁的儿子从巴塞尔的红土球场自行回家以来，他们一起走了那么久！费德勒的前教练保罗·安纳科内提起罗伯特时说：“我们有时会聊起网球。罗伯特有一次说过类似这样的话，他说，‘哦，费德勒的反手太狠了，不要这么削球。’他也会和费德勒亲自这么讲。他们俩会相视一笑，互相击肘，费德勒有时还会给罗伯特来上一记锁喉。他们父子俩互动的样子充满了爱意，也特别可爱。”

那天晚些时候，费德勒手捧那座大奖杯返回自己在巴黎酒店的房间。按常理，法网组委会是不允许真正的奖杯离开场馆，冠军得主只会收到一个尺寸缩小的复制品。但是，这一次，在费德勒反复游说后他得以获许破例将真正的奖杯带出了场馆。“他们说，‘奖杯只此一座，千万确保不要丢失或被盗’。”费德勒说。

在经历了这么多年的努力和这么多次对战纳达尔的挫败之后，这样的机会实属难得。费德勒将法网的奖杯就摆放在自己的床头。“我要同法网的火枪手奖杯（Coupe des Mousquetaires）共度一夜。”费德勒笑着说。

第二天一早，他睁开眼就能看到奖杯。确实就是法网的奖杯，他没有做梦。

10 在温网缔造新的世界纪录

美国，洛杉矶

当费德勒感到满足和放松时，他的表现就会非常出色，此时对于他的竞争对手来说，就会异常危险。因此，在得到紧急通知后，皮特·桑普拉斯和妻子布丽奇特（Bridgette）便从洛杉矶乘飞机出发，于2009年温网决赛的当天清晨抵达了伦敦。

当时，桑普拉斯和费德勒均已获得14座大满贯男单桂冠。桑普拉斯感觉这种并驾齐驱的局面并不会维持太久，因为费德勒在突破法网后，将会乘胜追击，即将与安迪·罗迪克争夺本年度温网冠军。

桑普拉斯周五接到了全英俱乐部的邀请，周六便搭机来到了伦敦。“我个人觉得这是我为这项运动应该做的事情之一，”桑普拉斯对我说，“对过往的纪录，对费德勒，我都心怀敬意，所以我才会立马跳上飞机。我单纯地觉得这么做是对的。”

自 2002 年在温网第二轮经过五盘的比赛输给了名不见经传的乔治·巴斯特尔之后，桑普拉斯就再没有回过温网。那是一次令人心酸的失败，发生在有种子选手“墓地”之称的 2 号球场。当时，在比赛中苦苦挣扎的桑普拉斯在场上休息的间隙读到了妻子写的鼓励信。尽管这位温网的 7 届冠军在失利后坚称不会就此结束职业生涯，然而事实上，他就是这样在温网画了一个惨淡的句号。

来自瑞士的巴斯特尔是费德勒在瑞士戴维斯杯球队的队友。他在 2002 年世界排名第 145 位。他在 2002 年之所以能参加温网实属巧合。原本在资格赛上未能顺利过关的巴斯特尔因为主抽签球员在赛前突然退出而得到了这个参赛机会。

“我当然不希望自己的温网就这样结束了，尤其还是在 2 号球场。”桑普拉斯多年后对我说。他对当年温网安排他在非中央球场进行比赛耿耿于怀，尤其对自己在场上的表现也倍感失望。

2009 年，全英俱乐部计划拆除 2 号“墓地”球场。这是温布尔登长期以来进行现代化改造的一部分。与此同时，很多人都担心这些改变会让温网丧失传统魅力。桑普拉斯“一统天下”的时代结束之后，还有什么比温网的中央球场安装自动开合的屋顶更引人注目的呢？如今，那座重达千吨的半透明大板偶尔还会在中央球场的皇家席位上投下阴影。这个现代化的自动屋顶无疑改变了这个网坛最具规模球场的氛围。一个多世纪以来，温网决赛时常因降雨而被迫延迟。这一次，温网终于有了一个不受天气影响且价格昂贵的屋顶，换句话说，在中央球场的比赛再也不会有雨了。

温网幕后的大佬们很有幽默感。全英俱乐部的首席执行官伊恩·里奇（Ian Ritchie）说：“嗯，这下应该是有史以来第一次有人盼着能在温布尔登淋雨了。”

性格迥异的两代网球王者

退役后的桑普拉斯和费德勒成为好友。两人于 2007 年 11 月携手合作在亚洲进行了 3 场表演赛，之后又于 2008 年 3 月在纽约的麦迪逊广场花园面对现场近两万名的球迷进行了另一场表演赛。亚洲之行成了他们两人之间的一条纽带。“桑普拉斯是我心中的英雄，”费德勒对我说，“我是希望自己还在网坛活跃的时候就有这样的机会和经历，而不是等到退役之后才去做。我觉得在职业生涯早期就能这么做和之后再做是有很大区别的。”对费德勒来说，参加表演赛不仅收入丰厚，还能满足他与心中偶像建立起深厚关系的愿望。他后来还聘请了一起参加过表演赛的斯蒂芬·埃德伯格做教练。

36 岁的桑普拉斯就是否接受亚洲表演赛的邀约还有些举棋不定。当时，他已告别四处奔波参加巡回赛的日子，在洛杉矶每日满足于陪伴在妻子及两个年幼的儿子——克里斯蒂安和瑞安的身边。而且，桑普拉斯退役后打高尔夫球的时间远比打网球的时间多。所以，一旦答应同费德勒一起参加表演赛，他首先需要恢复常规训练，以此确保表演赛可以既有趣又好看。

“我之前算不上有多了解费德勒。但那次我们一起在亚洲，一起乘飞机、吃饭，朝夕相处，这才对他多了一些了解。比赛本身也相当精彩，”桑普拉斯对我说，“费德勒爱搞恶作剧，但也有憨厚的一面。我已退役，所以变得比较放松和随和。”

亚洲表演赛期间，费德勒带着米尔卡，桑普拉斯则带着自己的兄弟兼经纪人格斯（Gus）。以往参加职业巡回赛的时候，桑普拉斯会将工作与生活截然分开。他也坦言在自己鼎盛时期，因为前面还有像麦肯罗这样的前辈，所以他不会参加任何形式的表演赛。“我不确定我是否适合参加这样的活动。但是，费德勒很放得开，他愿意尝试，”桑普拉斯说，“我们俩结伴出游，聊网球，聊体育，就像两个刚刚开始熟悉起来的朋友。也是从那时起，我们俩一直依靠现代的通信技术，互发短信保持联络。”

他们两人的性格截然不同。桑普拉斯是性格内向的单一语言者，而费德勒是性格外向的多语言者。不过，私底下的桑普拉斯也有他开放、活跃的一面。于是，两位世界冠军发现他们的共同点远不止单手反拍、正手跑动挥拍、变幻莫测的发球以及对温网的偏爱。桑普拉斯和费德勒都有一位意志坚定的移民母亲，也都曾令人心碎地失去了一位他们深爱的教练和密友。

费德勒的教练彼得·卡特 37 岁时在南非因车祸离世，而带领桑普拉斯成为世界头号种子选手并拿到 6 个大满贯单打冠军的蒂姆·古利克森在 44 岁时因罹患脑癌而与世长辞。我认识蒂姆和他的同卵双胞胎兄弟汤姆。出生于美国威斯康星州的兄弟俩从小就懂得如何尊重他人，是网球界的优秀代表。我记得在 1994 年，蒂姆有一次在酒店房间突然晕倒，不省人事。他醒来后，我还和他说过话。他当时脸上有伤口和淤青，可惜他没有把这件事放在心上，完全没有意识到问题的严重性。因此他的病情实际从一开始就被耽误了。蒂姆在 1995 年的澳网再次晕倒，被迫提前返回美国接受治疗。桑普拉斯因此在与吉姆·考瑞尔的四分之一决赛现场对战时伤心落泪。此后，蒂姆再也没能继续陪伴桑普拉斯参加巡回赛，只是进行远程指导。

桑普拉斯和费德勒都不得不在年纪轻轻时就强忍着内心的悲痛参加比赛，而他们也在对各自恩师的怀念中获得了新的能量。两人最后都与教练何塞·伊格拉斯和保罗·安纳孔有过合作，也都非常感谢自己的团队成员及朋友们的支持和陪伴。

参加表演赛期间，费德勒对新鲜事物的好奇心让桑普拉斯印象深刻。费德勒在某些方面对职业巡回赛的执着也深深地打动了桑普拉斯。这些也恰是桑普拉斯所欠缺的，是他以往打退堂鼓的原因（桑普拉斯参加最后一次巡回赛时 31 岁）。

“费德勒喜欢旅行，”桑普拉斯说，“喜欢新的城市和新的人。我们俩的性格完全不一样。他很少像我这样焦虑。我参加巡回赛的时候，除了工作还是工作，除了压力还是压力。我一直背负着世界第一的重担，顶着要在大满贯拿冠军的压力。这一切让我有些不堪重负。”

桑普拉斯对某次重大比赛结束后那种如释重负的感觉记忆犹新。他说那种开心不仅是因为他又一次接近了某个享有盛誉的冠军头衔，更是因为更衣室里将会再次空无一人。在那个四周静默的空间里，他感受到了付出后的平静与回报。“对我来说，温网最后的几天是最美的，”桑普拉斯说，“周围没有人，就好像我已经赢了，再也不需要在更衣室里对着 30 个人换衣服了。”

如果说社交方面的互动让桑普拉斯感到不自在，那费德勒在这方面则毫无压力。他洪亮的嗓音和爱开玩笑的性格让他在社交方面如鱼得水。不过，一旦上场，他的社交开关就会瞬间关闭。“费德勒有一种让人感到放松和易于接近的魅力，”桑普拉斯说，“我通常都是走进更衣室，直愣愣地走向自己的柜门，躲得远远的。费德勒不一样，他一进来，一边走一边和每个人打招呼，让人感觉特别亲切。”

桑普拉斯很难处理好与竞争对手的关系，尤其是那些他自视为朋友的竞争对手，譬如吉姆·考瑞尔。相比而言，费德勒却能与自己的同龄对手建立起紧密的联系。他曾在 ATP 球员委员会任职好几届并创立了新的团体赛事——拉沃尔杯，因此他有很多机会同竞争对手合作。他也曾是其中一些人的手下败将。

桑普拉斯说："我从小学习和仰望的那些网球运动员，像麦肯罗、伦德尔、康纳斯他们这批人，你能明显感觉到他们互相不喜欢彼此。我成长起来的那个时代，大家说不上有多不喜欢彼此，但会保持一定距离，你看像我和阿加西、考瑞尔和贝克尔之间都有些疏远。我有时会不知道如何将工作和生活分开。我和考瑞尔私交不错，一起吃饭、双打、旅行。这样一来，和他交手的时候，我总感觉很不舒服，就像是我在和自己的兄弟交手，当然亲兄弟还算不上，但我会有包袱。如果我赢了，他输了，我会很难过。说实话，我一点儿也不喜欢这种感觉。有时，在比赛前一天晚上或比赛期间，我满脑子都是'噢，他人那么好，我可怎么下手'这样的声音。"

对于一度患有胃溃疡的桑普拉斯来说，参加职业巡回赛的每一站都像身处一个满是礁石的港口，他需要时刻小心翼翼。参加比赛的地方也远非一个让人感到轻松愉快的旅店或远离故乡的家。

"回看我的职业生涯，我想这是我为什么看上去比较冷漠，和其他选手比较疏远的原因，"桑普拉斯说，"我从心理上对其他人其实是排斥的，赛后也没有想要去了解其他人的意愿。对我来说，工作就是工作，生活就是生活，泾渭分明。这可能更符合我的性格。我知道费德勒一直都和纳达尔私交不错，两个人能一起聊天谈心。但是，对我来说，如果和对方太熟悉，那我在场上根本无法集中精力，反而是满脑子的胡思乱想。总体来说，我没法做到在彼此很熟悉的情况下正常比赛。"

费德勒虽然是人际关系的处理高手，但在 2009 年，我们很难说纳达尔没有在他的心中占据一席之地。纳达尔未能参加 2009 年的温网，因膝盖肌腱炎也未能在 2009 年的法网成功卫冕。纳达尔的缺席对费德勒来说是一个喘息的机会。但是，对于那些一心盼望着他们俩能再度重现 2008 年温网决赛上精彩对战的人们来说，纳达尔的缺席让他们大失所望。可以说，2008 年在温网的

“费纳争霸”提升了网球在全世界范围内的认知度。

费德勒在 2009 年法网夺冠后返回瑞士家中庆祝胜利，休养生息。自 2008 年在温网败给纳达尔之后，费德勒便再未参加过任何一场草地比赛。不过，2008 年的温网失利并没有压垮费德勒。失去世界排名第一和在 2009 年 1 月的澳网输给纳达尔后在众人面前的痛哭流涕也都没有击垮他。费德勒不仅打球漂亮，更是韧性十足。他能够承受重大的挫败和打击并重新崛起。想一想他在 2008 温网挫败后的表现：带着球迷给予的力量和鼓励在美网连续第五次夺冠。球迷的共同看法是：“在温布尔登输了确实很遗憾，但是费德勒，那是一场多么惊心动魄的比赛呀！”

费德勒渐渐发现正是因为 2008 年的温网决赛，他和纳达尔两大阵营的围栏至少在一段时间之内被无形中拆除了。那场比赛深深地打动了很多人，两位伟大球员截然不同的个人风格、体育精神和戏剧性的结尾都让整个过程远比结果更深入人心。

费德勒在纪录片《天才之击》的背景采访中说：“可以说，我是到后来才逐渐意识到那场比赛的重要性。在当时那一刻，回到更衣室，包括走出球场我都一直在哭。我至今清晰地记得那天我走出千禧大厦的时候，心想，‘天哪，这真是我人生中最糟糕的一天。你可以对着我说你场上表现得很好，可我当时一点儿也不在乎。我就是输了！我宁可一上来就输了，这样比较直截了当，也不用经历情绪上的过山车。’”

在 2008 年美网开赛前，费德勒一直在瑞士寄情于山水。他逐渐释放了那些累积在心中的沮丧与失望。如果能在那场有史以来最伟大的比赛中获胜无疑是件好事，但至少，他喜爱的网球运动本身因为那场比赛而在全世界得到了更多的关注。

2009年法网的胜利进一步证实了费德勒已重获“魔法”。安纳科内把费德勒2009年在法网的获胜与桑普拉斯在2002年美网的胜利相提并论。桑普拉斯当时也是在温网输给巴斯特尔的两个多月后在美网扬眉吐气。“我想起了和桑普拉斯一起的经历，”安纳科内对我说，“有好几个月大家都在琢磨，‘哪儿不对了，怎么了？是不是先慢一点。嗯，是因为结婚了，做了这个，做了那个’。我知道桑普拉斯还没有结束。我觉得伟大的球员从不会逃避挑战。费德勒也不例外。”好在索德林在2009的法网一开始就击败了纳达尔。但是，费德勒仍需要通过两场五盘的比赛分别战胜哈斯和德尔波特罗才能夺冠。他也需要在这个过程中找到战胜内心质疑声音的方法。

超越桑普拉斯的一战

对费德勒来说，来到温布尔登就犹如回家一般。法网获胜后的费德勒信心满满，因为他知道长久以来他面对的一大疑问已被他令人信服地回答了。在纳达尔缺席的2009年温网，费德勒的首场比赛被安排在了中央球场。这是按惯例留给卫冕男单冠军的一项荣誉。他在新鲜的草地上以直落三盘的成绩快速击败了对手卢彦勋。

这似乎为他顺利挺进决赛奠定了基础。在半决赛上，他赢了让他差点在法网失利的哈斯，多亏他在第三盘后段以一记侧身正手挽救了一个破发点才成功扭转了局面。“都过去了，结束了，”哈斯说，“成为他的朋友之后我才知道法网对他来说意味着什么，所以我很高兴他成功地实现了梦想。”不过，哈斯对自己在温网半决赛没能抓住一个破发点而不开心。费德勒在温网的表现还是一如既往地出色。他在2009年赛季早期遇到的背部问题与椎间盘损伤有关，已经过去了，至少在温网比赛期间没有发作。“还是很疼，”费德勒对我说，“每次都是右脚起跳，左脚着地，数十年如一日，背部显然有些吃不消。”

2009 年 5 月，法网开赛前不久，费德勒在罗马明确向卢蒂及团队的其他成员表示他需要在红土球场练习中突破极限。“要有真正突破性的训练，”费德勒说，“我对他们说，‘在场上，只要不出界，哪怕是打到双打的边界也没关系，全场随便打。我得训练自己满场跑动、场上滑行、背部伸展、俯身接球等一系列的动作。我必须知道身体的极限在哪儿，否则我的腰部究竟能支撑到什么程度，可以俯身低到什么程度，我都没有概念。’如果心中没数，我会在场上畏手畏脚，不敢出手。”即使在发球时，费德勒也有顾虑。“这也是今年我在澳网和纳达尔对战的第五盘发球不利的原因，因为我担心自己的腰部力量不够，”费德勒解释说，“动作基本上都是下意识的，我会突然害怕，所以我需要一些具体的严格训练，通过一连串的发球和接球的动作来找到腰部力量的临界点。找到之后呢，我就知道自己可以做到什么程度了。”

费德勒在 2009 年温网夺冠前还有一场硬仗要打。对手不是别人，正是他十分熟悉的罗迪克。对方的发球简直就是他在场上信心的晴雨表。罗迪克在新教练拉里·斯特凡基（Larry Stefanki）的要求下减了近 7 千克，整个人充满活力，动作灵活。斯特凡基是一位自信、健谈的美国职业教练，以快速影响顶级球员而闻名。“斯特凡基见我第一天就说，对打网球的人来说，你太胖了，”罗迪克对我说，“他这么说也是为我好，我也不觉得自己有被冒犯。”

2009 年 4 月，费德勒和罗迪克两人都新婚不久。费德勒与米尔卡修成正果，罗迪克则迎娶了模特兼演员的布鲁克林·德克尔（Brooklyn Decker）。他们俩状态都不错，而且也都一心想赢。罗迪克在四分之一决赛中经过苦战击败了莱顿·休伊特，又在半决赛击败了安迪·穆雷。

2009 年是罗迪克第三次打进温网决赛。相比前一年在第二轮就惨遭淘汰的结局，他这一次的回归不可谓不引人注目。罗迪克发挥了自己巧妙的比喻天赋，以一种与众不同的方式描述了自己在 2008 年温网的经历。“当你在前排观看滚石乐队的表演时，突然你会觉得，当你在后面七八排，前面有个大高个在那儿手舞足蹈，又喊又叫，你看不到太多表演，”罗迪克说，“那么演出也就没那么有趣了。”那 2009 年，罗迪克的位置在第几排呢？“稍微往前站了点儿，”罗迪克说，“那个位置足以看清米克・贾格尔（Mick Jagger）穿什么了。”

此言一出，大家哄堂大笑。对罗迪克来说，这场决赛事关重大，尤其对他个人来说。就他和费德勒两人在职业网坛的发展来说，他曾经在排名上领先费德勒。可是现在，即使他一再努力，成绩就是不如预期。“内心很痛苦，”罗迪克在决赛前说，“有失望，有难过。打进温网决赛是无数人的梦想。但我觉得自己很糟糕。好像这么想才能让自己多有警醒。”

在斯特凡基的帮助下，26 岁的罗迪克重拾自信，开始在场上沉着冷静地运用手上的“武器”。“我看好罗迪克，”斯特凡基对我说，“如果他冷静、放松且自信，换句话说，不用蛮力去打球，我觉得赢球还是有机会的。”但是，明眼人都能读懂简单的统计数字。多年来，费德勒与罗迪克的对战成绩是 18 胜 2 负，在大满贯赛事上更是 7 胜 0 负。费德勒的回归如洪水汹涌而至，但罗迪克似乎也知道如何设置障碍阻挡他的进攻。“这或许是罗迪克最主要的一场比赛。”美国戴维斯杯队长帕特里克・麦肯罗说。

罗迪克总是乐呵呵的，但他同时也有轻率和为人刻薄的一面。他对自己认定的“傻瓜”可没什么耐心。费德勒相比就要文雅得多。罗迪克一上场就是一副要格斗的架势：快速移动、大力挥拍、汗流浃背，衬衫、短裤和帽子上都在滴汗。“说实话，我不知道他为什么会大汗淋漓。”几乎从不流汗的费德勒说。

不得不承认我打心眼里钦佩罗迪克。他总是能非常巧妙地用语言表达自己的思想和情感（大有成为一名作家的潜质）。更重要的是，尽管众人都觉得他生错了时代，但是他一路坚持，努力向前。

罗迪克在 2009 年温网决赛中拼尽了全力。他先以 7–5 的成绩拿下了第一盘。他大有进步的双手反拍和恰到好处的进攻节奏让费德勒大吃一惊。

罗迪克也做好了拿下第二盘的准备。费德勒和罗迪克展开了拉锯战，两人在各自的发球局保发成功。在抢七局中，罗迪克以 6–2 率先拿到了盘点，只要他能再拿一分就能完全掌控这场决赛的走向。“他发球领先两盘的情况看起来对我不太好。”费德勒对我说。

然而，费德勒在重压之下不可思议地挽回了 4 个盘点。令我最记忆犹新的是最后一个。当时，罗迪克 6–5 领先，开始二发。费德勒低位反手切削斜线球回击，给了罗迪克和其他人多年来都难以破解的一击。但是，此时的罗迪克战术清晰，脚步够快，他快速移动，正手回球杀向费德勒的正手死角并冲至网前。费德勒正手穿越球打到了底线附近，球飞得很高。罗迪克原本觉得这个球太高肯定接不住，但他最终还是决定接球，结果他的高位反手截击球失去控制落在了界外。两人局分战成 6–6 平。费德勒接着又连得 2 分拿下了第二盘。

2020 年，罗迪克在谈及 2009 年温网决赛上第二盘的这一记截击球时说，“我在场上决策失误。当时场上有阵风，感觉好像是逆着吹的。人们常说当你不知道要不要击球的时候一定要出击。所以，我在没有把握的时候选择了回击。但实际上，我不太相信这种说法。”

罗迪克之所以这么说是因为他数年后在一家健身房骑固定自行车时偶然又回看了一遍那段抢七的画面。可以说，早在抢七局 6–2 时，他错失的第一个盘点就是那一盘比赛的关键。他在跑动时正手挥拍，球落在底线附近费德勒的脚边。费德勒用力半截击，反手弹出了一记斜线制胜球。这一击显得很轻松，唯有在重压之下依旧冷静的球手才能做到。“对我来说，我当时的关注点都在我错失了费德勒的那一记强硬的截击球。事实上，那个球飞得又高又远。费德勒很快就回到中场打出了挽救盘点的一击，”罗迪克说，“大家都在谈前面那个截击球，我自己要不是看回放也都忘了之后的那个截击球。真不敢相信他做到了。”

费德勒在第三盘的抢七中获胜，尽管他的局分优势从 5-1 缩至了 6-5。但是，他在盘点时充分发挥了自己强大的一发优势，接着正手迅猛回击，最终以 2-1 领先罗迪克一盘。

罗迪克随后又拿下了第四盘。连续两年，温网男单决赛进入了第五盘的长盘赛。这次比赛未受到下雨的影响，费德勒和罗迪克得以有更多的时间在自然光下进行比赛。两个人出乎意料且不可思议地一来一回互保发球局。

桑普拉斯在比赛第三盘之后落座至皇家席位。费德勒在场上向他专门致意。桑普拉斯在洛杉矶搭乘红眼航班飞往伦敦的途中一路没有合眼。“我当时整个人是晕的，”桑普拉斯说，“但是回到那个场地，整个人的肾上腺素就上来了，心里五味杂陈。脑海里涌现出很多画面：打破纪录了，回到赛场了，等等，就像是股旋风吹了过来。我在那五小时的观赛中有一种奇怪的超现实的感觉。”

对于不需要倒时差的人来说，第五盘的比赛也炫目得让人惊呼连连。费德勒和罗迪克在各自的发球局都表现强势，ACE 球和制胜球更是接连不断。费德勒曾在某一刻望向坐在观众席上的此时已怀有八个月身孕的米尔卡，脸上闪过一丝担忧的表情。“我是有点担心，”费德勒说，“我当时给自己说，‘噢啦啦，这是一场艰难且漫长的比赛，比分实在胶着。”

可是，好像没有缩短比赛时长的方法。在场上局分 8-8 平时，费德勒在自己的发球局以 15-40 落后。他以一记精准的发球挽回了第一个破发点，紧接着又以一记正手强劲的截击球挽回了第二个破发点。罗迪克并不知道，他应该也不想知道，这将是他在整场决赛中最后一次的破发机会。罗迪克在二发时已处于一个危险的境地，他不得不坚持住，再次拖长比赛。

一年后，在 2010 年的温网，另一位擅长发球得分的美国选手约翰·伊斯内尔和法国选手尼古拉斯·马胡（Nicolas Mahut）也上演了一出可怕的长盘决战，震惊了整个网坛。他们两人在温网第一轮第五盘的较量中，伊斯内尔经过 3 天的比赛最终以 70–68 的成绩赢得了胜利[①]。

回到 2009 年的温网，罗迪克和费德勒在决赛中创造了当时大满贯赛事中历时最长的第五盘。随着比赛的一再拖延，费德勒对自己鼓劲说幸运女神就站在他的一边。第五盘的首局比分来至 14–15 时，罗迪克开始发球。他已连续 37 次保住了自己的发球局，但他此时已露出了疲乏之态，步法和节奏开始有点凌乱，击打落地球的命中率也开始降低。罗迪克两次被费德勒逼至平局。最终，费德勒抓住了一个破发点，而这个破发点也是整场比赛的冠军点。

罗迪克一发失误，二发后又在第五回合时击球失误，这场历时 4 小时 18 分的史诗级长盘决赛至此落下了帷幕。这一次，费德勒没有像以往那样扑倒在地，而是跳起来庆祝胜利。这是他对自己熟悉且喜欢的对手的一种尊重。他不想让罗迪克在如此艰难的比赛失利之后再为赛后握手等待太长的时间。

“竞技体育，或者说网球比赛，有时很残酷，”费德勒说，“在大满贯赛事上，我也遇到过不少的长盘决赛，辛苦打到最后还是输了。一言难尽。”费德

① 2010 年 6 月 22 日晚上 6：13，伊斯内尔对马胡的比赛正式开始。在第五盘准备开始时，因为球场的照明问题，裁判在晚上 9：07 决定中断比赛，并定于在翌日的下午再次开始第五盘的比赛。6 月 23 日，第五盘再次开始后，两人在长盘制下一直保持着一局的差距。结果，第五盘的比赛再次因为照明问题中断。赛事于 6 月 24 日下午 3：40 再次展开，最终伊斯内尔以 70–68 胜出。该场比赛横跨三天，总时间长达 11 小时 5 分钟，仅第五盘就打了 8 小时 11 分钟。——译者注

勒的这番话听上去像是在回看过去某段久远的历史，而不是在讲过去 12 个月里他两次长盘比赛输给纳达尔的事实。费德勒就是有极速恢复的能力，就好像他一下子就走出了失败的阴影，回到了纳达尔之前的时代，回到他在大满贯赛事上所向披靡的时代。

此时的费德勒超越了自己的儿时偶像桑普拉斯，而桑普拉斯也早已成功地超越了创造 12 座大满贯纪录的罗伊·埃默森。罗迪克在颁奖仪式上不乏幽默地说："桑普拉斯，抱歉，我没能拦住他。"这句话似乎是对罗迪克一生比赛的写照。他发球稳健，打球坚定，却始终没有很出色。桑普拉斯说："我为罗迪克感到难过，真的。这是他的一次机会。他很不错，但费德勒是一名伟大的球员，比他好了那么一点点。"比起那个漫长的下午，桑普拉斯的表达过于简短。但是，他对这场比赛不吝赞美。比赛双方的差距微乎其微。但整体而言，费德勒的表现更令人印象深刻。桑普拉斯用了 12 年 52 场的比赛赢得了 14 座大满贯，而费德勒只用了 6 年 41 场的比赛就赢得了 15 座大满贯。在这场决赛中，费德勒一共发出了职业生涯以来最高的 50 个 ACE 球。罗迪克发出了 27 个 ACE 球，表现出令人赞叹的稳定性。

这一次，没有人泪洒草地球场。"没有，这次没哭，"费德勒对我说，"后来当我看到整个团队的时候，米尔卡和其他人，我才稍微有些激动。但是在球场上，这一天不是流泪的日子。我觉得那一刻的情绪更像是'我做到了！'，整个人情绪高涨、精力充沛，有些疯狂的感觉。后来我再次回看那段录像的时候，我会感觉，'噢，天啊，怎么跳那么高，就好像我是一个不相信自己能赢这场比赛的孩子！'"

即使多年过后，当我们再次回顾那场比赛时，费德勒听上去还有一种庆幸自己赢了的感觉。"那是一场你甚至不想看到结局的比赛，"他说，"整个过程就像在抛硬币一样。"然而，事实证明罗迪克即使是在温网抛硬币也无法战胜费德勒。现场观众，甚至是一整天都在为费德勒摇旗呐喊的观众，也感受到了罗迪克的痛苦。当费德勒在中央球场捧起新的奖杯时，罗迪克沮丧地坐在一旁，他突然听到原本零星的几个声音变成了雷鸣般的呼喊："罗迪克！罗迪克！罗迪克！""非常奇妙，"罗迪克对我说，"那应该是我职业生涯中最酷的时刻之一。"

大家的支持不止于此，在赛后几天里，当罗迪克和妻子在纽约市的街头散步时，他们遇到的每一个人，从咖啡师到建筑工人，都会跟他们打招呼并且给予安慰鼓励。罗迪克说："真的是一路上不断有人前来和你打招呼，一刻也停不下来。我第一次遇到这种情况，他们中的很多人其实不是网球球迷，只是知道这场比赛的普通人。所以，我感觉很酷，很多我钦佩的偶像也都给我发来了各种慰问的信息。在我的职业生涯中，从未有过这样的体验。"

对罗迪克来说，2009 年温网前后有着明显的变化。一场决赛的结果让他成了一个能够引发共鸣的悲情人物。"如若不是输了那场比赛，我真心觉得人们在想起我时都不会把我和网球建立起像现在这样的联系，"罗迪克说，"我觉得那是我作为一名网球运动员两极分化的最后一天。倘若我赢了，评价自然也会不一样。"

罗迪克这时谈到了他的"星巴克时刻"。"11 年后，我坐在星巴克里，无意中发现大家依然对那场比赛记忆犹新，"罗迪克说，"哪怕你赢了美网或其他比赛，被大家记住的可能性也很小。但是，2009 年的温网决赛绝对是大家共同的记忆点。我就像是在费德勒和桑普拉斯创造历史的过程中占了一席之地。我好像在那一天和他们俩一起创造了历史，整个人突然间就上升到一种历史的高度。对桑普拉斯来说呢？他早已不再四处参赛了，他来现场就是见证'新王加冕'的，而我就是那个横亘其间的阻碍者。"

提起过去，如今的罗迪克没有难过，唯有怀念，尽管他曾经为此难过了一段时间。几个月后，费德勒在美网对阵胡安·马丁·德尔波特罗时又一次深陷第五盘。这一次，他两次双发失误，丢掉了自己的发球局并最终输掉了整场比赛。

“我想我可能一边看一边说‘去你的，费德勒’，”罗迪克笑着说，“我喜欢德尔波特罗，所以真心为他高兴。可是，眼看着费德勒搞砸了，我又有点生气。‘搞砸了’可能说得有点重，但是怎么说呢，他在第五盘打得就像是白给对方送分似的。他那天的表现真让我恼火，感觉比我自己输掉比赛还生气。”

2009 年温网之后，罗迪克的网球职业生涯只持续了 3 年。他在 2012 年宣布退役前再未能成功进入过任何一届大满贯赛事的四分之一决赛。继桑普拉斯、阿加西、考瑞尔和张德培这一代伟大的美国球员之后，罗迪克也存在握拍的问题，尽管他已尽力做到了最好。

这几位美国的顶级球员总计共赢得 27 座大满贯的单打冠军。罗迪克尽管仅赢了一场，但也比 2003 年以来的其他美国选手要强。罗迪克的表现还有逐年进步的感觉。这恰好说明了美国网坛的整体水平已经下滑到了什么程度。

费德勒在罗迪克的职业生涯后期曾对我说：“我一直都很相信罗迪克。我想他也很感激我对他的鼓励，就像人们对休伊特不屑一顾时我做的那样。我想这也是我们这一代球员之间大家互相尊重的原因。我们一同经历和成长，我们知道对方有多优秀，也明白保持排名靠前有多难。我们互相支持，这一点很重要，因为要做到这一点远没有看上去那么简单。我们似乎每一天都在面对被淘汰的危险。网球和足球还不一样。譬如，你踢球，周日的比赛踢成了 1:1 平，那就是谁也没输，你完全可以回家闷头睡大觉。可是对网球来说，输赢黑白分明，没有平手一说。如果你想要保持排名靠前，那就意味着你一年里 11 个月都得打比赛。”

显然，面对如此高强度的竞技要求，每一个人的反应都是不一样的。罗迪克 30 岁就离开了网坛，而费德勒却一直活跃至今，一路打进了 21 世纪 20 年代。面对全英俱乐部终身会员费德勒，罗迪克在 2015 年作为 BBC 的网球评论解说员再次回到温网时不得不面对各种的意难平。罗迪克一直在消化自己失败的事实。有时醒来，他甚至感觉就像“被重重打了一拳”。退役后首次重返全英俱乐部，重返温布尔登，无形中又在提醒他以往的挫败。“直到那一刻，我才发现原来心里那么苦，”罗迪克说，“倒不是说自怨自艾，而是我多么希想自己是作为温网的冠军走进去，是他们中的一员。”

注重传统与礼仪的温网特别强调与过去的联系。无论罗迪克是否是温网冠军中的一员，他毫无疑问都是 3 次打进温网决赛的选手，与伊万·伦德尔、肯·罗斯威尔和帕特里克·拉夫特等所有在温网运气不够好的选手们都是名人堂的成员。桑普拉斯和费德勒自然属于更高层级的球员——全英俱乐部自公开赛以来最成功的两位男单选手。尽管两个人的打球风格各异，但这是他们之间比其他人多出一层纽带。

两个时代的网球风格

多年来，相比于费德勒，桑普拉斯总对两人的这种差异感到好奇，也有一些迷惑不解。2011 年 3 月在印第安维尔斯大师赛开赛前，安纳科内成为费德勒的教练后，为他们俩在洛杉矶安排了一次活动。桑普拉斯和 NBA 的头号粉丝费德勒一起观看了洛杉矶湖人队的比赛，并与篮球巨星科比·布莱恩特（Kobe Bryant）碰面。科比本人也是一个网球迷，曾是玛丽亚·莎拉波娃和诺瓦克·德约科维奇等网球球员的非正式顾问。可惜，科比在 2020 年的直升机坠毁事故中不幸身亡。

那天晚些时候，桑普拉斯夫妇、费德勒夫妇和安纳科内夫妇在比佛利山庄一家餐厅的包房里共进晚餐。桑普拉斯席间一直在问与巡回赛相关的一些细节。他特别想搞明白为什么费德勒在2001年温网第四轮的比赛中使用经典的发球上网打败自己之后却改变了战术策略，以从底线附近进攻的方式在温网多次夺冠。

“费德勒当时技术全面，但还是个孩子，对桑普拉斯和其他网坛的传奇人物还有一种崇拜仰望的心理，”安纳科内说，“桑普拉斯在外人面前比较内敛，但在一个这样的私密环境中，他其实很好相处。所以，我们几个人坐下来聊天时，他会说，譬如‘嘿，哥们，网球的现状如何？’费德勒就问，‘你指什么呢？’桑普拉斯解释说，‘温网缺新人呀，为什么会这样呢？’费德勒想了想，大概也就一秒钟吧，就开始对着桑普拉斯解释说网球运动从一个时代到下一个时代的演变过程。两个人聊了好几小时。如果我是名记者，我肯定会当场偷偷录音。”

费德勒解释说当网坛在草地球场的主流打法是发球上网时，选择底线进攻就不是明智之举，因为那样意味着要打不少的穿越球。可是随着网球装备和比赛风格的日渐改变，他发现自己可以从底线积极进攻，就和在硬地球场甚至红土球场上对阵纳达尔之外的其他球员一样。新的草地球场不再只是发球上网，而是要尽可能地发球、正手击球加截击。同样是进攻型，但方式和方法已大有不同。当然，费德勒的观点并非人人赞同。

曾与德约科维奇、凯文·安德森等人合作过的网球分析界的前辈克雷格·奥尚内西（Craig O’Shannessy）说：“我觉得费德勒之所以放弃之前的打法主要是因为整个网坛的风格变了。如果你查看统计数据，会发现发球然后截击这种方式的得分率还是很亮眼的。例如，在温网发球然后截击的比例无论是30%还是6%，这种打法的成功率一般在65%～70%。显然，他拿了8座温网桂冠，表现非常出色。但从统计数据来看，放弃发球上网的打法并不是一个明智的选择。”

在网球比赛中，策略和技巧的运用就如同一个不断寻找毒药又不断解毒的过程。不过，风水轮流转，如果有足够多的潜在冠军在年轻时顶住压力努力磨炼，那么或许有朝一日发球上网又会重新流行起来。

不过在当时，通过费德勒和桑普拉斯的战绩，一切不言自明。他们以完全不同的理念在草地球场上取得了卓越的成绩，并彼此尊重、互相欣赏。

2009 年温网决赛后的第二天，桑普拉斯又经过了一段漫长的旅程返回了洛杉矶。他很高兴自己专程从美国来到了温布尔登，尽管此次旋风式的访问没有创造任何的纪录。

“我从未想过，”他说，“有人会在 7 年之内就打破我创造的 14 座大满贯的纪录。”在未来的日子里，还有更多的惊喜等待着他。

11 是翅膀，也是可依靠的磐石

瑞士，弗希斯堡

“欢迎来到瑞士！”罗杰·费德勒面朝苏黎世湖方向张开双臂，既自豪又霸气地说。2009 年 8 月 7 日，当我拜访费德勒的时候，他又重返网球之巅，那仿佛也是世界的顶峰。

由于他要比预期更早返回赛场，我这才不得不急匆匆地从法国赶到瑞士对他进行采访。他提议我们一起在离他公寓不远的全景水疗度假中心的宽阔露台上共进早午餐。这座度假村以其能俯瞰苏黎世湖的无敌美景而闻名。“你看，我住在那儿，”费德勒指向湖边富裕的沃勒劳小镇（Wollerau）对我说，“很漂亮，也很安静，开车差不多五分钟就到了，路上还能看到不少的奶牛。我很喜欢那个地方。”

在医院参加的大满贯

那是一个安宁、祥和的清晨，阳光明媚，光影流动，微风轻拂。那种由衷的愉悦，除了在大满贯赛事上拿到一个赛点之外，我不记得费德勒在哪里还有过如此好的心情了。

不过，这次采访的主题不是网球而是他初为人父的感受。就在两周前的7月23日，米尔卡刚刚在苏黎世诞下了他们的同卵双胞胎女儿：夏琳（Charlene）和米拉（Myla）。费德勒在谈及两个女儿时说："一个人不照镜子也能看见自己的感觉实在是太奇妙了！估计她俩以后会把我和米尔卡哄得团团转。"

瑞士人对时间的精准把握让费德勒在2009年温网（赢得了他创纪录的第15座大满贯桂冠）和美网（即将向他的第6次蝉联男单冠军发起进攻）的空档成为一名父亲。"其实没有什么确定的计划，最近这段时间发生的一切，真可谓老天厚爱，"费德勒说，"我想你明白我的意思。一过孕25周，孩子随时都有可能出生，而我在法网之后还有两个大满贯赛事要参加。"

在2009年的温网，费德勒和米尔卡还一起认真地讨论过如果比赛期间遇到米尔卡分娩该怎么办。"米尔卡对我说，'你还是去打比赛，其他的事回来再说，反正比赛不能不去。"费德勒说。好在担心的状况没有发生，费德勒和米尔卡也因此没有错过他们人生中至关重要的时刻。但是，温网似乎让一切都加速了。2009年7月5日，费德勒在温网夺冠。一周后，米尔卡在私人医生的建议下由费德勒陪同提前入住了苏黎世顶级医院之一的贝塔尼恩私人诊所。入院9天后，米尔卡剖宫产下了一对双胞胎女儿。接着，全家又一起在医院住了10天。"感觉像是法网和温网之后，我们在医院参加了第三个大满贯。"费德勒说。

米尔卡是在 1 月陪费德勒在卡塔尔多哈参加巡回赛时发现自己怀孕的。费德勒说："得到消息的那一刻实在是太开心了！我一开始都是蒙的。我和米尔卡开玩笑说，'你可要小心，千万别动了，赶紧卧床休息！'她说，'去你的，别和我这么说话！'"

两周后，费德勒在澳网比赛时，米尔卡在墨尔本首次产检并由此获知腹中的胎儿竟是一对双胞胎！费德勒整个人晕了！"那会儿的感觉就是，'天啊，天啊，太惊喜了！"获知喜讯的第二天，费德勒就在澳网的四分之一决赛中以三盘 6–3、6–0、6–0 的成绩击败了年轻且危险的胡安·马丁·德尔波特罗。"双胞胎就像是给我插上了一对翅膀，不是吗？"费德勒说，"我发现即使米尔卡去产检不在现场，我也不会分心。这是一个好兆头，我在场上也更有信心了。"

费德勒在随后的澳网决赛上输给了纳达尔。费德勒夫妇一直等到了 2009 年 3 月才正式对外公布了米尔卡怀孕的消息。他们的医生建议暂且不要向公众透露是一对双胞胎。费德勒后来才得知他的外祖母曾有过一个双胞胎姐妹，可惜在生产时未能活下来。因此，谨慎是一个正确的选择。"不到最后，你永远也不知道会发生什么，"费德勒说，"米尔卡生产前的 7 个月里，也没有人问我这个问题。我当时就对自己说，'安心打球，静盼佳音'。"

对费德勒来说，对外公布米尔卡怀孕的消息也就意味着他不得不在记者会上谈及"孩子"。这也成了一个他每次都要回答的话题。他也会在和我做采访时主动提及。"有时，我也会说漏嘴，"费德勒说，"有好几次，我都说成了'我们很高兴将迎来孩子们。'话一出口，我立马心想：呀，这样说是不是露馅儿了？"

费德勒知道我有 3 个女儿，所以会主动问及我的家庭。我说："周围全是女的，哈，这下你也是了。”他说：“感觉怎么样？还好吗？”我说：“会特别敏感。这一点，你好像不需要。”费德勒听完哈哈大笑，接着说：“没错！”

长久以来，费德勒对这项运动、对巡回赛都有着常人难以企及的热情与投入。可是，直到那一刻，我第一次觉得即使同为职业运动员和世界冠军，他对这项运动的热爱也无人能及。许多职业球员都会在孩子出生后不久重返赛场，譬如安德烈·阿加西。然而，还没有人像费德勒这样如此迫不及待地带着全家开始参加巡回赛。米尔卡和两个小宝贝周二才出院，周五就已拿到护照并将在几小时后首飞。费德勒说：“当然只有各方面条件既安全又舒适的情况下，我们才会这么做。米尔卡的产后体检结果不错，孩子们也已在医院待了 10 天，一切都很顺利。我们现在是一个大家庭，一个声势浩大的队伍。我很兴奋我们要一起出发了，希望我们能应对自如。”

作为一个拥有法国妻子又在全球进行体育报道的美国人，我有太多拖家带口长途飞行的经历。虽然我很高兴能将孩子们带在身边，但是“兴奋”实在是谈不上。每次旅行，我不仅要拖运行李，还经常睡眠不足，并且要在第一时间应对经济舱的其他旅客看到在红眼飞机上的小怪兽们那惊恐的反应。

不过，费德勒一家无论如何也不会出现在经济舱。尽管他们夫妇多次乘坐商务舱来回穿越大西洋，但这一次他们选择全家搭乘私人飞机前往蒙特利尔，机上还有一名同行的护士。“护士能帮不少忙，但米尔卡更愿意亲力亲为，”费德勒说，“夜间起来喂孩子、换尿布，她都毫无怨言。她好像觉得如果不亲自做就会错过什么一样。”

他们最初计划在蒙特利尔赛事结束后的那一周去参加在辛辛那提举办的巡回赛。可是，米尔卡觉得在医学检查都毫无问题的情况下可以将行程提前。于是，他们周四确定前往蒙特利尔，出发前只留出了一天的空档。这也是我为什么急匆匆赶去苏黎世的原因。“米尔卡每天还是会问我，‘我们真的要一起去吗？真的吗？’”费德勒说，“实际她已做好了准备。”

站在王者的背后

如果有人想知道费德勒在成家后的数十年里为何会取得如此巨大的成功，我想答案就在他下面的这段话里。“米尔卡是我的磐石。”费德勒说，他经常用这个词来形容米尔卡，“她性格坚韧。我想这可能也来自她曾经是网球运动员的经历。她任劳任怨。自孩子出生后，她一直都亲自照顾。这些品格恰好也是我希望从另一半的身上看到的。她特别棒！有了孩子之后，她就变成了一位伟大的母亲！”

费德勒的英语表达或许不像他挥拍击球那样流畅，也许无法完全传递出他内心感受到的温暖和正能量。但是，他说这番话的时候没有双手抱胸，整个人的身体语言呈现出一种开放的状态。他的双眼深邃却充满笑意。他说话时的语气感觉是经过深思熟虑的，虽然还有点漫无边际，但流露出一种为他人考虑，甚至是取悦他人的神态。他在获得了那么多的胜利并过上奢华的生活之后还能这样做，这一点让我着实感到诧异。作为被采访者，费德勒会主动地、尽可能地为采访者提供丰富的采访内容，只要你用心捕捉就一定会有收获。

费德勒的职业之路接下来其实遭遇了诸多挑战，其中就包括成绩一直都很出色的纳达尔和状态忽上忽下的德约科维奇。然而，米尔卡一直都是他不断追求卓越道路上的左膀右臂。在费德勒的职业生涯中，她全身心地给予支持，在四处参加巡回赛的过程中，她坦然接受漂泊不定的生活，其间更是展示出了一种难得的组织和管理才能。

早在费德勒和米尔卡约会前便与两人认识的马克·罗塞特说：“我觉得费

德勒的成功里有米尔卡的一半。正是因为她的打理，费德勒才会如此成功。假设你是一名顶级运动员，后来娶了名女演员，她可能会说你去参加训练或比赛是没问题的，但我们是不是也可以做做这个或者做做那个。这样一来，很有可能，你的职业生涯很快就结束了。”

没有获奖的米尔卡深深地懂得如何才能让自己的丈夫不断捧起世界上最伟大的奖杯。身为一名移民珠宝商的女儿，她在这个过程中也享受到了顶级球员的丰厚回报：高端的住宅、丰厚的家产、奢华的旅行以及结交各路达官贵人，其中就包括法国《时尚》杂志的总编辑安娜·温图尔。本身就是一位网球球迷的温图尔后来成为费德勒夫妇的非正式时尚顾问。“我觉得温图尔对费德勒和米尔卡两个人都影响巨大。”国际管理集团的副总裁、玛丽亚·莎拉波娃的长期经纪人马克斯·艾森巴德（Max Eisenbud）说。

“我之前请米尔卡帮忙设计蜜月旅行计划。那可真是一个错误，”ATP 巡回赛事的球员兼董事会成员贾斯廷·吉梅尔斯托布（Justin Gimelstob）说，“她给了我一个完美的方案，从每一位礼宾、每一家酒店、每一次出行，事无巨细，特别完美。可是，当我最后接到账单的时候，天啊，那可是属于拿了 20 座大满贯冠军的蜜月之旅！而我的最高排名不过第 63 位。”

米尔卡和大多数网坛传奇的另一半不同，她对网球职业赛事的了解足够全面也足够深入。她自己曾打进世界女子网球的前 100 名。她既是网球的奥运会选手，也是联合会杯的队员。要不是因为长期的慢性足疾让她不得已提前结束了职业生涯，她肯定会飞得更高更远。

虽然现在有点难以想象，但在当时，费德勒身边的朋友都曾试图劝说 19 岁的费德勒在 2000 年悉尼奥运会之后不要和 22 岁的米尔卡进行约会，因为大家都觉得米尔卡远比费德勒成熟，两个人的关系势必会发展得过于迅速。斯文·格罗内维尔德对我说："我们当时都劝他，'嘿，费德勒，你还太小了，别这么快就被套牢了，得多给自己一些自由的时间。可惜，他完全听不进去。不过，现在回头看，他做了一个正确的选择。"

米尔卡早在费德勒成名前，在他第一次摘得温网桂冠前就已是他的正牌女友。费德勒对这段关系心怀感激，充满信任。"我们俩在一起的时候，我什么冠军头衔都没有。可以说，我们是一路一起成长起来的。现在有了我们自己的小家，"费德勒说，"想起来真是不可思议。"

米尔卡因其自身也曾是职业球员，所以非常理解费德勒。他对此心存感激。"我从来没有要求过约会对象非得是运动员，"费德勒对我说，"但毫无疑问，找一名运动员对我来说大有好处。你看米尔卡，尽管没有达到最顶级的程度，但她本身水平不错，了解网球运动员需要什么。她曾对网球投入过大量的时间。每次我一说'我得去练习了'，她的第一反应都是，'嗯，知道了，是该多加练习了。不过，你可能只需要投入我当初投入的 20% 就可以。"

费德勒的朋友、前双打搭档伊夫斯·阿莱格罗与他们的关系一直都很亲密。他发现自从他们开始约会之后，费德勒的变化很大。"女生原本就比同龄男生要成熟一些，更何况米尔卡比费德勒还大三岁呢，"阿莱格罗对我说，"他俩在一起之后，费德勒首先在穿着上有了一些变化，开始变得成熟了。米尔卡知道网球运动员需要什么。有她在，费德勒就连情绪都稳定了很多。米尔卡显然在费德勒的职业发展中扮演着至关重要的角色，尤其是，她在彼得·卡特离世的那段时间给了费德勒莫大的安慰。"当时，费德勒的经纪人比尔·瑞安说："他们俩在一起后，显然是米尔卡说了算。你能明显感觉到他被她迷住了。"

多年来，米尔卡一直是费德勒网球智囊团的核心成员，在托尼·罗奇、何塞·伊格拉斯和保罗·安纳科内等资深教练加入团队之后也是如此。安纳科内说："我从不记得米尔卡有大呼小叫、指手画脚的时候。她不会跟在后面说，'你为什么让他做这个或者做那个？'赛事越重大，她越尊重我们教练的建议，至多提一两个问题。"

安纳科内回忆起 2011 年法网半决赛费德勒对阵德约科维奇的那个前夜。当时，德约科维奇已在全球的男单比赛中连赢 43 场。然而，费德勒以极其出色的表现在那场半决赛上为德约科维奇的连胜纪录画上了句号。"我记得比赛前的那天晚上，我们所有人坐在一起，米尔卡说，'嗯，大家怎么想？'"安纳科内说，"接着我们就一起讨论了场上战术问题。"

一年前，安纳科内来到苏黎世开始被试用的那段时期曾与费德勒夫妇共进晚餐。他之前通过自己的前雇主蒂姆·亨曼和费德勒的经纪人托尼·戈德西克对米尔卡也有所了解。"米尔卡特别直接，"安纳科内说，"问问题从来都是单刀直入，她会说，'费德勒在战术战略上有这样或那样的问题，你认为要怎么解决？'我觉得这是一个大家一起收集信息，一起分析信息的过程。她没有那种咄咄逼人的感觉。和他俩在一起，我从来都没有过压迫感或是觉得她手伸得太长、管得太宽。在他们身边工作的时间越长，我就越尊重和欣赏他们之间的关系。费德勒无条件地信任米尔卡，她既坚韧又聪明，懂网球也懂生活。她极力保护着自己所爱的人：丈夫、家人和团队中的其他人。"

其他熟识费德勒夫妇的人指出米尔卡通常扮演白脸，而费德勒则扮演红脸。米尔卡以一种直截了当的不惧怕正面冲突的态度保全和维护着费德勒的利益和生活。

"费德勒喜欢那种你好我好、大家好的没有冲突的氛围，但米尔卡就比较强硬，"一位不愿意破坏他与费德勒夫妇关系的前球员匿名表示，"米尔卡对费德勒的网球事业、日程安排影响很大。而我自己在这一点上就比较纠结，感觉如果另一半过多、过深地介入我的事业，就会给我们的婚姻关系带来麻烦。”然而，费德勒和米尔卡似乎早已习惯了事业与家庭的深深捆绑。

2002 年 1 月，费德勒和米尔卡一起代表瑞士参加了霍普曼杯网球团体赛（Hopman Cup）。当时，他们俩都扎着深色的长马尾，头戴白色的耐克发带。在场上接受前澳大利亚网球巨星弗雷德・斯托利（Fred Stolle）的采访时，两个人面露羞涩。在采访现场，斯托利不断揣测和暗示两个人的关系不一般，他们俩则忍不住地咯咯发笑（斯托利也试着说出米尔卡的全名）。

此刻，当我们再回想当时的那一幕，不禁有点悲从中来，因为谁也没有料到米尔卡的职业生涯在此之后便很快走到了终点。“在霍普曼杯上，她在对阵阿兰特查・桑切斯・维卡里奥前哭了。我当时不明白，问她‘怎么哭了呢？’”费德勒对我说，“她说，‘你不知道我的脚有多疼，跑都不能跑，却还要上赛场’。我就说，‘实在不行，别打了’。她说，‘那怎么行，比赛一定要坚持到底，就是太疼了’。说实话，我自己没有遇到过这种情况。虽然也有过带伤比赛的经历，但是米尔卡那次应该和以往的都不一样，她不久后就因为足疾直接退役了。”

米尔卡当年在澳网、印第安维尔斯大师赛、迈阿密大师赛资格赛的第一轮统统失利。由于持续的疼痛，她停赛了好几个月，后来决定对脚后跟进行手术治疗。2002 年秋天，费德勒询问正在术后恢复期的米尔卡能不能帮忙预订酒店。从此之后，费德勒和教练彼得・伦德格伦的旅行计划便逐渐由米尔卡全权负责了。

谁也没想到医生最后却告诉米尔卡她选择做手术是一个错误的决定。她再也无法回到竞技体育的水平。那一年，她不过才 24 岁。2005 年春天，退役后脚部依然疼痛的米尔卡在巴黎说："我拼尽全力想要回到赛场，最终却无能为力。"

当时，她已经在陪同费德勒参加巡回赛并负责处理与赞助商及媒体的各种业务了。也正是在这个阶段，费德勒与国际管理集团彻底解约，转而由他的父母、米尔卡以及一位瑞士的法律顾问一起管理他正在日益壮大的事业版图。"我觉得在某种程度上，可以说她以往的事业发展在我这里得到了延续，尤其是她刚退役的那几年，"费德勒在 2016 年时对我说，"我觉得对她来说，在退役的档口恰好遇到我的事业开始起飞，这是件好事。这样一来，她就能充实忙碌起来，就没有时间去理会那些负面情绪，不会老想着'天啊，脚太疼了，我再也不能打球了'之类的。她的脚到现在还是会疼，但我很庆幸她当时有了新的关注点，而不是连着三年什么也不做，只关心术后的问题。"

2003 年，米尔卡在费德勒温网夺冠后立马就被各种采访请求及活动邀约的洪流给淹没了。"感觉突然间就爆了，四面八方各种请求纷至沓来，"费德勒对我说，"让人猝不及防，不过也挺有趣。"他模仿起米尔卡的声音说："噢，疯了，疯了，我的电话铃声一直不断！我不知道该怎么办了！"然后，他又回到自己的声音说："那你关机吧。我只想和你待在一起。"他撒娇式地拖长"你"那个音。他又模仿回米尔卡的声音说："不行，这怎么行？！"

虽然费德勒是用英语复述了这段对话，但他实际上和米尔卡一直讲的是瑞士德语。他们两人都会多种语言（米尔卡精通英语和斯洛伐克语）。无论使用什么语言，他们在费德勒早期职业发展中要找到工作和生活的平衡点并不容易。2005 年，费德勒曾对我说："我们俩一开始也有分歧，我想这样，她想那样。但好在，我们都觉得不能吵架，哪怕吵了也很快就过去了，互相抱一抱，重归于好。到现在为止，这从来都不是一个问题。我第一次在温网拿到大满贯，当时各界的反应让人有些措手不及，事情太多了，可以说是筋疲力尽，自然也就比较急躁，不论是她还是我都一样。现在我们俩也做不到完全将工作放在一边置之不理。米尔卡还是会一大早就查收邮件或者打一两个电话。我会觉得‘好的’，没什么问题。”

2003 年 12 月，费德勒出人意料地与伦德格伦终止了合作。米尔卡对他的影响则持续深入。

法国理疗师兼整骨医生保罗·多罗琴科与他们夫妻年轻时都有过合作。他说：“米尔卡是那个为费德勒解决问题的人。我真觉得费德勒之所以不再和伦德格伦合作主要是米尔卡的决定。她不爱说话，对人很冷淡，但的确事事为费德勒考虑。有她在，费德勒根本不用操心，只需要一心一意地打球就可以。米尔卡坐镇大后方，而且说实话那个后方的工作也是越来越多。”

网球界对米尔卡的看法远比对费德勒的要复杂。或许是因为她不遗余力地守护着自己的小家，而很少将心思放在与外界的交流上。当然，你也可以通过观察她在赛场上的表情而对她的内心世界加以揣测：她坐在球员包厢里眉头紧锁，时不时双手握拳鼓励，表现出气呼呼的神态，在现场嚼的口香糖比教练嚼的还多。费德勒的老对手安迪·罗迪克说：“我非常尊重和喜欢米尔卡。”

玛丽亚·莎拉波娃曾对我说，当她 17 岁那年意外获得温网女单桂冠时，她曾在主办方的冠军晚宴上与费德勒夫妇一桌。费德勒当时刚连续第二次在温网夺冠。“我起身准备站到费德勒身旁去领奖，米尔卡提醒我说我的裙子歪了。我当时心想：天啊，我可不想这样站在罗杰·费德勒身旁！”莎拉波娃对我说，“我立马说‘谢谢你，米尔卡！’我当时真的是全然不知。”

瑞士网球明星马克·罗塞特曾是费德勒追慕的一位领路人。他认为米尔卡在费德勒事业起步那几年负责对外的媒体工作其实是吃力不讨好。“米尔卡一开始风评不好，主要因为瑞士媒体对必须通过她才能联系上费德勒感到不高兴，”罗塞特说，“但是如果要开口批评他人，我们理应先设身处地想一想。她坐在那个位置不容易。她负责处理公共关系，目的就是不让费德勒分心和操心，让他一心扑在打球上。她在保护自己的另一半，这个很正常。一开始有很多抱怨的声音，老实说，我觉得她没有什么不好，她做了她应该做的事，只要费德勒满意，我们其他人又有什么资格横挑鼻子竖挑眼呢？”

格罗内维尔德认为米尔卡对费德勒的未来有着非常清晰的规划。“她知道要做什么，”格罗内维尔德说，“类似是否和彼得·伦德格伦续约这种事，她是那个拿主意的人。一旦尘埃落定，大家肯定认为是她在其中起作用。挑选教练这种事，其实对费德勒来说很难。他和每一位与自己合作过的教练关系都不错，所以提出终止合作是很艰难的。”费德勒一直坚称尽管自己问过米尔卡的意见，但最后与伦德格伦不再合作是他自己的决定。伦德格伦也曾对我说过即使当时很痛苦，但他后来觉得这个决定也是很有必要的。

费德勒在2004年的很长时间里都没有正式的教练。2005年的晚些时候，费德勒开始重新与国际管理集团合作。后来成为费德勒专职穿线师的罗恩·俞（Ron Yu）回忆说，当他第一次与费德勒在德国汉堡的一家酒店见面时，米尔卡就坐在一旁。戈德西克最终接手了应对媒体的工作，米尔卡一下子就从得罪媒体的境况中彻底地解放了出来。但是无论如何，米尔卡对费德勒职业生涯的影响力是不言而喻的。

费德勒在双胞胎女儿夏琳和米拉出生后不久有一次对我说：“以前没孩子的时候，尤其是那段我既没有教练也没有经纪人的日子，我们俩形影不离。一日三餐，从早到晚，都在一起。我们俩无话不谈。那段时光，想起来，真的很有意思。现在呢，我们每天七八个人一起吃饭。周围的人多了，生活也发生了不小的变化。我们俩再想要‘二人世界’，那可得仔细盘算好了才行。”费德勒坦承在“独处时间”里网球依然是他和米尔卡聊天的主要话题。“她喜欢聊网球，”费德勒笑着说，“我也喜欢和她聊，因为她比任何人都了解我平时练习和比赛的状态。这也是我有时候需要她烧脑的地方。”如果能有机会了解米尔卡的各种见解，那自然是再理想不过了。可惜，她同费德勒在 2005 年左右决定不再接受任何形式的采访。这也是他们有意保留私生活的一种方式。

2009 年 4 月 11 日，费德勒和米尔卡在巴塞尔举行了一个规模非常小的婚礼，保密工作更是做到连一些瑞士戴维斯杯球队的队员都毫不知情的地步。在所有我对他的采访中，费德勒只有一次显得有点恼怒，那就是我在 2012 的一次采访时提及了他位于瑞士阿尔卑斯山伦策海德附近的家。“别写我住的地方，”他厉声说道，“我不喜欢这样。”尽管他的家庭住址后来还是被公开了，但是费德勒作为一个全球知名的好脾气的公众人物越来越希望能在公私之间划定清晰的界限。这也就意味着他曾经的新闻发言人米尔卡不再和媒体打交道。如有任何有关他们夫妻的问题都由费德勒出面发言。

这无疑对我们媒体人来说是一大损失。没有哪位网球明星的配偶会像米尔卡那样占据主导地位。她原本可以为我们提供一些未曾对外公布的信息。曾经有报道指出她在费德勒之前曾与迪拜王室的某位成员有过约会。不管怎么说，从她的视角观察费德勒的事业肯定会很有意思。米尔卡在费德勒转变场上情绪、建立良好声誉的过程中真可谓功不可没。“我不是他的教练，至多给他一些建议，”米尔卡在 2005 年接受法国体育报纸《队报》的采访时说，“他喜欢聊网球，我也了解这项运动，熟知其中的战略战术。他很聪明，会自己筛选出最合理的信息。这也许是让我和他关系紧密的原因之一。我们来自同一个世界：网球的世界。在大满贯赛事前一天的晚上，我永远不会拉着他去逛街。”这也是米尔卡最后接受的几次采访中的一次。

前路漫漫，又岂能事事称心如意？费德勒夫妇共同投资打造的“费德勒牌香水”就惨遭失败。但是，他们为这一品牌设计的费德勒全名首字母“RF”的缩写版本后来在他们与耐克及优衣库的合作中经过修改后大获成功。“印有‘RF’字样的帽子是我们销量第一的帽子。耐克出过很多帽子，而且网球对耐克来说市场份额也并不大，”在耐克公司任职超过 30 年的迈克·中岛说，“米尔卡对费德勒的穿着很有发言权。我觉得她在费德勒的穿衣搭配上更有支配权，譬如费德勒喜欢什么、不喜欢什么，穿什么颜色在场上更好看、什么颜色不好看，等等。两个人关系亲密一定是有原因的。有时候，费德勒可能心里不爽但嘴上不好说，这时候米尔卡就会站出来帮他发声。”

这些年来，米尔卡自己也经历了很多。她再次怀上了一对双胞胎（令人惊叹的是费德勒的姐姐黛安娜也诞下了一对双胞胎）。2014 年 5 月 6 日，费德勒和米尔卡的双胞胎儿子莱奥（Leo）和莱尼（Lenny）出生了。这个日子让费德勒有足够的时间参加意大利公开赛和法网。尽管各种后勤工作庞杂到令人生畏，但是米尔卡竭尽所能地带着一个完整的家跟着费德勒四处奔波，有时也会预订露营车。

当然，你也可以说“有钱就是任性”。私人飞机以及各种帮佣都不在话下。费德勒对我说：“我们雇了不少人，只是以防大家劳累过度，确保我们的整体状态良好。”

在夏琳和米拉开始正式上学之后，费德勒夫妇还专门聘请了一位有资质的老师陪伴两个女儿学习幼儿园及小学课程。在旅行途中，宾馆房间或其他任何一处空间都可以随时成为夏琳和米拉的小课堂。

2015 年，费德勒对我说：“我们选择全家人一起出行是对的。一开始，我也不确定有了孩子之后到底要怎么安排，但我觉得最好不要分开。两个小姑娘喜欢旅行，我和米尔卡也喜欢和家人在一起朝夕相处。总体来说，相聚总比分离好。所以，我暂时觉得比起让她们留在一个地方正常上学远没有一直跟在我们身边重要。当然了，事情总会有变化。”2016 年，费德勒因为膝关节损伤做了手术。2020 年，他又因为新冠疫情的影响而在很长一段时间内没有参赛（他还错过了 2017 年和 2018 年的红土赛季）。

“孩子们都已经习惯了在路上的日子，如今反而会问‘我们什么时候再出发呀？’”费德勒讲起他 2016 年休赛 6 个月后孩子们的反应，“他们喜欢去不同的地方，总会问我‘什么时候再去澳大利亚呀？什么时候再去纽约呀？’我每次都不得不说，‘噢，这段时间不行哦’。”

不过，费德勒一家即使那段时间无法外出旅行，他们所到之处，无论大人还是小孩都有一堆的朋友。“我参加巡回赛也有 20 年了，在每一个参赛的城市有不少的朋友。大家也一直没有中断联系，”费德勒对我说，“这也是为什么我们每次在路上和家里感觉差不多的原因。”

安纳科内说自己很难回忆起在他执教期间有哪一次他们不是和三五好友聚在一起的场景。“他们会一帮人共进晚餐，好几天一起逛街、聊天、散步，做情侣们一起做的事情，”安纳科内说，“和朋友们在一起玩好像成了让费德勒保持高水准的一种动力。”

与喜好独处的桑普拉斯合作之后，安纳科内一度担心费德勒会在过多的社交活动中消耗精力。他同戈德西克、卢蒂都表达过自己的担忧，后来还直接和费德勒聊过。“费德勒说，‘哈，我还没老到一点社交活动就会消耗能量的地步’，”安纳科内说，“不过，我还真没见过费德勒因此丢了比赛的情况，一次都没有。也从未见他说‘哦，都是因为要招待朋友’所以输了之类的。他总是能非常快地处理好所有事，不论是在情感上还是在训练方面。他所做的每一件事似乎都在给他充电。社交、杂七杂八的其他事，好像都在给他加油，而不是在消耗他。”

他的两个女儿甚至给他提了一些打球建议。“有一次，她俩告诉我应该在底线上打球，”费德勒在2016年的澳网上解释说，“她们觉得那样比较好。我觉得‘嗯，可以一试’。”她们还建议自己的爸爸打球时可以虚晃一招，先偷偷地看向一个方向，紧接着朝另一个方向击球。“我说，‘好吧，我也试试，不是像你们想象的那么容易，但我会试试’。”他说。费德勒经常会强调指出旅行对孩子们来说并不难，因为她们就是这样长大的。“真正觉得难的是我们这些大人，”他说的是自己和米尔卡，“因为我们会紧张、会担心；对孩子来说一切都很简单，而这个简单也是因为我们尽量将一切安排得对她们来说很简单。”

家人陪伴的重要意义

在他们这一代，费德勒并非第一位带着全家一起参加巡回赛的球星。莱顿·休伊特同妻子贝克就带着他们2005年出生的女儿米娅（Mia）和2008年出生的儿子克鲁兹（Cruz）一起参加巡回赛。2010年，随着女儿艾娃的出生，他们更是升级为五口之家。2016年，休伊特正式退役后还时常和儿子克鲁兹一起参加表演赛。克鲁兹子承父业，成长为一名与费德勒和纳达尔都进行过比赛的男单球员。有休伊特在前，那么全家旅行的计划对费德勒来说就是切实可行的。“陪我一起参赛的记忆将会伴随他们的一生，”休伊特说，“而且他们的陪伴也让我的职业生涯变得更长久，我总认为他们能从中受益。”

2005年是休伊特状态最好的赛季。他在此之后便开始走下坡路。费德勒却在照顾一个大家庭的同时朝着梦想不断地迈进。“我做不到，”罗迪克对我说，“我在打球的时候不能有家庭责任这一类的压力。过去有网球，现在有家庭，我没法将这些交织在一起。”

2017 年，罗迪克询问费德勒路上遇到过的挑战。费德勒回答说他们一家在温布尔登、辛辛那提举办公开赛的那一年，有段时间天天挤在一间屋子里，很有趣。罗迪克听完大吃一惊。他说："我当时心想，'天天挤在一间屋子里究竟是什么意思？是说几个房间连在一起吗？'结果费德勒说，'不是，就是一家人住在一个大开间里。'我心想，'这没人能做到吧，又或正常情况下，没人能做到吧，和妻子、4 个孩子挤在一个房间里还能在大师赛上夺冠，天啊，简直难以想象！"

但是，费德勒就是能够做到在不同的事情间自由切换。他会在比赛之余带孩子们去巴黎的博物馆或墨尔本的公园。这种调整反而让他能在场上做到全神贯注。著名的网球经纪人约翰·托比亚斯（John Tobias）说："在夜场比赛前，每个人都会在自己的房间里积极备战，休息好、吃好，可费德勒却带着孩子去中央公园玩耍。我觉得这种放松方式反而有益于他打球。其他人可能总想着比赛的事，所以在上场前神经一直都是紧绷的。"对费德勒来说，家人的陪伴有助于他从失败的阴影中快速走出来。这在他和米尔卡有孩子之前就是他的强项了。"费德勒有幸福的依靠，"克里斯·埃弗特（Chris Evert）对我说，"我特别羡慕他的家人陪着他四处打比赛的样子。全家人亲密无间，彼此有爱。这一点，我既羡慕又佩服。费德勒的性格非常好，心地善良，他在网球这样一个艰苦的、高度竞争的环境里还能那么的柔和实属难得。"

安纳科内记得在 2011 年温网男单的四分之一决赛上，费德勒在领先两盘的情况下却输给了乔-威尔弗里德·特松加。在大满贯赛事上，这样的情况还是头一次。当时，至少从表面上看，那是一个毁灭性的时刻。

"我一直在琢磨我待会儿要和他说些什么，"安纳科内对我说，"怎么开口呢？等他做完了所有的采访，我们一起跳上车往回走，感觉一下子就到家了。他一进门，放下包，整个人手脚并用地趴在地上，和米拉和夏琳躺在地板上咯咯地笑着，打闹了起来。”

玩了一会儿后，费德勒站起身，安纳科内建议出去走走复盘一下。他在路上问费德勒怎么会那么快就摆脱失败的阴影，无忧无虑地和孩子们玩到了一起。根据安纳科内的说法，费德勒是这样回答的，他说：“我赢过很多次，也失败过很多次，得失最后都是平衡的。你看，我有过很多次赢了不该赢的的例子，也有过很多次眼看着就要赢了最后却输了，所以比赛不仅是输赢。我觉得该发生的自然会发生，这就算是一个平衡吧。”第二年的温网夺冠似乎就是为了印证他上述观点的准确无误。这也是他自 2010 年澳网后的第一个大满贯男单桂冠。

法国球员皮埃尔-于格·赫伯特（Pierre-Hugues Herbert）曾表示与家人一起参加巡回赛让他在场上、场下都感到很“轻松”。费德勒应该也是深有同感。他和米尔卡一起将孩子们纳入了自己长期以来的旅行生活。

费德勒年轻时很怕坐飞机。“我一坐飞机就会特别难受。”他说。但是，他很快克服了这一点。在他职业生涯的早期，他和米尔卡选择不与其他大多数的选手和教练一起住在官方提供的酒店。“在场上见面就够了，我不想在私下还天天碰面，拉开点距离、保持一些隐私比较好，”费德勒在 2005 年时对我说，“我和米尔卡一般都会选择位于市中心的酒店，这样我们可以有时间在城里走走逛逛，而不是一出酒店的房间就是赛场。”

那年在巴黎，费德勒第一次兴奋地参观了卢浮宫。他去其他城市时也会安排时间领略当地的风土人情。“这是网球之外我努力想要保留的生活，”他说，“网球需要百分之百地投入，但人生还有其他事情，有女友、有家人，有我们在一起的私人生活。我想要把这一部分完整无损地保护起来，因为只有过得开心才能打好球。”

费德勒一贯将如何保持身心活力放在第一位：合理规划自己的训练量和训练强度，也要非常明智地把控自己的曝光度。他虽然性格外向，但又绝对不是桑普拉斯误以为的会在球员更衣室或餐厅里见人就打招呼、闲聊的类型。

费德勒有意保存自己的精力，或者更准确地说，他在保护自己对网球的热爱。于是，当有需要时，他便能精神饱满地出现在大众视野中。这是我们很多人都理应学习的一部分。费德勒在职业生涯后期曾经又一次和我谈及了这一点。

2019 年，他说："我非常认真地对待工作，但同时又有一颗平常心。我能让情绪很快地过去。我真心觉得对大多数球员，尤其是年轻的球员来说这是一个秘密，离开球场时你要对自己说，'好了，结束了，这场比赛结束了。我知道我还是一名职业网球运动员，但此刻我需要放松，我会依照自己的方式做任何让我减压的事情'。"费德勒停顿了一会儿，让我看他握紧的左拳。"如果你一直处于一种这样紧绷的状态，"他一边说一边看着自己握紧的拳头，"那你一定会精疲力竭。"

"难道你从来没有过这样的时刻？"我问道。他想了整整 30 秒，接着说，"如果那种要燃烧殆尽的感觉快要来了，我会想尽办法把这种感觉降到最低最低的程度。练习、比赛和家庭生活就是我消除这种感觉的方法。我会默默地尽量少做一些事情，譬如少曝光、少接受采访、少签名、少出现在公众场合。我会选择私下练球，因为我需要迅速振作起来，心无旁骛，这样才能打比赛。曾经有一次，大概 3 个月左右，我很不舒服，然后我就通过参加巡回赛让自己找回状态。我当时对每天都要面对媒体的生活很厌倦。那是一段让我感觉特别糟糕的时间，前后 3 个月吧，从印第安维尔斯、迈阿密开始，一直持续到整个红土赛季结束。"费德勒自己也记不清那一次究竟是发生在 2012 年还是 2013 年，但 2012 年的可能性要大一些，因为他在 2013 年没有参加迈阿密公开赛。

“我觉得与米拉、夏琳也有关系。和孩子们在一起，我会很放松，”他说，“今天当我再次回想起2010年和2011年，我满脑子都是网球以外的生活画面。我当时初为人父，回忆起来都是当爸爸的感受，那两年在赛场的记忆反而比较模糊。你可能会问我，‘你在2010年的法国的比赛表现得怎么样？’说实话，我答不上来。直到2012年，网球似乎才又回来了。我赢了温网，赢了其他一些比赛，也许那是一个对照顾孩子感到疲倦的阶段。我和米尔卡大概也是在那个时候才找到了经营好一个大家庭的状态。”

2011年11月，我参与报道了巴黎的室内网球锦标赛。我还记得费德勒曾对我说过他在决赛上对阵乔-威尔弗里德·特松加的前一晚没有睡好。原因是双胞胎女儿中的其中一个凌晨4点就吵醒了他和米尔卡。费德勒说“米尔卡对我说，‘要不把她抱到我们床上来吧，我甚至没有争辩，我把她抱过来，实在不想凌晨4点为这点事吵来吵去。”费德勒后来在赛场上战胜了特松加。尽管和孩子们一起旅行会影响睡眠质量，但他是一位哪怕睡眠不足也能在场上投入战斗的人。

“有一次我在加利福尼亚州接到费德勒的一个电话，”安纳科内说，“我对他说，‘嘿，你人在迪拜，现在不是凌晨2:45吗？’他说，‘是呀’。我问他，‘你干嘛呢？’他说，‘没做什么，就是看看邮件’。我感觉夜深人静时是他享受一个人独处的好时候。这么说没有别的意思，而是说在那一刻他不是我安内科尔带的球员，不是米尔卡的丈夫，不是米拉和夏琳的爸爸，甚至也不是偶像费德勒，只是他自己。”

安纳科内坦言在自己执教费德勒的那几年，一开始很担心费德勒的睡眠质量。“我一开始因为不了解情况，还有些担心，”他说，“为此和卢蒂谈了很多次，还找戈德西克和米尔卡聊。我不是说他不睡觉，但我的确没有见过像他那样睡眠随意的球员。在温布尔登，他每次入住的房间都不一样。他在这方面一点儿也不迷信，譬如一定要在某个地方练球或吃某种喜欢的食物，等等。恰恰相反，他特别随意。他睡得那么少，却还能活力四射，说实话我很惊讶。”

法国人对此有一句精妙的表达：“*Joindre l'utile a l'agreable*”，大意是说要乐在其中。这句话可以泛指完成日常生活中的任何事。哪怕你打算清洗洗碗机里的餐具或者码放木块，你都要想办法让它变得新颖有趣。这就是费德勒能够成为网坛长青树的关键所在。太多的例行公事会扼杀其中的快乐，过度的投入也会让一个人消耗殆尽。费德勒直觉敏锐的体能训练师皮埃尔·帕格尼尼不会不明白这一点，在职业生涯中历尽艰辛的米尔卡也同样不会不明白这一点。

“早在我第一次世界排名第一的时候，我们和帕格尼尼当时就一致认为少即是多，”费德勒在 2011 年时对我说，“我们需要小心地照顾好身体，因为米尔卡一开始就有些过度消耗。所以，她能根据自己的经验给我一些建议和提醒。即使到了今天，她在运动时还是会显得有些虚弱，但实际上我的运动量比她大得多。所以，我想一方面是因为我很幸运，身体素质不错；另一方面也是因为我周围这些人的明智建议。毫无疑问，这也是米尔卡让我获益的地方。”

米尔卡不仅帮助费德勒处理细节，还帮他把控大局。“譬如她会提醒我不要一训练就连着六七小时，也不要随随便便接受治疗，”费德勒说，“她本身就是练得比较狠的那种，结果有一天砰的一声，受伤了！她也会和我讲要怎么处理水疱，是不是听上去有点傻，但所有这些加起来就帮我很多。因为她都经历过，所以她知道如何能很好地照顾我。”

费德勒的运气这几年似乎差了点。他的后背一直不适，但真正让他备受困扰的还是膝盖问题。2016 年，他在墨尔本给孩子们洗澡时扭伤膝盖，之后便做了第一次膝盖手术。2020 年，他在年近 40 且整个网球巡回赛因为新冠疫情而停摆 5 个月的艰难时期又做了两次。费德勒一直以来都对时机的把握非常准确。这一点不仅体现在他在场上击打落地球的瞬间。如果说有哪一个赛季他是完全缺席的话，那就是 2020 年。

新冠疫情让费德勒有了一个和家人在一起安稳生活的幸福时光，他们一家主要是在瓦尔贝拉的山间度假屋而非他们在苏黎世湖边沃勒劳小镇的住所度过的。谁也没有想到他和米尔卡当初在山间度假胜地修建的避暑小屋会成为他们在疫情期间的长居之所。

“对我来说，能有一段时间远离喧嚣，和孩子们一起在山间宁静度日，我就会感觉非常幸运。”他在 2019 年新冠疫情暴发前对我说。

米尔卡和孩子们定期滑雪（费德勒还得等到正式退役之后）。相比夏琳和米拉，莱奥和莱尼对网球表现出浓厚的兴趣并且展现出了相当大的潜力。不过，从未在父母的压力下成长起来的费德勒对自己的孩子是否要走职业网球这条道路表现得很谨慎。他懂得踏上职业巡回赛的道路需要克服什么样的困难。作为有史以来最成功的球员之一，他遇到的困难已经比其他人少了很多。他从不认为在网球的世界里有什么含着金汤匙出生的孩子。当然，和所有的父母一样，他也对未来充满期待。

“我希望他们打球是出于真心喜欢，我一直想让他们知道打球是一种快乐，或者说打球理应很快乐、很有趣，他们能从中学到很多，”费德勒说，“作为父母，我也会想：我已经投入了那么多的时间，带着他们去打网球、踢足球、上滑雪课。如果他们回来觉得自己不行，很糟糕，说实话，我也有一些失望和沮丧。我花了时间、精力，结果他们不在状态，没有全力以赴，我接受不了这个。我的父母当初也一样。他们会对我说，‘我们花费很多时间和金钱带你去上课，结果一无所获，那我还不如让你在家安静看书或是对着墙自己打着玩算了，还不花一分钱，你想怎么样就怎么样，何必要浪费教练的时间’。在这一点上，米尔卡和我的想法一样。我们更在意孩子的学习态度和努力拼搏的程度。”

父母以身作则是最理想的状况，行动永远比口头要求更有效。年轻时的费德勒属于过度紧绷型的，他并不想在这方面为孩子树立榜样。不过，费德勒可以完美地向孩子们展示什么叫努力和坚持。多年来，他在温网的中央球场和美网的练习球场上顽强竞赛和胜利夺冠的样子足以让两个儿子深刻理解努力拼搏的含义。

这正是米尔卡的殷切期望，也许部分原因是她认为这可以推动着自己的丈夫不断前进。在竞技体育的世界里，所谓“伟大”往往都会转瞬即逝。然而，费德勒却在教练、理疗师、体能训练师、朋友、经纪人和妻子米尔卡的帮助和支持下，在过去 20 多年的职业生涯中成长为网坛无人能及的一棵常青树。

“我觉得她现在肯定不觉得我在为她打球，”费德勒对我说，“我觉得米尔卡已经放下了。她一开始这么想对她有好处，后来我们一起参加巡回赛，处理各种事情，再接着有了孩子，带着他们一起旅行，整个过程既新鲜有趣，又鼓舞人心，充满欢乐。”

事实证明，在 2009 年 8 月那个阳光明媚的早晨，费德勒眺望着远处波光粼粼的苏黎世湖，他展现出来的乐观情绪不是没有道理的。大家庭、大旅行、齐心协力，他们都一一做到了。他们一直将孩子们带在身边，不离不弃，一起参加巡回赛的时间远比他们最初设想的还要长。

12 网坛三巨头时代

美国，纽约

“这是我迄今为止最精彩的一击。”罗杰·费德勒在2009年美国网球公开赛上说。可以说，从那以后他就一直在为此付出代价。

在2009年对阵诺瓦克·德约科维奇的美网半决赛上，费德勒在比赛即将结束时打出了这精彩的一击。他领先两盘，德约科维奇在第三盘局分5–6时开始发球，当时场上比分0–30。德约科维奇移步上前放了个小球，费德勒迅速追上去回击。紧接着，德约科维奇一记空中截击高吊球，迫使费德勒逆转冲至底线，就在球即将第二次弹跳的危险时刻，费德勒背对球网胯下击球，结果球在球场上斜线穿过得分，德约科维奇看得目瞪口呆。比分来到0–40。尽管费德勒接下来在回球时打出了一记正手制胜球，由此创造了自己在美网连胜40场的佳绩，但是人们唯一津津乐道的还是他刚才的那一记胯下击球。

在网球中，还有一些更难做的事情：当你试图用放小球来回击势大力沉的发球，又或者用反手斜线高球来应对深吊球（或者在红土球场击败纳达尔）。

而胯下击球在2009年实属罕见，它更像是费德勒的一个炫酷的表演动作。它简直就是网球版的“无表情传球空中扣篮得分”。只需手腕一抖，原本的深度防守位置就变作了进攻。尽管“胯下击球”经常会失误或不合时宜，但是费德勒的这一击却做到了极致，与他在澳网对阵萨芬时在赛点上失手的那一次完全不同。费德勒坦言：“节奏、速度、准确性都恰到好处的这种击球方式实属难得。”

这一记如此精准的制胜球似乎是费德勒在法网和温网大获全胜和迎来一对双胞胎儿子之后那种身心沉醉在幸福最深处的直接反映。它同时也是费德勒在纽约大放异彩的一次明证，尤其是他已连续3年在美网击败了德约科维奇，其中包括2007年的美网决赛。“我感觉他越来越放松了，”德约科维奇说，“他结婚了，当父亲了，又打破了纪录。他在场上收放自如，状态很好，获胜的概率自然大涨。对其他人来说，他也就更危险了。我的意思是，你看他那一击，看看观众的反应，我还能说什么呢？”

然而，谁会料到当费德勒在美网上春风得意、连续获胜后不久就跌进了长期的失利之中呢？或者，换句话说，有谁会想到在接下来的10年乃至更长的时间里，费德勒没能再次在纽约的五盘三胜的硬地比赛中战胜过德约科维奇呢？尽管费德勒在其伟大的职业生涯中有许多波折，但他在2009年美网之后的颓势却来得如此突然。至少对我来说，在那个周日的夜晚，当我坐在美网新闻发布室里敲打着键盘，顶着截止时间的压力为《纽约时报》撰写最新的文章时，压根没有预料到未来的这个方向。

胡安・马丁・德尔波特罗在当天的另一场半决赛上以三盘6-2的成绩击败了纳达尔。这个结果倒是让我在当时稍有反思。但是，我又觉得并不意外，因为纳达尔在这一年里伤病缠身，甚至在腹肌撕裂的情况下还参加比赛。费德勒在与年方 20 岁、身高 1.98 米的德尔波特罗交手的 6 场比赛中全部获胜。德尔波特罗性格温和，但是平击落地球时异常凶猛。来自阿根廷坦迪尔的德尔波特罗被人们昵称为“坦迪尔之塔”（the Tower of Tandil）。尽管他在法网的红土球场上将费德勒逼至了第五盘，但是费德勒在 2009 年早些时候的澳网上以压倒性的优势战胜了他。球速快、反弹低的纽约球场是费德勒以自己的侧滑削球让德尔波特罗大吃苦头的理想之地。“无论德尔波特罗在周日的比赛中打得有多好，费德勒无疑还是现场观众的宠儿。”我写道。

受下雨的影响，2009 年的美网决赛顺延至周一傍晚举行。这是一场充满了正手制胜球和观众叫喊声的五盘大战。观众喧闹的反应有时甚至直接干扰到了球员的发球动作。费德勒原本在场上大有机会占据主导，却出人意料地有些应对不力。他未能在第二盘保发成功，也没能在第四盘的抢七局中发挥出色，反而在一开局就双发失误，甚至有些情绪不稳。德尔波特罗在第三盘后半段就一个球的落点是否在界内向主裁判提出了鹰眼复议，但他是在隔了一段时间之后才提出的，这让费德勒大为不满，甚至对着美国主裁判杰克·加纳（Jake Garner）发起火来。

费德勒本质上是一位网球传统主义者。早在 2006 年，他就反对在比赛现场引入可以即时回放比赛细节的电子“鹰眼系统”。3 年后的 2009 年，他的态度并未改变，总把这些鹰眼系统当成印有自己名字的球鞋一样看待。这或许可以解释为什么一个具有出色球场视野的人会经常性地对裁判的判决发起错误的挑战。“拜托！”费德勒坐下时说，“我不允许提出复议，这可是两秒钟前的事；对方呢，每次差不多都得耗费 10 秒钟时间。为什么会允许这种事？这是什么道理？你们有什么相关规定吗？”费德勒对刚刚的复议有异议，主裁判加纳试图让他平静下来。“别冲我挥手，好吗？”费德勒打断了加纳，“也别叫我安静下来，好吗？我想说话的时候就有说话的权利，好吗？我不在乎他刚刚说了什么。我只是说他隔的时间太久了。”

这不是观众已经熟悉的那个费德勒。这一幕就像是对易怒、暴躁的青春过往的一次闪回。同样，在这个赛季之初，他在迈阿密对阵德约科维奇时摔坏球拍的情景也让人嗅到了一丝危险的气息。

尽管德尔波特罗的职业生涯后来因为手腕和膝盖受伤严重而黯然失色，但是这一次他并没有错过摆在眼前的机会：他挡住了费德勒精湛的上旋球，并在发球时轻松找到了费德勒的空位，最终以 3–6、7–6（5）、4–6、7–6 (4) 和 6–2 的成绩拿下了比赛。那些支持费德勒却又觉得自己到不到场都不会影响费德勒获得压倒性的多数观众支持的人们并未到场。于是，现场观众呈现出两极化的反应。在人生第一个大满贯决赛的关键时刻，德尔波特罗看上去比当年 21 岁的费德勒冷静得多。

回顾和加纳的交流，我想起了费德勒早先的健身教练保罗·多罗琴科曾对我说：“我们今天在球场上看到的费德勒实际上是一款被制造出来的‘产品’，一款耐克品牌精心打造的富含我们力图赋予网球某种价值的产品，譬如‘绅士’。然而，事实上，费德勒从来都不是什么绅士，他是一名斗士。当他微笑着向纳达尔礼貌地伸出手时，我其实一点儿也不相信这是他的本意。”当然，这是一小部分人极具挑衅的观点。我们每一个人究竟是我们行为的综合体还是思想的综合体，是该压抑自己还是释放自己？

2009 年的美网决赛让我们看到了一个丝毫不加掩饰的费德勒。毕竟，他在过去的很多年里，无论场上还是场下，都是一副堪称典范的模样。他的自我克制与他儿时心中的偶像桑普拉斯和斯蒂芬·埃德伯格如出一辙。如果我们回看在他之前的那些冠军前辈的表现，譬如吉米·康纳斯、约翰·麦肯罗和阿加西的表现，我们一定会很惊诧。在职业生涯早期尚未形成自己网球哲学的阿加西曾一度满嘴脏话、不辨是非，甚至朝着主裁判的方向吐口水。

美网留下的小遗憾

美网是四大满贯赛事中唯一一个会让你神经紧张的赛事。它的举办时间是四大满贯的最后一个。当充满了倒时差和排位争夺赛的整个赛季临近结束时，美网赛事开始举行。无论是球员还是球迷，都要穿过交通繁忙的曼哈顿和皇后区才能抵达比赛地点。这是一场夏末的狂欢，所到之处满是鸡尾酒、网球的狂热者、日光浴美黑的皮肤和午夜时分的大喊大叫。再宽阔的场地在人群的推搡拉扯中也变得拥挤、压抑。在平和宁静的环境中长大的费德勒却要在这喧嚣繁华中拼搏。他爱曼哈顿，每一年，他都会定期更换入住的酒店以便能从不同的角度感受这座城市。

在 2006 年美网开赛前的那个周五，我曾在市中心半岛酒店的套房里对费德勒进行了采访。在米尔卡的影响下，套房内一尘不染。11 支新穿线的球拍在壁炉上朝着同一个角度摆成了一排。“米尔卡帮我整理的，”费德勒说，“我喜欢整洁，但之前可不是这样，有一段时间，我希望它不要那么整洁。”“也许现在，在一个无序的世界里有一点秩序是件好事。”我说。“没错，”费德勒说，“尤其是我要在这里待上 3 周呢。”他并不是在自己的酒店里露营，整洁还是必要的。

“一开始，大家都觉得这样很麻烦，”费德勒说，“他们考虑的只是参加比赛的路途很远，比赛场地很大，又身处纽约且交通拥堵，等等。可是我会从另外一个角度看。比赛场馆外会是一个怎样的世界？你知道场上条件怎么样，但是不能只从场地角度去观察和评价一场赛事，你还要看比赛的举办地，这座城市能给你带来些什么。老实说，纽约是一座极具魅力的城市，不会让人感到厌倦，总有事情可做，有最好的餐馆、最棒的购物体验，到处都是一片繁华喧嚣的景象。”

“看看电视，去趟场地，和大家四处逛一逛，时间就过去了，”他说，“我觉得在这个阶段，我想四处走走看看，想了解我参赛的城市，它的历史、它的风貌。这和我之前的状态很不一样。以前，我只是一头扎进比赛里，关心的都是怎么能在场上做到更好。面对压力，脑袋里除了网球没有别的。但是现在不一样了。在过去 3 年里，尤其是排名世界第一之后，我看待网球的角度也不同了。对我来说，这些对我都有帮助。我现在的状态更加平和了。尽管压力可能更大了，但我不会给自己施压，现在打比赛，我更多的是享受快乐。”

连续 5 年在美网决赛中胜出，这当然令人愉快，甚至这 5 场决赛中没有一场打至第五盘。费德勒在美网五连冠的对手依次是莱顿 · 休伊特、安德烈 · 阿加西、安迪 · 罗迪克、诺瓦克 · 德约科维奇和安迪 · 穆雷。然而，德尔波特罗在 2009 年的美网决赛上终结了费德勒连续第六次的夺冠之旅，一如纳达尔阻止了他在温网的连续第六次夺冠一样。“五连冠已经很好了，”费德勒在纽约说，“六连冠一直都是我心中的梦想，但遗憾的是未能实现。”“不过，这点遗憾不难克服，因为我度过了一个非常美好的夏天。”费德勒真这么想。

无论怎么说，这都是一次错失的机会，一次在费德勒状态最好的时候不应被浪费的机会。不过，凭借对球速较快的球场的喜爱，费德勒肯定会想在第二年美网的法拉盛草地球场上把失去的赢回来。然而，就在 2010 年对阵德约科维奇的半决赛上，费德勒发现自己的处境再次不妙。在决胜盘德约科维奇的发球局以局分 4–5、得分 15–40 落后的时候出现了两个赛点。

德约科维奇尽管首发失败却赢得了这关键的两分：他先以一记勇敢无畏的正手挥拍截击制胜球将比分拉至 30–40，接着又以几乎一样大胆的正手制胜球将比分拉平。费德勒理应在第二个赛点上更加大胆一些，但是面对德约科维奇的进攻他有些底气不足。德约科维奇在保发成功后又赢了一局。接下来在费德勒的发球中，德约科维奇又以一记势大力沉的正手破发成功，双方再次战成平手。紧接着，是德约科维奇而非费德勒赢得了本场比赛的最后两分，成功晋级美网决赛。

德约科维奇在赛后接受了哥伦比亚广播公司极具洞察力的网球分析员玛丽·乔·费尔南德斯（Mary Joe Fernández）的采访。在充满矛盾的网球世界里，费尔南德斯不是别人，正是费德勒的经纪人托尼·戈德西克的妻子，尽管如此，她还是做了采访。德约科维奇在这次采访中说："这是让我永生难忘的一场比赛。说实话，我当时几乎是闭着眼睛以最快的速度在那个赛点上正手出击，如果在界内，那就晋级了；如果在界外，那就在美网又输给了费德勒。"

当我们快进到 2011 年美网的半决赛，在同样的场地、同样的半决赛上，德约科维奇，这个当年世界排名第三的男单选手已经成为网坛的领军人物：他在各种类型的球场比赛中勇夺冠军，更在 2011 年温网首次夺冠后一跃成为世界排名第一的种子选手。费德勒曾在巴黎扮演过"阻碍者"的角色。他在 2011 年法网半决赛上成功地阻止了德约科维奇在 43 场连胜后继续前进的脚步。2011 年的纽约，他又将德约科维奇逼到了悬崖的边缘。

那是一场令人筋疲力尽的比赛。费德勒先赢了两盘，德约科维奇紧随其后赢了接下来的两盘。在最为关键的第五盘，费德勒领先并且最终在局分 5–3 时获得发球。在场上比分 40–15 时，费德勒获得两个赛点，23 000 名支持费德勒的观众在阿瑟·阿什体育场内高呼加油。一个初出茅庐的小对手一定会被这种排山倒海的支持声浪吓坏的，但与 2010 年一样，久经沙场的德约科维奇岿然不动。他在场上昂首阔步，点了点头，抿了抿嘴唇，摆好姿势准备回击。有些人将这一连串的身体动作解读为他面对费德勒的优势在自觉后退。然而在我看来，情况并非如此。

费德勒切削外角发球，德约科维奇向右猛扑，在双打边界后正手凶狠回击，以一记干脆利索、横贯全场的斜线制胜球打得费德勒毫无回旋余地。德约科维奇抓住了这一刻。他在缓缓走向自己的毛巾时朝着人群举起了双臂，人群中顿时传来了一些欢呼和嘲笑的声音。现场球迷这一刻的两极反应恰恰是未来 10 年他在场上感受的一次预览。德约科维奇笑了笑，收拾停当，再次回到场上面对第二个赛点。他的神情似乎在说："无论如何，你们休想在精神上打败我。"

一脸严肃的费德勒朝着德约科维奇的身体方向直接发球，德约科维奇反手挡出，回球追深，但好像又没有那么深。费德勒追着来了一记侧身正手。然而，他的这一记撒手锏却不幸挂网。德约科维奇连续第二年在与费德勒的对战中赢了两个赛点。这一次还是在费德勒的发球局上。费德勒明显乱了阵脚。他很快就因为双发失误而丢了发球局。

接下来的三局也是整场比赛的最后三局。场上的气氛让人觉得自己好像无意中侵扰了一个人的悲伤情绪。

对费德勒来说最为残酷的一刻，恰恰是德约科维奇再次获得肯定的一刻。两人在网前握手示意后，德约科维奇立马转身朝着坐在球员席位上的整个团队发出一声狂野的长啸，接着欢快地跑到玛丽·乔·费尔南德斯身边对着话筒开始接受赛后采访。"情况非常相似，"德约科维奇说，"我朝着他的正手猛打，完全就是赌一把。如果在界外，那就输了；如果在界内，那就有机会。好在今天运气不错。"不过，这一次绝非一次过往经历的重演。应费尔南德斯的要求，德约科维奇在场上跳起舞来，现场观众也很快随之起舞。

这比费德勒的赛后新闻发布会可喜庆多了。对费德勒来说，这是他在职业高峰期最低迷的时刻之一。"我没发好球，"费德勒谈及第一个赛点时说，"但这就是他的回球方式。整个过程，就像是一个人不再相信自己会赢，结果也就真的输了。非常失望！我不觉得对方状态有多好，可他很幸运。他晋级了，我出局了。”

当被问及那一记正手制胜球究竟是出于运气还是自信时，费德勒回答说：“自信？没开玩笑吧？”他用手搓了搓脸接着说：“我的意思是，有些球员在成长过程中就是这样打球的。我记得我青少年时期丢掉的那些比赛。像在第三盘 5–2 落后的时候，可能有些球员就开始猛力击球，尤其是在比分落后的情况下。但是，我从来没这样打过球。或许，我从一开始就没有以那种卖力的方式来打球。所以，我就很难理解他为什么会在赛点上那么孤注一掷。但是，你得明白，或许他这么打球已经有 20 年了，所以对他来说是很正常的。这个问题你得问他。”

即使有人赞同他的观点，但 2011 的美网比赛依然让费德勒感到不知所措。“德约科维奇在这方面很失败，他实际已经放弃了，”吉姆 · 考瑞尔说，“当他生气猛抽的时候，他却赢了。这不是正确的打球方式。费德勒对此也不满。我不是说这是吃不着葡萄说葡萄酸，我的意思是德约科维奇当然有权那么打球，没有教科书说不行。问题是如果这么打球是对的，那么德约科维奇应该每次都这么做，他也会看统计数据的，他知道这样做成功的百分比。恰恰相反，费德勒和他都知道这一点。费德勒因此有些恼火。”

一个难缠的新对手

如果德约科维奇没有成为男子网球的主导力量，那么费德勒的即兴表演应该会有不一样的效果。来自塞尔维亚的德约科维奇在 2011 年的战绩是 63 胜 2 负。同时，他在后来的决赛中四盘击败纳达尔，摘得自己本年度的第三座大满贯。对我来说，暗示德约科维奇取得的好成绩与他的强大自信没有丝毫关系，似乎远比他在球场上自嘲式的采访更不仁慈。

通常面对挫败也表现清醒的费德勒，这一次感觉就像是一个痛苦的失败者。值得强调的是，德约科维奇在第二个赛点上根本不用睁大或紧闭双眼。就在德约科维奇再次有机会发起挑战之前，费德勒自己已错过了正手击球的机会。然而，费德勒的失误远不是留在人们记忆中的那一拍，也不是德约科维奇在穆雷的帮助下打破费德勒和纳达尔的双人垄断以及在网坛声称自己是公开赛时代最成功球员的那一击。考瑞尔简单地把它看作“回球”。

德约科维奇说：“当你打了 4 小时之后，在第五盘的赛点时比分落后，你打出了正手制胜球。在那种情况下，可能连你自己也没想到会击中。你显然没有想过自己会做得到。我觉得，说到底，都是心理素质的体现。良好的心理素质使我们能够很好地应对压力，能往前更进一步，抓住出现的机会。”

在我看来，德约科维奇是在这个网球黄金时代聚积财富的选手当中最迷人的一位。他就像是一个专属定制的将慷慨和好斗混为一体的毛头小子。他在拿到赛点，顺手将自己的网球衫撕成两半的同时，又似乎深耕着内心的禅宗花园。这种双重性和复杂性让他成为记者眼中难以破解的谜题。就在你认为自己已经对他略知一二的时候，他在网上或其他地区的球迷则以闪电般的速度提醒你：他们的偶像在西方媒体中是被误解的。此外，德约科维奇还是一位不断变化的球星，不论是他的比赛风格还是他本人一直都处于变化之中。

无可辩驳的是，德约科维奇的童年远比费德勒或者纳达尔的童年承载了更多的痛苦。他并非来自一个衣食无忧的中产家庭或一个时局稳定的欧洲国家。他在塞尔维亚长大，当时的南斯拉夫正处于解体期间，到处充满了动荡与冲突。当北约的飞机在 1999 年的 3—6 月袭击贝尔格莱德时，年仅十一二岁的德约科维奇只能在防空洞中寻求避难。这段时间通常被塞尔维亚人称为“耻辱的 78 天”。

“那些杀不死你的终将会让你变得更强大，这是我们塞尔维亚人赖以生存的座右铭，”德约科维奇有一次对我说，“过往历历在目，我们誓死不忘，因为它们非常强烈地存在于你的内心深处。毫无疑问，这些痛苦的经历会成为你不好的回忆。要知道在那两个半月的时间里，我们每天至少 3 次听到飞机轰炸的警报声。整座城市都处在巨大的噪音里。时至今日，我一听到巨响，心里还是会充满创伤。”考虑到他所选择的职业，人群的呼喊声是整个场景的一部分，这对他来说真的是一种折磨（除非在疫情期间，整个看台才是空空荡荡的）。同费德勒和纳达尔一样，德约科维奇也差一点投入到其他运动项目的怀抱。他的父亲斯尔詹（Srdjan）和叔父戈兰（Goran）都是南斯拉夫的专业滑雪运动员。德约科维奇自 3 岁起便在塞尔维亚山区度假胜地科帕奥尼克（Kopaonik）滑雪。在那里，他的家人经营着几家季节性小店铺，其中包括位于购物中心底层的一家比萨店和一家艺术画廊。

“因为我们是滑雪运动员，所以很自然地会觉得德约科维奇也会是。”他的叔父戈兰对我说。如果没有彼得·卡特在巴塞尔，费德勒可能会选择踢足球；如果没有托尼叔叔在马纳科尔，纳达尔也会选择同样的道路。

德约科维奇的崛起

德约科维奇网球之路的伯乐是一位 50 多岁、魅力超群且富有头脑的女性：耶莱娜·根契奇 (Jelena Genčić)。根契奇是南斯拉夫国家队的手球运动员，有着淡蓝色的眼睛和恰到柔和的声音。她的声音往往让她的学生和前来采访的记者们起一身的鸡皮疙瘩。根契奇在年轻时就曾执教过两位未来的大满贯冠军：莫妮卡·塞莱斯和戈兰·伊万尼舍维奇。然而，在 1993 年的夏天，年仅 6 岁的德约科维奇穿过马路来到对面的 3 个硬地球场时却对此一无所知。这 3 个改变了许多人人生的硬地球场恰巧就建在德约科维奇家的餐馆旁边。根契奇开了一家网球场并提供指导。

2010 年 11 月，我代表《纽约时报》和《国际先驱论坛报》来到塞尔维亚时，根契奇对我说："那是我在科帕奥尼克第一年的第一天。我看他一上午都站在网球场外观看比赛。我问他，'嘿，小男孩，喜欢吗？你知道这是什么吗？'"

在根契奇的邀请下，德约科维奇当天下午带着一袋整齐的装备来到了球场。尽管他之前曾经接触过网球，也在卫星电视上看了不少的职业比赛，但是那天下午他才真正开启了自己的网球之旅：在合适的时间、合适的地点，跟着对的教练开始练习。"他准备了一支球拍、一块毛巾、一个水杯、一根香蕉、一件额外的干燥 T 恤、一副护腕和一顶帽子，"根契奇说，"我看着这些装备说，'嗯，不错，谁帮你准备的这些？妈妈吗？'他当时很生气地说，'当然不是，是我在打网球'。"

从一开始，德约科维奇的敏感和认真倾听的程度就让根契奇印象深刻。"他认真倾听每一个字，"根契奇回忆说，"确实是一个非常好的男孩，特别聪明。我会问，'你明白我讲的内容吗？'他说，'明白，但能不能麻烦你再告诉我一次'。他就是想要再确认一下。"

在他们认识的第 3 天，根契奇联系了德约科维奇的爸爸斯尔詹和妈妈迪亚娜（Dijana），她告诉他们说："你们的儿子是金童。""我在莫妮卡・塞莱斯 8 岁时也曾说过这样的话，"根契奇说，"带莫妮卡打了三四次球之后我就告诉她的父亲卡罗尔（Karolj）'她会成为世界上最好的网球选手'。"

根契奇没有自己的孩子。她在科帕奥尼克和贝尔格莱德教了德约科维奇

6 年之后还一直为他提供建议。“她教会了我所有的事，”德约科维奇对我说，“我觉得六七岁到 12 岁是学习打网球的过程中最重要的时间。因为这个阶段的学员刚刚起步，所以就需要打好基础，需要一位优秀的教练。”

在职业网球的顶级阶段很少有女性教练。这一点需要改变。但是，值得注意的是，德约科维奇并非唯一一位在自己塑形的初期接受女性教练的指导而最终成为世界第一的男球员。吉米·康纳斯、马拉特·萨芬和安迪·穆雷都在早期接受过母亲的良好指导。经过对德约科维奇打球动作的仔细研究，根契奇认为相比他的偶像皮特·桑普拉斯使用单手反拍，双手反拍更适合他。

根契奇准确地预见到网球的未来在于尽早地击打弹跳球。在科帕奥尼克练习打球的德约科维奇需要快速地反应和移动，因为那里的最低海拔接近 1 900 米，比较适合练习。塞莱斯是第一位能够紧贴底线从两翼进攻的球员，双手执拍，力量强大，击打落地球角度刁钻。她也因此改写了女子网球比赛。阿加西在男子巡回赛中也展现出了同样无情的风格。根契奇坚持让德约科维奇也要学会如何在不退缩的情况下掌控速度。她同时还强调网前搏杀的重要性。然而，德约科维奇却在巡回赛中以惊人的回球及防守能力著称。“他早期的截击球打得非常好。”她说。

根契奇还强调拉伸的重要性。她的这一建议显然对德约科维奇产生了深远影响，大家都感受过他追逐对手的球路滑行至球场边缘那种几近撕裂的感觉。“德约科维奇并不是那种强壮的男孩，”根契奇对我说，“你知道他是如何做到像今天这样身手灵活、柔韧性十足的吗？知道为什么吗？那是因为我不想让他训练太苦。”

根契奇向我展示了一下她的球拍。那是一支磨损得异常破旧的“王子牌”球拍，连握柄上的球拍底盖都已经不在了。“这是他需要处理的最重的东西，”

根契奇说，“我们只训练他的腿部力量、场上的速度和场上的体能，不是在室内重量训练的那种。我们拉伸，做一些针对网球的特殊动作，目的就是要达到灵活、敏捷、腿部动作快。现在你看，他非常非常非常出色。”

德约科维奇留给广大观众最深刻的印象就是他在场上的灵活性，而他在其他方面的稳固坚实的基础往往会被忽略。“德约科维奇的稳定和毫无破绽的风格可能是乏味的，但他的天赋和实力却令人赞叹。”曾执教过吉姆・考瑞尔和凯文・安德森等人的美国资深网球教练布拉德・斯泰恩说。

在男子网坛，还没有人像德约科维奇那样为了增强柔韧性经常担心自己的肢体。“在德约科维奇之前也有人滑行，但是我们还没见过谁能像他那样达到伸缩自如的程度，同时还能进攻。”2001 年的温网冠军伊万尼舍维奇说。他后来和马里安・瓦伊达（Marián Vajda）一起成为德约科维奇的联合教练。

德约科维奇的灵活性既是一种天赋，也是他长期以来的习惯使然。你看他在比赛间隙永远都在将身体拉伸或扭曲至一些极端的姿势，或者用手指将自己吊挂在门框上。

在接受《伦敦时报》采访时，德约科维奇的妻子耶莱娜（Jelena）曾被问及他们远离赛场之后的日常生活大致是什么样的。耶莱娜说：“这个很好回答。我们的日常生活就是不停地拉伸。他动不动就躺在地板上，腿到处乱伸。”

耶莱娜的回答让德约科维奇哭笑不得。不过，在 2013 年离世的、享年 76 岁的根契奇一定喜欢这个答案。“她教导了我，也让我相信，”德约科维奇有一次在温网对我说，“如果我能保持充分的灵活性，那么我不仅能在场上灵活移动而且能够在赛后得到迅速恢复，我也因此能够有足够长远的职业生涯。”

曾经执教过德约科维奇的美国前网球球星托德·马丁亲眼见证过德约科维奇与自己的团队成员，其中包括理疗师米利安·阿马诺维奇（Miljan Amanović）一起训练的场景。马丁对我说："德约科维奇每天早上醒来之后，比如在喝第一杯橙汁之前，他会把腿放在阿马诺维奇的肩部，两个人基本上抱在一起。他在做任何事之前都会拉伸。可以说，他做得特别酷。"

事实上，做教练只是根契奇的一个爱好，而不是她赖以为生的工作。她是一名职业记者，曾经在南斯拉夫和塞尔维亚国家电视台担任艺术节目的编辑。她让德约科维奇接触到了阳春白雪：俄罗斯的诗歌和古典音乐，譬如柴可夫斯基的《1812 序曲》。"能看得出来，他觉得这些音乐很棒，"根契奇说，"我和他解释说：德约科维奇，当你在打比赛的时候，突然感觉不太好，记住这首乐曲，这非常重要，它会刺激你身体里的肾上腺素，使你在场上越来越强。"

德约科维奇的家族没有任何的网球背景，但他们一定知道塞莱斯：一位来自塞尔维亚诺维萨德的匈牙利人。在和家人一起移民美国之后，塞莱斯已经 8 次摘得大满贯的女单桂冠，并跃居世界第一。塞莱斯也赚了数百万美元。在南斯拉夫危机期间，德约科维奇这名金童的天赋似乎值得让人投入大量的时间和金钱。问题在于如何找到钱。"不得不说斯尔詹和他的妻子并没有因此哭丧着脸，相反，他们在想办法。"根契奇对我说。

他们向朋友借钱，将自己微薄的家产全部投入到全家人的事业当中。显然，根契奇执教德约科维奇时分文不取，这给了他们很大的帮助。与此同时，作为贝尔格莱德游击队网球俱乐部的主席，根契奇还为德约科维奇提供了免费的网球装备，其中包括王子牌球拍。但是，德约科维奇需要参加国际赛事才能提高技能，而这方面的资金支持是极度匮乏的。"斯尔詹急得就像疯了一样，"戈兰在提到哥哥时说，"有时候，他不招人待见，但他就像头公牛一样充满了斗志。当时我们确实很困难，不但有战争，还有制裁。对塞尔维亚、对南斯拉夫来说，那是一段艰难的日子。我们把所有的钱都投在了德约科维奇的身上。他是站在全家人最前面的那一位，他必须得有打球所需要的一切：新球拍，还有食物及其他。当然，如果他不打网球，我们全家人的生活也会过得轻松一些，但是他让我们看到了前景。”“我们不想要那些糟糕的情绪，只希望他有一个好的氛围，”戈兰补充道，“当然，人们有时候会说，譬如‘这家人也太疯狂了，他们以为自己是谁？他们为什么会觉得德约科维奇将来一定就会有出息？’”

2019 年，当我在蒙特卡洛拜访德约科维奇时，他正与妻子耶莱娜及他们两个年幼的孩子一起过着奢华的生活。他和我讲起了小时候的一些成长故事。他的父亲在贝尔格莱德租住的公寓里将全家人召集在一起，包括他的两个叔叔，父亲将一张 10 马克的德国钞票重重地拍在餐桌上。德约科维奇回忆起这段往事时将自己的手往桌子上一拍。“10 德国马克在当时就像 10 美元呀，我爸说，‘这是我们的所有家当’，”德约科维奇说，“他接着说我们比以往任何时候都要团结一致，共度艰难，找到出路。在我成长的过程中，那是一个特别有力量、特别有影响的时刻，不只是对于我，对于我们全家人也都是。”

在德约科维奇 12 岁那年，根契奇觉得他必须离开塞尔维亚去参加足够多的比赛和寻找更多的发展机会。她联系了一位昵称为“尼基”的老朋友：尼古拉·皮利奇（Nikola Pilić）。尼基是一位来自克罗地亚的南斯拉夫网球明星。他曾打入 1973 年的法网决赛，他与国家队的摩擦导致了当年球员对温网的抵制。根契奇联系尼基时，他正在德国慕尼黑附近经营一家网球学院。尽管依照规定学院不接受 14 岁以下的球员，但是根契奇还是说服尼基接纳了德约科维奇。

德约科维奇与叔叔戈兰一起前往慕尼黑。由于塞尔维亚的交通限制性规定，他们不得不在越过边境时将车停在了现在北马其顿首都斯科普里的机场，然后飞往德国。但是，他的叔叔很快便返回了塞尔维亚，留下德约科维奇一个人在语言不通的新环境里待了 3 个月。当费德勒 14 岁那年离家学网球时，他至少每个周末还可以搭乘火车返回巴塞尔。“你所经历的每一件事都会影响你的心态和你的心理承受力，”德约科维奇告诉我说，“我 12 岁半的时候就独自一人生活了 3 个月，所以我必须对自己负责。我必须有足够的勇气一个人生活并持续努力。我就是这么过来的。我明白了什么叫独立。”

德约科维奇将在皮利奇的网球学院待上几年。这就是顶级的塞尔维亚球员为了实现个人突破不得不离开祖国的故事，其中也包括未来的女子头号种子选手安娜·伊万诺维奇和耶莱娜·扬科维奇（Jelena Jankovic）。“德约科维奇非常早熟，”来自克罗地亚的球星伊万·柳比契奇说。他曾和德约科维奇一道跟随意大利教练里卡多·皮亚蒂（Riccardo Piatti）练习打球。“他知道自己要什么，也知道如何得到自己想要的。这一点特别好。所有的顶级球员，像纳达尔、费德勒，他们都具备这一点。要么你努力奋斗但是有点迷失，要么你被迫快速适应，很快就找到方向。他们都做到了。”

然而，比起那些日后成为他竞争对手的网球选手，德约科维奇显然缺乏和他们一样的保障措施。与费德勒或纳达尔相比，他是全家倾尽所有的希望。尽管根契奇曾预测德约科维奇将在 17 岁左右打进世界前 5，但是事实上，他花费了更多的时间才做到这一点。“中间我们耽误了两年，因为没有钱帮助我们实现目标。”根契奇对我说。

德约科维奇的确在 17 岁那年首次亮相大满贯。他当时获得了参加 2005 年澳网的参赛资格，在罗德·拉沃尔体育场首轮对阵马拉特·萨芬。结果，萨芬以 6–0、6–2 和 6–1 获胜并一路挺进，赢得了最后的桂冠。

“我世界排名第四，那家伙才刚刚通过了资格赛，所以有什么好期待的？”

萨芬当时对我说，“我打得不错，是来赢比赛的。他只是看看比赛是怎么回事，看看自己的水平如何，因此他应该请我吃几顿晚餐！”

德约科维奇尽管有些固执，但是他学东西很快。费德勒以自己的多语言能力为自己赢得了不少赞誉，而德约科维奇的多国语言水平其实更高。他能流利地说 4 种语言（塞尔维亚语、德语、意大利语和英语），同时还精通其他语言（法语、西班牙语，甚至一些俄语）。在职业网球的领域，他的学习速度也很快。到 2005 年年底，他进入了世界前 100 名。到 2006 年年底，他打进了世界前20名。到2007年，他已经是排在费德勒和纳达尔之后的世界第三名。而且，他在加拿大蒙特利尔举行的 ATP1000 大师赛上还分别打败了费德勒和纳达尔。

德约科维奇在 20 岁左右即将成为大满贯的冠军。2008 年，他再次在澳网半决赛上以直落三盘的成绩打败了费德勒，并进而成为该年度澳网冠军。“旧王已死，新王万岁。”德约科维奇的母亲高呼道。然而，事实证明，如此宣称真的是为时过早。当时因为传染性单核细胞增多症而受到困扰的费德勒将在 2009 年重回巅峰，而纳达尔也将在 2010 年再次崛起。德约科维奇直到 2011 年在温网决赛打败纳达尔夺冠之后才成为网坛的世界第一。

“4 年来，一直都是费德勒、纳达尔，纳达尔、费德勒，”德约科维奇的母亲迪亚娜说，“可是如今，有了德约科维奇、德约科维奇、德约科维奇、德约科维奇。”这番话在当时一点也没有错。她的儿子将在 2011 年以 4 胜 1 负的成绩战胜费德勒，以 6 胜 0 负的成绩战胜纳达尔（分别在 3 种不同的球场上，其中包括纳达尔占据优势的红土球场）。不过，我们很难想象费德勒的母亲莱内特会在自己儿子独步天下的时期会这么想，更不要说会这么说了。德约科维奇一家显然更具有火药味。他们的这种对抗性常常让德约科维奇在塑造形象的游戏规则中得不到任何好处。

然而与自己的丈夫相比，迪亚娜的表现简直就是一名联合国的维和人员。斯尔詹曾说过费德勒“虽然是有史以来最好的网球运动员；但是作为一个男人，则恰好相反”。他甚至还嘲讽费德勒年近 40 岁竟然还在打球。“由于纳达尔和德约科维奇骑在他的脖子上打，他应该很难接受会有人比他更好，”斯尔詹有一次对塞尔维亚对外体育俱乐部（Serbian outlet Sport Klub）说，“他应该去忙别的事了，像带带孩子或者玩点别的，滑滑雪什么的。”

很显然，斯尔詹没法忘记或者说没法原谅费德勒曾在 2008 年蒙特卡洛公开赛期间告诫他和其他在德约科维奇包厢里的人们要保持安静这件事。如果这一切听上去很琐碎，那是因为它们的确都是些鸡毛蒜皮的小事。但是，费德勒并不想以同样的方式予以回应。德约科维奇夫妇身上的好斗性其实也出自父母对儿子的一种保护，因为他们坚信自己的儿子理应得到更多的尊重，一如他们灾难深重的祖国一样。

对于信奉东正教的德约科维奇的家人来说，德约科维奇的崛起具有一种神圣的神启意味。尽管罗伯特·费德勒戴过不少印有费德勒名字首字母 RF 的帽子，但他几乎从来没有在看台上穿过一件印有自己儿子肖像的短袖衫。可是，德约科维奇的父母在 2010 年美网两人对阵时就穿着印有德约科维奇头像的短袖衫。2010 年晚些时候，当我参观斯尔詹位于贝尔格莱德的办公室时，我发现在一张挂在墙上的画有塞尔维亚东正教已故牧首帕夫列的宗教画像的下方是一幅闪闪发亮的德约科维奇画像。那一刻，他真的是一位体育偶像。2021 年，斯尔詹在塞尔维亚接受采访时说：“在塞尔维亚人民最糟糕的时刻，他是上帝派来向世人彰显我们是一个正常的民族，不是凶手也不是所谓的野蛮人。”

长期以来，德约科维奇因为自己是塞尔维亚人而被人区别对待，因一些人的本能排斥而深感沮丧。在早年接受的采访中，他经常会提及这一点。2006 年当他决定代表英国而非塞尔维亚出战时，更多的是出于经济以及获取支持的考量。但最终，他还是放弃了这一想法。“在我自己的国家，我从来没有获得成为一名职业网球运动员的专业条件和发展机会。”他和我解释说。他指的是自己不得不前往德国慕尼黑或其他地方接受训练。“所以，这也是为什么我会选择去其他地方来改善自己和家人的生活，”他说，“我觉得我们做了一个巨大的决定，想要一直如此。但是，当你和自己国家的人、自己的宗教在一起的时候，那个感觉又很不一样。对我来说，回到塞尔维亚的感觉很不一样，你会觉得自己真的属于那里。”

尽管德约科维奇将自己的总部设立在小小的避税天堂摩纳哥，但是他显然已成了受苦受难的塞尔维亚人的象征。相比费德勒这个世人皆知的瑞士人，德约科维奇更像是塞尔维亚的一张名片。

在南斯拉夫领导人斯洛博丹·米洛舍维奇（Slobodan Milošević）领导下的内战期间，塞尔维亚人几乎成了国际弃儿。这个国家自身的规模和影响力都在逐渐缩小。黑山是德约科维奇家族的发源地，黑山宣布独立后变成了一个内陆国家。不久科索沃也脱离了南斯拉夫，而科索沃恰好是斯尔詹及其兄弟姐妹出生的地方。“来自黑山却出生在科索沃的塞尔维亚人，这让他们有了一种独特的气质，”根契奇对我说，“德约科维奇的家人都是非常坚强的人。”

1999 年，北约轰炸塞尔维亚这件事对德约科维奇产生了巨大的影响，但是这件事本身是对塞尔维亚人镇压科索沃阿尔巴尼亚分离主义者的回应，因为科索沃的绝大多数人口是阿尔巴尼亚人。在美国和德国等西方大国的支持下，这个寻求分离的省份在 2008 年宣布独立，但是塞尔维亚及其他许多国家仍不承认它是一个独立的主权国家。

对德约科维奇及其家人来说，这个问题很敏感。德约科维奇公开表示反对科索沃的独立。“我读过历史书，记得过去学过的东西，”德约科维奇对我说，

“科索沃是我的国家的一部分，也是我个人家族的一部分。”

这种公开介入政治议题的表达是他与费德勒的另一个不同之处。从某些方面来说，费德勒很有政治家的天赋。他有一种能力，无论对方是表演赛的负责人还是开车的礼宾司机，他都能很容易地理解和感知他们的情绪，与对方和谐相处，让对方感受到被重视和关注。费德勒总是对自己的这种能力轻描淡写，在职业生涯中谨小慎微地回避任何与政治相关的话题。他将自己的影响力局限在网坛内部，譬如他最近表达了将男子与女子巡回赛合并的提议以及他长期以来反对教练在比赛中间对队员进行指导的意见。

从这个意义上说，费德勒是一位对自己的影响力有所限定的 21 世纪初期的世界冠军。这一点在 21 世纪 20 年代则完全行不通。今天，体育精英利用自己的影响力和平台，为种族主义、性别歧视和气候变化等各种议题发声，这已经成为一种常态。费德勒也曾面对一些批评和部分社会活动分子小范围的抗议，因为他们认为费德勒的赞助商之一的瑞士信贷涉及投资化石燃料的问题。抗议者在社交媒体上使用“醒来吧，费德勒”这样的标签来引起大家的注意，其中的一个帖子还被著名的气候活动家格蕾塔·通贝里（Greta Thunberg）转载分享。2020 年年初，费德勒发表了一则申明作为回应：

> 作为 4 个孩子的父亲和一名热切关注普及教育的支持者，我个人非常尊重也非常钦佩年轻一代发起的全球气候保护运动。我也非常感谢这些年轻的气候活动家促使我们每一个人审视自己的行为并积极寻求创新的解决方案。我们需要倾听自己和他人的声音。感谢大家提醒我作为个人、一名运动员和一名企业家所理应担负的责任。我将利用自己所拥有的特殊位置致力与我的赞助商就重要议题进行对话。

以往，赞助商往往对运动员的发声有所回避；但是现在他们往往对此表示赞许。例如当大坂直美在2020年的美网获胜之后公开抗议种族主义和暴力执法时他们就是这么做的。长期以来，远比费德勒直言不讳且更有争议的德约科维奇或许被看作是走在这一潮流最前端的代表人物。

我在2019年采访德约科维奇之后写了一篇长文，我在文中将纳达尔归类为斗士，将费德勒归为取悦者，将德约科维奇称为探索者。他片刻不停留，一直在寻找更好的方法和全新的影响力。毫无疑问，他的这一特质也帮助他打破壁垒成了男子网球的顶流。“费德勒和纳达尔一直激励着我，使我发挥出自己在网球方面最大的潜能。”德约科维奇曾告诉我说。

当费德勒横空出世时，网坛上一代优秀的球员阿加西和桑普拉斯都正在变化和走下坡路。但是，德约科维奇在费德勒和纳达尔的黄金时代便破门而入，成为他们的对手，而且是最强劲的对手：他在职业生涯中比他们两人都有优势，甚至在决定球员声誉和传奇的大满贯赛事上更具优势。“当我和纳达尔对阵时，我感觉主动权在我的球拍上；如果我想缩短得分距离，我就能做得到，”费德勒有一次对我说，“但是和德约科维奇对阵，感觉就不一样了。他势大力沉，球打得又平又深，所以你做不到‘行，我就是要打翻他’，因为事实上他给你带上了手铐。所以，你必须做好艰难且激烈的对打准备。”

毫无疑问，德约科维奇亲手毁掉了费德勒好多个下午和夜晚。在2014和2015年的温网，费德勒都是他的手下败将。尤其令费德勒痛苦的是，他在2019年的温网上明明获得了两个赛点，之后却还是输了。“费纳之争”在网坛内外都是当代最受关注的比赛。但实际上，德约科维奇与纳达尔的争夺最为激烈，而与费德勒比赛的精彩程度则在其次。

在我看来，德约科维奇与费德勒的对决具有他们三巨头其他两人之间彼此征战所缺乏的一些优势。毕竟，费德勒和纳达尔后来成为朋友和在ATP的盟友。费德勒和德约科维奇同样想要再进一步他们的朋友关系。他们俩在更衣室里从未发生过诸如喊叫或推搡的事情。当你看到他们俩在网前对阵时，你会有一种两个人暗自剑拔弩张的感觉。或许正因如此，这种潜在的紧张感让费德勒不得不面对得分的压力而无法做到随心所欲地自然发挥。

纳达尔显然在早年对费德勒是心怀敬畏的，虽然他经常击败费德勒。德约科维奇则不断挑战极限，模仿其他选手的风格，让观众大饱眼福，但他的对手显然并不开心。与此同时，因为他频繁地使用伤停或者场外休息，很早就赢得了“狡猾”的名声。他的这种做法，无论恰当与否，都被认为是在有意打乱对手的场上节奏。

公平地说，德约科维奇的呼吸问题的确是真实存在的。在 2011 年彻底改为无麸质的饮食习惯之前，他曾多次手术治疗自己的鼻中隔偏曲。他很早就解决了场上的耐力问题，也是时常为对手的精彩表现欢呼喝彩的球员之一。尽管他与费德勒都是 ATP 球员委员会的成员，在场下经常接触，但是他们从来不曾真正亲近过。“我觉得对费德勒来说，和德约科维奇交往要比和纳达尔交往有更多的包袱，”保罗·安纳科内对我说，“不过说实话，我和费德勒从来没有讨论过这个问题。他从来没有和我说过德约科维奇是个混蛋之类的话。或许，正是他与德约科维奇对阵时的那种紧张感让他更想要赢。”

如果费德勒选择进攻，那么他与德约科维奇的比赛在打球风格上就形成强烈对比：费德勒被低估的精彩发球和德约科维奇无与伦比的回球；费德勒的截击球对应德约科维奇的精准穿越球；费德勒在网前的放小球对应德约科维奇的场上速度。与纳达尔不同，德约科维奇右手执拍且没有速度惊人的上旋球。他无法始终如一地在费德勒单手反拍击球时将球打高。如果两个人都在底线对抗，那就是力量与力量的抗衡：费德勒的侧身正手对德约科维奇的灵活反手，费德勒的多变性对德约科维奇的敏捷制动。两个人都不想让步，两个人都能够在网球短暂的弹跳过程中惊人地瞅准时机，这意味着球场对两个人来说都显得有些局促。

“我觉得德约科维奇是唯一一位可以在任何场地上从后场与费德勒正面搏杀的选手，”皮特·桑普拉斯对我说，“德约科维奇能接住费德勒的重击，因为他的移动速度够快；一旦德约科维奇接到了再回过去，费德勒会有一点抓狂‘那现在我应该怎么做？’”

面对德约科维奇就像面对一堵墙或其他更现代化的东西。我们以伊万尼舍维奇为例，他在执教德约科维奇之前曾教别人如何对付德约科维奇。“在德约科维奇状态好的时候，你感觉就像在和游戏中的机器比赛一样，你压根不可能赢，”伊万尼舍维奇说，“你发出去的球都会被打回来。就像电影《终结者》当中那个流动的家伙，不论你怎么打，它都能一次又一次地杀回来。你没法得分，这个时候，你也很难告诉其他人应该怎么打。我想可能就是接招吧，就是一边打一边祈祷。”

自从在纽约的那次胯下击球之后，费德勒在对阵德约科维奇的比赛中也有过几次闪光时刻。对我来说，费德勒在 2011 年法网半决赛上战胜德约科维奇的比赛是他职业生涯中最出色的表现之一：那是一场游走在刀尖上的在底线进攻的红土场上的网球独奏会，费德勒在第一盘超乎常规地打了 70 分钟之后在抢七局中胜出。

两位王者的正面对决

这是网球的快速对打，法国《队报》称之为“乒乓球式的网球”。原本应该出现在速度比较慢的场地，然而，那一年的场地并不慢。但是因为新出现的百宝力牌网球和整个比较干燥的场内环境，费德勒和德约科维奇总能互相找到进行对打的时间，想方设法地将比赛一直继续下去。我当时在场边观看了大部分的比赛，这些比赛完全展现了网球这项运动最美好的一面：精确大胆、足智多谋、灵活敏捷又紧张激烈。

在罗兰·加洛斯球迷的欢呼声中，费德勒的反拍旋转多变，正手更是很少错失目标，连续多次发球制胜，其中就包括晚上 9 点 38 分夜色中的那一记在第四盘决胜局中锁定战果的 ACE 球。费德勒对我说："我当时就希望当晚结束比赛，不然拖到第二天更麻烦。我当时在场上的状态非常好，整个人很平静。"

如果费德勒能在决赛中也保持这样的水准和精神状态，那么他很有可能在 2011 年的法网决赛中战胜纳达尔。那一年，"红土之王"纳达尔的"王位"其实摇摇欲坠。可惜，费德勒的反击还是再次失败了。尽管他一度以 5–2 领先，但在输掉第一盘之后，他在经过共四盘的征战之后再次败北。"我觉得费德勒理应在那一年的法网夺冠，"安纳科内对我说，"除了那年在美网半决赛上对阵德约科维奇时在决胜局遭遇惊天大逆转，法网决赛的失利对于作为教练的我来说是最痛苦的，因为我觉得是我做得不够好，没能让费德勒在决赛前对自己保持信心。我当时也觉得纳达尔的状态并不好。"

不过，费德勒在 2012 年温网半决赛上一举打败了德约科维奇。这一次他没有让人失望。紧接着，他战胜安迪·穆雷之后成功赢得了自己的第 17 座大满贯单打桂冠。在颁奖典礼上，费德勒充满同情地看着哭泣中的穆雷。然而，在此之后的 10 年里，费德勒再也未能在大满贯比赛中击败德约科维奇。费德勒在那段时间里赢得的 8 场胜利统统都是三盘两胜制的短盘比赛，其中两场是在 ATP 总决赛中的循环赛。

费德勒和德约科维奇还有一次在美网相遇的机会。那是在 2015 年的美网决赛上。现场观众响亮清晰的反应让人们一眼就能看到费德勒才是场上的宠儿。“只要是和费德勒打比赛的场合，现场的反应几乎是一样的，”德约科维奇说，“就是这样。对此，我必须坦然接受。我得继续努力，也许有一天我也能赢得现场大部分观众的支持。”德约科维奇的这番话是 2015 年夏天早些时候在温网决赛上通过四盘的比赛获胜后说的，而它也将会成为纽约即将上演的一幕。

2015 年，纳达尔在网坛已开始黯然失色。德约科维奇当时排名第一，费德勒排名第二。就在大满贯赛事上发挥的稳定性和连续性而言，德约科维奇成了网球界新的引领者。不过，他当时手中的美网桂冠只有 1 座，而费德勒则有 5 座。费德勒在这次决赛前已连续稳赢 28 盘，所以他真的相信自己此次有机会晋级。德约科维奇则在决赛前夕观看了《斯巴达 300 勇士》，那是一部描述人数不多的斯巴达勇士在残酷的战争面前誓死抵抗的电影。

参演这部电影的明星杰拉德·巴特勒（Gerard Butler）是德约科维奇的朋友。他就坐在德约科维奇的包厢里观看了这一比赛。德约科维奇在球场上的表现比斯巴达勇士在战场上更为出色。与此同时，他也面对多数观众支持费德勒的场面。当他错过了自己的一发并出现非受迫性失误时，现场观众兴高采烈，爆发出阵阵的欢呼声。他们高呼着费德勒的名字，就好像他不是来自中立国瑞士而是来自美国的本土选手。

34 岁的费德勒表现得很出色，但是 28 岁的德约科维奇表现得更出色。我曾经问过德约科维奇，与其他对手譬如与纳达尔、穆雷相比，与费德勒对阵会有什么不一样。他回答说，“在所有人当中，费德勒最具有不可预测性。他天赋异禀，可以打出各种不同的球。我觉得对我或者对任何一位网球运动员来说，最糟糕的事就是不可预测性，你不知道接下来会发生什么。而费德勒恰恰就拥有这样的特质，在场上可以变化莫测。所以，你总会在脑子里想，接下来会发生什么呢？”

德约科维奇还谈到了费德勒所谓的接发球偷袭上网（SABR），他会突然靠近发球区，打出一记半截击回球。“他会不会接发球偷袭上网？”德约科维奇说，“会突然上网吗，还是会留在后方？要切球吗，还是会直击？你总是在猜，猜他会怎么样。这也是为什么和费德勒打球很费脑子且很难的原因。”

费德勒的确经常变换打法。这一次，他开始频繁上网进攻。这是因为他在 2013 年年底与安纳科内友好分手后采纳了新的合作教练斯蒂芬·埃德伯格给出的建议。不过，德约科维奇是那种面对任何突发情形都能处变不惊并且灵活应对的网球高手。于是，在比赛第一盘可能对他行之有效的战术策略到了比赛的第四盘就不管用了。德约科维奇自己也变得不可预测了。

当德约科维奇在比分来到 5-4 准备发球时，费德勒获得了 3 个破发点，这是他最后一次将比赛延长至第五盘的机会。可是，德约科维奇成功挽救了这 3 个破发点。这是他在决赛当晚面对全场出现的 23 个破发点成功挽救的第 19 个。“得把握好风险度，”费德勒说，“有时我做得不错，但有时不行。”

德约科维奇最终以 6-4、5-7、6-4 和 6-4 的成绩赢得了 2015 年美网的桂冠，由此将自己大满贯冠军的数量上升到了两位数，让一直以来男单的领头羊止步于自己的第 17 座大满贯桂冠。这一结果也让德约科维奇和费德勒齐头并进，两人的胜负比打成了 21-21，之后德约科维奇至少在未来好几年之内一直处于领先地位。

费德勒遗憾败北，但是那些远离家乡之外的喝彩声和欢呼声也成为他永恒记忆的一部分。“球迷的确是促使我这么多年来不断参加比赛的一个原因，那是会让你浑身起鸡皮疙瘩的时刻，”费德勒说，“对我来说，远离故乡却在一个体育大国得到如此多厚爱和支持实在让我感到特别欣慰。这里的人们喜欢赢家。”

德约科维奇当然有理由对此表示无法赞同。第二天一早，当我们相约做赛后采访时，他解释了一番自己在场上的应对机制。当我们搭乘一辆面包车穿过市中心的街道时，他对我说，“我实际上是在和自己玩一场心理游戏。现场很多人都在高喊‘罗杰！’我会想象他们喊的是‘诺瓦克！’”

德约科维奇的坦白给人一种心酸的意味，甚至从字面意义上说还有一种悲凉。但是，他似乎已经做好了接受命运安排的准备：他在塞尔维亚境内大受欢迎，但似乎也仅限于此。“和其他人一样，我会在场上经历很多情绪，”德约科维奇说，“只是随着时间的推移，我已经学会了如何利用这些经验处理和应对在艰难时刻的这种压力。我想这其中很大一部分来自我的性格，还有一部分来自我和其他人完全不一样的成长环境。所有这一切塑造了我和我的性格。过去的种种经历给了我面对像昨晚那样一面倒的场景还能继续比赛的力量。”

德约科维奇的声音有些嘶哑，刺猬一样的头发看上去也很不协调。他的右手腕和整个手臂因为在决赛一开始的摔倒而留下擦伤的痕迹。但是，我们下车后仍朝着中央公园拍照的地方快速走去。他在美网期间通常都会住在朋友戈登·尤林（Gordon Uehling）的私宅，但这一次他选择和家人一起住在了曼哈顿的一家酒店。

“我很好的一位朋友曾经说过一句话，我觉得挺有道理，”德约科维奇说，“他说纽约这座城市充满活力，如果待的时间长一点，它会赋予你很多能量。但是，如果待的时间太长，它又会消耗你的能量。”我问他这座城市是否给了他今年获胜所需要的能量。“好像有，不过从今天开始，我觉得它开始带走我的能量了，”德约科维奇回答说，“所以我该慢慢回家了。”

快走到目的地之前，我还有时间提出最后一个问题。所以，我问他："如果你想要在大满贯赛事上获得像此次美网现场观众支持费德勒那样的效果，中间需要什么？"德约科维奇想了想，然后给了我一个很长的答案。德约科维奇是那种会发表长篇大论而不是给你几个句子的被采访者。他说："老实说，我觉得第一步要有在网坛一直活跃的那种持久性。真正的网球迷尊重那些对这项运动真正付出的人。不仅仅是成绩，更是一种对网球的热情以及对球迷、巡回赛、对手等各方面的一种发自内心的尊重。好像还有一点，与我究竟代表着什么有关。作为一名球员，你是否尊重真实生活的价值观？你是一个在打网球的同时又充满良知并知道如何回馈的人吗？我觉得所有这些要素加起来就是我所需要的。这也是我努力的方向。我就是这么长大的，我希望球迷们能看到这一点。不过，就目前这种情况，我和费德勒对阵的时候不可能期待有这样的结果。"

德约科维奇与我握手告别。我指着中央公园俯瞰沃尔曼溜冰场的那堆岩石说："去吧，去往属于你的舞台。"

他站了上去，身后是纽约市中心的天际线，前面是一大群的摄影师。美网的奖杯很快就再次回到了他的手中，但他仍然落后于费德勒。

13 为瑞士赢下第一座戴维斯杯

法国，里尔

距离 2014 年的戴维斯杯决赛还有 48 小时。罗杰·费德勒在室内红土球场上小心翼翼地练习着。此时的他看上去要比实际年龄苍老许多。他并没有在已经铺就了红色砂砾表面的皮埃尔·莫鲁瓦体育场（Pierre Mauroy Stadium）内练习。在周三短暂的断断续续的训练中，他既没有弯腰截击也没有在场上大幅度跑动。瑞士队翘首以盼的首个戴维斯杯桂冠似乎已触手可及。费德勒此时处于背部受伤的恢复期，他为了周五代表瑞士队对阵法国队的比赛而半速跑步。

队友们都将希望寄托在他的身上。他们之间不止队友关系那么简单，其中有同费德勒一样来自巴塞尔的儿时好友马尔科·丘迪内利，也有在比尔时的室友兼好友迈克尔·拉默。瑞士队的队长更是费德勒的长期私人教练和人生知己塞韦林·卢蒂。卢蒂常年陪着他参加巡回赛，可以说在现阶段没有人比他更了解费德勒的打球风格了。最后一位是一贯将费德勒视作良师益友的瑞士球星斯坦·瓦林卡。瓦林卡成长为世界上最优秀的球员之一的时间较晚。在本赛季的早些时候，28 岁的他刚刚在澳网赢得了自己的第一座大满贯。

瑞士队的中流砥柱

费德勒多年来一直在为个人的成绩和荣誉而战。在他漫长的职业生涯中，个人比赛的日程安排和需求始终占有优先级。不过，在全球最负盛名的团体赛事——戴维斯杯上能有所斩获也是他的个人目标之一。如若瑞士队获胜，无疑将填补至今遗留在他网球履历上的最后一个空白。对费德勒来说，他在法国里尔的这一周事关集体利益，他期待着能和队友们一起完成长久以来的使命。"我们现在这个阵容很酷，不会再有第二个。"费德勒对我说。

费德勒本人早在参加大满贯赛事和参加蒙特卡洛、罗马、印第安维尔斯等其他更有声望的巡回赛事之前，就已经参加过了戴维斯杯。1999 年 4 月，在瑞士纳沙泰尔（Neuchâtel）的一个快速的室内球场，17 岁的费德勒首次在戴维斯杯上亮相。他当时反戴着帽子，遮住了一头淡金色头发，在场上展现出一种与实际年龄极不相符的沉着冷静。不过，那是一个万事尚不确定的年纪。在他的第一个五盘三胜的比赛中，费德勒最终以四盘 6–4、6–7（3）、6–4、6–4 的成绩战胜了意大利队老将大卫・桑奎内蒂（Davide Sanguinetti）。

时隔多年，我与瑞士队前队长克劳迪奥・梅扎德里一起在法国观看费德勒的赛前训练。他一边看一边回忆说："我原以为和费德勒一起上场会很麻烦。他之前从没有打过五盘三胜的比赛，也没参加过戴维斯杯，甚至你也可以说他没有经历过有很多现场观众的比赛。但是，令我大感意外的是，他非常冷静、非常放松，打得也非常漂亮。作为队长，我当时真不用说很多。赛后，他会和我讲他的各种感受，譬如'原来现场有三四千人欢呼是这样一种感觉'，等等。就好像他已将场上的所有画面都牢牢地记在了心里，之后又给我回放了一遍。"

尽管瑞士队在 1999 年的戴维斯杯上先打败了意大利队，但是在 4 月举办的四分之一决赛上因为费德勒的两场失利而输给了比利时队。费德勒先在一场五盘比赛中输给了克里斯托夫 · 范加斯（Christophe Van Garsse）。范加斯是一名很有天赋的球员，有意思的是，他在每次的巡回赛上成绩总是平平，但在戴维斯杯上表现得格外出色。费德勒接着又在另一场关键的比赛中经过四盘的鏖战输给了泽维尔 · 马里塞。1999 年在戴维斯杯上的失利对费德勒来说是很难接受的。他亲身感受到了戴维斯杯的力量，发现它会让范加斯这样的球员突然间大放异彩。

年轻时的费德勒作为瑞士队的一员，没有缺席过戴维斯杯的每一轮比赛。他甚至在 2001 年利用自己的明星效应公开反对当时的瑞士队队长雅各布 · 赫拉塞克。然而，随着他在巡回赛上逐步站稳脚跟，他开始因为个人的赛程而不得不放弃戴维斯杯的首轮比赛。事实上，没有了费德勒的瑞士队步履维艰。

按惯例，费德勒会在每年 9 月美网结束后代表瑞士队参加戴维斯杯的保级比赛，以此确保瑞士队不会降级为相当于乙级联赛的国家队。尽管如此，瑞士队还是曾两次降级。不过，费德勒的参赛大部分情况下都发挥了他应有的作用。即便如此，整体还是有些无法令人满意。费德勒虽然每年都会代表瑞士队出战戴维斯杯的部分比赛，但是他又不会出现在一些重要的比赛上。

2001 年，他对我说："参加全部的赛事很难。过去 6 年里，在没有我的情况下哪怕只赢过一次首轮，我也有机会参加四分之一决赛或其他的比赛。可惜，这种情况从未发生过。我想有一天我会和他们一起比赛，因为他们全是老朋友。选择放弃参加戴维斯杯，我也很难受。'鱼和熊掌不可兼得'，有些梦想只好暂时先放一放。"然而，即使费德勒参赛，瑞士队的情况也依然不容乐观。2012 年，瑞士队在弗里堡（Fribourg）的室内红土场地首轮主场迎战美国队。开赛当天，美国队的马尔迪 · 菲什在第五盘以 9–7 击败了瓦林卡，约翰 · 伊斯内尔则通过四盘的比赛击败了费德勒。

面对生性敏感的瓦林卡，费德勒平时大都措辞谨慎。但是这一次，他心直口快，直接批评起瓦林卡对阵菲什的表现，好像忘记了自己也惨遭失败的事实。“首先，糟糕的是瓦林卡没能在第一天击败菲什。我们没能给对方成功施压，”费德勒说，“他们俩的比分很接近，原本是有机会扭转局面的。之后在对阵伊斯内尔的比赛中，可想而知，什么都有可能发生。”显然，费德勒认为是因为瓦林卡“没能打好”，瑞士队才陷入了被动。同时，在他们俩合作输掉双打比赛之后，费德勒也表达了类似的观点。他说：“双打时，我打得不错，瓦林卡也不差，但是他的发球总有问题。”

这是费德勒有时不善外交辞令的一面。他说的也许没错，但这绝对不是理想的表达方式。2012 年赛季的晚些时候，我和他再聊起来的时候，他对自己当时的发言很后悔。“在一些新闻发布会上，你没法说真话，因为这根本行不通。说真话可能对谁都没好处，”费德勒说，“我曾经说‘很遗憾瓦林卡没打好’，但是报道一出来就成了‘费德勒批评瓦林卡’。我心想，‘你这么写，是认真的吗？’我输了两场球，他呢，也输了两场球，但我是领头羊，如果说有错，那也都是在我身上，不是他呀。所以，怎么说呢，吃一堑长一智吧。以后遇到这种情况，我可能会说‘嗯，他没有打得那么好’。轮到说我自己的时候，我得说‘我打得太糟糕了’。”

费德勒笑着摇了摇头。随着美国队最终在弗里堡以 5–0 大获全胜，瑞士队可是一点儿也笑不出来。“原本势在必得，结果第一轮就输了，很惨，”拉默对我说，“这条路不好走。”

费德勒在 2013 年缺席了戴维斯杯的所有比赛。在纳沙泰尔，瓦林卡、丘迪内利和拉默在他缺席的情况下击败了厄瓜多尔队，使瑞士队留在了戴维斯杯的世界组。“大家心里依然有梦，所以就再拼一次，”拉默说，“我们都很清楚费德勒的情况。不能说，‘嗨，你必须来，必须参加这个比赛！’他的目标多、任务重，很难兼顾。大家都知道他想为瑞士而战，可是这不能成为我们给他施压的理由，一点都不能。”

时间来到 2014 年，费德勒再次做好了出征的准备。不过，他先表示自己有可能无法参赛，接着一直等到最后一刻才表明他会在 2 月飞到塞尔维亚作为瑞士队的一员参加戴维斯杯的首轮比赛。这似乎是一个明智之举：先不承诺，再给出惊喜。他和瓦林卡一起来到了前女单世界排名第一的莫妮卡·塞莱斯的家乡诺维萨德（Novi Sad）。这一次，瑞士队真赢了。

不过，塞尔维亚最著名的网球明星诺瓦克·德约科维奇没有参赛。这也显示了戴维斯杯所面临的挑战。网坛的顶级球员不再一如既往地参加这些重要的比赛，错失了很多绝佳的机会。这是一个因为“棋逢对手”而被人们津津乐道的男子网球的黄金时代，往往由于缺乏旗鼓相当的对手参赛而让戴维斯杯逐渐丧失了它的魅力。在 2019 年赛制改变前，“费纳之争”从未在戴维斯杯上演过。费德勒和德约科维奇也只在 2006 年的戴维斯杯上有过一次交手，那还是在后者进入全盛期之前。网坛的顶级球员都曾在戴维斯杯上至少有过一次捧杯，包括英国队的安迪·穆雷。问题是，他们很少会同时参赛。

所有的网球明星大都认可戴维斯杯的历史地位以及它在本国普及和提升网球知名度的重要性。对纳达尔和德约科维奇来说，他们在戴维斯杯上的胜利都是他们个人发展的跳板。德约科维奇作为塞尔维亚队的一员，在 2010 年戴维斯杯上夺冠，这为他在 2011 年赛季上的全面开花打下了基础。然而，由于戴维斯杯的四轮比赛分别在全年的不同时段举行，所以顶级球员都觉得参加所有的比赛会过于耗费精力。“尤其是，如果你留意职业球员从每年 1 月到 11 月在全球的不同城市打比赛的数量，”费德勒对我说，“你就会明白为什么我说全程参加戴维斯杯意味着你不得不放弃 ATP1000 大师赛了。”

多年以来，活跃在网坛的顶级球员们一直试图推动戴维斯杯的赛程改制。长期担任 ATP 球员委员会主席的费德勒最终对负责戴维斯杯的国际网球联合会主席弗朗西斯科·里奇·比蒂（Francesco Ricci Bitti）丧失了耐心。他曾在温布尔登的一次会议上非常生气地表达了对里奇·比蒂的不满。这对一位很少当众发火的世界冠军来说实属罕见。“费德勒当着我们所有人的面痛斥戴维斯杯的运营模式。他对组委会之前的所作所为，对他们面对他人的意见充耳不闻又或是假装倾听、实际上一意孤行的操作方式大为恼火，”ATP 当时的董事会成员贾斯廷·吉梅尔斯托布说，“费德勒就里奇·比蒂的所有事情提出了质疑，质疑的内容非常专业，就像是一堂‘大师课’。”

里奇·比蒂是一位具有国际视野的意大利人。他在自己的任期内的确推动了戴维斯杯的一些细微变化。然而，由于考虑到戴维斯杯的收入对国际网联来说至关重要，他拒绝改变现有的年度竞赛机制，甚至还批准让当年的决赛选手在下一年的首轮比赛中直接轮空晋级。

一笑泯恩仇

费德勒对戴维斯杯的感情颇为矛盾。一方面，他非常关心戴维斯杯的发展，甚至比他预想的还要关心；另一方面，戴维斯杯又成为他的一个负担。

2014 年的赛季是费德勒减负的好机会。能够与另一名出色的球员一起参加戴维斯杯是一项艰巨的任务，因为他们需要 3 天内在每一轮比赛中赢得五盘三胜制的单打比赛和一场双打比赛。如果一个球队中有两名顶级球员同时参赛，那么这个队的获胜概率自然会显著提升。毫无疑问，2014 年的瓦林卡已然是一名出色球员了。当时，抵达法国的瑞士队既有当时世界排名第二的种子选手费德勒，又有世界排名第四的瓦林卡。不过，瑞士队要面临的挑战也不容忽视：不仅要看费德勒是否能及时康复进入决赛，还要看费德勒和瓦林卡之间的关系能否和好如初。

此前一周在伦敦举行的 ATP 年终总决赛上，费德勒和瓦林卡在半决赛时遇到了一点麻烦。费德勒在以 4–6、7–5 和 7–6（6）的成绩获胜前努力挽救了 4 个赛点。在这场半决赛的后半段，他的慢性背疾有所加重。这也导致了他在第二天对阵德约科维奇的决赛中因伤而退。“不知道怎么回事，”费德勒对我说，“不知道哪儿出了点差错，也许是背部或身体太疲劳了，也许是破发点没抓住，总之是运气不好。”

影响费德勒发挥的可能还有另外一个问题。费德勒的妻子米尔卡在费德勒和瓦林卡对阵的半决赛上一直在场外加油欢呼。在第三盘的后半段，瓦林卡对她在自己一发和二发时发出噪音的行为非常不满。结果，米尔卡反击说他是个“爱哭鬼”。“你们听到她说什么了吗？”瓦林卡问费德勒和主裁判塞德里克·穆里埃（Cédric Mourier）。瓦林卡向穆里埃提出了抗议。“她在温布尔登就是这么干的。”瓦林卡说。他指的是当年早些时候费德勒在温网四分之一赛获胜的那场比赛。“每次我交换场地，我在她就座的那一侧发球时，她都会大喊大叫。”

由于费德勒的知名度和原有的声誉，这种抱怨和不满立马冲上了热搜。何况，此事还发生在全球媒体聚集的热点城市伦敦，尤其还是在两人准备联手参加戴维斯杯的前夕。场上来自法国的主裁判塞德里克·穆里埃甚至违反规定专门就此事接受了法国一家媒体的采访。“这件事一下子就爆了，”费德勒后来对我说，“一边是瓦林卡，一边是米尔卡，我夹在中间。我甚至都不知道到底发生了什么。我一下子就掉进了舆论的旋涡。我想瓦林卡本人应该清楚米尔卡之所以去现场是为了支持我，而非去分散他的注意力。”

比赛结束后，费德勒和瓦林卡曾在伦敦O2体育馆的一间私人会议室里促膝长谈。多年来一直指导瓦林卡的卢蒂当时也在现场。两人最终达成共识。

“米尔卡最不想的就是和我的对手起冲突，”费德勒说，“她过去15年里从未这样做过，现在也不会这样做，更何况这次面对的还是瓦林卡。”不过，当瓦林卡在6年后被问及迄今为止他职业生涯中最大的遗憾时，他说就是那场在伦敦输给费德勒的比赛，但是他没有提及米尔卡。在接受瑞士杂志《画报》的采访时，瓦林卡表示：“那可是大师杯的半决赛，是仅次于大满贯的主要赛事，只有全球排名最靠前的8位球员才能参加。结果，我的机会就那么溜走了。比赛结束的当晚我一夜无眠。我反复思考并与身边很多人聊天，就是想要走出来。后来想想我还要和大家一起去法国参加戴维斯杯的决赛，那就让它过去吧。”

瓦林卡在周日与卢蒂及瑞士队新招募的成员戴维·麦克弗森一起踏上了欧洲之星的火车。麦克弗森曾是美国双打明星布莱恩兄弟的长期教练。卢蒂和麦克弗森关系很好。卢蒂在ATP年终总决赛期间曾咨询过麦克弗森有关戴维斯杯决赛的意见。迈克·布莱恩当时也参与了讨论。“我们正在聊，迈克过来打趣说，‘干嘛不直接带着麦克弗森去里尔？’”麦克弗森对我说，“不知道他当时是不是认真的，但卢蒂听进去了，对我说，‘行吗？’我说，‘行呀，只要费德勒同意，我乐见其成’。”

费德勒毫无异义。他和瓦林卡曾一起在2008年的北京奥运会上赢过双打金牌。这无疑是他们俩职业生涯中的一个亮点。可是，他们俩在戴维斯杯上的4次合作均以失败告终。显然，两人之间还是缺了点什么。费德勒因为背伤而比队友稍晚抵达里尔。费德勒和瓦林卡两个人看上去没有任何不和的迹象。“我们俩互相看着对方，笑了笑，”瓦林卡说，“一笑泯恩仇，事情翻篇了。”

“大家在一起的感觉很舒服，”麦克弗森说，“有一种家庭式小团队的氛围。”在团队第一次聚餐后，麦克弗森应费德勒的邀请前往他的房间讨论双打。

“当时只有我们两个人，我记得我在他的房间里待了差不多一个半小时，”麦克弗森说，“他特别希望多了解双打比赛。他的求知欲和想要打好比赛的那股劲头让我很吃惊。他在双打赛场上还是名学生。这是他职业生涯中为数不多的几次，是一次非常重要的双打比赛。能看得出来，他想全力以赴。”

麦克弗森稍晚便整理了关于潜在对手法国队的笔记和视频资料。他还将费德勒和瓦林卡在北京奥运会决赛以及半决赛上对阵布莱恩兄弟的亮点都整理了出来。费德勒和瓦林卡近期的一些比赛视频也被涵盖在内。麦克弗森每晚都与瑞士队讨论 20 分钟左右的双打布局。他给出了详细建议，其中包括瓦林卡应该反手回球而非切球，费德勒和卡瓦林在发球局要更积极、更凶猛，等等。

当然，如果费德勒最终因为背痛不能上场，那么所有的准备便会付诸东流。有人建议费德勒注射止痛剂。毕竟，谁知道下一次在戴维斯杯上捧杯会是什么时候呢？“我觉得自己离最后的胜利不远了，”费德勒对我说，“但我也祈祷最好不要打针。我最后的确也没有注射止痛剂。说实话，真是松了口气。”费德勒当时尚未做手术，也没有注射激素一类的可的松。“我觉得身体很聪明，要给它时间，让它自我修复，”费德勒对我说，“我一贯不喜欢打针吃药。”

当然，能上场与能在场上活力四射还不是一码事。法国队选手的排名并不比费德勒和瓦林卡的差太多。盖尔·孟菲尔斯、乔-威尔弗里德·特松加和理查德·加斯奎特都是世界排名前 10 的选手。有意思的是，此次参加双打比赛的 4 名选手由于税收原因都定居在瑞士。大家因此开玩笑说这简直是一场瑞士人之间的对决。与费德勒和瓦林卡不同，法国队在决赛前专门在红土球场上进行了数周的训练。他们同时在里尔座无虚席的体育场内具有很大的主场优势。

自 20 世纪 80 年代以来，我便一直跟踪报道戴维斯杯的比赛，从星光熠熠的总决赛到星光黯淡的低级别晋级赛，譬如在博茨瓦纳的哈博罗内（Gaborone）举行的欧非地区四组赛上，包括冰岛、苏丹和马达加斯加在内的国家代表队中没有一位球员在 ATP 赛事中有单打积分。1997 年，当我在哈博罗内与 27 岁的马达加斯加代表队球员哈里沃尼·安德里亚纳费特拉 (Harivony Andrianafetra) 聊天时，他说："温网离我太远了，但是来到这里至少让我实现了自己的一个梦想。"

事实上，我作为体育记者所经历的那些最美好、最热闹的过往都是戴维斯杯给我的。从某种角度上说，戴维斯杯改制前的决赛氛围有些类似于世界杯足球赛，只不过戴维斯杯一天的单打时间总量超过 8 小时，无论球员还是观众都会有疲惫之感。1991 年，法国队在法国里昂获胜后，当时个人魅力十足的队长雅尼克·诺阿带领着一众球员在场上大跳康加舞以示庆祝。这一幕让在场的皮特·桑普拉斯、安德烈·阿加西和其他美国队员大开眼界。1995 年，桑普拉斯在莫斯科创造了他职业生涯中最伟大但也最被低估的一项成就：在最不擅长的红土球场几乎凭一己之力打败了俄国队。2008 年，在阿根廷的马德普拉塔（Mar del Plata），一支缺少了受伤的纳达尔的西班牙队碾压主场作战的大卫·纳尔班迪安和胡安·马丁·德尔波特罗，现场的阿根廷球迷大失所望。

与法国队的决战

2014 年，在法国里尔郊外，法国队迎战瑞士队开赛当天，场上观众创纪录地达到了 27 432 人，超过了 2004 年纳达尔所在的西班牙队在塞尔维亚赢得戴维斯杯的那场 27 200 名观众的规模。

瓦林卡在第一场单打对决中以 6–1、3–6、6–3 和 6–2 的成绩击败了特松加，没给法国观众留下任何的庆祝空间。然而，场上表现出色且专注的孟菲尔斯在第二场单打比赛中出人意料地以直落三盘 6–1、6–4、6–3 的成绩战胜了费德勒。

瑞士队与法国队至此打成 1–1 平。接着还有三场比赛：周六的双打和周日的逆转单打。现在的问题是费德勒在输掉和孟菲尔斯的比赛后，是否还能或者说应该继续参加双打比赛吗？一整周都在和麦克弗森一起工作的拉默和丘迪内利也已经做好了准备。但是，他们两人都缺乏在这种压力下的参赛经验，而且他们的排名也远低于法国选手。费德勒在输给孟菲尔斯后不久便亲自回答了这个问题。他在与瓦林卡协商后向卢蒂和麦克弗森表示："我准备好了。""听他这么说真是鼓舞人心，"麦克弗森说，"费德勒的信心从未动摇过。"

尽管孟菲尔斯的胜出明显让费德勒内心有所波动，但是好在他的后背没有给他带来更大的困扰。所以，即使孟菲尔斯在场上连胜两盘，费德勒的心态也不会太差。"随着比赛的进行，我也开始慢慢地放松下来，"费德勒说，"我觉得自己需要 30 个大力发球，需要滑行，需要防守，需要进攻和快速地获取信息。"第二天，费德勒和瓦林卡上场了。他们俩在场上生龙活虎，表现出色，最终以 6–3、7–5 和 6–4 的比分战胜了法国队的加斯奎特和朱利安·贝内托（Julien Benneteau）。两人的精彩合作简直是对北京奥运会上两人双打比赛的一次致敬。他们虽然有在伦敦的不愉快，但是依然能够配合默契。

对瓦林卡来说，在费德勒的阴影之下要闯出一片属于自己的天空是一项挑战，就像安迪·罗迪克在美国一直在追随桑普拉斯、阿加西和考瑞尔的脚步一样。只不过瑞士的费德勒是小池塘里的一条大鱼。瓦林卡 16 岁时第一次和费德勒一起训练。他很快就意识到费德勒是自己的榜样。他在费德勒的激励下不断进步，甚至早年费德勒提供的有关竞争对手的球探报告也让他获益匪浅。

尽管费德勒曾在弗里堡吐槽过瓦林卡，但是他一直以来都在不遗余力地支持他。当小他 4 岁的瓦林卡开始参加巡回赛的时候，费德勒已经坐上了世界第一的宝座。更为重要的是，费德勒愿意与瓦林卡一道分享体能训练师帕格尼尼的宝贵意见。“在巡回赛上，费德勒就像我的一个大哥哥。”瓦林卡在接受《画报》采访时说。人们问他从费德勒那里获得的最宝贵的建议是什么。瓦林卡说：“活在当下！过去 20 多年，费德勒每天都在面对来自媒体、球迷、旅行、比赛和训练的各种需求，生活被安排得满满当当，可是他仍然保有一份令人不可思议的冷静。即使他不得不做一些他并不喜欢的事情，他也会做到极致，做得比任何人都要好。所以这么多年来，我一直试图达到他那种状态。”

费德勒知道自己要什么。当他做好了准备，他才会做出承诺并全力以赴。他曾多次拒绝戴维斯杯。但是在 2014 年，他选择全面参加戴维斯杯的所有赛程。尽管背部不适，但他还是咬紧牙关，就像以往经常在世界各地参加比赛一样参加里尔的比赛。从他初次登上世界巡回赛的舞台到 2020 年的赛季，他从未中途退出过一场比赛。这或许是他在世人眼中最令人难以置信的网坛成就。安迪·罗迪克说：“他应该与小卡尔·瑞普肯（Cal Ripken Jr.）相提并论。”罗迪克指的是美国职业棒球大联盟中久负盛名的“钢铁侠”瑞普肯。“在网球界，费德勒完成了一项几乎不可能完成的任务。没有人不会因为要参加大满贯而放弃几个巡回赛事，也没有人像他这样一连 20 多年从不缺席，就好像他从没有在比赛中受过伤一样。”

瑞士队在周日的比赛中只需再赢一场便能稳操胜券。费德勒果然不负众望，在周日的比赛中弥补了周三那场比赛的所有遗憾：在场上滑行、俯身弯腰，当然还有大幅跑动。“感觉过了个周末，他浑身又充满了能量。这种调整状态的速度令人惊讶！”法国队队长阿诺·克莱门特说。

费德勒在零分时保发成功，最终以 6–4、6–2 和 6–2 的成绩取得了胜利。

他在全场的最后一击是一个漂亮的反手短吊制胜球。就在这一发制胜球在球场上弹跳两次之前，费德勒已双膝跪地，身体前倾扑倒在红土地上，双肩因情绪激动而上下起伏。卢蒂和其他队友也跑了过去，大家抱在了一起。“在周一、周二的时候，我压根没敢想我能连续 3 天打 3 场比赛。”费德勒说。

瑞士队差不多用了一个多世纪的时间才跻身 1900 年成立的戴维斯杯的冠军队伍。“那是我 17 岁时就设立的目标，没想到过了这么久才实现它，”费德勒对我说，“或许正是因为来之不易，那种喜悦也更为强烈。相信你也看到了。”瑞士队度过了一个狂欢之夜：香槟想怎么喝就怎么喝，瓦林卡还抽了几根庆祝的香烟。瑞士队搭乘私人飞机返回瑞士后更是受到了对待英雄凯旋般的热烈欢迎。

然而，费德勒在更衣室里不得不对着自己的儿时伙伴拉默和丘迪内利提出一项请求。瑞士队捧杯后，随着肾上腺素的逐渐消退，他的背部再次变得僵硬起来。“费德勒当时对我们说，‘噢，天啊，拜托，能帮我脱下袜子吗？我要死了，我不能弯腰了’，”拉默说，“那一周，他全力以赴。人们都忘了他背部有伤，因为他在任何时候看上去都很放松。事实上，费德勒深知如何承受痛苦，也深知如何不动声色地经历痛苦。”

14 伤痛是最难缠的对手

阿联酋，迪拜

罗杰·费德勒从来没有在卓美亚古堡酒店（Madinat Jumeirah）的网球俱乐部 1 号球场正式打过比赛。那里虽然不售门票、无人观看，但实际上却是他常年打球最多的地方。在灯火通明的迪拜，网球场的灯光相对并不是那么耀眼。每年巡回赛结束后的休赛期，他都会来此练球。2016 年的 11 月和 12 月，他带着年轻选手才有的朝气再次来到这里为自己的第一次全面复出做准备。“我还是不满足，”费德勒在迪拜赶机飞往澳大利亚珀斯前对我说，“如今的我已焕然一新，准备重新出发。”

在到达古堡酒店网球俱乐部之前，你先要穿过卓美亚水上皇宫酒店以马术为主题的喷泉和在草坪上高高耸立的镀金马匹的雕像。至少在建筑方面，迪拜堪称波斯湾的拉斯维加斯（当然这里禁止赌博和饮酒）。

一步入酒店高耸、华丽的大厅，你的目光所及满是盆栽的棕榈树和新阿拉伯风格的装饰墙面。来到内园，稍事等待，就会有司机驾驶着高尔夫球车来接你前往古堡酒店的网球俱乐部。一路上穿过桥梁和运河，经过满是孔雀和色彩鲜艳的骆驼雕塑群。相比四周的富丽堂皇，以灰色为主调的网球俱乐部看上去既含蓄又低调。

走下高尔夫球车，清风吹过俱乐部前台，坐在长长的木椅上，你可以俯瞰蓝色的柏士壁品牌的硬地网球场。2016 年 2 月，职业球员马尔科・拉多瓦诺维奇（Marko Radovanovic）曾在这里给 3 名学童授课，教授他们不同的打球技巧，激发他们的打球兴致。听课的孩子们似乎并没有意识到他们正身处网球圣地。“这里是费德勒打球的地方，是他在迪拜唯一的训练场地，”拉多瓦诺维奇在授课间隙强调，“他已经连续 15 年在这里练球了。”

其他的网坛明星也会选择在冬季来到气候温和的迪拜进行训练，譬如几周前就在这里练球的诺瓦克・德约科维奇。不过，还没有哪一位当代网球巨星像费德勒这样在迪拜度过如此漫长的时光。他第一次来迪拜参加 ATP 赛事是在 2002 年，第一次在迪拜捧杯是 2003 年。后来，他专门在迪拜码头区一座名为“Le Rêve”的摩天大楼里购买了一套奢华的顶层公寓。这座大楼的名字在法语中的意思是“梦想”。这座摩天大楼的内园景观是由澳大利亚的景观设计师安德鲁・法伊佛（Andrew Pfeiffer）亲手打造的，而健身房则是费德勒亲自设计的。这里甚至还为住户提供一键式预订法拉利、直升机或私人飞机的礼宾服务。从这里望出去，整个海湾、人造卓美亚棕榈岛和帆船酒店的美景尽收眼底。费德勒曾和阿加西一道为了宣传迪拜公开赛而在帆船酒店距离地面近千米的停机坪上进行过网球表演赛。

来自塞尔维亚的拉多瓦诺维奇成长于贫困交加的贝尔格莱德，他生性喜欢交友，至今仍对执教费德勒的双胞胎女儿打球的经历记忆犹新。费德勒为了表达感谢，2016 年曾在拉多瓦诺维奇私人定制的日历上亲笔签名并为他题写新年祝福。这份特殊的礼物至今依然保存在拉多瓦诺维奇贝尔格莱德的家中。“我妈妈偷偷拿走了那本日历，然后挂在了自家墙上，”拉多瓦诺维奇笑着说，“我们都为此感到自豪。费德勒在那里打球，然后我教他的两个女儿。两个小姑娘特别友好，也特别可爱。对我来说，那是一份美好的回忆。我想：对任何一位网球教练来说，这样的经历都如梦幻一般。”

一个时代即将走向终结

然而，2016 年对费德勒来说一点儿也不梦幻。他在澳网半决赛输给德约科维奇的第二天，在墨尔本酒店给两个女儿洗澡，当他转身时，突然听到左膝传出“咔吧”的一声。事后发现那是半月板撕裂的声音。费德勒因此接受了职业生涯以来的第一次手术。这对于一位已经 34 岁的球员来说，在自己的第 18 个职业赛季出现这种事情，情况并不算太糟。2016 年 2 月 3 日，在与德约科维奇的比赛结束后的第 6 天，费德勒在瑞士接受了关节内镜手术。

一路走来，费德勒的体能训练师皮埃尔·帕格尼尼一直在富有创造性地工作，避免他因运动而受伤。所以，当我们谈及费德勒日后的康复情况时，他显得有些激动。“费德勒和他的理疗师已经一起工作了两周。当开始恢复体能训练时，我们会先慢跑 5 米，接着是倒着往回走，”帕格尼尼说，“就好像他要重新学习走路一样。当然，虽然我们比较乐观，但还是会禁不住想：他在场上还能像原来一样出色吗？”

事实上，不到两个月，费德勒便重返赛场，参加了迈阿密公开赛，恢复速度之快连他自己和帕格尼尼都大为吃惊。在赛前的一场新闻发布会上，费德勒说：“我真是特别特别高兴。说实话，没想到术后这么快就能来参加比赛。”

一开始，他如同以往在公开场合所表现的那样轻松、顺利。然而，这一切都具有误导性。就在开赛前不久，费德勒因为感染了肠胃病毒而临阵退赛。直到4月中旬，他才在蒙特卡洛的红土赛场上正式重返职业赛场，结果在四分之一决赛时输给了法国人乔-威尔弗里德·特松加。费德勒随后前往马德里，可在训练期间因背部伤痛再次加重而临阵退赛。

在2016年意大利公开赛的第三轮，费德勒输给了一位年轻的奥地利选手多米尼克·蒂姆。鉴于蒂姆之后的获胜，所以费德勒的这一次失利远比他早先在罗马赛场上连跑动都很困难的失败看上去好多了。多年来一心扑在巡回赛上的费德勒这次遇到了真正的麻烦。不过，他从来都是迎难而上，努力克服，最终找到了缓解疼痛的办法。

费德勒最终还是决定和团队一起前往巴黎参加法网。在酒店办理入住手续后，他便和帕格尼尼一起来到酒店空荡荡的舞厅做体能训练。费德勒对我说："我在舞厅里跑来跑去，后来我停下来问帕格尼尼，'我们这是在做什么呢？'帕格尼尼问，'怎么了？膝盖不舒服吗？'我说，'膝盖感觉很沉重，后背也不舒服。为什么在这儿做这些？为什么要来巴黎参加比赛呢？'"

于是，他们停止训练，聊了近一小时。费德勒随后向团队的其他成员也表达了同样的想法。当时的团队成员有：理疗师丹尼尔·特罗克斯勒（Daniel Troxler）和教练塞韦林·卢蒂、伊万·柳比契奇。柳比契奇是他之前的对手，也是他的朋友，2015年12月，他接替了斯蒂芬·埃德伯格成为费德勒的教练。

费德勒计划在法网罗兰·加洛斯的红土球场先练习试试。于是，他来到了法网的1号球场，这是一个素有"斗牛场"之称的环形球场。"感觉还行，但还达不到100%满意，"费德勒对我说，"于是我们决定，就到这里吧，为草地做准备吧。说实话，我尽力了，真的尽力了。"

费德勒在法网退赛后，他连续 65 场的大满贯参赛纪录也就此终结了。后来，菲里西亚诺·洛佩兹打破了这项纪录。只不过，连续参赛对费德勒来说意义不大。他想要的不只是参赛，而是有机会拿下比赛。错过了巴黎的法网，费德勒心里并不好受。时至今日，他聊起来也是倍感遗憾，就好像他理应在当时有更好的方法避免退赛。对他这样一位世界顶级的规划师来说，放弃计划是件痛苦的事。问题是，2016 年的草地球场也没能给他带来些许安慰。"原本也许还行，或者说我应该在澳网结束、做完手术之后再多休息一段时间。"他说。

费德勒曾在德国哈雷公开赛上有过三连冠且总计 8 次夺冠的佳绩。可是在 2016 年的哈雷公开赛上，他在半决赛上被德国小将亚历山大·兹维列夫（Alexander Zverev）爆冷出局。费德勒之后便前往温布尔登。一开始，他在温网一连四轮长驱直入，接着在四分之一决赛上遇到了马林·西里奇（Marin Čilić）。费德勒在先输两盘的情况下成功反转。这是一场喜忧参半的比赛。喜的是费德勒发现自己在场上有足够的力量和勇气阻击对手的三个赛点，忧的是他的身体依然虚弱。

在 2016 年的温网半决赛上，费德勒遇到的对手是加拿大选手米洛斯·拉奥尼奇（Milos Raonic）。拉奥尼奇善于分析，发球凶猛，有一个超级巨星组建的工作团队为他保驾护航，譬如他的新任教练顾问是约翰·麦肯罗。拉奥尼奇进步明显，场上的灵活性和网前技术都有大幅提升。然而，对于我和其他许多观众来说，让我们记忆最深刻的并非拉奥尼奇打出了 23 个 ACE 球，也不是费德勒未能抓住的 8 个破发点，也不是他让整场比赛延至第四盘的两个双发失误。那么让我们大多数人印象最深刻的是什么呢？是整场比赛的第五盘，一开始费德勒 1-2 落后，而后在自己的发球局为了追平比分时的"摔倒在地"。拉奥尼奇在打了一个低位反手削球，球沿着边线飞出，落地很短。费德勒快速靠近球网，一个正手斜线半截击球打了回去。拉奥尼奇猛地向前冲刺，正手再回球。就在费德勒横向猛冲想要继续多拍回合时，他的左腿一个踉跄，整个人重重地摔倒在地。谁也没有想到，作为网球界的巴雷什尼科夫（Baryshnikov）①会如此笨拙地前胸着地，球拍在温网的中央球场上打着圈地滑了出去。

我记得当时整个温网记者席上一阵集体惊呼。报道体坛赛事的记者们大都见多识广，可眼前的这一幕让嗅觉敏锐的他们蓦然捕捉到了潜藏其中的某种象征意味：费德勒不再年轻！面对更加年轻的竞争对手时，他的身手似乎已不够灵活。费德勒在草地上趴了一会儿，然后爬起来走到场边的休息椅上，叫来了教练。这一幕和刚才的摔倒在地一样，之前几乎从未发生过。作为在职业赛场上从不轻言放弃的球员，他再次返回赛场。可惜，他丢掉了发球局，并最终以3–6的比分输掉了第五盘。

费德勒此次在温网半决赛上的失利尤其让柳比契奇感到难过。谁让他在2013—2015年期间执教拉奥尼奇时将对方培养得那么好呢？他可在一定程度上负有不可推卸的责任。那天下午，无论是柳比契奇还是其他观看比赛的人都不由自主地感到费德勒的巅峰状态已日渐远去。我当时带着一种一个时代即将走向终结的感慨在《纽约时报》的专栏上发表了一篇文章。我写道：

> 费德勒在网坛成绩非凡，他是全世界推广网球的大使。很显然，费德勒有参加比赛的权利，其他人无权对此横加指责，然而，此时此刻，第18座大满贯单打冠军现在看起来越来越不可能了。网球，一如生命的流转，自有它的周期性。7届温网冠军落败，而网坛的后起之秀已蓄势待发、跃跃欲试。不过，29岁的穆雷依然状态在线，面对挫败雄心不减。那么对拉奥尼奇来说，我想他在此次温网上要面对的挑战就在眼前，而非已经过去。

① 美国著名的俄裔芭蕾舞舞者、编舞及演员。——译者注

我在这篇文章的最后部分至少是预言成真。拉奥尼奇在 2016 年的温网决赛上输给了安迪·穆雷。当时的穆雷正处于他职业生涯最辉煌的时期。他几周后就在巴西里约热内卢拿到了自己的第二枚奥运会男单金牌。

可惜，无缘此次奥运会的费德勒没有弥补上一次错失奥运男单金牌的机会。在费德勒的职业生涯中，他第一次在温网之后提前退出了当年的赛季。他在半决赛上的摔倒也给他传递了一个信号。“我从没有像这样失去平衡过，还以这么搞笑的方式，”他对我说，“不知道是不是因为肌肉力量不够，或者还是其他的什么原因，总之，很奇怪。而且我又摔在了左膝上，现在想起来都害怕。当时，我在破发点时比分就落后了，所以即使没有那一摔，我也会输掉比赛。没有什么理由或者借口。说实话，那一摔真是出丑出大了。之前有这么摔过吗？没有呀。这一次真的是绝无仅有，而且还在一个这么关键的场合，那可是大满贯赛事的半决赛呀！”

费德勒决定停止参赛，多加调养，增强体魄，为 2017 年的参赛做准备。这是他迄今为止在职业生涯中最长的一次休赛：6 个月。这个决定是那样的直截了当，谁知却只是一场前奏。后来由于众所周知的原因，费德勒从 2020 年到 2021 年又被迫休息了一年多。费德勒对我说：“我这一年里也有状态不错的时候，但也就参加了一个锦标赛。”他指的是 2016 年的澳网。“我不觉得是因为出战了澳网，我才没法参加后面的比赛。实际上，完全是因为膝盖受伤和身体恢复的需要，我才休赛了 6 个月。现在回头看，我会觉得，‘即使现在进度不顺利，那我之前也已经尽力了，所以了无遗憾’。”

从某种意义上来说，2016 年的休赛就像是一次对退役生活的预演。“我的确尝到了某种退休的滋味，”费德勒对我说，“突然之间，我可以无所事事地说，‘嗯，能连续 4 周在家里待着。米尔卡，你想想咱们邀请谁一起晚餐呢？或者，我们可以去找谁玩一玩呢？’”

自从2009年成为四大满贯赛事的得主之后，费德勒已连续7年被问及退役的问题。然而，这根本不是他现在认真思考的一个问题。当然，他偶尔也会和米尔卡一起谈论这个问题。“处于低潮期的时候，我也会问她，‘你觉得还有必要这么拼吗？’她会说，‘你决定，但是这一切都是值得的。你看你现在打得多棒。我可以分辨出你打得好还是坏’，”费德勒说，“她很直接也很诚实。她一直坚信只要我打就能打好。听自己的另一半这么说，我当然很高兴。”

米尔卡因慢性足疾而被迫退役。她对费德勒的伤势有自己的判断。“她会说，‘看你那点小伤’，”费德勒故意提高音量模仿起米尔卡说话的样子，“‘就你那点膝盖的小伤，算不了什么。看看其他人，看看我。现在情况不好，但早晚都会好起来的，相信我！我觉得你唯一要想的是会不会打到1 400场。这才是我们要思考的问题。至于膝盖嘛，拜托，芝麻粒大的事，好吗？’她就是这么和我说的。”

米尔卡的话让费德勒觉得既安心又好笑。他充分利用自己在瑞士休养的时间时刻关注着职业巡回赛的进展。“你不知道，”他笑着对我说，“我惊讶地发现我竟然多次查看现场比分。”

2016年11月，费德勒一家抵达了迪拜。这是多年来全家人业已习惯的例行旅行：迅速转移到气候更温暖和文化截然不同的地方。虽然迪拜也有一家室内滑雪场，但瑞士阿尔卑斯山脉上有星罗棋布的小木屋和鹅卵石小路，与迪拜这个在沙漠中拔地而起、高楼林立的海湾大都市截然不同。不过对费德勒来说，迪拜和瑞士的相同之处在于，他可以在迪拜过上相对平静且没有束缚的生活。“这一点对我很重要。无论在瑞士还是在迪拜，这都是我能体验到的东西。”费德勒对我说。

费德勒最早在2002年和2003年参加了迪拜公开赛。2004年7月，在第二次问鼎温网及第一次在瑞士格施塔德公开赛上夺冠之后，他直接飞到迪拜度假。7 月的迪拜酷热难耐，但站在网球世界顶峰的费德勒此时就想在炎热的沙滩上彻底躺平。他实在是太累了，感觉从躺椅移步走到水边都很费劲。他打电话给帕格尼尼，开玩笑地说自己再也不回去打球了。他在迪拜待了一些时日之后便启程前往北美。在那里，他第一次在加拿大公开赛夺冠，也第一次在美网夺冠，他威震四方的表现彻底碾压了莱顿 · 休伊特。

迪拜显然有一种令费德勒重新焕发活力的魔力。2004 年 10 月，他回到迪拜，与来自澳大利亚的托尼 · 罗奇进行秘密训练，之后便聘请罗奇成为自己的兼职教练。迪拜气候宜人，氛围轻松，地理位置优越，是连接欧亚大陆的桥梁。在这里，航线纵横，航班繁多，各类设施齐全。

随着越来越多的运动员和演员来到迪拜定居，费德勒无疑是他们当中最早“吃螃蟹”的人。虽然大部分人是被迪拜免征个人所得税吸引而来，但是费德勒还是选择留在了瑞士。这无疑有助于稳固他在国内的人气。《巧克力之外的新世界：了解瑞士文化》（*The New beyond Chocolate: Understanding Swiss Culture*）一书的作者——瑞士大学讲师玛格丽特 · 欧蒂格－戴维森（Margaret Oertig-Davidson）指出：“他实际上超级富有。一般来说，瑞士人不喜欢太富的人，会觉得彼此之间的距离太遥远。但是，费德勒似乎打破了这种常规。他首先看上去依然很普通，其次又保留了自己的瑞士特色，瑞士人因此会引以为傲。”

年轻的法国网球明星卢卡斯 · 普耶（Lucas Pouille）也是出于经济考虑转会到迪拜的球员之一。2016 年 12 月，他成为费德勒在卓美亚古堡酒店网球俱乐部的日常陪练。费德勒通常会邀请年轻有为的球员作自己训练场上的陪练。这是一个结识和提携网坛新秀，让对网球事业饱含热情的年轻球员得到历练和提升的大好机会，一如早年他也被罗塞特提携过一样。

麦肯齐·麦克唐纳（Mackenzie McDonald）是其中一位应邀来到迪拜的年轻球员。来自美国的麦克唐纳球速很快，曾在加州大学洛杉矶分校赢得了NCAA主办的男子单打和双打冠军。麦克唐纳对我说："当你看到一位大神级人物，你小时候他就功成名就，现在依然称霸网坛，而且你还能和他一起练球的时候，哇，那种感觉，真是太酷了！费德勒特别有计划，他的计划按照字母顺序命名，有A计划、B计划和C计划。如果一个计划行不通，那就下一个。作为一名顶级球员，他的四肢极其发达。他身手敏捷，双腿强壮。我觉得他的身形非常适合比赛。原本简单的挥拍打球在他这里会像国际象棋一样有各种思路设计。他让我意识到打球不能只是单向的、在一个纬度上思考自己的比赛，得让整个过程丰富起来。我在场上的速度算快的，但如果像他一样去练习移动，我想我可以更快。不能说他有什么独家秘笈，但就是充满智慧。他擅长对时间进行管理，他非常清楚在什么时间做什么事。"

麦克唐纳认为，现在的球员大都缺少费德勒那样对身体的管控力和干净、利落的打球方式。"你看今天一些孩子打球，他们的身体会失去平衡，整个人在那儿摇来晃去，"麦克唐纳说，"感觉身体就要被甩出去一样。但是，你看费德勒，他发展的每一步都是正确的，有正确的教练告诉他做正确的训练。他所做的一切都得到了回报。"

随着2017年赛季的临近，很晚才开始使用社交媒体的费德勒在应用软件Periscope上传了一段他和普耶的练习视频，以此拉近他在长时间休赛后与球迷的距离。这个长达37分4秒的视频让我们得以窥见费德勒的训练模式，其中包括他与帕格尼尼一起进行各种爆发力、高强度间歇性训练的画面，譬如用杂耍式抛接网球的方式来训练手眼的协调能力。

"费德勒训练时从来都不是走过场，"普耶的教练伊曼纽尔·普朗克（Emmanuel Planque）在接受《队报》记者索菲·多根（Sophie Dorgan）的采访时说，“他总有一些新东西。他周围的人也总会给他一些惊喜，让他看上去不一样。这会让费德勒对打球总保持一种新鲜和兴奋的状态。教练卢蒂休假了，柳比契奇就接着来。他们俩轮流指导，以这种方式训练一个球员，那肯定不会乏味。我个人觉得这种模式非常好。”

事实证明，为摄像机配备了话筒的费德勒简直就是一位出色的主持人。只见他在视频中一会儿开玩笑，一会儿给建议，还解释说发球的节奏是接发球得分的第一步。他和帕格尼尼讲法语，同卢蒂讲瑞士德语，同柳比契奇说英语，和普耶坐下来休息时，一会儿法语一会儿英语地讨论着即将到来的霍普曼杯。霍普曼杯是在澳大利亚珀斯举行的一项男女混合的团体赛事。费德勒自 2002 年之后就再未参加过，但是这一次他选择通过这一赛事回归赛场。“我上一次参加霍普曼杯还是和米尔卡一起呢，”他对普耶说，“16 年前我和辛吉斯一起混合双打。今年或明年，我会和贝琳达·本西奇（Belinda Bencic）一起合作。天啊，真是时光飞逝！”

在 Periscope 上发布的这段视频让人们看到了一个对网球依然充满激情的费德勒。“他给人的感觉就像是一个 12 岁的网球少年，”与费德勒一起冬训的普朗克说，“热身的时候，他会开玩笑，会模仿斯蒂芬·埃德伯格和伯纳德·托米奇（Bernard Tomic），会突然毫无预警地大喊一声。我特别喜欢他身上的这股孩子气。很幸运能有机会和他一起练球。那是一段特别难得的经历。我觉得从技术层面来说，他依然是业内的最高标准。对我而言，这也是我作为教练需要持续学习的一个过程。站在我面前的不是别人，而是网球界的一代大师。你光看他打球就会深受启发。你知道吗，我光记笔记就记了 150 页。”

普朗克同时也很清楚地意识到此时的费德勒处于一个非常好的竞技状态，经过一段时间的休养，不仅头脑清晰，而且双腿也更加有力。“他的反拍技术大幅提升，尤其是回球方面，”普朗克说，“他改变了自己以往的回球方式。现在，他更靠前，也更紧凑，对球的处理更直接，也更凶猛。整体的控制力提升了。”

普朗克开玩笑地说：“他的这些进步着实让人不安呀！”与此同时，普朗克一直鼓励普耶不要因为和费德勒之间的距离而心灰意冷。“费德勒在场上的确是控场的一方。”普朗克说。事实证明普朗克的感觉一点也没错。费德勒的教练们也是信心满满。就连一向以冷静著称的卢蒂也毫不犹豫地两次告诉费德勒他完全可以在澳网获胜。

柳比契奇正式退役时 33 岁。一方面是因为伤病的困扰，另一方面是他对一年四季远离家人、漂泊在外的生活感到了厌倦。2012 年 4 月，当柳比契奇决定退役时，他对我说：“当你发现自己在训练过程中有百分之八九十的时间都在处理疼痛，忙着如何减少疼痛而不是提升技术的时候，打球就一点也不好玩了。上场打比赛反而是最放松、最简单的。在开赛之前，你要做各种准备、练习，还要带着两个孩子一起旅行。整个过程焦头烂额。可是，我又不愿意自己一个人去参加比赛。折腾下来就会觉得不值得。”

然而，时年 35 岁的费德勒却依然满怀激情。他想要再次回到赛场，再次带着妻子、4 个孩子和其他的工作人员们一起环游旅行。“我们希望他能尽可能长时间地活跃在赛场上，”柳比契奇告诉我说，“他是一块珍宝，所以我们不希望他就此止步。”

从对手到教练

柳比契奇身高 1.93 米，剃着光头，声音低沉。同许多经历过南斯拉夫解体的人们一样，他走过了一段动荡艰辛的人生之路。柳比契奇出生在今天波黑的一个内陆城市巴尼亚卢卡（Banja Luka）。1992 年 5 月，由于局势日渐紧张，年仅 13 岁的柳比契奇同母亲及哥哥一起开始逃亡。当巴尼亚卢卡被塞尔维亚人完全控制后，像柳比契奇这样的克罗地亚人感受到了日益强烈的敌意。他们迂回地绕过匈牙利和斯洛文尼亚，最后徒步越过边境成为新独立的克罗地亚的难民。

柳比契奇当时已经是一名很有前途的青少年球员，他带着两个球拍踏上了旅程。他的父亲马尔科（Marko）则留在巴尼亚卢卡，柳比契奇有好几个月都无法和家人取得联系。最终，他们一家人在克罗地亚平安团聚。但是没过多久，他们便再次搬迁。1993 年他们举家搬到了意大利。作为来自南斯拉夫的年轻球员中的一员，柳比契奇从此开始了自己的网球生涯。

那一年他 14 岁，一个和费德勒离开巴塞尔前往埃居布朗时一样的年纪。"我的职业网球生涯正式开始于 1998 年，但我个人感觉是从 1993 年开始的，"柳比契奇说，"因为在那一年，我离开了家。我的父母很清楚地告诉我，网球是我的现在，更是我的未来。可以说，除了网球，我一无所有。"

那是一段惶惶不安的日子。好在多年以后，当柳比契奇再回首时，他非常感恩自己在困境中还有一条如此清晰的发展道路。"现在回想起来，我觉得自己很幸运，我至少还有一条路可以选。这可能也是我能够走向成功的原因，"柳比契奇对我说，"因为没有其他的选择，事情反而变得简单。你就是要百分之百地投入，专心致志地做好自己正在做的事。如果有很多选择，你可能会一边做一边想其他的各种可能，你会想可以做做这个，也可以做做那个。回到上世纪 90 年代，我没得选。所以说像费德勒和纳达尔这样的人，他们原本就有很多选择，但他们却能一心扑在一件事情上，而且还做到了极致。这一点让我由衷赞叹。"

更幸运的是，柳比契奇在 17 岁时认识了意大利教练里卡多 · 皮亚蒂。皮亚蒂是一位优秀的网球运动员和网球教练。他在早年教授柳比契奇时分文未取。“他对我说，‘在你打进世界排名前100之前，我不会收你一分钱’，”柳比契奇说，“这个消息真是好到不能再好了。这样一来，我就能在毫无经济压力的情况下和一位世界级的出色教练专心练球了。”

2006年，柳比契奇的个人排名已升至世界第三。同年，他打进了法网半决赛。2005年，他还带领克罗地亚队获得了当年的戴维斯杯冠军，并与超过10万的球迷一起在克罗地亚的首都萨格勒布（Zagreb）进行庆祝。在他退役前，皮亚蒂一直都是他的教练。不过，皮亚蒂有时也会同时兼职带其他的选手，譬如法国选手理查德·加斯奎特或德约科维奇。他同时带柳比契奇和德约科维奇两个人，给人一种政治上的象征意味，即塞尔维亚人和克罗地亚人也可以密切合作。

“作为一名网球运动员，我觉得首先需要充分地了解自己。这一点至关重要，”柳比契奇说，“当我遇到十七八岁的德约科维奇的时候，他对目标的‘清晰认识’就很触动我。他在那个时候就已经很清楚自己想要什么、需要什么，不想要什么、不需要什么。年纪轻轻就目标明确，真是非常优秀。这也是许多冠军之所以能够出类拔萃的相同点。我呢，则花了很长的时间，直到二十四五岁的时候才确定自己需要什么样的训练、身边需要什么样的人。能识人、用人当然也是一种天赋。”

柳比契奇和费德勒相识于一场在瑞士举办的卫星赛上。那一年，费德勒16岁。“我们俩就是你一下、我一下这样互动了起来，后来慢慢就建立起了友谊。两个人比较合拍吧。”柳比契奇说。他们俩一起吃饭，一起练习。我在参加了他们几次训练课程后，感觉他们之间的交往绝不仅限于网球。“我们那会儿没有把打球的过程给录下来给现在的孩子们展示，”柳比契奇说，“但有一点对于我们来说很重要，那就是我们都很喜欢打球。”

在氛围更加轻松的练习赛上，费德勒的表现实际上要比他在正式比赛时看起来更有趣。他会在练习赛上主动尝试一些更具冒险性的打法，譬如反拍小斜线削球过顶、在底线正手半截击或是在一个几乎不可能的位置和角度挥拍打球。他还有一招不可思议的 SABR，即费德勒式的偷袭上网：面对对手的发球以迅雷不及掩耳之势直接将落地弹起的球回击过去，而这原本只是他的一个即兴练习动作。“即使你是站在球网另一侧正在和他对打，但在那一刻，你会感觉自己就像一个纯粹欣赏的观众。”柳比契奇说。

在与费德勒对阵的正式比赛中，柳比契奇在 16 场中只赢过 3 场。他们俩从未在大满贯赛事上相遇过。2006 年，费德勒在包括迈阿密公开赛在内的 4 场职业网球巡回赛上均顺利夺冠。

柳比契奇经常为费德勒辩护。2010 年[①]，虽然费德勒未能在任何一项大满贯赛事上有所斩获，但是柳比契奇在接受我的一次采访时依然向我保证费德勒一定还会赢。柳比契奇的预言果然成真。2012 年，费德勒再次在温网夺冠。然而，自此之后一直到 2017 年年初，费德勒都未能在大满贯赛事上有所斩获。他曾经距冠军仅一步之遥，可惜在 3 场决赛上都输给了德约科维奇。费德勒的实力虽然不容小觑，但他显然已不再是头号种子选手了。自 2011 年之后，费德勒再也没能问鼎过四大满贯之后的全球第五大网球赛事：ATP 年终总决赛冠军。从 2013—2016 年，费德勒在 ATP1000 大师赛上也只赢过 3 次，而德约科维奇则赢了 17 次。尽管如此，柳比契奇依旧对费德勒信心满满。这也是他作为朋友答应费德勒的邀请出任兼职教练一职的原因。与比他大很多的埃德伯格不同，柳比契奇的优势在于他曾亲自对阵过费德勒的很多潜在对手，也曾在与拉奥尼奇一起合作时仔细观察过这些对手。

① 此处应该为 2011 年。——编者注

聘请柳比契奇做教练反过来也说明费德勒是多么重视长期关系的一个人。卢蒂 11 岁时就认识了费德勒，而柳比契奇也是在十几岁时便与他相识。

柳比契奇天性活泼，善于沟通，回答问题时自信且详尽。他的个性与为人内敛的埃德伯格有天壤之别。然而，令人惊讶的是，就在柳比契奇加入费德勒的团队之后，他不再对外公开发表意见。这并非来自新雇主费德勒的某种要求，而是他自觉地不随意发言，以免给费德勒带来麻烦。柳比契奇告诉我说他很乐意这样做。但是，作为记者，我们可是一点儿也高兴不起来。“我现在更乐意保持沉默，让费德勒用语言或球拍来表达，”柳比契奇对我说，“说实话，不和费德勒之外的其他人聊网球，对我来说不同以往，但他值得我这么做。”

对男子网球的发展而言，这是一个非常有意思的时刻。后来事实证明此时就是一个转折点。不过，在球员陆续来到墨尔本之际，一切还尚不明了。

在病痛中找回状态

德约科维奇直到 2016 年赛季中期，都连续占据着男子网坛的霸主地位，当年他摘得了自己的第一座法网桂冠，并成为自罗德 · 拉沃尔在 1969 年率先完成年度全满贯以来的第一人。成为一年之内四大满贯赛事的得主，对技术全面、抗压能力很强的德约科维奇来说似乎并非难事。然而出人意料的是，他的“画风”突然转变：他在温网被美国选手萨姆 · 奎里截停至第三轮；在美网决赛上败给了斯坦 · 瓦林卡。这也是瓦卡林在大满贯赛事上第三次击败德约科维奇夺冠。德约科维奇在 2016 年赛季中期以后的比赛中再未能赢得一场巡回赛，甚至在伦敦举行的 ATP 年终总决赛上也败给了安迪 · 穆雷。穆雷因此取代他成为年度世界排名第一的球员。

费德勒以往参加巡回赛时都会观看大量的网球比赛。这一次，即使未能参赛，他也在远处密切地关注着赛事变化。“穆雷能做到这一点需要具备超凡的能力。我对他深感敬佩，”费德勒在迪拜时对我说，“能在赛季末接连获胜，对任何人来说都不容易，因为越是室内比赛，获胜的空间越小。感觉今年的前 6 个月属于德约科维奇，后 6 个月则是穆雷的天下。”

我询问费德勒对德约科维奇的成绩突然下滑的看法。“可能，人就是这样，你看他想要实现的目标都一一实现了，所以也不难理解。”他指的是德约科维奇在法网上的胜利。“你会需要其他的一些东西来重塑自己。不过呢，我们从中也能看到，想要长期坚持一件事对任何人来说都不容易。这么一想，心里多少还有点宽慰。我想当我们明年再看这种转折，就会觉得这是很有故事的人生。穆雷是一个有故事的人。德约科维奇是一个有故事的人。纳达尔是一个有故事的人。我希望我的再次回归也是一个不错的故事。我觉得明年年初，尤其是夏天，在澳大利亚，会上演惊心动魄的故事。”纳达尔也因伤缩减了 2016 年的赛季行程。他在 10 月停赛后专门接受了手腕治疗。在这一年赛季的大部分时间里，他都深受其苦，还因此退出了法网的最后两轮。

纳达尔在休养期间决定聘请自己多年的好友、儿时的导师卡洛斯·莫亚出任他 2017 年赛季的助理教练。10 月 19 日，纳达尔在马纳科尔开设的同名网球学院正式开业，他邀请了费德勒一同出席开业典礼。

费德勒对我说：“我被纳达尔所打造的网球学院震惊了。我觉得他为自己家乡所做的事很酷。他身边所有人都参与其中——女朋友、妹妹、父母、经纪人，等等。每个人都全力以赴。我觉得帮他站台是正确的选择。我也自问：如果是我，我最希望发生什么事呢？我的答案是：当我需要帮忙的时候，我最大的竞争对手打来电话说，‘需要帮忙吗？我随时恭候’。我对纳达尔就是这么说的。我告诉他‘如果需要帮助，直接和我讲，我一定会给你专门留出时间，不论是关于儿童课程、面对媒体还是其他的什么事，都行’。”对两个都处于休养期的世界顶级球员来说，真可谓：万事皆可，除了网球。

费德勒说："我和纳达尔说，原本希望我们俩能来一场慈善表演赛。可惜我只能用一条腿，而他手腕也不行。我们那会儿只能和一些青少年玩一玩'迷你网球'。我们俩都觉得那已经是目前的最佳方案了。"也许在那一刻，我们完全有理由认为他们两人的巅峰已过。然而仅仅 3 个月后，就在澳网开赛之际，费德勒和纳达尔却均已做好了准备。

2017 年的澳网最终成为全球主要公开赛事最令人赞叹的一届。上届澳网冠军德约科维奇在此次澳网的第二轮被排名第 117 位的丹尼斯 · 伊斯托明（Denis Istomin）爆冷出局。在场上喜欢戴着一副环绕式太阳镜的伊斯托明来自乌兹别克斯坦，以往的战绩大都乏善可陈。这个爆冷的消息并未让费德勒从中受益，因为他在另一个抽签小组。由于过去一年多没有任何夺冠纪录，他的世界排名降至了第 17 位。这是他参加大满贯赛事以来排名最低的一次。2001 年，温网的参赛选手从之前的世界排名前 16 位扩充至了前 32 位。

费德勒在 2017 年澳网的前两轮比赛中分别击败了两名预选赛选手：老将约尔根 · 梅尔泽和新人诺亚 · 鲁宾（Noah Rubin）。紧接着在第三轮，他遇到了世界 10 号种子选手托马斯 · 伯蒂奇。来自捷克的伯蒂奇长着一幅天使面孔，是一位力量巨大的平击手。遗憾的是，他在击打落地球时缺乏钢铁般的意志，场上步伐也有些过于机械。但他却在温网、美网和奥运会上都曾击败过费德勒。

可是这一次，费德勒在短短 90 分钟内凭借其突然袭击、小斜线击球和半截击放小球制胜，以三盘 6–2、6–4 和 6–4 的成绩轻松取胜。"我和他对打过很多次，不得不说这一次是他发挥最好的一次，"伯蒂奇说，"我几乎每个球都没法占据主动，不管是不是我的发球局。这太不寻常了。我在赛后觉得他肯定会一路走到最后。”

费德勒手中的球拍在那一晚更像魔法杖。他在整场比赛中打出了 40 个制胜球，有 17 次非受迫性失误，更是在伯蒂奇的第二个发球局上“大开杀戒”，拿到了网前 23 分中的 20 分，而且没有遇到一个破发点。两届澳网冠军吉姆·考瑞尔在那晚离开墨尔本时说：“网球可不知道球员的年龄，它肯定不知道在场上的那个人已经 35 岁了。打得真是太漂亮了，或者应该说太奇妙了。”

费德勒对自己有一种谨慎的乐观。“我从一开始就知道我有一定的杀伤力，”费德勒说，“参加巡回赛的这条路漫长而艰难。但就其中的一场比赛来说，我在参赛前就觉得自己可以和任何人进行对抗。但现在的问题是，我能不能做到像现在这样一场又一场地打比赛呢？对于这一点，我还没有把握。但不管怎么说，这场比赛让我对自己充满信心。”

费德勒在此次澳网上的抽签组看上去就像是新兵训练营的障碍赛。然而，他在比赛中的头号障碍——首次以世界头号种子选手参赛的穆雷在第四轮的比赛中被亚历山大·兹维列夫的哥哥米沙·兹维列夫（Mischa Zverev）以其传统的发球上网打法淘汰了。

费德勒在场上第四轮的比赛中与世界 5 号种子选手锦织圭（Kei Nishikori）上演了一场高质量的五盘大战。来自日本的锦织圭是一名优秀的防御型底线球员，常年在位于佛罗里达州布雷登顿的国际管理集团硬地球场上进行训练。当费德勒以 6–3 拿下最后一盘时，锦织圭在场上双目圆睁，双臂在身体两侧抖动。他的这个标志性动作在日后的赛场上多有出现。

德约科维奇和穆雷双双出局，这是自 2004 年以来世界排名靠前的顶级球员第一次未能在大满贯赛事上进入四分之一决赛。“这无疑是两个巨大的惊喜。”费德勒坦诚道。穆雷和德约科维奇显然为他们过去一年疲劳、饱和的赛程付出了代价。此时的费德勒雄心勃勃，难得没有那种将阿尔卑斯山那样大的压力扛在肩头的感觉。

费德勒直落三盘击败了米沙·兹维列夫之后，与自己的好友兼同胞瓦林卡在半决赛上相遇。在过去 3 年里，费德勒几乎在大奖上一无所获，而瓦林卡则赢得了 3 项大奖。他们俩在周四晚上上演了一场激烈的交锋。费德勒和其他很多参赛选手都发觉 2017 年的澳网场地球速变快了，场上的动力感觉发生了巨大的变化。费德勒连赢两盘，瓦林卡生气地将球拍在膝盖处用力一拍，它就像根树枝一样被折断了。

比赛暂停，瓦林卡前去接受场外治疗。右膝打完绷带后，他的情绪也逐渐恢复。重返赛场的瓦林卡又连赢两盘。就在第四盘接近尾声时，费德勒看上去有点疲惫不堪。费德勒事后说他对自己在与世界顶级球员对抗的巡回赛上偶尔感觉力不从心，但是他绝对没有想到自己也会接受场外的医学治疗。这是比他因伤延长比赛还罕见的情况。费德勒一直以来都有大腿内侧内收肌疼痛的问题。在休息期间，他的理疗师特罗克斯勒在场外为他进行了长达 7 分钟的按摩，以缓解其疼痛。费德勒再次上场后，在第三局成功破发，而后抓住机会在第六局中让瓦林卡丢了自己的发球局。

费德勒结结实实地通过五盘比赛，最终以 7–5、6–3、1–6、4–6 和 6–3 获得了胜利。他因此成为继肯·罗斯威尔在1974年的美网决赛上以39岁“高龄”输给吉米·康纳斯以来，打入大满贯赛事决赛的最年长的球员。“整个过程比我想象的好多了，我在第五盘就是这么给自己打气的，”费德勒说，“我对自己说：放松一下，重返赛场的表现已经很棒了。放松打球，看看会发生什么。”

接下来，费德勒还不知道自己在澳网决赛上的对手将会是谁。澳网是四大满贯中唯一一个没有将两场半决赛安排在同一天进行的赛事。同样，再次回到赛场的纳达尔要到周五才能和保加利亚选手格里戈尔·迪米特洛夫（Grigor Dimitrov）在另一场半决赛上相遇。费德勒、卢蒂和柳比契奇在入住的酒店收拾停当，做好了观看这场半决赛的现场直播、进行赛场分析的准备。有太多的东西值得探讨：纳达尔和迪米特洛夫的这场比赛持续了整整 4 小时 56 分钟。纳达尔最终在第五盘以 6–4 胜出。这是一场相当经典的比赛，也是在 2017 年澳网赛场上最精彩的一场比赛。这场比赛无论是对费德勒还是纳达尔来说都具有启发性。

迪米特洛夫的单手反拍、灵活应对、轻快的步伐以及场上的那种感觉总会让纳达尔想起费德勒。迪米特洛夫素有“小费德勒”之称，只不过，他并不喜欢这个绰号。这种风格上的类似使得费德勒及其教练们正在研究的场上实战模式与即将临近的决赛息息相关。从中可以看出，迪米特洛夫在底线附近反拍平击球的获胜率非常高。然而，才华横溢的迪米特洛夫最后还是输给了纳达尔。

“在大满贯赛事的决赛上碰到费德勒，说实话，感觉还是不一样，”纳达尔说，“我们俩都还在努力，还在参加重大赛事。这一点让我们双方都很兴奋。”这场重回赛场的比赛将是自 2011 年的法网以来两位顶级球员在大满贯决赛上的首次相遇。这也是他们首次以各自最低位排名——第 9 位和第 17 位在赛场上相遇。

我们很容易会想到费德勒多出了一天的休息时间。但是，要知道在以往两人交手的比赛中，纳达尔的成绩是 23 胜 11 负，在澳网上更是 3 胜 0 负。在 2009 年的澳网，纳达尔也曾上演过在周五结束对阵费尔南多·沃达斯科的漫长的半决赛之后又在决赛上击败费德勒的戏码。“那是很久以前的事了，”纳达尔说，“我觉得这一次和之前完全不同。我们俩都有一段时间没正式打比赛了，所以很不一样。”

“费纳争霸”再度上演

长久以来，费德勒和纳达尔在决赛上的相遇似乎是命中注定的。2017 年的澳网决赛让人原本以为会在德约科维奇和穆雷之间展开，可突然间它又落在了费德勒和纳达尔的手上。这不仅远远超出了公众的预期，也大大地超出了他们自己的设想。“我之前觉得能打进四分之一决赛就不错了，”费德勒说，“能到第四轮就很好了。”

没想到，他会来到离自己的第 18 座单打桂冠仅一步之遥的决赛现场。纳达尔也是一路披荆斩棘来到了决赛现场。对他来说，没能看到德约科维奇拿到最后的大奖也是大出所料。墨尔本奇妙的时光机不止出现在费德勒和纳达尔的身上。就在前一天晚上，35 岁的小威廉姆斯在女单决赛中击败了大她一岁的姐姐大威廉姆斯。这是姐妹俩自 2009 年以来在大满贯决赛上的首次对决。除了姐姐维纳斯和少数几个人，没有人知道小威廉姆斯是在怀孕两个月的情况下赢得了人生的第 23 座大满贯单打桂冠。还有什么是比这更刺激的吗？尽管费德勒与纳达尔的对决有时也会虎头蛇尾，但是这一次绝对不会让人失望。

费德勒的战术核心也很简单：在比赛过程中，通过反手击球进行主动进攻，而不是退至底线后面的深区。这是一个老生常谈的问题。多年来，他一直想这样对战纳达尔，然而因为上旋球带来的压力过大，他不得不逐渐放弃了这种打法。可是现在，他将自己的球拍换成了 97 平方英寸的大拍面，有了更适合的武器。经过一年多的练习和调整，他最终在 2014 年的夏天做出了这一决定。这款 97 平方英寸的拍头在增加更多力量的同时增加了 8% 的触球表面积，扩大了“甜区”，降低了失误率。现在他使用的拍头在尺寸上与纳达尔和德约科维奇使用的 100 平方英寸的拍头有了相似之处。虽然费德勒一开始担心自己会手感欠佳，但是在休赛期间他真切地感受到自己与这支新球拍已合二为一了。

在最近的 2015 年的一场比赛上，他使用这支球拍击败了纳达尔。但是，那一次是在巴塞尔的室内快速硬地球场上的一个三盘两胜制比赛。这一次澳网决赛的场地没有那么硬。尽管这一时期的费德勒看上去居于下风，有一种老将的气质，但他依然是场上最受宠爱的明星。费德勒有意要减少反手削球和回挡的频率。他想让纳达尔没有时间发挥出具有世界级威力的正手击球。

就在决赛开赛前的几小时，保罗·安纳科内在球员餐厅里遇到了费德勒和卢蒂，他当时正准备观看即将开始的现场直播。他坐下来问费德勒："嗨，伙计，今天会上演什么盛宴？"费德勒回答说："你会看到罗杰·费德勒站在底线上不断挥拍。"安纳科内说："啊，难道要一直挥个不停？不管是三盘还是五盘？"费德勒说："是呀，不能只做防守，要积极使用反拍。"

决赛开始后，费德勒在前两小时内一直发挥得不错，以 2–1 领先。但是到了第四盘，纳达尔志在必得，而费德勒却因为大腿内侧内收肌的问题叫了暂停。一向直言不讳的澳大利亚前球星帕特·卡什指责费德勒打乱了场上节奏，在"合法作弊"。

但是，纳达尔看上去似乎并未受到影响。他依然在第五盘开局破了费德勒的发球局，暂时以 3–1 领先。对费德勒来说，这个比分看上去既熟悉又可怕。好在纳达尔只是暂时领先而非压倒性地完全控场。他还需要在自己的第一个发球局中挽救 3 个破发点，并在之后的发球局挽救另一个破发点。费德勒的反拍制胜球依然威力十足。他面对纳达尔直逼身体部位的威猛发球也能成功反拍回球。最最关键的是，费德勒的内心此时有着全新的感受。"我告诉自己要放开打，"费德勒说，"你要打的是球，而不是对手。心态要放松，别紧张。加油，你的勇敢会得到回报。看着纳达尔的正拍雨点般砸向我，我不想被打败，我要发动进攻。"

费德勒通过一连串精彩的抢先快攻，在第五盘第六局破发成功，将比分追至 3–3 平。紧接着在第八局一开始，他用一记刁钻的反手削球让之前对他的发球比较熟悉的纳达尔措手不及。不过，“久经沙场”的纳达尔在 0–40 落后的情况下还是将比分一路追平。澳网决赛至此来到了至关重要的时刻。费德勒和纳达尔在场上打出了 26 个多拍回合，一侧在底线附近的大胆进攻与另一侧的全面防守交相辉映。最终，费德勒以其开放的正手制胜球战胜了纳达尔非常有力却深度略显不足的刁钻反手。

这就是高手过招，精彩不绝。纳达尔的韧性不减，他在下一分发球制胜，使整场比赛充满了活力。此时的费德勒依然状态在线。在紧随其后的一个破发点上，纳达尔以其经典的外角切削发球将球打到了费德勒的反手位置。费德勒通常切削回发，但他这一次反手切球的角度异常刁钻，打得纳达尔又是一个措手不及。此时场上比分 5–3（换了新球），是时候向最后的冠军宝座发起进攻了。尽管费德勒暂时 15–40 落后，但是他先是以一记 ACE 球挽救了第一个破发点，接着以一个侧身正手制胜球挽救了第二个破发点。

尽管错过了第一个冠军点，但对费德勒来说，第二个冠军点则另当别论。只见他一发打了一个漂亮的内角球，接着又在中区打出了一记斜线球，纳达尔接球失败。很快，纳达尔一方提出了复议。大家都紧盯着大屏幕，不想错过最后的结果。纳达尔双手叉腰站在那里。电子鹰眼系统显示费德勒的击球落在了界内。

场上的最后得分是：6–4、3–6、6–1、3–6 和 6–3。确认获胜的那一刻，费德勒双手举过头顶，一跃而起。他的双眼久久注视着自己的团队。而后，他走至网前和自己的对手纳达尔握手拥抱。罗德・拉沃尔体育场内的欢呼声从未像这一刻因为一场网球比赛而如此震耳欲聋，尽管它也是摇滚音乐会的举办地。费德勒面向全场观众致意，他单膝跪地，两行泪水瞬时从面颊滑落。

费德勒通往自己第 18 座男单大满贯桂冠的这条路是如此的漫长。比起他在 2009 年法网上的胜利，这一次的获胜更令人惊喜。费德勒觉得这是两场可以遥相呼应的比赛。比起 2009 年，这是一场 8 年后的再次胜利。而且，在近 5 年里，他没有获得过一次大满贯赛事的冠军；在过去的 6 个月里，他没有参加过一次正式的巡回赛。况且，不像 2009 年的巴黎，这一次需要击败纳达尔才能夺冠。

这是一场与 2008 年的温网一样的比赛，即使在两人退役很长时间之后，仍将值得一再反复观看。20 多岁的费德勒和纳达尔曾在全英俱乐部的绿色草地上互相成就。如今，30 多岁的他们又在墨尔本公园的灯光下彼此相拥。“说实话，像这样的比赛，我赢过他很多次，”纳达尔说，“所以今天他打败我，我只想祝贺。”“费纳争霸”从来都是一场旷日持久，既有质量也有数量的竞争。费德勒在墨尔本的胜出预示着一种新的态势出现。

莫亚后来告诉我，在 2017 年时费德勒的战术和执行力就已经让他们大感震惊。相比之下纳达尔在决赛的当晚并没有做好充分的准备。“他的打法并不让我很吃惊，”纳达尔说，“非常具有进攻性，我能理解，因为场上的对手是我。我不觉得让自己在底线附近进行多拍回合的打法很明智，也没觉得他会赢。但是，他拼尽了全力。这么做当然是对的。”

几周后，我问费德勒是否觉得这次意外夺冠其实也是命中注定的。他回答说：“说实话，那一次的法网有这个意思，但这一次的澳网完全是拼出来的。”“当然，和德尔波特罗、哈斯的比赛也很艰难，”费德勒说起自己 2009 年在巴黎的五盘胜利，“但这一次充满了各种不确定性。我感觉自己头脑清晰，到最后就是想赢。打顺手之后感觉特别好。而且，这一次是乘着复出的浪潮，我没有什么可失去的。内心大概就是这种感受。最后真的赢了，很惊喜。如果说一开始就志在必得，就不会是这种毫无心理包袱的状态。这一次的比赛和我以往任何一次比赛都不一样。”

我接着问他还希望自己打多久。费德勒在墨尔本举行的颁奖典礼上发表了一番有意思的评论，他说：“希望我们明年再见！如若不能如愿，那么这次比赛也已非常精彩，再没有比今晚获胜更让我开心的事了。”

上一位在大满贯赛事上夺冠的是2002年的世界17号种子选手、美网冠军皮特·桑普拉斯。桑普拉斯之后便激流勇退，选择了退役。费德勒会追随他的脚步吗？“我觉得这个念头的确在很远的地方冲我招手。我心里也在想这一次的成绩应该很难超越了，”费德勒对我说，“但是，打球让我感受到无与伦比的快乐。在此次澳网决赛上拿到赛点的那一刻，我看到坐在观众席上的整个团队都兴奋得跳了起来。是的，那是一种很难形容的幸福感。我想要再次经历这种快乐。”

为了复出而付出艰辛努力的费德勒是不可能停下来的。况且，选择退役不是一桩小事。那年稍晚的时候，我还要去参加他和经纪人托尼·戈德西克一手创建的拉沃尔杯团体赛。“我在休赛6个月期间给自己设定的目标不是说参加一场比赛，而是希望接下来的几年都能活跃在赛场上，”费德勒说，“我能理解人们会说‘这是一次完美收官的好时机’。但我自己觉得既然已经付出了那么多，我又那么爱网球，再说我也没有走到山穷水尽的那一步。”

澳网男单的冠军奖杯被称作“诺曼·布鲁克斯挑战杯”。费德勒将奖杯的复制品带回自己位于伦策海德的山顶小屋。当他和家人一起吃芝士火锅和拍照，一起在阿尔卑斯山上庆祝胜利时，毫无疑问，他的未来还很长。这绝不是他复出后的最后一场比赛。“我将澳网的奖杯叫作诺曼，”他说，“我和它一起吃饭，它也时刻陪在我左右。尽管只是件复制品，但没关系。”

再次回到迪拜参加公开赛的费德勒在第二轮输给了来自俄罗斯的资格赛选手叶甫根尼·东斯科伊（Evgeny Donskoy）。他接着飞往美国，在印第安维尔斯和迈阿密的赛场上都以直落两盘的成绩击败了瓦林卡和纳达尔而夺冠。

我曾经问在场上感觉非常敏锐的教练布拉德·吉尔伯特，在他看来，费德勒的巅峰时期是什么时候。他回答说："看比赛结果就很清楚，应该是 2004—2006 年。但是话说回来，我没有见过像他在 2017 年的印第安维尔斯和迈阿密那么好的表现。这两场比赛我都坐在场边，我觉得那是我见过的竞技状态最好的费德勒。他的反拍击球突然不可思议地好。在迈阿密的决赛上，我保证纳达尔当时也在想，'嘿，好家伙，这是怎么了？'但他的进步反过来也刺激纳达尔变得更好。也许，我们说费德勒独霸网坛 10 年之久有些太夸张了，但是事实上他现在遇到的对手要比他在 2004—2006 年遇到的对手更强。"

就在费德勒复出之际，德约科维奇和穆雷开始走下坡路。不论怎么说，这个时机似乎刚刚好。德约科维奇和穆雷在 2017 年初的世界排名分别是第一和第二位。然而，令人意外甚至有些震惊的是，当费德勒在 2017 年横扫七大赛事夺冠时，他却一次也没有遇到他们。在之后的 2018—2020 年的比赛中，费德勒也没有遇到过穆雷。

德约科维奇的生活出现了诸多问题：婚姻不顺、身心俱疲、右肘受伤。2018 年 2 月，他不得已做了右肘手术。穆雷的问题则是臀部严重受伤，并因此在 2017 年的温网之后停止了比赛。这一切虽然与费德勒无关，但这确实减轻了费德勒在场上的压力。在大满贯赛事上，他原本面对的四大劲敌减少了两三个。当然，纳达尔这一关还是要过的。

不过，费德勒暂时在温布尔登还无须面对纳达尔的挑战，因为纳达尔在赢得自己的第 10 座法网桂冠之后，却在温网马拉松式的第四轮第五盘的比赛中以 13-15 的比分输给了吉尔斯·穆勒（Gilles Müller）。德约科维奇稍晚也因为肘部的伤痛退出了对阵伯蒂奇的四分之一决赛。费德勒之前舍弃红土赛季以保全自己在草地球场机会的做法得到了回报。他在全英俱乐部的草地球场上以一盘未失的成绩在抽签小组中胜出，之后在四分之一决赛上毫不费力地淘汰了拉奥尼奇，在半决赛上打败了伯蒂奇，又在平淡无奇的决赛上战胜了马林·西里奇。

西里奇曾在 2016 年的温网上差点击败费德勒。西里奇在左脚有一个巨大水疱的情况下仍参加比赛，在第二盘以 0–3 落后。他在休息间隙坐在椅子上接受治疗时难受得哭了。实际上是出于失望，而非伤痛。“我心里好难受。为了备战，我知道自己在过去几个月都经历了什么。”西里奇说。

尽管如此，费德勒也只能表示同情。他最终以三盘 6–3、6–1 和 6–4 的成绩打败了西里奇。费德勒至此打破了由桑普拉斯和威廉·伦肖（William Renshaw）创造的温网夺冠纪录，成为第一位在温网历史上斩获 8 座桂冠的男单选手。赛后费德勒一坐到场边的休息椅上也忍不住热泪盈眶。他抬头向球员包厢望去，看见了自己 7 岁的双胞胎女儿和 3 岁的双胞胎儿子。

费德勒后来告诉我，当我们在全英俱乐部的走廊里从一个电视演播室转到另一个电视演播室的时候，他并没有太多的情绪反应。“大概真的是我第一次一个人在那儿，”他说，“当一切都沉静下来的时候，我才感觉到，哦，我又回来了，我又在温网夺冠了，而且还打破了纪录！那一刻，全家人都在现场和我一起见证。我一直希望不仅是两个女儿，最好是两个儿子也能来到现场。所以那一刻，我感到非常幸福。我也意识到为了这一刻我付出了多少。总之，所有的情绪一下子都涌了上来。”

2017 年，费德勒获得了自己的第 19 座大满贯桂冠。尽管在那一年美网的四分之一决赛上，他因为背部疾病复发而输给了德尔波特罗，但是他在这一年赛季中的经历值得细细回味。

让传奇延续得再久一点

费德勒在 2017 年参与的各项活动都很顺利，包括当年 9 月下旬在布拉格举行的首届拉沃尔杯。这是费德勒和经纪人戈德西克受到高尔夫莱德杯（Ryder Cup）的启发而一手创办的赛事。戈德西克本人曾参照和研究过莱德杯。拉沃尔杯的比赛在两支队伍，即欧洲队和世界队之间展开对决。“走向世界！”并不是这个赛事最响亮的口号，但是前来参赛的球员显然已欣然接受了这项新赛事的比赛精神（以及它丰厚的出场费和奖金）。拉沃尔杯构思精巧，连续 3 天的比赛模式让难度逐日增加，以此保证最后决赛的意义非凡。与此同时，拉沃尔杯有自己专属的黑色球场、情调照明系统以及升高的球员包厢，更易于互动和交流，现场还可以方便在社交媒体上制作内容。

但是真正让布拉格 O2 体育场举办的首届拉沃尔杯的比赛门票销售一空的原因却在于明星效应：重回赛场的费德勒和纳达尔将在这里一决高下。2017 年，两人瓜分了四大满贯的冠军，纳达尔在美网夺冠后重回世界第一的宝座，而费德勒紧随其后排在第二位。在布拉格人头攒动的老城广场上抽签之后，我和他们俩一同搭车返回了球队酒店（体育记者的很多采访都是在路上完成的）。他们俩已经好几天没刮胡子了。纳达尔看上去心情不错。费德勒则有些激动和兴奋，有一种企业家刚刚完成最新一轮融资之后的踌躇满志。不论纳达尔说什么，他都在一旁笑得合不拢嘴。

尽管车辆在鹅卵石铺就的道路上不停颠簸，但是我们非常愉快，其间弥漫着整个赛季的欢乐气氛。其中，最引人瞩目的是此次欧洲队的队长比约恩·博格，他静静地坐在后座上听着我们的谈话。数十年前，博格可是网球界的顶流。费德勒和纳达尔显然已经接受了强强联手的概念，将首次联手双打（如果不算他们俩 2011 年在澳大利亚的一场救灾慈善表演赛的话）。“希望不要等太久，毕竟我们现在已经老了。”费德勒说。

但是在这个阶段，象征意义似乎比结果更重要。“我觉得我们天生就是彼此的劲敌，所以这次联手一定是独一无二的，”纳达尔说，“我想那将会是一种很棒的感觉。”我们一起聊了他们互相成就的过程。倘若缺少了任何一方，另一方都不可能像今天这样如此优秀。“在某种程度上我认为是，在某些方面我认为不是，”费德勒说，“一方面，正是因为纳达尔，我夺冠的次数减少了；但与此同时不得不说，正因为有他的存在，我才能成为一名更加出色的球员。”

纳达尔点头称是。对一贯强调自我内在驱动力的纳达尔来说，这个表态着实让人有点吃惊。“个人的驱动力是最重要的，如果有一个人一直在你的面前激励你，那你就会更容易看到自己的不足，看到需要改进的地方。”纳达尔说。“你的对手会发现你的短处，并让它暴露出来。”费德勒说。“没错，”纳达尔回应道，“如果你觉得自己最好，那你就看不到别人的进步，这样你在场上就很难准确理解怎样才能使自己变得更好。这么多年有费德勒在前面，当我上场比赛时，我会从不同的角度审视自己的不足并不断练习，做好自己应该做的事。”

不过，在周六即将上演的双打之前，还有一些细节需要讨论。纳达尔问费德勒：“你平时都在哪儿玩？”这个提问让费德勒觉得很有趣。

两人在周六比赛前决定，费德勒站在平分区，纳达尔在占先区。除了有一次纳达尔后退击高压球时差点和费德勒撞在一起，他们的配合都很顺畅。他们俩在场上并肩作战时，蓝色的上衣搭配白色的头巾和白色的短裤，让他们看上去比平常更像了。左手执拍的纳达尔和右手执拍的费德勒就像是彼此的镜子：

同样 1.85 米，同样反应迅捷，同样乐于和博格讨论双打战术。善于倾听的博格依然寡言少语。

“费纳联盟”打败了萨姆·奎里和杰克·索克（Jack Sock）的强强联手。费德勒在周日的一场决定性的比赛上战胜了尼克·克耶高斯，欧洲队因此胜出。就拉沃尔杯来说，它更像是一个表演赛和正式比赛的结合体。

不断取得胜利的费德勒再次前往亚洲，在上海举办的大师赛上以直落两盘的成绩战胜了纳达尔。紧接着，他在家乡巴塞尔举办的公开赛上第 8 次夺冠。随后在伦敦举办的 ATP 年终总决赛的半决赛上，他却令人意外地输给了大卫·戈芬（David Goffin）。费德勒随后在马尔代夫度假充电时竟然在同一家度假村遇到了西里奇。尽管众多网球明星都会去马尔代夫度假，但这次偶遇实属意外。费德勒度假结束后再次来到了迪拜，在卓美亚古堡俱乐部的球场开始为 2018 年的赛季做准备。

在 2018 年的澳网上，费德勒以未失一盘的成绩进入了决赛。他又一次在这一年的大满贯赛事上没有遇到纳达尔、德约科维奇（或穆雷）。不过，西里奇做好了发起挑战的准备。费德勒和西里奇曾在休假时一起练球。两人在没有教练、体能训练师和经纪人的情况下 45 分钟打了两场比赛。他们还一起喝酒、吃甜点，费德勒同家人一起度假，而西里奇则带着未婚妻。

这一刻，他们即将为澳网的奖杯而战。这正是典型的费德勒式的风格：场下随和友善，场上雷厉风行。可以参照他在印第安维尔斯与詹姆斯·布莱克对打前后的区别。比赛进行至第五盘，西里奇在费德勒的发球局上拿到了两个破发点，这是西里奇最大的机会。这时，费德勒不急不躁，正面迎敌，破发成功。他在场上技术娴熟、灵活多变，一再使用自己的反手切球有效遏制身高 1.98 米的西里奇。这一打法在费德勒 2017 年澳网决赛迎战纳达尔时很少使用。

费德勒这一年走了一段很长的回归之路：从一个局外人慢慢转身成为赛场上的宠儿。但是，费德勒本人在赛前对这一说法很排斥。他说："我可不觉得一个 36 岁的网坛老将会是什么赛场上的宠儿"。无论如何，他做到了。不管什么运动，他的复出都堪称职业生涯后期的完美回归。在这两年 4 场大满贯单打比赛中他赢了 3 场，让自己在大满贯上的获胜纪录来到了一个易于记忆的数字：20 座。

就在他获奖那一刻的瑞士，费德勒的前心理咨询师斯蒂安·马科利站在自己位于库蒂根（Kuettigen）家中的露台上点燃了第 20 根雪茄，心中不由得想起了彼得·卡特。"我将每一根雪茄烟头都保留了下来，"马科利对我说，"它们都是我别样情感记忆的见证者。我在他每一次获胜后都会一个人安静地抽一支雪茄。"

延长职业生涯的关键因素

费德勒在体坛并非唯一一位坚持卓越的运动员。36 岁的小威廉姆斯在女儿奥林匹娅（Olympia）出生后也重返赛场。她在接下来的两个赛季中打入 4 场大满贯赛事的决赛。在美国国家橄榄球联盟（NFL）的球队中担任四分卫的汤姆·布雷迪（Tom Brady）和意大利守门员詹路易吉·布冯（Gianluigi Buffon）均将自己的职业之路延续到了 40 多岁。

运动科学的发展理念以及对营养学、训练学和康复学的深入研究是促成运动员职业生涯延长的背后因素。对于像费德勒这样的球员来说，组建一支高素质的个人团队和将家人始终带在身边的能力都是最为重要的因素。同样，其他运动员勇于突破极限的榜样力量也不容小觑。"我很喜欢听那样的故事，"费德勒对我、布雷迪、布冯和另外一位冰球明星贾罗米尔·贾格尔（Jaromír Jágr）说，"长久以来我都希望自己是一名职业生涯很长的出色的球员。我相信自己可以做到这一点。因为我看到很多前辈都做到了，甚至至今还活跃在体坛，这对我来说是莫大的鼓励和帮助。”

在 2005 年的美网决赛上，费德勒对阵的是当时已 35 岁的阿加西。然而，阿加西在当时的年纪未能赢过一场大满贯冠军，更别说 3 个了。

如果想要在网坛找到先例，你需要一路回溯到身材矮小的澳大利亚网球运动员罗斯威尔。绰号“肌肉男”的罗斯威尔在35岁时成为1970年的美网冠军；36 岁时夺得 1971 年的澳网冠军；37 岁时夺得 1972 年的澳网冠军。1974 年，罗斯威尔还在自己 39 岁这一年打进了美网和温网的决赛。可惜，他在这两场决赛上均很快就输给了吉米・康纳斯。身高 1.70 米、体重 65 千克的罗斯威尔与费德勒的身形毫不相同。他之所以能成为网坛的常青树主要是因为他主攻网球弹跳较低的草地球场。罗斯威尔当时使用的还是木制球拍，正手击球时很少上旋，反手击球时完全没有上旋。因此，他在全力出击或切球时具有极高的控制力。“他能够灵活、快速地进攻，也能积极防守。”与罗斯威尔同时代的弗雷德・斯托利说。

罗斯威尔和费德勒的共同之处在于他们都有着流畅的步法和稳健的技术。2020 年，当我同以往一样和罗斯威尔在墨尔本的一家咖啡店见面时，他对我说：“我觉得是因为我们在场上的移动很类似，都属于轻快的类型。另外，我觉得如果费德勒使用过去的木质球拍会更出色。他的技术相当好，我想今天的很多球员都达不到。”

罗斯威尔直到85岁时依然将体重保持在65千克，且握拍有力，举止轻松。显然，这应该得益于他过去数十年来不断地在不同的城市结识不同的新朋友。这也应该是他在网球职业巡回赛中的一部分。“我们每晚都会换场地，”他说，“哪怕是在体操馆或冰球馆内加铺的帆布场地，我们都会去。不过在冰上，双脚真是够冷的。”

不断自我提升正是保持状态的关键一步。“我们不得不努力，也是为了争取曝光率，”罗斯威尔说，“在网球职业赛事中，我们没有赞助商或营销商，所以我们时刻准备着面对记者做现场采访或其他诸如此类的事情。”

同以往许多伟大的澳大利亚球员一样，罗斯威尔尤为赞赏费德勒在场上的表现以及他对网球历史的那份尊重。他每年都会给费德勒专门写一封半页纸左右的支持信，在澳网比赛期间放进球员更衣室。“现在有时候想进球员更衣室也不容易，”罗斯威尔说，“我并不想打扰他，我只是觉得他在场上的表现实在是太精彩了。我特别钦佩他在场上和场下的态度。他很好地处理了自己面对的压力，而且看上去也没有背负那种能把他压垮的压力。”

罗斯威尔，与自己的好友兼劲敌罗德·拉沃尔一样，见证了网球运动从只允许业余选手参加大满贯到也允许职业选手参赛的转变过程。他很年轻时就成了职业球员，所以在 1968 年网坛规则改变之前他几乎无缘大满贯赛事和戴维斯杯的比赛。就在改制后的 1968 年，罗斯威尔立即就拿下了当年的法网桂冠。这是第一个业余选手和职业选手同时参赛的大满贯赛事。他退役前共获得了 8 座大满贯冠军，最遗憾的是未能获得温网的冠军。当然，如果他在职业巅峰时期的 1957 年没有转为职业球员，那么他就不会错过之后连续 11 年的大满贯赛事，相信他肯定也会赢更多。同费德勒一样，他在青少年时期就崭露头角，之后一路到三四十岁时一直保持着非常好的竞技状态。即使是费德勒也比不上他，罗斯威尔从第一座到最后一座大满贯桂冠之间横跨 19 年的职业生涯。

罗斯威尔在职业生涯中从未有过严重的伤病。他直到 55 岁才出现了肩关节的一些问题。后来，他一直将网球当作自己健身的体育活动玩到了 70 多岁。“罗斯威尔的成就令人难以置信，”费德勒在 2016 年第一次做手术前，在澳大利亚对我说，“我很敬重他。他的经历带给我一种希望，那就是如果我能保持身体健康，那么我还可以继续打上好几十年。”

有像罗斯威尔这样出色的运动员做榜样，费德勒和帕格尼尼一起制订了一份长期计划，让费德勒在 2004 年第一次世界排名第一之后能更有韧性地在网坛活跃。他们坚信“少即是多”。事实证明他们的判断是正确的。费德勒能做到“少即是多”，也是因为他具备从后场打出半截击制胜球的天赋和在底线上能承受巨大压力猛力发球的技术。

夺回世界第一的宝座

36 岁的费德勒一如 22 岁时那样做着同样的动作。2018 年 2 月，他在墨尔本击败西里奇的两周后，他中断了之前的度假计划，转而从瑞士前往荷兰的港口城市鹿特丹去参加一场室内网球锦标赛。费德勒对网球的热爱似乎不能解释他的这一选择。事实上，他的积分很快就将超越纳达尔，重回世界第一的宝座。此次鹿特丹的比赛只要打进半决赛就能为他带来足够的积分。于是，他通过向赛事总监、前温网冠军理查德·克拉吉塞克申请后拿到了一张外卡，由此想抓住这个机会。

鹿特丹公开赛共有 32 位抽签选手。费德勒需要赢得三轮才能进入半决赛。他在第一轮淘汰了比利时的预选赛选手鲁本·贝梅尔曼斯（Ruben Bemelmans），在第二轮战胜了德国老将菲利普·科尔施雷伯，在第三轮由于考虑到这场比赛的重要性结果，反失一盘的费德勒最后打败了荷兰选手罗宾·哈塞（Robin Haase）。没有想到的是，费德勒的表现远超预期。他一路打进了决赛，以两个 6–2 战胜了迪米特洛夫，成为此次公开赛的冠军。

在费德勒刚刚踏出复出之旅的那一刻，他只希望自己还能在温网再次加冕。没想到，他做到的远比之前预想的多得多。这一结果不仅超出了他自己的预期，也超出了与他关系密切的所有人的预期。“我和他一起工作以后，我做过很多预测，但结果往往都是错的，”卢蒂对我说，“现在，我完全做好了接纳任何惊喜的准备，或者说我期待着他能给我惊喜。所以，最好的结局就是开放式的结局，不做任何设限。就我个人来说，我也会时不时想，他到底还能在场上拼搏多久呢？但是现在这个阶段，我觉得最好放开手，认真享受每一刻。当你沉浸其中了，这个过程又会自然而然地回馈给你新的力量和能量。反过来说，如果你没有渴求，那反而会是个问题。所以，我们需要时刻找到那个平衡点。”

对费德勒而言，这个阶段的挑战并不是身体上的而更多是心理上的，即使是在膝盖刚刚动了手术之后。“你需要了解自己，特别诚实地面对自己，”他对我说，“如果你去，比如去鹿特丹，那就带着激情去。如果你觉得火候不够，那就不要去。就是这么简单。”他在选择去的那一刻，火候刚刚好。在比赛结束后的那个周一的早晨，费德勒再次访问 ATP 的官网时，发现自己再次成为世界头号种子选手。这是 ATP 自 1973 年公布选手积分排名以来，最年长的一位选手登上了世界第一的宝座。

15 从网球球员到慈善活动家

美国，印第安维尔斯

这是在沙漠中活动的一天。天还没亮，罗杰 · 费德勒就起来了。我和他相约在距离印第安维尔斯不远的瑟莫尔（Thermal）的停机坪上碰面。此前一天，他刚刚在 2018 年法国巴黎银行公开赛[①]的决赛上输给了胡安 · 马丁 · 德尔波特罗。

这个结果对重回世界第一宝座的费德勒来说颇为遗憾。他在第三盘发球局上原本以 5–4 领先，但是可惜在拿到 3 个赛点之后却意外失利。这种神逆转在顶级赛事中原本并不多见。但是如若发生，却往往会发生在费德勒而非其对手的身上。他在拿到赛点却输了比赛的次数不下 20 次，而纳达尔和德约科维奇在这种情况下的输球次数不到 10 次。

① 法国巴黎银行公开赛即印第安维尔斯公开赛，因法国巴黎银行赞助而更名。——译者注

“我知道这么说不太好，但我有时候还是会称呼费德勒‘表现不佳先生’，因为在很多重大比赛上，他都是在领先对手的情况下输了比赛，”网球顶级教练之一的冈特·布雷斯尼克说，“如果算上那些他在对阵德尔波特罗、德约科维奇、纳达尔或其他对手时明明领先却最终输球的次数，我敢说他早应该有30座大满贯了。”

为什么总会发生这种神逆转呢？原因并不清楚。是出于他潜在的某种敏感性，是因为容错率太低，还是由于这是一个很难改掉的坏习惯？费德勒的前教练保罗·安纳科内说：“我觉得是因为他打球的风格过于咄咄逼人。年轻时，你在场上移动的方式不一样，可能会做到万无一失。可是，现在年纪大了，面对强悍的对手，你得更凶猛才行。在这种千钧一发之际，顶着巨大压力想要做到这一点并不容易。纳达尔在紧张的时候，每一拍都留有很大余地，步伐移动也很到位。德约科维奇呢，击球角度虽然很平，但准确性很高，他的击球风险因此并不大。相比而言呢，费德勒的击球风险就有点太大了。”

费德勒凭借其多年来久经沙场累积的经验和应对能力，很快就能做到面对遗憾处变不惊。在那个天气凉爽的清晨，我在和他聊天时他因为睡眠不足哈欠连天，却看不出他一丁点儿情绪不佳。“只睡了5小时，”他说，“在这样的比赛之后，这点睡眠时间真的不够。”

我和他很快登上了一架前往芝加哥的私人飞机。整个飞行时间4小时。对我来说，这是一次深入观察费德勒的工作状态并了解拉沃尔杯下一个举办地的好机会。从新闻报道的角度来说，我能受邀进入他的私人空间，这足以说明我们之间的合作关系非常好。然而最重要的是，这也表明他和经纪人托尼·戈德西克多么渴望他们创立的拉沃尔杯能够举办成功。

这项团体赛事的命名是为了纪念网坛名将罗德·拉沃尔，其理念也非常清晰，即让欧洲区最好的球员与世界其他地区的优秀选手每年都有机会进行为期 3 天的网球比赛。如此一来，这将大大提升费德勒与纳达尔、德约科维奇同属一支队伍的机会。

然而在现实世界中，由于各自利益的纷争，这项赛事的举办又变得很复杂。作为一个小众的体育项目，全球大约只有 200 名职业网球选手可以过上好日子。与之对应的却是过于庞杂的网球管理机构：如果算上 ATP 男子巡回赛、WTA 女子巡回赛、国际网球联合会和四大满贯公开赛，就有 7 个管理机构。这些机构经常协同合作，但是它们都有各自独立的组委会。想要达成共识远比想象中的困难。这种碎片化的发展及管理模式让网球的创新与改革难上加难。这些已经大大阻碍了网球事业在全球的发展。每一个新赛事和每次对已经排满的日程表的修改，似乎都是在侵占他人已有的地盘。

震动网坛的拉沃尔杯

2017 年，当费德勒和戈德西克在布拉格创建拉沃尔杯时，他们对此心知肚明。2018 年，当他们专程前往芝加哥为顺利举办第二届拉沃尔杯忙前忙后时，他们对此更是深有体会。“这就是网坛的疯狂之处，”费德勒在布拉格第一届拉沃尔杯开赛前对我说，“不管你做什么，感觉整个网坛都在地动山摇。任何一个新鲜事物都会对球员早已熟悉的现有体系带来冲击。这当然不是说有所改变必然是负面的。”

作为一名超级巨星，费德勒一直深入参与网球的组织和管理工作。他在职业生涯早期就担任过瑞士戴维斯杯代表队的领导职务。之后在 2008—2014 年他又担任了 ATP 球员委员会的主席一职并成功推动了大满贯及世界巡回赛奖金的大幅增加。

男子网坛一贯不缺少活动家。在主要由各个国家的网球协会和赛事主办方把持的网坛中，阿瑟·阿什、克里夫·德赖斯代尔（Cliff Drysdale）和斯坦·史密斯（Stan Smith）等都在其职业生涯中为提高球员的影响力和讨价还价的能力积极努力。然而，费德勒之前的网球明星，诸如桑普拉斯、阿加西和鲍里斯·贝克尔则对这种需要将个人精力投入在组织和管理方面的意愿和兴趣并不浓厚。“这或许是一个世代相传的问题。在我打球的那会儿，没有什么顶级球员会花时间做这些事，”桑普拉斯对我说，“我自己也不想为网坛的组织规则、奖金和不同的协会等而分心。对我来说，参加比赛、打赢比赛就已经够难的了。”

然而，费德勒却愿意介入其中。纳达尔、穆雷和德约科维奇也在不同程度上有所介入。在 2011 年和 2012 年，由于对排名系统和 ATP 下一任首席执行官的人选意见不和，费德勒和纳达尔两个人的关系还罕见地有些紧张。他们两人的私下纷争在 2012 年澳网期间彻底地公开化了。我当时在一场新闻发布会上对纳达尔提及费德勒不喜欢有影响力的顶级球员在公开场合发表对巡回赛的负面评论。纳达尔一听，立马厉声回应道：“我对此持不同意见。难道我什么都不说，问题就不存在吗？我是看着像个绅士了，可其他球员就会面临煎熬。”

在那个年代，明星球员之间很少会齐心协力地面对问题。这样的评论原本可以就事论事，但是纳达尔针对费德勒的发言听上去就像是他在网前大喊大叫一般。不过很快，一切又都恢复如常。纳达尔的爆发说明关系再友好的球星在个人影响力和冠军头衔的争夺上仍然是彼此最直接也最有力的竞争者。

不过，德约科维奇才是网坛“三巨头”中最激进的。他在 2020 年甚至创建了一个新的球员组织，试图在传统的男子网球巡回赛之外独立发声。相比之下，费德勒则更喜欢在体制内进行改革。他会选择在幕后进行多方游说。他选择了适合的保罗·安纳科内和伊万·柳比契奇做自己的教练。他们俩在职业生涯中曾积极深入地参与过 ATP 的相关事务并了解其中的主要议题。安纳科内直言："我们一起讨论了很多。"

拉沃尔杯一经推出便同时在网球界的公开场合和暗地里制造了大量的紧张气氛，这完全超出了正处于事业黄金期的费德勒愿意花时间去处理的程度。国际网球联合会将拉沃尔杯视作意在削弱戴维斯杯团体赛事的对手。戴维斯杯多年来很难吸引包括费德勒在内的顶级球星的持续参与，因此正在寻求进行赛制改革。与此同时，拉沃尔杯每年 9 月下旬的举办时间也与其他同期的巡回赛发生了冲突，由此降低了这些赛事对明星球员的吸引力。大满贯赛事的主导者对拉沃尔杯的态度则各不相同。全英俱乐部和法国网球协会有意与拉沃尔杯拉开距离。澳大利亚和美国的网球协会则实际上对拉沃尔杯进行了注资。澳网的媒体公共关系团队甚至还从墨尔本飞到布拉格参与了首届拉沃尔杯的赛事安排。

就我个人来说，我觉得网坛不缺赛事但缺乏顶级赛事。所以，拉沃尔杯绝对有其存在的空间。再加上费德勒的加持，它很可能会让网球这项运动引起全球各地而非某个地方或区域的民众的关注。我曾多次报道过高尔夫球的莱德杯。它正是拉沃尔杯诞生的灵感来源。莱德杯和拉沃尔杯一样没有积分排名的功能，而更多的是一个展示的舞台。尽管如此，它在历经多年的沉淀之后却在高尔夫球员的心中很有份量。莱德杯为欧洲的高尔夫球手互相竞争提供了一个难得的平台。这两个赛事之间的区别在于代表欧洲参赛的高尔夫球手也可以代表他们原本来自的大陆。网球界虽然没有专门的欧洲巡回赛，但欧洲球员毫无疑问在男子网坛始终占据着主导优势。或许，他们过于突出的优势反而不利于拉沃尔杯的长期发展。

事实证明，首次在布拉格举办的拉沃尔杯以其极佳的观赏性、紧凑的赛事安排、座无虚席的现场观众以及费德勒和纳达尔的携手作战而轰动一时。

不过，整个赛事也因为高额的启动资金、出场费和丰厚的奖金而损失了大量资金。

对费德勒来说，如何在成功举办了第一届的基础上，再接再厉顺利地举办第二届至关重要。他因此专程飞往第二届的举办地芝加哥。米尔卡则带着孩子直飞迈阿密公开赛的大本营佛罗里达。“拉沃尔杯对我来说意义非凡，我投入了大量的精力，”费德勒对我说，“就个人的职业生涯来说，我早已不需要这么卖力地打球了。但是在拉沃尔杯上，我需要全力以赴，为它花费更多时间。”

这架从加利福尼亚州飞往芝加哥的私人飞机并非费德勒所有，而是由一家出售私人飞机部分所有权的公司提供的。费德勒在北美和欧洲旅行时多数会选择这项服务。费德勒选择这种出行方式，是为了能让自己节奏紧凑的全球出行计划很好地衔接、顺利地倒时差并尽可能地为家人安排好当地的生活。“如果我一个人，其实不需要这个，”他手指着私人飞机对我说，“但它的确会让整个过程变得简单容易，是一个省时省力的好方法。你不再需要花时间通关、排队，也不会遇到很多人，各种拍照什么的，直接上飞机走人，因此也能很快地完全放松下来。”

此时的费德勒早已具备了排除各种干扰的能力。他正在成为网坛第一位，在体坛也是少数几位能够赚到 10 亿美元的运动员，成为与高尔夫球手伍兹和拳击手弗洛伊德·梅威瑟（Floyd Mayweather）一样吸金的顶级运动员。在他的收入当中，仅有 1.3 亿美元来自他正式参赛的赛事奖金，其他则来自赞助商、品牌代言、出场费以及一些特别活动，譬如戈德西克在南美举办的利润丰厚的表演赛。

展现过人的吸金能力

费德勒的吸金能力同他在场上的表现一样出色。尽管他的商业版图与他在网坛的成功紧密相关，但是一开始，他并没有表现出太强的吸金能力。首先，他来自一个富裕的小国家而非其他诸如美国、日本、德国或法国这样有很多网球粉丝的市场。所以，从潜在赞助商的角度来看，费德勒这个瑞士人并不具备多少吸引力。“你是瑞士人，那就意味着你来自一个很小的国家，”费德勒在国际管理集团的第一位经纪人雷吉斯・布鲁内特说，“如果你想挣大钱，那么即使世界排名第 10 位也是不够的。”

曾身为法国职业网球运动员的布鲁内特深知这一点，因为他也做过世界排名第 10 的瑞士网球明星马克・罗塞特的经纪人。“你必须成为世界第一，才有可能走向全球，”布鲁内特对我说，“如果你既是世界第一又是美国人，那你要赚疯了。但是，作为瑞士人，你只有比美国人更出色才有机会赚得与他们差不多。换句话说，你必须是出类拔萃的世界第一。”

布鲁内特第一次见到费德勒是在 1995 年青少年橘子碗的比赛上。费德勒当时参加的是在迈阿密珊瑚阁区巴尔的摩酒店（Biltmore Hotel）举办的 14 岁及以下的网球比赛。现场也不乏正在寻找未来巨星的各路经纪人。布鲁内特当年一开始锁定的主要目标是一位颇有前途的比利时选手奥・罗切斯。但是，布鲁内特的密友克里斯托夫・弗莱斯却告诉他要留意一位叫费德勒的瑞士年轻人。来自法国的弗莱斯是费德勒当年在埃居布朗的瑞士国家训练中心的教练。

“弗莱斯跟我说费德勒脾气差，弦绷得有些紧，但很有天赋，”布鲁内特对我说，“于是，我决定先去看看比赛。我看了大概 5 分钟还是 10 分钟，就立马冲到离我最近的一个电话亭，那会儿还没有手机，我拨通了弗莱斯的电话，问他能不能在巴塞尔安排我和费德勒的父母见个面。我知道自己得加快步伐，因为其他的经纪人很快就会发现他。”

费德勒当时的脾气并没有给布鲁内特带来多少困扰。他早熟的技术水平，尤其是年仅 14 岁就能灵活运用反拍技术的能力让布鲁内特刮目相看。“几乎每一位选手的正拍都不错，但他的反拍能力一下就让他显得与众不同。”布鲁内特说。

布鲁内特回到法国后不久便启程前往巴塞尔与费德勒的父母见面。他早先曾在巴塞尔举办的 ATP 赛事上见过当时在认证部门服务的费德勒的母亲莱内特。布鲁内特说费德勒的父母知道国际管理集团，并且认为它是一家具有国际影响力的美国公司。“在那个年代，我们经纪人大都和球员的父母，而非球员本人聊，”布鲁内特说，“可以说，费德勒的父母很不一样。他们显然接受过良好的教育，问题也都问在关键点上。他们会让你更有信心。如果所有球员的父母能和他们一样，那经纪代理的事情就顺利多了。通常因为新手太多，不了解业务的人太多，我们做经纪人就挺难的。”

费德勒一家最初只是做出了口头承诺，双方并没有正式签约。1997 年，布鲁内特为费德勒谈成了与耐克的合作。费德勒开始在场上穿耐克的网球服和网球鞋。当时，阿迪达斯也对费德勒表现出了兴趣。阿迪达斯的出场其实为费德勒和耐克的合作起到了一种杠杆作用。布鲁内特说，费德勒最终与耐克签约的基本价是 5 年 50 万美元。这对一位青少年球员来说不是一笔小数目。“在那个年龄阶段的球员当中，这是我们签过的最大的一笔，”布鲁内特说，“当时优秀的瑞士青少年选手大概是 1 年 2 万美元，而且好多年来都是这个价格。耐克的出价不仅翻了 5 倍，时间上也一下就签了 5 年。他们显然对费德勒充满信心。我是将他作为未来世界第一的苗子推荐给耐克的。不过话说回来，推荐球员大致都是这个套路。数字是一方面，但最重要的是我们在结构上为费德勒提供了一种保护，也就是说，一旦他很快地打进了世界前 50 或前 20，那么他的收入水平能够反映出他的网球水平。”

一些球员选择球拍与其说喜欢哪个品牌，不如说看哪个品牌公司带来的经济利益最大，而费德勒却很快与威尔胜球拍公司成功签约，确保了他能够使用自己喜欢的球拍。

1998 年，费德勒成为网球青少年组的世界冠军。法国理疗师保罗·多罗琴科记得在费德勒获得了橘子碗 18 岁及以下组别的冠军之后，他们在费德勒位于瑞士的住所还举办了庆祝活动。“那会儿接近年尾了，”多罗琴科说，“费德勒的父亲给我、彼得·卡特和彼得·伦德格伦每人一个装有现金的信封。费德勒一家不是什么富豪，不能说穷但也谈不上有多富。但是，他们对我们很慷慨，给了大概 1000 瑞士法郎，约合 1000 欧元的奖励。”

但接下来发生的事，多罗琴科更是永生难忘。“我当时开车回家，路上漫天飞雪，车窗都起雾了，我就摇下了车窗。我把现金刚从信封里拿出来，一股强风就吹了过来，瞬间大部分钱一下子就飞了出去，”他对我说，“我赶紧打开车灯想找一找，可是雪下得实在是太大了，只好作罢。第二天一早我返回去一看，有一叠钞票就挂在树上。”这个插曲就像是某种隐喻。

布鲁内特经常和罗伯特一起讨论费德勒的未来。罗伯特知道自己的儿子有天赋，但是作为网球玩家，他还是希望能听到一些专业的意见。“他会问我，‘你觉得他将来能打得非常好吗？能出人头地吗？’”布鲁内特说，“我大都会说，‘哦，罗伯特，你的儿子非常棒，但他之后能不能打进世界前 10、前 20、前 100，那取决于很多因素，像运动受伤的情况、个人的内驱力，还有女朋友’。所以，很难讲哪一位青少年选手最后会真正走向成功。”

布鲁内特当时主要的任务之一就是为费德勒争取到可以参加职业锦标赛的

外卡，以此加速他过渡至参加巡回赛的进程。这方面，他做得很好，但也不是没有遇到过困难。1999 年，布鲁内特拿到了两张国际管理集团旗下在法国马赛举办的室内网球赛的外卡。让他为难的是，他当时带着 3 位有前途的年轻球员：费德勒和两名法国选手阿诺·克莱门特和塞巴斯蒂安·格罗斯让。他们 3 个人当时都已是世界排名前 10 的选手，但布鲁内特只能三选二。他最后选择了费德勒和克莱门特。费德勒这一次不负众望，在比赛第一轮就击败了法网的卫冕冠军卡洛斯·莫亚。然而，此次未能参赛的格罗斯让则很快与布鲁内特解除了合约。“因为这件事，格罗斯让一直很生我的气，”布鲁内特说，“现在讲起来都是笑谈，但在当时，我的确是因为费德勒而失去了格罗斯让。”

莫亚曾在这场比赛结束后不久就冲上了 ATP 世界排名第一的宝座。费德勒此次打败莫亚的成绩无疑让他比起那些来自网球大国的选手们更容易拿到第二年 3 月国际管理集团旗下的迈阿密公开赛的外卡。无论外卡有多重要，费德勒很快便将不再需要它。他最后一次使用外卡的时间是 2000 年 2 月在马赛的比赛。这一次，他打进了决赛。“我一直觉得费德勒一家的财运不错，”多罗琴科说，“我记得他打进了马赛的决赛。回家之后，他把支票拿给他妈妈说，‘这个给你，你瞧，该来的都来了’。”

然而，费德勒同布鲁内特以及国际管理集团的关系却在逐渐恶化。费德勒及其父母失望地发现罗塞特的长期教练、瑞士国家训练中心的技术总监斯蒂芬·奥伯勒一直通过费德勒签订的赞助商合约私下从国际管理集团拿取佣金，其背后的原因是他在幕后促成了费德勒与国际管理集团的合作。很多教练因为担心利益冲突而避免这样的操作。然而，布鲁内特说这种给“伯乐”支付费用的行为很正常，只不过大都在私下进行。布鲁内特说这件事是由美国人比尔·瑞安透露给费德勒的。瑞安当时在国际管理集团是伦德格伦和博格的经纪人。他在费德勒和布鲁内特解除合约后也成为了费德勒的经纪人。

瑞安向我证实的确是他告诉了费德勒。他说在自己开始打理费德勒的业务时惊讶地发现，竟然从来没有人告诉过费德勒这件事。他还说是他自己发现了这笔秘密交易。“我不会这么做，”瑞安说，“说到底，你是从球员的合约里拿钱给了其他人。”布鲁内特则告诉我说，给费德勒的报酬从来没有因为奥伯勒的关系有所减少。“并非费德勒的钱变少了，”布鲁内特说，“而是国际管理集团获益的部分减少了，给奥伯勒的报酬与费德勒的经济收入一点关系都没有，更不要说有冲突。费德勒本身并没有因此损失一分一毫。我们的出发点很简单，有人给你牵线搭桥，他就想有所回报而已。说白了，就是一种商业合作。”

瑞安可能是一个比较蛮横的人。尽管他与一些球员的合作关系一向不错，但是他在业内的人缘一点儿也不好。很早就认识费德勒的耐克前网球业务总监迈克·中岛说：“我和瑞安的气场不合。我当时心想，为什么是这个混蛋带着费德勒这样的出色球员在参加世界巡回赛呢？”

2002 年，费德勒与耐克最早的 5 年合约即将到期，瑞安觉得耐克的新报价过低而不想再继续签约。瑞安对我说：“耐克只愿意支付 1 年 60 万美元的报酬。可是，费德勒的父亲催促我赶紧签约。我对他说，‘哦，罗伯特，你知不知道你的儿子很快就要成为这个世界上最出色的球员了，为什么要接受 1 年只有 60 万美元的合约呢？’”参照其他球员的签约金额，瑞安觉得费德勒至少每年应该从耐克拿到 100 万。“费德勒赞同我的想法，”瑞安说，“但罗伯特还是不停地给我发邮件，让我说服费德勒接受合约。他需要钱。”

瑞安最终并没有让步。他自己在 2002 年年底因为一些有争议的条款而离开了国际管理集团。在他离开前，费德勒同耐克仍未续约，其中的部分原因在于费德勒在 2002 年的表现有些差强人意。他分别在温网和法网的首轮比赛就惨遭淘汰。“合约很快到期了，但是因为费德勒的状态，包括阿迪达斯在内的很多品牌当时都持观望态度，”一位熟悉费德勒夫妇的朋友说，“那是费德勒职业生涯中的艰难时刻。米尔卡勇敢地承担起了很多责任，为费德勒度过难关提供了一个结构性的全面支持。”

瑞安对我说，就在耐克犹豫不决的当口，他吃惊地发现其他公司也没有立马跟进抓住机会签下费德勒。“日本的公司，意大利的斐乐、迪亚多纳和法国鳄鱼，我都打过电话，”瑞安说，“也几乎都是用请求对方的口气，我说，‘我现在要和你签的可是有史以来最好的球员’。”

迈克·中岛认为耐克之所以迟迟未能与费德勒签约的最主要原因是金额问题，而非出于对费德勒实力的怀疑。迈克·中岛本人在2001年的温网就曾亲眼见证过费德勒如何战胜网坛“桑神”。他说：“费德勒在场上飘逸的步伐当场就把我给震住了。”但是，生意就是生意。“这就是一个谈判的过程，”迈克·中岛说，“有时候经纪人就是不停地要了又要。在耐克内部，大家都会说无论你什么时候去谈，经纪人的要价一直在涨，所以最好少见面少谈。双方的目标还是差距太大了。”

2002年美网期间，瑞安告诉费德勒他不能再做他的经纪人了。但是，基于他离开国际管理集团的条款限制，其中的缘由不便透露。瑞安与国际管理集团签署过竞业限制协议。瑞安和费德勒的私交不错。他们互称“肯尼”，这个称呼来自美国饶舌歌手埃米纳姆（Eminem）的一首歌曲。这首歌被费德勒反复地循环播放。在2001年的美网期间，费德勒和米尔卡就住在瑞安家里。米尔卡和瑞安的妻子、前瑞典网球球员卡塔琳娜·林德奎斯特（Catarina Lindqvist）还一起打球。瑞安对我说：“我当时感觉真是糟透了。费德勒来到我的房间，他吃惊地张大嘴巴问我，‘到底怎么了？’我说，‘抱歉，我什么都不能讲，而且和你真的一点关系也没有’。他听完很沮丧，也很难过，最让我不能释怀的是我没法同他解释清楚。”

此时，年仅 21 岁的费德勒同米尔卡和父母一起决定，和国际管理集团解除业务关系，组建自己的管理团队。“瑞安离开国际管理集团之后也不能和我们一起工作，因为竞业限制协议不允许，”费德勒后来对我解释说，“我不清楚具体的细节。我们也考虑过找其他的经纪人，但我最后还是决定：先尝试自己处理一段时间。”

打头阵的自然是费德勒的父母：母亲莱内特·费德勒辞去了自己在瑞士制药业的工作，父亲罗伯特·费德勒则在瑞士律师伯恩哈德·克里森（Bernhard Christen）的帮助下负责谈判费德勒的出场费和商业合作。2005 年，费德勒对我说：“我一开始并没有准备好。当然，你有时也会想，‘天啊，我要是早知道这个就好了，’或者‘噢，我没有计划要回巴塞尔开会处理这些事情’，做各种商业决策之类的。但怎么说呢，最重要的是，我感觉自己还算处理得当，有一种掌控感。”

费德勒意识到所谓的吸取教训的过程其实就是一个人犯错、改错的过程。“最让我高兴的是我在自己做决定。我之前不喜欢做决定，”费德勒说，“我现在觉得做决定这件事反而会让我成为一名更好的球员、更好的人，变得更成熟。因为我不能当别人问我‘费德勒，你是怎么想的呢？’的时候，我两手一摊说‘嗯，你们定吧’。这不对，我要给出自己的意见，甚至明确地给出自己的意见，因为这很重要。”

对当时的费德勒来说，专注处理商业事务其实是一种非常健康的场外生活。他相信如果自己懂得职业网球生涯所必然涉及的商业运营，那么他就不会错信他人或是损失利润。“那些你听到的、看到的事，你不希望发生在自己身上，”费德勒对我说，“但是除非你像我一样把这一切都牢牢地掌控在自己手中，否则真说不准”。

然而事实上，费德勒的这种家庭化的运营模式在网球界引发了很多人的担忧，其中就包括给他的竞争对手做代理的肯·迈耶森（Ken Meyerson）。迈耶森是一位态度强硬、思维敏捷的美国人。2011 年，他因突发心脏病去世，年仅 47 岁。他生前一直是安迪·罗迪克的经纪人。2005 年 5 月，迈耶森对我说："费德勒的经纪人严重不合格，至少让他损失了数百万美元的收入。"当时，费德勒已持续一年稳坐世界第一的宝座，同时还是四大满贯的得主。

相比而言，世界排名第三的罗迪克只有一座大满贯的桂冠。然而，在迈耶森的努力下，罗迪克与法国服装业的知名品牌鳄鱼谈成了一笔利润丰厚的长期合作，对方每年向罗迪克支付约 500 万美元的酬劳。这与费德勒经由父亲参与谈判的最终在 2003 年初与耐克签订的多年合约相比，优势明显。"老实说，尽管罗迪克的排名没有费德勒的高，但我们的合约价值比他的高多了，"迈耶森说，"无论是谁最终促成了那笔交易，它都会给我们整个行业带来负面影响，一下子拉低整个行业的价格。而造成这种局面的一大原因就是经验不足，譬如一笔在费德勒父亲眼中还算不错的交易，其实比他实际的价值少了不止 10 倍。"

迈耶森估计费德勒与耐克的新合约至多每年在 175 万与 200 万美元之间。"费德勒绝对值 1 年 1 000 万，"迈耶森说，"如果你只想成为某一个地域或区域的选手，那这种思维还算适用……不然你就得面临资金损失，不是吗？我想答案是肯定的。"

将费德勒与 2004 年年仅 17 岁就在温网一举成名的网坛新星莎拉波娃进行对比也颇有启发意义。2005 年年底，莎拉波娃在场外得到的商业赞助接近 2 000 万美元，而同期费德勒的收益，根据国际管理集团高管的说法，不到 1 000 万美元。莎拉波娃在国际管理集团的长期经纪人马克斯·艾森巴德说："费德勒已经远远地落在了我们后面，他已不再是之前的那个费德勒了。"

在福布斯 2005 年发布的全球运动员收入排行榜上，年收入 1 300 万美元的费德勒未能跻身全球收入最高的前 50 名，远远落后年收入在 2 800 万美元左右的阿加西和莎拉波娃。费德勒当时对我解释说，他很享受那份不再依赖外人的独立性，同时他也不想因为对赞助商的过度承诺而挤压自己的个人时间。不过，人们对于负责外联和日程安排的米尔卡提出的异议，他显然也听到了。

与国际管理集团重启合作

2005 年 8 月，费德勒抵达北美后决定与经纪代理公司碰面。国际管理集团的新任董事长兼首席执行官是一位酷爱网球的亿万富翁泰德·福斯特曼（Ted Forstmann）。他的私募股权公司福斯特曼－利特尔在 2004 年收购了国际管理集团。

福斯特曼知道国际管理集团的其他高管曾经试图再次与费德勒签约的努力都失败了。他认识之前的女单头号种子选手莫妮卡·塞莱斯，于是询问对方是否可以帮忙安排一次会面。答应了请求的塞莱斯找到了米尔卡。会面进行当天，塞莱斯也出席了。会面很顺利，福斯特曼和费德勒两个人竟然因为南非的话题一下子拉近了距离。1996 年，福斯特曼访问南非期间，在纳尔逊·曼德拉的陪同下参观了一所当地的孤儿院并收养了其中的两名男孩。费德勒最近也刚刚成立了一家旨在提升南非幼儿教育的基金会。

那么，接下来的问题是由谁来具体负责费德勒的业务呢？答案是 30 多岁的戈德西克。他曾经做过塞莱斯、当时的女单头号种子选手琳赛·达文波特（Lindsay Davenport）和汤米·哈斯的经纪人。不过，塞莱斯当时业已退役，达文波特即将组建家庭并有意缩短自己的职业生涯。戈德西克的事业也因此来到了一个十字路口，他甚至在国际管理集团内部寻求网球以外的其他机会。

戈德西克的事业发展真可谓在合适的时间出现在了合适的地点。作为一名常春藤联盟球员，他曾在达特茅斯学院的橄榄球队打球。1992 年，他在国际管理集团位于纽约世贸中心的媒体部做暑期实习生。一天，集团位于克利夫兰（Cleveland）的办公室打来一通电话，说塞莱斯需要一位可以短期陪她前往新泽西州的莫沃（Mahwah）参加一场表演赛的工作伙伴。当时正在加班的戈德西克抓住了这次机会。“我在电话上说，‘我虽然不清楚自己具体要做什么，但是只要你吩咐，我做什么都行。’”他笑着回忆道。

结果，他在工作的第一天就因为塞莱斯的出场时间与赛事主办方发生了争执。塞莱斯当时的出场费超过 25 万美元，最终，她得到了自己心仪的出场时间。很快，18 岁的塞莱斯又给戈德西克出了一道难题。她对戈德西克说：“枪炮与玫瑰乐队明天演出，你想方设法赶紧弄到门票。”谁也没想到戈德西克又一次出色地完成了任务，甚至还拿到了演唱会的举办地巨人体育场后台的通行证。原来，枪炮与玫瑰乐队的主唱艾克索·罗斯（Axl Rose）恰好是塞莱斯的粉丝。“一切都让人感觉特别的超现实。”戈德西克说。

表演赛结束后，塞莱斯便向戈德西克发出邀请，希望他能跟着她一起参加世界巡回赛。戈德西克当时尚未大学毕业，在达特茅斯学院还有最后一年。于是，他同时兼顾学业和工作。直到 1993 年 3 月，他才接受了国际管理集团的全职合约，承诺毕业后成为塞莱斯的巡回赛经纪人，底薪为 1 年 2 万多美元。

几周后，戈德西克从位于新罕布什尔州汉诺威的高尔夫球场回到家中，他发现电话答录机上留有多条留言。留言时间是 1993 年 4 月 30 日。原来世界女单排名第一的塞莱斯在德国汉堡参赛时在球员更衣室里被施特菲·格拉芙的一名疯狂粉丝手持一把约 23 厘米长的刀从背后捅了一下。塞莱斯立即接受了手术并很快康复，但是留在她心里的伤痕久久难以愈合。她深陷抑郁，直到 1995 年的夏天才和经纪人戈德西克一起重返赛场。“毫无疑问，这是一件发生在她身上特别可怕的事。但说实话，她退出的那两年对我真的很有帮助，”戈德西克对我说，“我在这段时间也学习了很多东西，学会了如何妥善处理一些事情，至少是处理她回归所面临的巨大压力。”

戈德西克后来一路发展成为网坛著名的经纪人之一。“如果不是我那么晚接到电话信息，如果我当时早点离开办公桌，又或是我没有加班到很晚，那么这一切都不会发生，”戈德西克对我说，“真的是这样。”

塞莱斯后来又将戈德西克介绍给了自己的好友、美国前网球女单明星玛丽・乔・费尔南德斯并鼓励两人约会。2000 年，戈德西克和费尔南德斯修成正果，喜结连理。塞莱斯随后还将戈德西克推荐给了米尔卡和费德勒。“是塞莱斯牵线搭桥介绍我认识了费德勒，”戈德西克对我说，“在事业发展上，我欠了她太多的人情。我也欠我太太不少，她也帮了我很多。”

2005 年，在戈德西克成为费德勒的经纪人之后，费德勒的市场价位立马得到了跃升。到 2010 年中期，费德勒的年收入增长了两倍多。根据福布斯发布的数据，费德勒的年收入达到了 4 300 万美元。手上的代言包括德国的奔驰和专注于国际的瑞士品牌，诸如钟表制造商劳力士、巧克力制造商瑞士莲和瑞士信贷银行。2008 年，费德勒以每年超过 1 000 万美元的价格与耐克再次续约了 10 年，由此创造了网球界的最高代言纪录。这一次，不会再有人抱怨他拉低整体市场价位了。

戈德西克还试图将费德勒带进美国的主流市场。对一位欧洲的网球选手来说，这或许是最难打开的一扇大门，部分原因是与北美其他运动项目相比，网球是小众的运动项目。“在我职业生涯的一开始，人人都在谈论美国，”费德勒对我说，“你在美国打过球吗？你在美国的知名度怎么样呢？”

我对这件事并不抱什么期望。费德勒与我的频繁接触其实也与他想要拓宽在美国市场的影响力紧密相关。但与《纽约时报》保持联络是他宏大目标的一小部分。费德勒的一些赞助商明确要求他在美国要有曝光度。费德勒也正是在这个时候与美国知名的高尔夫球手泰格·伍兹建立了联系。他们俩的代理同属于国际管理集团且都是耐克的代言人。2006年，戈德西克同伍兹的经纪人马克·斯坦伯格（Mark Steinberg）安排了费德勒与伍兹在纽约美网的首次会面。当时，他们俩在各自的领域离最高得冠纪录都还差6场胜利：相比于桑普拉斯的14座大满贯桂冠，费德勒只有8座；相比于杰克·尼克劳斯（Jack Nicklaus）的18座，伍兹只有12座。

费德勒和伍兹互相欣赏。2006年7月，伍兹在英国公开赛上赢得皇家利物浦（Royal Liverpool）的奖项后声称自己是"费德勒的大粉丝"。几周后，费德勒在美网开赛前接受了我的采访，详细谈及了伍兹对他的激励。他说："你只需要对自己而非其他任何人证明可以做到。这个想法让我充满力量。我同纳达尔之间的关系既紧张又有趣，但我最后真正关心的还是能不能赢下比赛。无论对面站的是谁，如果恰好是纳达尔，那比赛可能就更精彩一些。我想，不论是我还是伍兹，我们在意的并不是和谁一起打球，一起比赛，而是如何尽可能地做到最好。每一天，从清晨到日暮都会对自己说'谢谢你这么努力'，这就够了。这一点至关重要。""那你这些天睡得怎么样？"我问他。"非常好，谢谢！"他回答说。

他们还希望最大限度地挖掘费德勒的商业潜力。总部位于波士顿的剃须刀公司吉列正在寻找接替足球明星大卫·贝克汉姆的全球推广大使。伍兹在当时已确定入选。不过，一个包括费德勒和纳达尔在内的入围名单进入了最后的小组讨论。此次商业竞争当然不能损害费德勒在现实生活中与伍兹的关系。2006年，当费德勒在美网决赛上对阵美国球星安迪·罗迪克时，伍兹在赛前走上法拉盛的草坪给费德勒加油打气。比赛开始后，他同妻子艾琳·诺德格伦（Elin

Nordegren）一起站在费德勒球员包厢的最前排，旁边就是米尔卡。“获得吉列的推广大使并不是什么噱头，”戈德西克说，“他们俩就是想见个面，而美网是两个人唯一都合适的时间。”

事实上，正处于人生巅峰的伍兹的确帮助费德勒提升了名气。费德勒获胜后，伍兹带着他标志性的白色球帽专程来到球员休息室和其他人一道为他开香槟庆祝。“特别有趣，我们俩有很多相似之处，”费德勒说，“他完全明白我在场上的感受。有一个人完全能够感受到你在场上那种偶尔立于不败之地的感觉！这对我来说是一种前所未有的体验。”

罗迪克当然注意到了自己的美国同胞竟然在场上为一位认识没多久的瑞士人加油鼓劲的画面。“很诧异，”罗迪克对我说，“我一开始并不知道伍兹会来。抬眼看到他坐在对方专属的席位上，嗯，这样的事并不寻常，尤其还是在美网。我知道他们俩都隶属于国际管理集团，也都和耐克合作。当然，我没有权利生一个自己不认识的人的气，或者更准确地说是没必要。”

2007 年 1 月，费德勒同伍兹、足球运动员蒂埃里·亨利（Thierry Henry）一起被任命为吉列的全球推广大使。费德勒与伍兹一直保持联络。当双方参加比赛的日程恰好相近时，他们还会亲临对方的赛场观看比赛。然而，伍兹婚内出轨的丑闻在 2009 年被彻底爆光。他 6 年的婚姻走到了尽头，连带他与吉列的合约也受到了影响。最终，费德勒与吉列高额回报的合作维持了更长的时间。伍兹的丑闻引发了全世界媒体的关注，并让他失去了数个价值不菲的代言。

费德勒和伍兹自此之后再没有一起同框举办过庆功宴。反而是在 2019 年的美网，伍兹在纳达尔的球员包厢里观看他拿到当年的桂冠，并和这个西班牙人一起进行了庆祝。事实证明，纳达尔远比费德勒算得上是一个更狂热的高尔夫球迷，也是一个更认真的高尔夫球手，尽管他用右手打高尔夫球。

2010年5月，伍兹性丑闻爆发的几个月后，我在巴黎遇到了费德勒，同他聊起了伍兹的新闻。“我想要伸出援手，但很难。”费德勒说。他说自己曾在2010年3月的迈阿密大师赛期间见过即将成为伍兹前妻的艾琳和两人的女儿萨姆。他提到艾琳时说：“看到她一切都好，我发自内心地为她感到高兴。我也想能有机会再见到伍兹。我们有段时间没见了。”

相比于伍兹个人的行为，费德勒对媒体报道的角度更感兴趣。“人们爱看热闹，一旦看到热闹就会紧追不放，事情就开始朝着现实版真人秀的方向发展了。这种现象真是太普遍了，”他说，“这件事能持续这么久，产生这么大的影响，说实话，有些出乎我的意料。”我问他是否觉得伍兹事件值得如此大规模的报道。“说实话，我觉得有些夸张了，”他说，“我对形象完美或诸如此类的人设不感兴趣，是什么样就什么样，我不觉得有必要去维持什么形象。自然而然就挺好，这是我的一贯态度。”

“有人喜欢你，他们自然会喜欢你，”费德勒接着说，“如果不喜欢，你怎么做都不会喜欢。所以，我不会为了取悦他人而改变自己，因为不可能让人人满意。况且，选择那么多，想要找到自己喜欢的运动员很容易。我和媒体之间的关系、和粉丝的互动，我希望顺其自然。我很高兴自己可以坦诚地不引起太多争议地发表自己的观点。对粉丝而言，我希望自己能够有趣一些。我希望他们能读到一个很有趣的故事，而不是牵涉进具有争议性的话题。”

我注意到，从某些方面来讲，费德勒是最后一位刻意保持公众形象的超级巨星。“你有没有一种感觉，就是要不停地告诫自己说，‘嗨，费德勒，千万别搞砸了’，”我问他，“你有过这种想法吗？”费德勒听完哈哈一笑。“不能这么想，”他说，“因为有时候事情发生了，那就得想办法处理和解决。”

体育产业内的经纪人大都认为费德勒在伍兹丑闻曝光后其实有所获益。莎拉波娃在国际管理集团的长期经纪人马克斯·艾森巴德说："费德勒花了一些时间才收获了不少的大满贯桂冠。我没见过比他更完美的体育明星。当很多事情发生之后，像伍兹事件，很多品牌方就很紧张，担心伍兹会连累品牌的形象。那么，这个时候，费德勒就成为保全品牌形象的最佳人选，因为他看上去要多安全有多安全。伍兹事件的确是个大雷，因为形象反差太大了，他过去的形象过于完美。我想也就是从那一刻起，品牌方才开始考虑可能不需要代言人，如果要代言人，那也必须是特别干净的。"

然而，谁也没想到的是正在这样的时刻，洛杉矶高等法院在 2010 年底对福斯特曼提起了诉讼，指控他在与费德勒商议后增加了对 2007 年法网决赛的赌注。这个时间点真是既糟糕又令人不安。

打假球已经成为职业网坛一个备受关注的问题。尤其是互联网赌博业的兴起以及职业联赛中对小团体的奖金不足加剧了这一问题。体坛对这一问题的反应则显得有些迟缓。2008 年，网坛专门成立了一个进行调查和制裁的独立机构：网球公正性调查小组（Tennis Integrity Unit）。尽管网坛长期以来禁止球员参与球赛赌博，但是直到 2009 年，行业内的其他从业人员，诸如球员身边的工作人员、锦标赛的官员才被明确禁止参与球赛下注。

福斯特曼承认自己对 2007 年的法网决赛下了赌注。但是，他认为自己的下注时间要早于新规定的出台。然而，法院的诉讼指出福斯特曼对各类体育项目的赌注高达数百万美元。这让费德勒处于一个极其尴尬的位置，因为诉讼暗示他向对方提供了内幕消息。2010 年 11 月，费德勒在巴黎举办的一个室内网球比赛上对我和其他一些记者说："我永远不可能这么做。"

在我的记忆中，这是费德勒唯一一次面对潜在的危险不得不发出严正声明。费德勒强调他对福斯特曼投注法网决赛这件事毫不知情，全然否认自己参与赌博。不过，他承认自己已经直接联系了这位年届70、重新将他引回国际管理集团的金融家。“我直接联系了福斯特曼，想让他告诉我究竟是怎么回事，”费德勒说，“他呢，从他的角度告诉了我事情的经过。他面对媒体也没有藏着掖着。戈德西克是我的经纪人，福斯特曼的公司又一直活跃在体育界，所以对我来说，从他们的角度了解正在发生的事情很重要。”

这场基于一场商业纠纷的诉讼指控指出，福斯特曼在2007年6月9日，即2007年法网决赛前一天两次各下注2.2万美元和1.1万美元，赌费德勒会赢。结果，费德勒在比赛中输给了另一位国际管理集团的球员纳达尔。如果当时福斯特曼下注赌费德勒输的话，那么情况将会更加复杂和难以解释。

福斯特曼一开始告诉《野兽日报》(*Daily Beast*)他之所以在开赛前一天给费德勒打电话仅仅是因为他是我的“好朋友”。“我不过是打电话祝他好运，”福斯特曼说，“哪里有什么内幕消息?”可是，在通话记录被查时，福斯特曼又坚称自己压根没有在决赛开赛前一天给费德勒打过电话。不过，他的下注至少说明他对自己的球员判断力不够。国际管理集团不仅握有数十名网球选手的经纪合约，同时还拥有一些锦标赛和特殊赛事的主办权。

费德勒和国际管理集团的董事会成员对这件事都深表担忧。费德勒说：“我认为保持高度警惕很有必要，需要对球员正在做什么、身边的随行人员在忙什么、有多少与赌球相关的事情正在发生等有所了解，应该尽可能地减少参与赌球的风险。”“各种消息满天飞。有时就是这么的无能为力。对我来说，这件事有些疯狂。国际管理集团和福斯特曼都被牵涉其中，这当然不是一个好消息，但是我想福斯特曼已经吸取了这一次教训。”

这件事最终并未完全弄清楚，福斯特曼也未被实施制裁。但就在这件事情发酵约 6 个月后，他被诊断出患有脑癌，并最终于 2011 年 11 月与世长辞。他没有在这起诉讼案中出庭作证，这个案件后来被法院驳回。

成为世界上收入最高的运动员

费德勒的公司利润依旧持续上涨。截至 2013 年，费德勒的年收入估值 7 150 万美元。这得益于他的第一次南美巡演和他与香槟品牌酩悦香槟新签的 5 年合约。费德勒因此在 2013 年的福布斯全球运动员收入排行榜上排名第二位，仅次于伍兹但领先于篮球明星科比·布莱恩特。福布斯的收入排行榜当然不可尽信。经纪人们认为它充其量只是对体育明星实际收入的一个预估，而且通常会夸大数字，因为它预估的主要依据来源恰好是各个经纪人，而经纪人故意夸大其词的动机是为了扩展业务。

费德勒有别于其他顶级运动员的地方不仅是其在场上的表现，还在于其在董事会和与赞助商沟通方面的表现。一直以来，他都对自己这种个人化的输出引以为傲。甚至在职业生涯早期，他会在瑞士室内网球赛开赛前专门去和每一位赞助商见面、打招呼。这是他的为人处世之道。

“如果你见过他和赞助商、首席执行官们谈笑风生的样子，你就知道他有多棒，”艾森巴德说，“他会给你一种专门给你留出时间或专心听你讲话的感觉。他不会催你，不会显得不耐烦。如果你是他的粉丝，参加了一个由他的某个赞助商举办的一场百人见面会，那么当你和他说话的时候，你会感觉他在那一刻只和你聊天，并且认真地听你所说的每一句话。他态度真诚，我从没有见过第二个像他这样的运动员，我想这可能与他的成长背景有关。”

安迪·罗迪克告诉我说，费德勒在 2018 年专程来到德克萨斯州的奥斯汀参加他的个人慈善基金会举办的一项活动。该基金会主要是为低收入的青年的教育项目和活动提供资助。“我开车到机场接上他之后，他问我，‘流程怎么安排的?’”罗迪克说，“他接着问，‘能不能再具体说一下你们的工作，我可不想听套话，像我们就是想帮助年轻人之类的回答也太敷衍了’。他还问我，‘我今天要怎么做才能为你们带来更大的价值?’所以你看，他从头到尾都在关心活动本身，而不是着急说什么时候活动结束呀、得花多少时间呀等。”

到达活动现场后，罗迪克原本计划陪同费德勒认识其他一些参加此次活动的嘉宾和捐赠者。没想到，费德勒很主动。“他一下就从我身边离开，直接上前和他最先看到的两个人打招呼。他自我介绍，在房间里走来走去，没有经纪人，也没有其他的经理跟着，”罗迪克说，“我看着他这样过了一小时之后又径直走进了一个满是陌生人的房间。我们基金会的一位董事家里正好有一对双胞胎，我就听见他们俩聊起了双胞胎。他总是能找到与他人聊天的契合点。我对此印象深刻。一个不需要社交的人反而在这方面很擅长。活动结束后，因为飞机晚点，他又回到了募集区开始了新一轮的社交互动。那天，费德勒直到凌晨一两点才离开奥斯汀。即使他对哪儿不太满意，你也根本看不出来。”

我问罗迪克：“与其他精英运动员相比，费德勒究竟有何特别?”他说：“费德勒最让我感到嫉妒的不是他的打球技术或者大大的奖杯，而是他的这种云淡风轻、举重若轻的神态。体育界的大神有的是，像乔丹、伍兹，可是他们身上都缺乏费德勒的那种轻松自如。”

有一年，费德勒专门到访了位于俄勒冈州比弗顿（Beaverton）的耐克总部。他在其中的一间实验室进行了脚部测量。让迈克·中岛记忆深刻的是，当他陪同费德勒走出实验室所在的那栋大楼，准备接着前往下一个目的地的时候，费德勒突然停下脚步说：“哟，不行，我得再回去一趟。”迈克·中岛问他是不是落了什么东西。费德勒回答说他刚才忘记和那些帮助他进行脚部测量的工作人员说声“谢谢”。“于是，我们又重新返回，过安检上楼去说‘谢谢’，”

迈克·中岛说，“现在还有哪位运动员会这么做呢?”

又是一年的夏天，费德勒再次回到耐克总部庆祝“罗杰·费德勒日”，也就是说，在这一天，庞大的耐克园区里的每一栋建筑都会临时以他的名字命名。迈克·中岛说，这既是为了庆祝费德勒业已取得的成就，也是为了让喜欢搞恶作剧的他能和耐克的员工们一起玩笑。

耐克的广告团队被召集到一起观看一则新出炉的广告片。就在此时，费德勒推着一个摆放着咖啡和甜甜圈的手推车突然走了进来，让在座的每一个人倍感惊喜。费德勒接着又出现在耐克公司的健身房。他在前台给前来健身的员工递毛巾。继而，在公司餐厅，他先是化身收银员，后来又做起了咖啡师。“他当然不会煮咖啡了。只见他从一桌走到另一桌，和每个人打招呼‘你好！我是罗杰·费德勒，很高兴认识你’，就好像人们真不认识他一样，”迈克·中岛回忆道，“是不是很有趣，很难以置信？这种事其他运动员会做吗？让对方觉得，‘哇，这主意不错！’你想想如果是莎拉波娃，会吗？应该门儿都没有吧。可是，费德勒会始终面带微笑，乐此不疲。他后来还和一个想和他一起打球的员工玩起了 Wii 里的网球游戏。”

2011 年，俄勒冈大学斥资 2.27 亿美元打造了一个新的篮球场。这个篮球场以耐克的联合创始人菲尔·奈特（Phil Knight）已故的儿子马修·奈特命名。马修在 34 岁那年因潜水事故丧生。因为奈特父子都酷爱网球，所以迈克·中岛觉得如果能在 3 月以网球表演赛的方式庆祝篮球场的落成是个很好的主意。“我们第一个打电话邀请的球员就是费德勒。可那个时候，他已经承诺出席另外一个活动，对方给的酬金有 7 位数，”迈克·中岛说，“结果费德勒问我，‘是为了菲尔吗？’我说，‘是’。他说，‘那我来’。”

2013 年年底，我在《泰晤士报》上爆料费德勒和他的经纪人戈德西克将一起离开国际管理集团成立自己的管理公司，起名 Team8。这个名字其实是费德勒的幸运数字（他出生于 1981 年的 8 月 8 日）。据国际管理集团一位了解内情的高管说，费德勒能够在没有缴纳任何罚款或解约金的情况下轻松离开是福斯特曼在去世前首肯的。自组公司其实是高端市场的一个趋势。伍兹同经纪人斯坦伯格在 2011 年就离开了国际管理集团。纳达尔同他的长期经纪人卡洛斯·科斯塔（Carlos Costa）最近也自立门户。

费德勒一家同戈德西克一家走得很近。费尔南德斯是费德勒孩子的教母，而戈德西克和费尔南德斯颇有网球前途的儿子尼古拉斯则会倾听费德勒的教诲，并出现在费德勒多场比赛的前排。

Team8 的幕后也有美国投资人的身影，譬如伊恩·麦金农（Ian McKinnon）和亿万富翁德克·齐夫（Dirk Ziff）。吸引他们加入的主要是新一代的年轻球员，因为 Team8 一开始便成功签约了年轻的网球明星胡安·马丁·德尔波特罗和格里戈尔·迪米特洛夫。

“即使费德勒日后离开了赛场，他也会因此留下一份不断持续发展的事业，就像高尔夫球界的阿诺德·帕尔默（Arnold Palmer），”时任另外一家与 Team8 有竞争关系的经纪公司——拉加代尔无限网球公司（Lagardère Unlimited Tennis）的总裁约翰·托比亚斯说，“我觉得这样就够了。自立门户也是为了之后不打球的时候收入有保障，戈德西克的财务状况也会跟着好一些。为什么费德勒想要开公司，并且承担更多的责任呢？我不知道。有可能只是因为戈德西克是个比较争强好胜的人。”戈德西克和我说过他想要创造新的价值，而不只是维持和管理费德勒现有的业务。考虑到福斯特曼的去世、国际管理集团即将被出售，以及费德勒职业生涯早期的独立运营经验，这是一个大胆但绝非不合乎逻辑的决定。

费德勒立马投入到了全球球员的招募工作之中。这一点远超他的预期。他运用自己的明星效应和沟通技巧与年轻的澳大利亚球员尼克·克耶高斯及其家人、年轻的德国球星亚历山大·兹维列夫和美国的天才少年可可·高芙（Coco Gauff）取得了联系。最后，3 人中的兹维列夫和高芙正式加入了 Team8。一位行业内有竞争关系的经纪人说现在一些新公司的签约球员方式很特别，他更没有想到“费德勒竟然会乐在参与”。

然而，话说回来，万事岂会一帆风顺。尽管有费德勒这样一块金字招牌，但是 Team8 的招募工作仍然进行得很艰难，且客户和员工流失严重。迪米特洛夫、兹维列夫和德尔波特罗后来都陆续离开了 Team8。才华横溢的美国球员汤米·保罗（Tommy Paul）也与 Team8 分道扬镳。颇受推崇的前 ATP 高管安德烈·席尔瓦（Andre Silva）曾受聘加盟 Team8。他在 2016 年离职后成为一名网球赛事总监。国际管理集团创始人马克·麦科马克（Mark McCormack）的孙子克里斯·麦科马克也离开了 Team8，进入了另一家有竞争关系的公司。

尽管 Team8 挫折不断，但是费德勒的收入总值却在不断攀升。2018 年，他与耐克的新合约出人意料地中途夭折。费德勒转而与日本的优衣库公司签订了为期 10 年的服装协议。有报道称这笔交易的金额高达每年 3 000 万美元，但是业内的一些经纪人认为实际金额不会这么高。这个数额无论如何都远超耐克愿意给一位年龄渐长的超级巨星的价格，哪怕对方的形象干净得一尘不染。

迈克·中岛在谈及耐克与费德勒的解约时说：“我很高兴这件事发生的时候，我已经离开了国际管理集团，否则我会一直耿耿于怀。很遗憾最后的价钱没谈拢。我心想，这是要放走费德勒吗？是在开玩笑吗？太遗憾了。对我来说，费德勒就是网球界的迈克尔·乔丹。他已经在筹划退役之后的事业。我想，只要做得好，就会很成功。如果是你的公司，你怎么会不愿意和这样的名字捆绑在一起呢？”

耐克全球体育营销执行副总裁约翰·斯鲁舍（John Slusher）是耐克当时的首席谈判代表。他的父亲霍华德·斯鲁舍是一位行业内知名的体育经纪人，因一头红色的头发和强硬的谈判策略而被大家昵称为“橙色经纪人”。他后来直接为耐克的联合创始人菲尔·奈特工作。

约翰·斯鲁舍同戈德西克一样毕业于达特茅斯学院，也曾是校内橄榄球球队的一员。他比戈德西克早 3 年，即于 1990 年毕业。不过，这层“校友”关系并没有让双方的谈判顺利推进。斯鲁舍与费德勒的面对面交流或多年来所做的各种善意姿态都没有起到任何作用。马西莫·卡尔维利（Massimo Calvelli）也参与了耐克和费德勒再次续约的谈判。他后来离开耐克后成为 ATP 首席执行官。

“10 年前，15 年前，我们也有过很艰难的谈判，好像已经习惯了，”费德勒对《纽约时报》的记者说，“还算好吧。我们过去一年，甚至一年多都在努力解决分歧。从我的角度出发，我当然会觉得自己的要求都是合理的。”

网球并不是耐克的主要盈利业务。对耐克这样一个全球大公司来说，负责网球的部门只是一个小部门。迈克·中岛说，耐克的年收入接近 500 亿美元，而网球业务只占 3.5 亿美元。根据他的说法，耐克的规则是代言人的签约费不应超过代言业务收入的 10%。这也是为什么耐克转而去培养像小威廉姆斯、纳达尔和莎拉波娃这样的球星。他们在 2018 年时均未退役。与此同时，还有像克耶高斯、丹尼斯·沙波瓦洛夫（Denis Shapovalov）和阿曼达·阿尼西莫娃（Amanda Anisimova）这样的后起之秀成为了耐克的签约对象。迈克·中岛说，如果耐克要满足费德勒的要求，那么它就必须打破签约费不超过收入的 10% 的这个上限。

回到 2008 年，菲尔·奈特曾直接参与了耐克与费德勒签订 10 年高额合约的谈判。这一次，费德勒希望奈特能再次代表耐克参加谈判。可惜，2018 年的奈特已 80 高龄，早已离开了耐克的日常管理，仅担任名誉主席一职。因此，2018 年的谈判主要由约翰·斯鲁舍和前首席执行官马克·帕克（Mark Parker）牵头进行。他们或许都没有想到费德勒会真的离开他们高端、高性能的运动服装品牌，转而投入到一个低端快时尚品牌的怀抱。费德勒说这是一步险棋。尽管耐克财大气粗，但是优衣库的出价实在是高出很多。“费德勒并不想离开耐克，”迈克·中岛说，“当戈德西克告诉马西莫·卡尔维利他们已经和优衣库达成合作之后，我听到卡尔维利哭了。如果是我，绝不会让这种事情发生，绝不会。”

网球界的一些人对费德勒没有接受耐克相对较低的报价以换取耐克长期打造罗杰·费德勒同名品牌 RF 的合约而感到有些吃惊。这个同名品牌的设立与耐克之前推出的迈克尔·乔丹的同名品牌的运营模式完全一样。

“有自己的品牌一直都是我的一个梦想，”费德勒曾对我说，“阿加西有自己的品牌线，对吧？乔丹也有。我觉得这个很酷。不是说我自己会怎么样，或者，我会和其他的网球球员或运动员吹嘘‘你看，我也有自己的同名品牌’。对我来说，更重要的是我的球迷能够买到与我相关的周边产品，就像你买到了一件印有某个足球运动员名字的球衣一样。我很喜欢根据我的名字首字母 RF 设计的品牌标志。对耐克愿意为我设立同名品牌，我感到很自豪。因为如果他们为我这么做，那么可能会有其他 50 个人过来敲门说，‘那我呢？’”但是，当 20 多年后费德勒决定踏上新征程的时候，他还需要花费差不多两年的时间才能从耐克的手中拿回 RF 品牌标志的实际控制权。

“你能看到的价值也许并不是品牌方能看到的，”费德勒在谈到与耐克无缘续约时说道，“我很高兴我们最后选择了优衣库。这个决定现在被证明是正确的。”由于与优衣库的合约并不包括鞋类，所以费德勒还投资了一家瑞士的跑鞋公司 ON 并帮助对方开发了一款网球专用鞋。2021 年，费德勒第一次穿上 ON 的网球鞋参加了比赛。

与优衣库的合作让费德勒的经济收入达到了一个新的高度。《福布斯》在 2020 年年中将他评为全球收入最高的运动员，称其年收入为 1.063 亿美元，其中只有 630 万美元来自正式的比赛奖金。这既是费德勒第一次也是所有网球运动员第一次高居全球收入榜榜首。至此，他遥遥领先于足球明星罗纳尔多、梅西和内马尔，以及 NBA 明星詹姆斯、库里和杜兰特。费德勒之所以能在自己 39 岁这一年独占鳌头，部分原因在于全球新冠疫情导致了很多职业体育赛事的停摆。大部分职业运动员的收入在 2020 年大幅减少。

毫无疑问，费德勒过着奢侈的生活。可是在现阶段，卢蒂及其他一些熟悉费德勒的人并不认为巨额的财富改变了他的本性。“老实说，我觉得他在巴塞尔自己刷房子会很快乐，”卢蒂对我说，“金钱会带来很多问题。尽管大家都想越有钱越好，但不是人人都有能力处理好那么多的钱。我觉得费德勒就处理得非常好。”

除了费德勒累积的个人财富与高芙正在进行的投资组合，Team8 的核心业务依然是拉沃尔杯。如果这项赛事成功举办，那么这必将是费德勒留给网坛的一大贡献，也是他作为团队队长或组织者继续参与比赛的载体。为了拉沃尔杯的发展壮大，费德勒和戈德西克一直在努力推动它成为 ATP 的巡回赛事。他们想要确保拉沃尔杯的举办时间为每年的 9 月下旬。然而，改组后的戴维斯杯也看好了这个时间段。费德勒和戈德西克更是无法阻止急躁的法网决策层在新冠疫情期间单方面将法网的比赛时间移到了原本属于拉沃尔杯的那一周。不过，由于新冠疫情引发的集会限制，2020 年原本计划在波士顿 TD 公园举办的拉沃尔杯最终不得不被延期了。

生活和比赛同样精彩

2018 年 3 月，费德勒的私人飞机在清晨七点从加利福尼亚州的沙漠起飞。他在飞行的前半段同戈德西克、卢蒂和我一起共进早餐并谈论起网坛现状。我们的讨论漫长且复杂。费德勒听得多说得少。我们一路从戴维斯杯的变革聊到了社交媒体对新闻行业的影响。费德勒和戈德西克的交流流露出一种彼此熟悉的轻松打趣。在意见相左的时候，他们俩也会不由自主地提高音量。显然，费德勒的身边绝非只有点头哈腰之辈。

“这就是费德勒的性格。他就事论事，不会将你的不同意见看作你在针对他，不会因此血脉偾张，”保罗·安纳科内曾对我说，“他乐意坐下来和你谈，会说‘哦，我明白了’，会适时地后退一步，对一件事客观地做出自己的评价。”

卢蒂说，他同安纳科内在执教费德勒期间认识到，他们完全可以同时给费德勒两种不同的意见，无须先达成共识再提出一个建议。“有的球员在听到不同的声音的时候，可能会变得很紧张，”卢蒂对我说，“但费德勒不一样。他喜欢听到不同的意见，而后自己再判断决定。在他面前，你完全可以做自己，表达你想表达的。说实话，我很看重这一点。我觉得这也是他最大的个人魅力。我们不是在所有问题上都会意见一致，但这恰好就是互相讨论的乐趣所在。”

费德勒在一个独立的客舱里小睡片刻后，他用一场测验来为他的首次芝加哥之旅热身。

“美国国家橄榄球联盟（NFL）的球队是……”“芝加哥熊队。”他回答道。

“美国国家冰球联盟（NHL）的球队是……”“芝加哥黑鹰队！”

“美国职业棒球大联盟（MLB）的球队是……”“芝加哥小熊队！”

“还有，这个是……”费德勒停下来略有思考，接着突然想起了正确答案：“芝加哥白袜队！”

这个成绩对于一个看足球比赛比看棒球比赛更多的瑞士人来说已经不错了。费德勒是个体育迷，年轻时是NBA和芝加哥公牛队的忠实粉丝。他17岁时房间里还贴有迈克尔·乔丹和沙奎尔·奥尼尔（Shaquille O’Neal）的海报以及一张帕米拉·安德森（Pamela Anderson）身穿泳装的海报。芝加哥吸引费德勒的部分原因是：他想在芝加哥公牛队的主场地——联合中心球馆举办拉沃尔杯。飞机降落在芝加哥中途国际机场（Midway Airport）后没多久，我们就来到了联合中心球馆。克耶高斯同我们一起参观。来自澳大利亚的克耶高斯是拉沃尔杯世界队的参赛选手。他对网球的热爱有点三心二意，实际上，他更希望自己是一名NBA球星。

此次参观的最大亮点是负责接待的陪同人员：斯科蒂·皮蓬。他可是芝加哥公牛队中仅次于乔丹的二号人物。当皮蓬陪着我们走进公牛队的队员更衣室、踏上比赛场地时，费德勒异常兴奋。“见到皮蓬，我特别惊喜，”费德勒对我说，“克耶高斯最近才爱上篮球，而我关注篮球的日子可以一路追溯到皮蓬打球的那个时代，那时候真是迷得不行。”

费德勒一行人在芝加哥停留的4小时就像一场延长的快攻。他们不仅去了联合中心球馆，还到访了深盘比萨店、芝加哥剧院、千禧公园，最后在芝加哥体育协会的酒店同罗德·拉沃尔、拉沃尔杯世界队的队长约翰·麦肯罗、世界队的球员克耶高斯以及芝加哥市长拉姆·伊曼纽尔（Rahm Emanuel）一起出席了记者发布会。“费德勒的生活如果不紧锣密鼓，那就不是他了。他认定生活理应如此。”戈德西克说。

在乘车返回机场的途中，我同费德勒一起坐在汽车后座。他将再次搭乘私人飞机前往下一个目的地迈阿密。我问他现在这个阶段是否还有自己独处的时间。他笑了笑，一副对这个问题颇感意外的表情。他说："没有那么多。偶尔孩子不在身边的时候，我会和米尔卡两个人出去旅行。如果说只有我一个人时，我想就是在酒店房间里会有自己独处的时间。"

费德勒也承认，即使行程再满他也想要有时间置身于大自然或是一个非常平和的环境。但是，他对这方面的需求并不强烈。显然，他对需要四处旅行的生活并没有感到厌倦。"就比如今天，"他说，"我们迎着朝阳，在风和日丽的印第安维尔斯搭上飞机来到了这里。突然一下子变得这么冷。两个地方的感觉完全不一样。这就是旅行的魅力，你会去到截然不同的地方。我喜欢这种感觉，真的，可以说很享受。"

不用排队过安检，也不用等待办理登机手续的旅行，当然会让人更容易看到旅行美妙的那一面。坦白讲，费德勒的身上的确自带一种能够成为超级网球明星的特质，他不仅喜欢赛场上的感觉，也享受与比赛相关的一切。一般来说，赛场外的很多东西恰恰是其他球星会经常抱怨的部分。拉沃尔杯对费德勒来说，就是一座连接几代网球人的桥梁。我们会感受到从参加职业比赛的拉沃尔到未来网球明星的历史变迁。

"网球的世界一直在不停地发展，有时身为曾经的传奇人物，你也会有一种迷茫的感觉，"费德勒说，"所以，我想让退役的昔日传奇能有一个被人看见的平台。今时今日，网坛需要这些传奇。传奇人物的身上总会有很多的故事。这也是我喜欢拉沃尔杯这个想法的原因。对我来说，拉沃尔本人就很突出，但他显然并不是那个时代唯一的代表，还有卢・霍德、肯・罗斯威尔。这些人物都值得好好琢磨。托尼・罗奇和我讲过不少他们的故事。我想，如果有一种方式可以表达我们的感谢，感谢他们对网坛的贡献，那会是一件好事。很多故事都被遗忘了。如果你往深里挖，你会发现，哇哦，之前的网球球员真是太了不起了，譬如他们会在 200 天内去 150 个不同的城市打球。那时候的巡回赛就像四处奔走的马戏团，真的。”

与此同时，费德勒也有心帮助新一代的年轻球员。他想要提醒年轻的球星“铁打的网坛，流水的兵”，千万不要被眼前的名利蒙蔽了双眼。“我的人生信条就是‘对你感兴趣的事情，就要对其方方面面都感兴趣’，”费德勒说，“无论是财务状况、经纪公司还是与经纪人的沟通，你的赞助商、你的税收，无论什么，都不要让其他人为你做决定。因为无论哪里出现问题，你都是最大的责任人。这是我对所有人的忠告。”

我问他：“当你向年轻的球员分享心得时，你想在对方的眼中看到什么？”费德勒回答说：“我觉得他们在经过思考后会说，‘嗯，这个想法不错’。于是我就会说，‘那好，去做吧’。”

我们乘坐的汽车一路开到了停机坪，停在了私人飞机的旁边。费德勒的首次芝加哥之旅就要结束了。突然，一股强风袭来，瞬时他怎么也打不开车门。或许那一刻才是他对芝加哥最真切的感受。车门终于打开之后，他礼貌地和大家说再见。就在他走上登机梯时，又一股寒风扑面而来。好在，他最终顺利地躲进了机舱。

我和费德勒一起的这趟旅行结束了。在我写完一篇专栏报道的第二天，我一下子又回到了自己的世界。当我坐在美航飞往波士顿的经济舱的中间座位，手扶着托盘和自己身旁的两位乘客共用扶手一起吃晚饭时，我好像突然被打回了原形。这就是现实，在我体验了无缝衔接的奢华美妙之后给我的迎头痛击。

抵达波士顿洛根机场后，我坐上了一辆长途大巴。它会一直往北，开往新罕布什尔州边境附近的一座小镇。我到达小镇时已凌晨两点。时间太晚，已经没有出租车了。我只能顺着大路拖着行李独自步行大约 5 千米回家。回想这趟旅行之初，我是多么光鲜亮丽，而此时我是如此落寞孤寂，于是便忍不住在苍茫夜色中大笑三声。这种独自前行的感觉，我想，费德勒大概很难体会。

16 离开网球之后的生活

瑞士，费尔斯贝格

此刻，罗杰·费德勒正在清扫以他的名字命名的球场上的红土，就像是一名木工在车床忙碌一天后清理工作间地板一样。他已经离开自己的第一个网球场太久了。曾经在场上侧滑的身影、球落地后沉闷的反弹声以及一些老习惯，譬如拖拽着厚厚的球网扫平地面为下一拨球员出场做好准备等，都给人一种恍若隔世之感。

纳达尔也会经常清扫自己的练习场地，一举一动中透着谦逊。人们总会乐意看到超级明星和自己这个普通人做着毫无差别的事情。“连罗杰·费德勒都会清扫场上的红土，”费尔斯贝格（Felsberg）的网球俱乐部主席托尼·波尔特拉（Toni Poltera）一边看着费德勒清理场地一边感慨道，“这就是为什么他招人喜欢的原因。他不高高在上，而是很接地气。”

回到瑞士

2019 年 4 月，我登上阿尔卑斯山，准备花一天的时间观看费德勒的日常训练，并为《纽约时报》做一次专访。这次访问是关于他时隔 3 年之后再次重返红土球场的感受以及他与瑞士之间的联系。

费德勒完全可以选择其他低税收（甚至零税收）的地方作为自己的居住地，可是踏遍千山万水的他却依然选择留在瑞士，尽管他在迪拜购买了海景公寓，在南非有私人豪宅，尽管他也由衷地喜欢在这些地方彻底放空的感觉。“在这里，一天结束之后，我会感觉很‘瑞士’，”费德勒说，“这也是为什么我想让自己的孩子在这里长大的原因。一想到家，就是这种感觉。虽然米尔卡有斯洛伐克的背景，我有南非的背景，但是我们在这里感觉最开心。”

在训练间隙，我和他一起开着他的那辆奔驰车来到了库尔（Chur）。他带我走进了一家名为莱茵费尔斯（Rheinfels）的家庭式比萨店共进午餐。他在席间说了上面这番话。那天，餐厅的主要用餐区座无虚席。餐厅女主人上前带着我们走进了隔壁的一个房间。我们因此得以安静地一边吃饭一边聊天。就在我们走过主餐区的时候，在座的客人们纷纷回头，可是没有人做出夸张的手势或是惊呼的表情。

大家显然都看到了费德勒，但是没有人上前打扰，至少一开始的确如此。点餐后不久，有一家人跟着餐厅的女主人小心翼翼地踮着脚尖走了过来，他们用瑞士德语询问费德勒能否与他们拍张合照。我们的谈话刚说到一半被打断让费德勒看上去有点不爽，但他很快就从木椅上站了起来，面带微笑地答应了。费德勒应该是迄今为止国内外最著名的瑞士人。然而，人们看到他的反应不是披头士乐队歌迷的那种狂热，而是一种极其克制的平静。

费德勒的长期教练兼好友塞韦林·卢蒂对此深有体会。“如果去泰国或其他什么地方，哪怕是去度假，人们通常会问你从哪里来，我回答说瑞士，他们就会立马脱口而出，‘罗杰·费德勒！’”卢蒂说，“这种事经常发生。”可能，有意炫耀的人此时会马上说一句：“我认识他。”“我基本上不会告诉对方我认识费德勒，”卢蒂说，“我会好奇他们的反应。我不想听上去像是在炫耀。”

卢蒂的态度就很瑞士。怎么说呢？瑞士是一个强调人人平等且为人处事要谨慎、低调的国家。费德勒认为正是这种彼此尊重又非常低调的社会氛围延长了他的职业生涯。“我觉得回到瑞士有一种解压的感觉。”他说。

不过，对于一位职业生涯超过 20 多年的明星球员来说，他显然是大家集体回忆的一部分。费德勒觉得无论自己遇到的瑞士人有多“冷”，他都会在心里有一份感念之情。“人们有时候看我的眼神，好像我是一个政治家，”费德勒笑着说，“大家通过电视、广告和采访认识我、熟悉我，所以我好像理应和遇到的每一个人打招呼。”

我问费德勒，对他而言，瑞士人的性格有什么特点呢？他说：“嗯，我觉得是内敛。这种内敛、克制表现在很多方面。但是，如果你真的认识了一个瑞士人，你就会发现对方其实很开放，也很有意思，你们或许会成为一生的朋友。瑞士本身就有 4 种官方语言，又深受德国、法国、意大利和奥地利的影响，所以整体上给我的感觉像是个大熔炉。瑞士是一个容易四处走走就能改变你的世界的地方，比如现在我们坐的这个地方，开车两三小时我们就会到达米兰，一个和这里完全不同的地方。”

尽管费德勒在瑞士的生活谈不上与普通人完全一样，但是他的生活让你感觉一切都在可控的范围之内。餐桌上全程只有我们俩，既没有随从也没有保镖。除了偶尔有人前来拍照，我们俩从喝汤、吃比萨饼到最后喝浓缩咖啡的两小时里的大部分时间都很安静、从容。“我不是特别相信星座之类的东西，但怎么说呢，我是狮子座，”费德勒说，“我觉得狮子座的人会在自己愿意的时候成为人群的焦点。对我来说，网球就能很好地满足这一点。我会享受在场上的时光，偌大的体育场、音乐、媒体、人群的关注，等等。但与此同时，我又可以在比赛结束后彻底地远离它。”

费德勒的这番话让我心有戚戚焉。甚至可以说，我有一种低版本的感同身受。作为一名体育记者，我需要面对压力，需要面对人群的喧嚣，需要在众人狂呼呐喊的声浪中顶着截稿日期在记者席上奋笔疾书。哪怕我只想做一名置身事外的观察者，但我还是会受到周围人群涌动的热情和情感投射的影响而深陷其中。虽然我是射手座不是狮子座，但是每一次报道完大满贯、奥运会或世界杯这样的大型赛事，我都会想要隐遁至一个平静、安逸的去处：林间田野、山间小路、翠柳鸟鸣或流水潺潺处。总之，我想要远离一切的喧嚣与嘈杂。这个过程就好似我们需要从一个极端的状态到另一个极端的状态才能找到生活的平衡。

费德勒对此深表赞同。“我在瑞士会觉得自己找到了平衡，重获了内心的平静，”他用自己没有端咖啡杯的那只手做了一个“一扫而过”的手势，接着说，“所以，能让孩子们在山里长大是件幸运的事。这不是我们最初的计划，只是碰巧买到了一块地，五六年、六七年前盖起了房子。就这样，我们有了一处可以远离城市喧嚣的僻静之所。”

费德勒一家的房子建在瓦尔贝拉，距离伦策海德的滑雪道和步道不远，离达沃斯 45 分钟车程，离圣莫里茨（Saint Moritz）也不过 1 小时的车程。住在这里也就意味着费德勒要在高海拔的地方进行训练。费尔斯贝格的海拔是 572 米。这个高度，稀薄的空气足以让网球的运动速度更快。与此同时，费德勒也可以在莱茵河畔舒适且朴实的费尔斯贝格网球俱乐部里打球。尽管世人皆知的交响乐并非为莱茵河这一段狭窄的河道而写，但是你放眼望去还是会被大自然的雄壮之美迷倒，即使到了 4 月下旬，高山顶上依旧是白雪皑皑。

我和费德勒一起共度的这个周二充满了奇妙的背景音乐，有鸟鸣、牛叫、过往的车声和清脆的网球落地声。费尔斯贝格网球俱乐部里有一整面的击球墙和一个用木头搭建的乡村风格的俱乐部会所。会所的装饰给人的感觉像是某个着急踏上 3 个红土球场之一的人敷衍了事完成的。我在参观时看到墙上挂着一幅费德勒和他的朋友兼长期训练伙伴汤米·哈斯的合影。

一副破旧的球拍就挂在俱乐部的入口处。“这可不是我的。”俱乐部主席波尔特拉开玩笑地说。他生性开朗，身穿牛仔裤和连帽运动衫，因这里的简陋设施与费德勒之间的联系而流露出一种自豪感。“今年是费德勒来这里打球的第五还是第六年了，”波尔特拉说，“他会不会来这里打球不好说，取决于很多事情，包括天气。”

当然，也取决于口碑。如果经常去一个地方打球，球迷自然也会蜂拥而至。瑞士人尽管很内敛，但没有人会拒绝免费观看费德勒打球的机会。“我们喜欢在不同的地方打球，”那天早上卢蒂在库尔火车站接上我之后对我说，“有些变化是好事，不能让大家总是很清楚我们在哪儿练球。”

除了场地，费德勒的团队还喜欢挑选不同的陪练伙伴。他们经常会邀请年轻的瑞士球员，譬如在库尔长大、目前在比尔的国家训练中心学习的雅库布·保罗（Jakub Paul）。“有一天，我在家里休假，突然接到了卢蒂打来的电话，问我是否有时间和费德勒一起打球，”保罗对我说，“我说当然有时间啦。之后我就和费德勒一起在那家小俱乐部里练球了。”

在我到访的那一周，费德勒的练习搭档是丹·埃文斯（Dan Evans）。这位和费德勒一样喜欢单手反拍的英国老将有着一身显眼的文身。他在年轻时常打壁球。埃文斯因吸食可卡因被禁赛一年后于2019年再次打进了男单排行榜。他多变且富有创造性的打球风格不论在什么场地上都很有特点，但是和费德勒一起练球时，他的优势却完全体现不出来。

不过，练习场上进行的不是典型正规的红土球场的比赛，而是更加随意的临场发挥。“让我们回到80年代的打法：削球制胜！”费德勒在一连串的多拍回合后，在以自己名字命名的罗杰球场上喊道。

由于住所离场地很近，费德勒每日在上午10点开始练球前会先在位于瓦尔贝拉的家中拉伸热身，而后在场上练习步伐。整个过程中他不拿球拍，似乎有意测试自己滑步的幅度。“有时候，我觉得在红土球场上遇到的挑战就是如何做到不为滑步而滑步，”费德勒说，“这一点，我觉得纳达尔或其他顶级的红土场的球员都做得很好。他们只有在真正需要的时候才会滑步。问题是在场上，你会不由自主地觉得‘哦，滑步好有趣’，所以哪怕是感觉自己控制有困难的球，你也会想要滑步接球。”

漫长的午餐结束后，费德勒没有再进行场外拉伸就直接上场了。这对于一位后背和膝盖有问题的37岁老将来说着实让人有些惊讶。“他应该先热身一下，通常都会的。”卢蒂对我说。

那一天，通常都在现场的体能训练师皮埃尔·帕格尼尼刚好不在。不过，费德勒和卢蒂都强调保持热身活动的新鲜感非常重要。“有时在赛前，理疗师想完美地完成他的工作，我不得不说后背练习千万不要一下就练10分钟，”卢蒂说，“有时就是得互相妥协。对一位已经参加了20多年世界巡回赛的选手来说，他的身体状况和之前还是有差别的。以往，他跳两下就能上场。当然，你也可以思虑周全，事无巨细地做好保护，但那样有可能会把人逼疯了。”

费德勒坦言他现在已经开始在意场外的准备工作了。他说："过去这几年，我热身的时间变长了，会做伸展，会有按摩。但我也和团队的工作人员说，'我能做的也就这么多。你看我的妻子、孩子都在观众席上，我得享受比赛。我不可能打一小时的球，接着花三四小时来缓解身体压力'。所以，我们需要找到一个双方都能接受的平衡点。"

这让我回想起费德勒非常喜欢用握紧的拳头来比喻。如果保持某一种紧张的状态太久，尤其是在场外，那么身体上会感到疲累，精神上也会不堪重负。年纪渐长的纳达尔会有怎样的感受？我们拭目以待。纳达尔采用毫不惜力的打法，实际上他在网坛的活跃时间比我们所有人预期的都长。他的状态却很难与费德勒相比。

独属于费德勒的松弛感

法国人经常喜欢用一个词"relâchement"来形容费德勒的网球世界。这个词可以译作"放松的"，但可能更贴切的说法是"松弛的"。对我来说，一位网球球员是否具备某种"弹性"最为关键，换句话说，他是否具备流畅的动作、天赋之力，以及在移动中和压力之下是否具备施展魔法的能力。"即使费德勒增加 9 千克的肌肉，也不能保证他在击球时使出更大的力量，"费德勒的前教练何塞·伊格拉斯对我说，"事实上，他的击球动作反而会变慢。这与增加体重无关，与掌握节奏的技巧有关。"

全球最棒的网球摄影师之一——埃拉·林（Ella Ling）早年曾拒绝为费德勒拍照，原因就在于她觉得费德勒的情绪过于克制。后来，她改变了自己的想法。她对我说："他在击球时面部没有太多变化反而说明了很多问题。换句话说，打球对他来说是一个非常自然、毫不费力的过程，是他的身体和心智的一种自然外延。这一点非常独特。我很怀疑我们是否还能有幸在场上看到类似的状态。”

费德勒的“松弛”显然让他能在一众同龄人纷纷选择退役的时候依旧活跃在网坛上。1999 年法网（费德勒参加的第一个大满贯）的 128 名单打选手中，他是唯一一位仍在参加世界巡回赛的单打选手。当我和他提及这个统计数据时，他说：“是吗？同期的再没有了吗？”

其他几位与他年龄相仿，甚至年长几岁的男单选手还在参加比赛，譬如他青少年时期的对手、左手执拍的西班牙选手菲里西亚诺·洛佩兹和身形高大、留着灰白胡须、发球很猛的克罗地亚球员伊沃·卡洛维奇。

早在 1999 年，费德勒凭借一张外卡在巴黎领先于同期的其他球员参加了法网。20 年后，他凭借四大满贯及巡回赛冠军的头衔依旧独占鳌头。2019 年早些时候，他在迪拜赢得了自己的第 100 座冠军桂冠，在迈阿密又赢得了自己的第 101 座。

费德勒的成功到底是先天的还是后天的？“我的天赋或许我帮助能很好地塑形和掌握技巧，避免过度损耗身体，”费德勒说，“但是今天的成绩大多归功于我合理的日程安排、辛苦的训练和场上心理素质的提升。虽然我认真地对待每一场比赛，但也能做到及时释怀。譬如，今天的这顿午餐对我来说就是一个放松休息的时间。我在心里会对自己说，‘你看，早上一直在努力练球，那么现在要好好吃个午饭，之后再精神百倍地返回训练场’。这种张弛有度非常重要。”

在费德勒的身上，你会看到自律与自发性的奇妙融合。或者说，它们不是一种融合，而是如同交流电相互交替、轮流出现，自律与规划让他能够全神贯注地活在当下，并且能有力抵制外界的干扰，保持自己自然的节奏。

自 2009 年开始，有关他何时退役的问题就一直被反复提及。可是，到了 10 年后的 2019 年，费德勒依然声称自己还没有仔细考虑过这个问题。“这个问题可以尽量留待以后再讨论，要看将来的生活怎么安排，”费德勒说，“网球、生意、家庭，究竟各占多少比例？我想让米尔卡和孩子们先做出选择，再以此为基础进行讨论。我不想过早地承诺什么，免得日后后悔。说实话，我真不知道。我经常对自己说，如果我老想着退役的事，那我实际上就已经走在了退役的路上了。我感觉如果我开始规划退役后的生活，那也意味着退役的事已经开启了一半。”

“退役的念头会影响你在场上的表现吗？”我问。“不会影响某一场具体的比赛，但会影响我对自己的整体期望，”费德勒说，“我想，等到了退役的时候，我自然也会明白其中的感受。我在这方面没有什么压力。”

这么多年来，费德勒也在影响或者说阻碍着其他选手的时间线。“‘你早就是世界第一了，赢了四大满贯，那接下来呢？不就应该结束了吗？’”费德勒模仿起他听到的声音，“很多人都会这么想，真的。”

现在这个阶段，费德勒能感觉到人们对他网坛之路的终点多有想象。不过，对像我这样的职业体育记者来说，这也是一件不得不加以预判的事情。“我能感觉到他们想要捕捉更多的东西，就好似有一张大网正在逐渐收紧，”费德勒说，“每个人都想要更多额外的采访机会。我知道他们在以防万一。但也就这样，没什么不好的。”

费德勒留给未来球员的另一项福利是，他的存在会让未来的冠军们在职业生涯的晚期免受像他遭受到的这样喋喋不休的询问。“希望如此吧。”他说。

“我的意思是，瓦林卡现在说他还想多打几年，”费德勒说，“他才刚满 34

岁。这个年纪放在以前大家觉得廉颇老矣，但是现在人们觉得他完全可以再打上个三四年、四五年。”费德勒一边说一边做了个手势，提高了音量。“你看，再来 5 年，就 39 岁了，”他说，“但这很难，因为顶级球员都很强壮。”

费德勒不是那种只管自己春风得意，不在乎网坛未来的球星，至少在“三巨头”的时代不是这样。他对新一辈的网坛新秀有一种天然的好奇心。这不仅仅是因为他与他们有互相交手的机会，更是因为他想知道谁会一路披荆斩棘成为世界第一，赢得多个大满贯冠军，从而带领着他热爱的网球运动一路前行。

那天午餐快结束的时候，我们坐在已喝完的咖啡杯前，开始聊起各自看好的年轻选手。“也许会是亚历山大·兹维列夫？斯特凡诺斯·齐齐帕斯（Stefanos Tsitsipas）可能也不错？”他说话的感觉与其说是确信还不如说是好奇。

我们还提到了其他几位球员的名字。“你很清楚网坛什么样，这项运动总会诞生超级巨星，所以我倒不担心会后继无人，”费德勒对我说，“也许当我们这一代人都谢幕了，他们才会真正地释放出潜能。或许，他们需要大赛的磨砺才能拥有一种对自己的确信。我那个时候就是如此。譬如，我就需要温网的桂冠来证明‘我能打出这样的好成绩’。当然，他们还需要面对挑战。不能一上来就说，‘我要成为世界第一！’大家会觉得，‘哟，稍等，现在的世界冠军是德约科维奇，好吗？’或者‘嘿，小伙子，你知道怎么才能打败纳达尔吗？’”

费德勒自 2016 年以后就没有再参加过红土赛场的巡回赛。2017 年，为了成功复出，他养精蓄锐，保护好术后的膝盖，并选择跳过了当年的红土赛季，最终以未丢一盘的成绩在温网夺冠。2018 年，看到当时的训练和比赛模式进展顺利，费德勒又一次选择跳过红土赛季。而且，更为重要的是，他想在当年的 4 月隆重地为米尔卡庆祝 40 岁的生日。“她为我做了那么多，与其说送她一些你能花钱买到的东西，倒不如说带给她一些回忆和经历，”费德勒说，“我希望她知道我们要去旅行，去某个地方，但对其中细节一无所知。通常，所有的旅行都是她策划安排的。所以这一次，就留给我吧。”

家庭旅行结束后，费德勒和米尔卡又同差不多 40 位朋友一起前往伊维萨岛（Ibiza）。这是一段只有大人没有孩子的成人之旅。费德勒在休假期间几乎没碰网球，但他还是看了纳达尔在意大利公开赛决赛上三盘战胜亚历山大 · 兹维列夫的大部分比赛。“我当时在海边的一个酒吧，看的是电视直播，”他说，“我们一帮朋友一起。米尔卡很喜欢交朋友。她知道我们想邀一些朋友去伊维萨岛。她定的名单，但之后的安排，我对她说就全交给我吧。那一天真可谓惊喜不断，那个感觉真是太棒了。”

“费纳争霸”的最后对决

到了 2019 年，费德勒做好了参加全年所有赛季的准备。他不再需要在春季专门休息两个月。他相信参加红土比赛会提升在温网草地球场上的获胜机会。2018 年，他在温网四分之一决赛上，在拿到一个赛点之后却在五盘大战中输给了凯文 · 安德森。“我觉得去年我在草地球场的时间太长了，”费德勒说，“我感觉参加红土场地的比赛会有助于我全速击球。在草地球场上，你有时间控球。可是在红土球场上，你必须全速出击。所以，先红土、后草地会让我从中受益。更为重要的是，我想重返巴黎，重返红土球场。”

2019 年，费德勒重返红土赛场后，先在马德里打进了四分之一决赛，接着在自 2015 年以来首次亮相的法网打进了半决赛。在他缺席的这几年，法网并没有什么变化。纳达尔依然是红土之王。费纳相争 6 次，费德勒一直不占上风。就在法网历史上狂风大作的那几天，费德勒连失三盘再次落败。飞扬的红土吹进了球员的眼睛，也吹走了现场观众头上的巴拿马帽。2019 年的法网遭遇了一场巴黎的沙尘暴。“最后变成只要能打到球就不错了，是不是很夸张？”费德勒说道。

然而，纳达尔凭借其在深区的位置和力道强大的上旋球，更好地应对了这种糟糕的天气。他在法网罗兰·加洛斯球场上的表现总是那么出色。“他在红土球场上像是有一种超能力，”费德勒说，“我很早之前就意识到了这一点。我看上去不像是在努力抗争，但实际上我拼劲了全力。我不想认输，直到最后一秒也在想着翻盘。可是，随着比赛的持续进行，他在风中的表现越来越好。”

不过，费德勒真正的目标还是温网。他抵达温布尔登时全身心都已调整到了最佳的状态。他先在哈雷的草地球场上第 10 次夺冠。接着在温布尔登，他在横扫前 5 场之后进入了与纳达尔对战的半决赛。这是他们俩在全英俱乐部自 2008 年的那场决战之后的首场比赛。此时此刻，人们禁不住回想起当年的精彩对决，如今已 33 岁的纳达尔和 37 岁的费德勒在互相对战 10 多年后依然能在大满贯赛事上再次相遇，不由得令人惊叹。

从 20 世纪初开始，费德勒和纳达尔便从之前的“费纳之争”过渡到了与诺瓦克·德约科维奇一起的“三足鼎立”。随着安迪·穆雷的崛起，“四大巨头”也浮出水面。后来，瓦林卡的出现又让整个局面更加多元和复杂。2019 年，由于穆雷和瓦林卡相继因伤退赛，国际网坛又重回“三足鼎立”之态。德约科维奇曾分别击败过费德勒和纳达尔。重返世界排名第一的他早些时候在温网中央球场击败了罗伯托·布蒂斯塔·阿古特（Roberto Bautista Agut）进入了 2019 年的温网决赛。

人们期待已久的“费纳之争”这一次并没有上升到两人在 2008 年一起创造的那个高度。这场温网半决赛只打了四盘便宣告结束。整个过程既没有悬念迭生，也没有一路战斗至暮色渐起，而是天黑前就结束了。

不过，这场两人第 40 次交手的比赛因为双方对场地的出色把控力而依然引人入胜。纳达尔比以往更靠近底线，意图抢占先机。他和教练卡洛斯·莫亚都非常清楚费德勒自 2017 年回归之后在快速场地上往往能做到全面控场。莫亚提及 2017 年澳网时说："费德勒的反拍进步很大，我在澳大利亚被他惊艳到了。我和纳达尔也因此都意识到我们必须有所改变。当然，在红土球场上，纳达尔更容易自我调整，也能更好地应对那些想要打乱他节奏的对手。"

费德勒在草地球场面对挑战，在抢七局一连拿下最后 5 分，赢得了局势紧张的第一盘。接着，他在第二盘错失时机，两次丢掉发球局，更因为反复出界丢失了最后 23 分中的 20 分。费德勒经过披荆斩棘拿下了第三盘。之后，两个人在第四盘的表现都达到了各自的最高水平。他们开始通过反拍位击球和侧身正手击球连连打出制胜球，不再出现连续的失误。

"你希望能遇到他的精彩击球，结果他就是这么给的，"费德勒谈到纳达尔时说，"你要做的就是一唱一和，一来一回，让这种精彩的回合球能一直持续下去。问题是，你总在自己的极限范围内游走，稍不小心就面临着破发点的巨大风险。这时你就很难说'我就是要义无反顾'，但实际上你明白这是很难的。你得学会在场上找到平衡。现在，我能很快地找到这种平衡，带着一点禅意，冷静地处理场上的变化。"

长期以来，人们很难从纳达尔身上看出来他是输是赢，是满意还是沮丧。然而，随着年龄的增长，他反而变得情绪外露。在第六局正手回球失误后，他猛地朝自己的脑门拍了一巴掌。比赛后期他反拍削球失败后，前倾着身子对自己多有责备。然而，纳达尔毕竟还是纳达尔。即使在 3–5 落后的情况下，他依然在势均力敌的五平挽救了两个赛点。接着，在费德勒的发球局，他又赢了两个赛点。两个人都有不错的制胜球：纳达尔侧身正手终止了高速的 24 个多拍回合，接着一记自信的反拍穿越球挡住了费德勒的一个毫无威胁的进攻。但是费德勒在拿到第五个赛点之后即锁定了战果，第 12 次成功打进了温网决赛。他兴奋地展开双臂走到网前同纳达尔热烈交流。

“不负众望。”费德勒谈到再次对阵纳达尔的感受时说。对此，我毫无异义。比赛结束当晚，我在给《纽约时报》的专栏中写道：“第四盘比赛尤其令人目不暇接，不仅因为费德勒和纳达尔在与时间比拼，更因为他们在彼此对抗。”

当费德勒最终以 7–6（3）、1–6、6–3 和 6–4 的成绩获胜后，我采访了和他关系密切的芬兰退役老将亚尔科・涅米宁（Jarkko Nieminen）。涅米宁左手执拍，尤其擅长正手上旋球。赛前，他帮助费德勒进行了热身。涅米宁说：“整场比赛的水平相当高。有那么一段时间，我看得目瞪口呆，简直不敢相信他们对球路的预判力那么强，击球那么用力，而且非常接近边线。可以说，他们根本没有考虑自己的年龄。”

甜蜜和苦涩相伴的结局

不过和 2008 年的决赛不一样的是，这次“费纳之争”的半决赛结束后并没有颁奖仪式。这一次，还有德约科维奇在等着费德勒。他是费德勒在这个阶段需要面对的强劲对手。费德勒在过去的 8 场比赛中有 7 场击败了纳达尔，但在过去的 6 场比赛中却有 5 场输给了德约科维奇。“比赛还没有结束，”费德勒说，“成功或失败，都还有一场。”

这个表达很直接。费德勒很清楚自 2012 年温网决赛之后，他便再没有在重大的网球赛事上打败过德约科维奇。可以确定的是费德勒在掌控比赛风险方面做得特别好。他这年春天选择在温网之前先参加红土比赛的决定非常正确。

但是，德约科维奇也已成长为一名自我管理大师。如今，他稳居网坛第一的宝座。费德勒在男子网球单打世界排名第一宝座的总周数达 310 周，于 2018 年 6 月度过了最后的一周，而德约科维奇将在 2021 年打破他创造的这一纪录。这也是德约科维奇在 2018 年走出低潮期之后在网坛屡创佳绩中的一项。无论从哪方面来看，德约科维奇都是一位强大多变的对手。如果考虑到费德勒从未在同一个大满贯赛事中既击败纳达尔又击败德约科维奇，那么费德勒对阵德约科维奇的决赛更是悬念迭生，充满挑战。

“拉法是左手执拍，他带给我或其他球员的问题和德约科维奇带来的截然不同，”费德勒说，“德约科维奇待在自己的防线上一般平击球，场上步伐也不一样，控场的感觉也不一样。所以在技术上，得重新调整和适应。今天，拉法的发球速度比以往更快。诺瓦克的发球速度和他差不多，这对我很有帮助。这样一来，调整就不用走极端。当然，重中之重还是信心。如果你本身不自信，那么连续击败拉法和诺瓦克就非常困难。”费德勒对纳达尔和德约科维奇的称呼有所不同，譬如对纳达尔，他直呼其昵称；对德约科维奇，则时而称名，时而道姓。这种不同也反映出费德勒与他们二人关系的远近。显然，费德勒和纳达尔更熟悉又热情，但是同德约科维奇的关系则有一些疏离和复杂。

不过，费德勒在两场比赛中的表情都差不多。在 2019 年的温网上，费德勒的风格中带有禅意。然而有意思的是，在最后的决赛中，一向勇猛好战的德约科维奇也选择采用了同样的方式。

时任德约科维奇教练之一的戈兰·伊万尼舍维奇说：“我们之前一直在商讨的战术之一就是他需要在比赛中相当地沉着冷静。这么做的目的在于不管现场观众有什么反应，他都能忽略观众，只将注意力放在自己和费德勒的身上。”这是因为温网中央球场上的观众一贯都是费德勒的支持者。费德勒以其长久以来（或者说永远也不会变老）的优雅之姿深得温网赛场自诩高端的客户的喜欢。

同以往与纳达尔的比赛一样，费德勒开局以一记 ACE 球快速控场。德约科维奇随后保发成功，这为一个各自状态良好、无破发、在底线充满了力量和诡计的第一盘奠定了基础。在抢七局中，费德勒在自己的发球局以 5–3 领先。可是，随后在中场正手击球失误，球出界，一连丢了 3 分并最终丢了第一盘。

费德勒没有纠结，在第二盘的 4 次发球局中 3 次击败了突然摇摇晃晃的德约科维奇。在短短 25 分钟内，费德勒速胜。这种一面倒的情形很不寻常。决赛的第三盘就像是第一盘的一个翻版。费德勒在德约科维奇局分 5–6、比分 30–40 时的发球局上拿到了一个盘点。可惜，他在一个漂亮的一发之后没能接住对方的反拍回球。

进入第三盘的抢七局之后，费德勒开局不利，多次出现反拍失误，比分一度跌至 1–5，之后他又追至 4–5。德约科维奇给了他一个二发的机会，但费德勒却反拍切削失误。接着他又错失一次机会，德约科维奇很快拿到了第三盘，在场上领先费德勒一盘，尽管费德勒每一分的质量都很高。

比赛的第四盘，费德勒的付出有了回报。于是，双方的比赛来到具有决定性的第五盘。根据新的比赛规则，第五盘不再是长盘决胜制[①]。2019 年，全英俱乐部第一次推出重大的规则改革，即第五盘双方打到 12 平时，通过“抢七”决出胜负。这一新规则的出台是为了应对男单越来越多的超长比赛，比如之前美国选手约翰·伊斯内尔在 2010 年温网决赛的超长比赛，还有费德勒 2009 年对阵罗迪克的那场打至 16–14 的比赛。

① 按照之前的规则，决胜盘打到 6–6 后，一方需要至少领先对手两局才能获胜，这导致很多比赛时间拖延得太久。——译者注

对 2019 年的温网决赛来说，如果有可能，它将会有一个明确的终点线。费德勒在第五盘的第五局以一记正拍穿越球打破了 7–7 的对峙之后，看上去似乎不会出现抢七的局面了。人群屏息以待，费德勒开始向着 8–7 的胜利目标发球。他的妻子米尔卡在球员席位上身体前倾，弓着背，紧握的双手放在眉前，看上去给人一种似乎不敢直视的感觉。

比分来至 15–15，费德勒打了一记内角 ACE。比分 30–15 时，又是一记内角 ACE。费德勒此时以 40–15 领先，两个赛点似乎唾手可得。对大多数对手来说，可能此时已无力回天。然而，不要忘记，费德勒现在对阵的可是曾在美网半决赛上与他厮杀过的德约科维奇。米尔卡抬起头，在午后阳光的照耀下眨了眨眼，看了一眼比分，又将头埋在了手中。

费德勒再次巧妙地内角一发。德约科维奇判断错误，朝相反的方向跑去。然而，费德勒这一次没有能再打出 ACE 球，而是将球打在网带上落了下来。费德勒的前教练保罗・安纳科内说："德约科维奇显然押对宝了。费德勒的中线发球非常有杀伤力，可是也有触网的风险。"这一幕发生的那一刻，我的脑海一下就闪过了以前的画面。

费德勒不得不进行二发。为了应对德约科维奇的正手深回，费德勒的发球速度显然比平时慢了一拍，结果造成他正手挥拍失误。德约科维奇得分后比分变作 40–30。这一次，费德勒率先发球。德约科维奇正手回球，落地很短。费德勒决定不能坐以待毙，他打了一记正手上旋斜线球，紧接着就极速上网。可是，他刚才的这一击并不是一个位置清晰或角度不错的突袭。德约科维奇往右稍移，甚至都不用使劲伸展就正手朝着对角线一记横传。显然，这一击完全超出了费德勒的接球范围。

两个冠军点就这样被德约科维奇给保住了。此刻，费德勒的情绪显然要比他那张面无表情的扑克脸更有波动。在接下来的两分较量中，他明显趋于保守，但还是输了这两分。下午 6 点 23 分，温网中央球场的电子显示牌上出现了局数 8–8 平的成绩。费德勒失望地将球从身边弹开了。对费德勒和他的球迷来说，刚才的这一幕始终是“意难平”。他们有的人在出现第一个冠军点时，将一根手指指向了天空。对德约科维奇的团队来说，大家的情绪自然很是振奋。比赛仍在继续。值得称赞的是，费德勒并没有就此丧失斗志摇摇晃晃地走向终点。

在某种意义上来说，网球比赛就是一场专注力的较量，是一网之隔的两个人内心力量的较量。费德勒和德约科维奇的这场比赛就是一例明证。比赛结束的数月后，我在蒙特卡洛遇到德约科维奇时，他对我说：“生活中的每一个方面似乎最终都会转化为某一场决赛中的赛点。对此，我究竟应该如何应对？它不是一件简单的事情，相对要复杂得多，但可以用一句简单的话来概括：置身当下，依靠自己，相信自己。”

德约科维奇并不完全明确自己接下来要面对的是什么。他一度还需要和场上的主裁判达米安·斯坦纳（Damian Steiner）确认，比赛是否会在 12 局打满之后进入抢七局。

对我来说，德约科维奇在整场比赛中最令我印象深刻的是他在 11 平时的那个发球。在比分 40–0 领先时，他连丢 4 分，让费德勒获得了一个破发点。德约科维奇通过进攻挽救了比分。费德勒在反拍削球时出界。费德勒很快又有了一次破发的机会。德约科维奇再次发动进攻，随着一记不太标准的正拍截击球，冲着奔跑中的费德勒，这记球摇摇晃晃地过顶成功。就在德约科维奇转身走回底线时，他摇了摇头，苦涩地笑了一下。他知道刚才的那一击既不好看，又差一点没戏。真的是危险过关。

尽管如此，面对场上并不有利于他的观众和气氛，德约科维奇依旧打得积极、勇敢、灵活多变。费德勒的击打依然是那么干净利落。反手削球和正拍直接攻击交相辉映，他在比赛第五盘的后期和第一盘的后期看上去一样精力充沛。

然而，对费德勒来说，似乎大势已去。在 12 平之后，德约科维奇再次控制了决胜局，以 4–1 领先。米尔卡此时透过手指的缝隙观看着场上的比赛。费德勒将差距缩小至 3–4。然而，德约科维奇像冠军一样赢了接下来的两分，他正手打出一记干净的制胜球先得 1 分，接着一记反拍平击制胜球直压边线又得 1 分，结束了漫长的多拍回合的拉锯战。

比分落在了 6–3。德约科维奇在费德勒最后一个赛点后的 44 分钟后拿到了自己的第一个赛点。德约科维奇反拍斜线接住了费德勒的二发，费德勒随后向左移步，却在正拍回击时出现失误：球从他球拍顶部飞出，飞上了看台。原本准备庆祝的人群顿时克制了很多。

德约科维奇的父母、叔叔、经纪人和教练马里安·瓦伊达一下子都跳了起来，互相拥抱，但德约科维奇却明显克制地走上前去同费德勒网前握手，脸上露出了一个“我和世界作对”的笑容。此情此景倍感讽刺。接着，他蹲在草地上，习惯性地，也是与众不同地选了几片草叶作为他温网胜利后的食物。

就在德约科维奇开始咀嚼草叶时，费德勒看上去闷声闷气的。他离原本属于他的最伟大的一场胜利仅一分之遥，原本他可以成为现代温网历史上最年长的一位冠军，原本是他的第 21 座大满贯，由此拉开与德约科维奇和纳达尔的距离。“我觉得自己错失了一个特别特别难得的机会。”费德勒后来说，浑厚的男中音在那一刻听上去更为低沉。

当被问及到底是哪里出错了，费德勒回答说："就那一击吧，你要说具体是哪一击，看你怎么选吧。"

这是网球历史上最精彩的决赛之一，在很多方面都可以与2008年的温网决赛相媲美，在网坛引发了持续的关注。"这场比赛更加简单，没有因为下雨而延后，也没有受入夜之后灯光暗淡的影响，"费德勒说，"毫无疑问，这两次比赛都是史诗般的结局。双方如此接近，有很多至关重要的时刻。当然，肯定有相似之处，也需要你仔细深挖，看看它们是什么。这两次比赛，我都是失败的一方，我想对我来说，这是我看到的唯一的相似之处。"

德约科维奇最终以7-6（5）、1-6、7-6（4）、4-6、13-12（3）的成绩获胜的这场决赛历时4小时57分钟，成为自1877年温网创办以来男单决赛中历时最长的一场。"我觉得比赛的大部分时间我都处于不利地位，"德约科维奇说，"我一直都是被动防守。费德勒在主导。我只是一再应对，在关键时刻找到了正确的方法。过程大体如此。"

费德勒在此次比赛中打出了91个制胜球，有61次非受迫性失误；德约科维奇有54个制胜球，52次受迫性失误，其中很多都出现在费德勒速胜的第二盘。费德勒全场有更多的ACE球（25：10），更少的双发失误（6：9）。他有更多的破发点（7：3），整体得分也更高（218：204）。然而，网球不看你的整体表现，只在乎是否能在关键时刻赢球。费德勒和其他人对此都心知肚明。

这一结果不仅是有关他在两次赛点上的选择，还与抢七局有关，这通常是费德勒擅长的地方。"费德勒一直在压着德约科维奇打，可是在3次抢七的过程中却又并非如此，"德约科维奇的顾问、网球分析专家克雷格·奥尚内西说，"德约科维奇事实上比费德勒出现在网前的次数要多。这是一个严重的错误。费德勒理应发球后上网，理应削球之后立马冲锋陷阵，应该二发后更接近中场。他理应在抢七过程中在网前活动，可是他一直表现得很犹豫，在底线附近徘徊，让多拍回合一直不断地进行。”

残酷的现实是不可避免的，费德勒作为全世界网坛或体坛获胜次数最多的运动员之一，却因为输掉两场大满贯而被人们铭记。尽管他在 2017 年澳网战胜纳达尔的比赛中表现出色，但是温网依然是四大满贯中份量最重、最具声望的一个。温网的青青草地也与他的打球风格和个人形象最为匹配。

费德勒的网球技艺不仅唤起了很多人对网球的热爱，也激励了他的很多对手。“我希望通过自己的努力让其他人相信即使你已经 37 岁，一切也远没有结束。”费德勒在中央球场的颁奖典礼上面对 BBC 记者休・巴克时勇敢地说。

很快，就轮到德约科维奇接受采访了。“费德勒刚才说他希望自己让很多人明白即使到了 37 岁依然能活跃在网坛，”当时 32 岁的德约科维奇说，“我就是他们中的一位。”

有一种听上去很吸引人的论调认为，费德勒的成功之路走得要轻松容易得多。远在纳达尔还没有成为网坛的全面威胁，远在德约科维奇还没有进入最佳状态时，他便已经是大满贯桂冠的收割机。然而，面对这样的论调，你可以提出一个更强有力的论据加以反驳，那就是费德勒在纳达尔和德约科维奇均已全速前进的时期仍然拿下了 2008 年的美网冠军。不要忘记，纳达尔和德约科维奇之所以如此成功，那是因为他们有费德勒作为衡量的标准。即使纳达尔和德约科维奇处于各自身体状态的巅峰时期，已 30 多岁的费德勒也依然在努力成为一名不容小觑的竞争者。

桑普拉斯是在退役 10 年之后才惊讶地发现自己创造的纪录被打破了。然而，费德勒作为网坛的常青树却在退役前就不得不面对自己的纪录被刷新的现实。这是一个令人心酸的现实，我有一次为此专门问过他的想法。“我喜欢创造纪录，不论是我打破以往的纪录还是创造出新的纪录。对我来说，真正迷人的部分是打破而非拥有这些纪录，”他说，“因为打破或者创造纪录的那一刻是任何人都夺不走的。可以说，所有纪录就是用来在某一刻被打破的。当你踏进或者跃入某一个前所未有的新领域时，最初的那一刻真的很鼓舞人心。”

当你在品尝过大赛失败的苦涩之后，肯定也有最甜蜜的回味。即使费德勒已无须再证明什么的时候，他特有的坚韧毫无疑问也接受住了考验。

当你步履蹒跚的时刻，如果你的家人知道如何能帮助你加速前进，那肯定会对你大有裨益。清楚意识到中央球场危险性的米尔卡对此深有理解。就在温网落败后的第二天，费德勒一家便踏上了露营之旅。

“你看，前几天我还是有些纠结的，”费德勒说，“但那时我已经在和孩子们一起房车旅行了。所以，事实上，我并没有多少时间回顾自己错失的机会。我围绕着自己的4个孩子安排日常的生活，开车穿过瑞士美丽的乡村。有时候，脑海里会有一些闪回，就像你会对自己说‘哦，我那会儿应该那么做’。可是在第二天，你和你的妻子一起喝着小酒又会觉得，‘嗯，半决赛打得不错，甚至决赛也不差’。你会经历不同的阶段。”

尾声

一场意义非凡的表演赛

南非

我曾乘坐火车拜访过街道井然、网球场整洁的巴塞尔。然而，如若想要追寻费德勒故事的源头，那么还需要一段更加漫长的旅程。2020 年 2 月报道完澳网后，我赶上了一班从墨尔本飞往珀斯的日间航班，继而转乘飞越印度洋的红眼航班，到达了南非的约翰内斯堡。在国际机场搭乘了一辆出租车后，我前往肯普顿公园（Kempton Park）附近的工业区。前来接我的出租车司机是一位来自津巴布韦的移民。那辆略显锈迹斑驳的出租车一如车窗外的景象，透露出曾经的繁华。

没有南非，就不会有费德勒。

来南非完成一项特别任务

1970 年，费德勒的父亲，时年 23 岁的化学工程师罗伯特在肯普顿公园遇到了他的母亲——时年 18 岁的秘书莱内特。他们俩同在当地一家瑞士的精细化工企业汽巴-嘉基公司工作。

多年后，莱内特语带骄傲地对我说："我丈夫的心彻底被南非偷走了。"她的心也是如此。然而，这对年轻的夫妇还是很快就搬到了罗伯特的祖国瑞士。从新婚燕尔到拖家带口，他们经常回到南非。"好多年，我们一有假期就会回来，"莱内特对我说，"费德勒第一次回去时才 3 个月大，还是个婴儿；那会儿，我女儿也才两岁。我喜欢带着孩子们一起回南非。在他们上学前，我们每次都会一待就是 3 个月。他们从小就对南非很有感情。"

费德勒同时拥有瑞士和南非的双重国籍。即使后来费德勒越来越忙，去南非的次数越来越少，但是他对南非的感情却一直很深。

这一次，他带着一项任务回到了南非。他即将要在位于开普敦的一个拥有 5.5 万个观众席位的足球场上同拉斐尔·纳达尔、微软联合创始人比尔·盖茨和喜剧演员特雷弗·诺亚（Trevor Noah）一起上演一场双打表演赛。门票一经推出，网上的票不到 10 分钟就销售一空。在赛前的新闻发布会上，费德勒说："说实话，我可能会有些情绪化。这么多年来，我一直想在南非打球。真没想到，一等就是这么多年。"

费德勒刚刚在 2020 年澳网半决赛上不敌诺瓦克·德约科维奇。尽管他在赛前因腿伤考虑过退赛，但是最终他还是坚持了下来。他在比赛一开始曾短暂地以 4–1 领先，但最终德约科维奇以直落三盘的成绩轻取胜利。

大约一周后，费德勒在另外一个大陆上做好了重返赛场的准备。他即将参加由他的同名基金会发起的名为"赛在非洲"的系列表演赛。费德勒基金会的成立旨在资助幼儿教育。

2004年，22岁初次荣登世界第一宝座的费德勒在父母的鼓励帮助下开始了自己的慈善事业。“当费德勒开始挣大钱的时候，我们就说，‘将一部分钱回馈社会，帮助弱势群体，我们认为这将是件好事’。”莱内特说。

莱内特排行老四，是家中最小的孩子。她成长于南非种族隔离时代。她的父亲曾在第二次世界大战中为英国服务，随军长期驻扎在欧洲。莱内特的母亲是名护士。她说自己的父母从小教育他们兄弟姐妹要对黑人一视同仁。莱内特和儿子费德勒一样在公开场合非常谨慎，避免谈论政治。她是费德勒基金会的建立者和主要事务推动者。“很多人都对费德勒基金会资助的项目感兴趣，”莱内特说，“国际红十字和其他一些机构也伸出了橄榄枝。我们不奢求要做得多么大，但是要落到实处，要看到、感受到这些项目带来的具体变化。”

费德勒投身慈善业其实也受到了美国网球名将安德烈·阿加西的影响。阿加西在30多岁时创立了自己的同名基金会。他多次提到特别希望自己应该更早一些投入到慈善事业之中。“我记得他说过这句话，”费德勒对我说，“我深受他的启发。可以说，我在事业远没有那么出色的时候就开始了。这也说明这件事对我来说很重要。”

有意思的是，阿加西和费德勒都是在十几岁时便终止了正规的学校教育。但是，他们俩无一例外地投入到了与教育相关的慈善事业当中。费德勒成年之后显然不是一位喜欢读书的人，但是他却对“载入史册”情有独钟。

费德勒基金会的工作进展顺利，从资助南非的项目开始，继而扩展到非洲的其他国家和瑞士。在抵达开普敦之前，费德勒先拜访了纳米比亚，受到当时的总统哈格·根哥布（Hage Geingob）的接见。在2018年的非洲之行，他也受到了当时赞比亚的总统埃德加·伦古（Edgar Lungu）的接见。

前5场为非洲募捐的表演赛，共计为费德勒基金会筹集了约1 000万美元。此次开普敦的表演赛预计将筹集350万美元。根据戈德西克的说法，费德勒多年来已为非洲的多个项目投入超过5 000万美元。显然，费德勒打算退役后将工作重心放在基金会的发展上。

为慈善事业挥起球拍

抵达南非后，费德勒面对一众瑞士记者说："到目前为止，我投入的时间并不多。我一直觉得这些年就是我的初学阶段。在未来，我相信我留给世人的不只是网球，还有我的基金会。"

这是一个充满了挑战的大目标，这也是为什么他想要寻求盖茨帮助的原因。身为全世界最富有的人之一的盖茨也是一个网球迷。随着"比尔及梅琳达·盖茨基金会"的成立，盖茨的工作重心已从微软转移至慈善业。盖茨夫妇的基金会已发展成为全世界最大的私人基金会，总资产接近500亿美元。他们在非洲针对疟疾等问题也已经开展了大量的工作。

2017年，费德勒在西雅图筹备表演赛期间，戈德西克联系上了盖茨夫妇。他们之后出席了相关的活动。出身普通的费德勒此时与亿万富翁们在一起就像和底线型选手打球一样自在。费德勒和家人也会与法国人伯纳德·阿尔诺（Bernard Arnault）及其家人一起度假。阿尔诺不是别人，正是全球最大的奢侈品品牌LV集团的主席兼首席执行官。该集团旗下的酩悦香槟更是费德勒的赞助商之一。根据法国记者托马斯·索托（Thomas Sotto）的说法，费德勒在2015年5月惊喜现身阿尔诺位于巴黎的私人网球场。两人还一起同阿尔诺的两个儿子进行了双打。费德勒还和瑞士裔巴西商人豪尔赫·保罗·莱曼（Jorge Paulo Lemann）关系密切。莱曼年轻时曾在温布尔登打球，他也是拉沃尔杯的投资人之一（费德勒有时会在莱曼的私人草地球场上练球）。

“你看，比尔·盖茨对我的基金会来说，真是太棒了，”费德勒说，“同他交谈、学习，认识他的妻子，这些活动都很有趣。老实说，盖茨夫妇基金会的幕后组织团队和我的由家庭管理的基金会在规模上完全不可同日而语，所以有幸和他一起共度时光，得到他的支持对我来说意义重大。”

不过，他们之间的角色在球场上则完全发生了逆转。始终喜欢打网球的盖茨在场上毕竟还是能力有限，所以他不得不完全依赖他的双打搭档费德勒。费德勒给他们俩的组合起了个绰号叫“盖茨勒”。可惜，这个名号未能一炮打响。“如果谁想到了更好的名字，欢迎推荐。”费德勒笑着说。

不论怎么说，盖茨至少还是热衷网球的。另外一位参加竞技的是南非的喜剧演员特雷弗·诺亚。诺亚因主持节目《每日秀》（*The Daily Show*）而在美国家喻户晓。同费德勒一样，诺亚的母亲来自南非，父亲来自瑞士，在南非具有很高的知名度。可以说，他在很多方面都非常适合此次表演赛。然而，最大的问题是诺亚对网球一窍不通。诺亚后来在参加《艾伦秀》（*Ellen*）节目时解释说：“我当时并不想告诉他们我不会，因为你明白，当那么酷的、重量级的人物邀请你参加活动的时候，你只有一个念头，那就是‘一定要去！’。我花了两个月的时间从头学起，这大概是我这辈子做过的最疯狂的事情之一。”

在南非上演的这场表演赛在很多方面都非常了不起。或许，最了不起的就是，诺亚面对场上的 51 954 名观众试图完整地现学现卖。这个男人显然没有怯场。同样没有怯场的还有费德勒的母亲莱内特。在偌大的体育场内，随着主持人的介绍——“罗杰·费德勒引以为傲的母亲”，她在人群的欢呼声中兴奋地走出通道，走上球场，为开赛抛掷硬币。她整个人看上去欢欣鼓舞，完全沉醉在那美妙的时刻。她的儿子紧接着在场上和她打起招呼，展开双臂紧紧抱住她，亲吻着她的头顶。

看着眼前的一切，我不由得回想起两天前短暂路过肯普顿公园并围绕着罗伯特和莱内特曾经工作过的汽巴-嘉基公司的办公楼散步的情景。企业大门上有着一圈圈带刺的铁丝网，瑞士国旗和南非国旗在微风中轻轻飘扬。

在我们每一个人的生活中都有很多的机缘巧合，譬如路途上突然出现的岔路口。那些造就费德勒的偶然因素显然比我们普罗大众的要更加有意义。年轻时喜欢四处探险的罗伯特极有可能落脚在任何一处招募外籍员工的地方，可能是美国、澳大利亚，甚至是以色列。然而，他却一路来到了南非。在那里，他和他未来的妻子莱内特又一道喜欢上了网球。他们最终兴致盎然地将这项运动介绍给了自己在巴塞尔的孩子。

他们唯一的儿子，活力四射的罗杰・费德勒，长大后成为有史以来最伟大的网球球员之一。他富有创造力，且深得大众的喜爱；他在场上气势逼人又韧性十足；他积极乐观又务实进取；他既能无畏地做出艰难的决定，也能坦然面对巨大的成功和残酷的失败。就是这样一个不完美却十分完整的个性，让费德勒从 20 世纪 90 年代开始在世界巡回赛中一路披荆斩棘，从 21 世纪初到现在走过了 20 多年。“我从未对这项运动丧失过兴趣，”费德勒对我说，“从来没有。”

有那么一些时刻，不要问我是否合乎逻辑，我只想单纯地、固执地相信他。从练习场到赛场，再到这样一个在南非的大型体育场内临时搭建的表演场，这个场地是网球历史上费德勒与强劲对手搏杀时观看人数最多的地方。费德勒的表现也从来都不会让人失望。

“在时间的长河里，我们最终会在场上遇到一些真正的对手，他们的价值和对体育运动的理解才是竞技体育世界中最特殊的一部分，”纳达尔在这场表演赛开赛前与我分享道，“我想我们应该都明白我们俩从这种‘竞争对手’的关系中获益匪浅。我们需要维护它。我觉得我们一起谱写了属于我们的故事，这是一个非常美妙的过程，而这种彼此成就的美妙的根本就在于我们本身有着良好的互动关系。”

没有纳达尔参与的开普敦之夜对费德勒来说是无法想象的。在费德勒的心中，南非的民众理应有机会看到他与纳达尔的精彩对决。找到一个双方都合适的比赛时间的确很难。好在，他们解决了这个难题。当比赛最终开始时，费德勒不得不忍受来自身体的疼痛，不得不在场上欢快地追打高吊球，克服右膝的疼痛，做一些轻松耍酷的动作。除了他的核心小圈子，没有人知道他将在这个月的晚些时候进行右膝手术。

盖茨本人积极关注全球的公共卫生问题。当他与费德勒和纳达尔一起在优雅、私密且戒备森严的酒店共进晚餐时，他谈到了这场有可能席卷全球的疫情。他们入住的是将班特里湾（Bantry Bay）和罗本岛（Robben Island）的美景尽收眼底的埃勒曼大厦（Ellerman House）。纳尔逊·曼德拉曾被囚禁在罗本岛上。

“非常幸运，非常感恩，我们有机会举办此次盛会，”南非前职业网球巡回赛的参赛选手、此次表演赛发起人之一的约翰-拉夫尼·德亚赫 (John-Laffnie de Jager) 说，“知道吗，就在这次活动顺利举办后的几周内，疫情便席卷了全球。”

如你所想，几周之后，开普敦偌大的体育场就再没有了座无虚席的盛况，没有了球网前的拥抱，没有了看台上的欣喜若狂，没有了赛后人们不分彼此——无论是球员、球童还是舞者，大家互相拥抱的庆祝场面，也没有了伴随着音乐声从费德勒的脸颊上滑落的泪水。

不得不说，他的时间点永远都是那么好。

未来，属于终身学习者

我们正在亲历前所未有的变革——互联网改变了信息传递的方式，指数级技术快速发展并颠覆商业世界，人工智能正在侵占越来越多的人类领地。

面对这些变化，我们需要问自己：未来需要什么样的人才？

答案是，成为终身学习者。终身学习意味着具备全面的知识结构、强大的逻辑思考能力和敏锐的感知力。这是一套能够在不断变化中随时重建、更新认知体系的能力。阅读，无疑是帮助我们整合这些能力的最佳途径。

在充满不确定性的时代，答案并不总是简单地出现在书本之中。“读万卷书”不仅要亲自阅读、广泛阅读，也需要我们深入探索好书的内部世界，让知识不再局限于书本之中。

湛庐阅读 App：与最聪明的人共同进化

我们现在推出全新的湛庐阅读 App，它将成为您在书本之外，践行终身学习的场所。

- 不用考虑“读什么”。这里汇集了湛庐所有纸质书、电子书、有声书和各种阅读服务。
- 可以学习“怎么读”。我们提供包括课程、精读班和讲书在内的全方位阅读解决方案。
- 谁来领读？您能最先了解到作者、译者、专家等大咖的前沿洞见，他们是高质量思想的源泉。
- 与谁共读？您将加入优秀的读者和终身学习者的行列，他们对阅读和学习具有持久的热情和源源不断的动力。

在湛庐阅读App首页，编辑为您精选了经典书目和优质音视频内容，每天早、中、晚更新，满足您不间断的阅读需求。

【特别专题】【主题书单】【人物特写】等原创专栏，提供专业、深度的解读和选书参考，回应社会议题，是您了解湛庐近千位重要作者思想的独家渠道。

在每本图书的详情页，您将通过深度导读栏目【专家视点】【深度访谈】和【书评】读懂、读透一本好书。

通过这个不设限的学习平台，您在任何时间、任何地点都能获得有价值的思想，并通过阅读实现终身学习。我们邀您共建一个与最聪明的人共同进化的社区，使其成为先进思想交汇的聚集地，这正是我们的使命和价值所在。

浙江省版权局图字：11-2024-271

图书在版编目（CIP）数据

大师费德勒 / (美) 克里斯托弗・克莱里著 ; 白瑞霞译 . -- 杭州 : 浙江科学技术出版社 , 2024. 10.
ISBN 978-7-5739-1495-8

Ⅰ. K835.225.47

中国国家版本馆 CIP 数据核字第 2024LS6319 号

书　名	**大师费德勒**
著　者	[美] 克里斯托弗・克莱里
译　者	白瑞霞

出版发行	**浙江科学技术出版社**
	地址：杭州市环城北路 177 号　邮政编码：310006
	办公室电话：0571－85176593
	销售部电话：0571－85062597
	E-mail:zkpress@zkpress.com
印　刷	天津中印联印务有限公司

开　本	710mm×965mm　1/16	**印　张**	30.5
字　数	448 千字	**插　页**	4
版　次	2024 年 10 月第 1 版	**印　次**	2024 年 10 月第 1 次印刷
书　号	ISBN 978-7-5739-1495-8	**定　价**	119.90 元

责任编辑	陈　岚	**责任美编**	金　晖
责任校对	张　宁	**责任印务**	吕　琰